Educando o
Profissional Reflexivo

Sobre o Autor

Donald Schön foi Professor de Estudos Urbanos e Educação no Instituto de Tecnologia de Massachusets. Formou-se em filosofia em 1951, na Universidade de Yale, e é mestre (1952) e Ph.D. (1955), em filosofia, pela Universidade de Harvard. Também estudou na *Sorbonne* e no *Conservatoire Nationale*, em Paris, França.

Em seu trabalho como pesquisador e consultor, Schön concentrou-se no aprendizado organizacional e na eficácia profissional. Durante sete anos, antes de sua indicação para o corpo docente do M.I.T., Schön foi presidente da Organização para a Inovação Social e Técnica (OSTI), uma organização sem fins lucrativos que ele ajudou a fundar. Desempenhou inúmeros outros papéis administrativos e consultivos junto a agências do governo e à indústria privada.

Schön teve participação ativa em um grande número de organizações profissionais e foi membro da Comissão sobre o ano 2000 da Academia Americana de Artes e Ciências e da Comissão sobre Sistemas Sociotécnicos do Conselho Nacional de Pesquisa.

S371e   Schön, Donald A.
            Educando o profissional reflexivo : um novo design para o ensino e a aprendizagem / Donald A. Schön ; tradução Roberto Cataldo Costa – Porto Alegre : Artmed, 2000.
            256 p. ; 25 cm.

            ISBN 978-85-7307-638-7

            1. Educação – Metodologia de ensino. I. Título.

CDU 671.3

Catalogação na publicação: Mônica Ballejo Canto – CRB 10/1023

Donald A. Schön

Educando o Profissional Reflexivo
um novo design para o ensino e a aprendizagem

Tradução:
Roberto Cataldo Costa

Consultoria, supervisão e revisão técnica desta edição:
Beatriz Vargas Dorneles
Professora Adjunta da Faculdade de Educação da UFRGS.

Reimpressão 2008

2000

Obra publicada originalmente sob o título
Educating the Reflective Practitioner
Toward a New Design for Teaching and Learning in the Professions
© Jossey-Bass Inc., Publishers, 1998

Capa:
Joaquim da Fonseca

Preparação do original:
Antônio José Trevisan Teixeira
Elisângela Rosa dos Santos

Consultoria dos Capítulos 1 a 3:
Rogério de Castro Oliveira
Professor Titular do Departamento
de Arquitetura da UFRGS.
Mestre em Educação.

Supervisão editorial:
André Luis Aguiar

Editoração eletrônica:
Formato Artes Gráficas

Reservados todos os direitos de publicação, em língua portuguesa, à
ARTMED® EDITORA S.A.
Av. Jerônimo de Ornelas, 670 - Santana
90040-340 Porto Alegre RS
Fone (51) 3027-7000 Fax (51) 3027-7070

É proibida a duplicação ou reprodução deste volume, no todo ou em parte, sob
quaisquer formas ou por quaisquer meios (eletrônico, mecânico, gravação, fotocópia,
distribuição na Web e outros), sem permissão expressa da Editora.

SÃO PAULO
Av. Angélica, 1091 - Higienópolis
01227-100 São Paulo SP
Fone (11) 3665-1100 Fax (11) 3667-1333

SAC 0800 703-3444

IMPRESSO NO BRASIL
PRINTED IN BRAZIL
Impresso sob demanda na Meta Brasil a pedido de Grupo A Educação.

AGRADECIMENTOS

É literalmente verdadeiro dizer que tenho dívidas com mais pessoas do que posso nomear. Entre as pessoas que foram muito prestativas com relação a meus esforços para dar tratamento adequado ao conteúdo deste livro estão Chris Argyris, Jeanne Bamberger e Martin Rein. Israel Scheffler e Vernon Howard, com seus colegas dos seminários de educação da Universidade de Harvard, forneceram oportunidades valiosas, em várias ocasiões, para apresentar e discutir versões anteriores deste trabalho. No M.I.T., O grupo de pesquisa em *design* – incluindo os professores Louis Bucciarelli, Aaron Fleisher, John Habraken, William Porter e Patrick Purcell – ajudaram muito em meus esforços para entender um pouco o processo de projeto.

Falando sobre capítulos específicos, Roger Simmonds forneceu o protocolo da avaliação de projetos no Capítulo 3. Devo muito às nossas discussões e às que tive com Florian Von Buttlar, Imre Halasz, Julian Beinart e, mais do que qualquer um, William Porter, pela ajuda que prestaram para descobrir do que tratava o protocolo. Jeanne Bamberger sugeriu o exemplo da *master class* examinada cuidadosamente no Capítulo 8 e concedeu-me o benefício de suas várias e frutíferas idéias e suas igualmente frutíferas críticas.

David Sachs, bom amigo de muitos anos e admirável psicanalista, orientou-me nos caminhos e nas práticas da supervisão psicanalítica. Seus artigos, em co-autoria com Stanley Shapiro, figuram de forma proeminente no Capítulo 9. Chris Argyris colaborou comigo nos seminários descritos no Capítulo 10 e participou de sua redação, o mais recente dos nossos vários trabalhos conjuntos.

E. H. Ahrends, da Universidade Rockfeller, convidou-me para participar de uma série de encontros patrocinados por ele, de onde eu trouxe, pela primeira vez, a idéia de "jogo de pressão profissional", descrita no Capítulo 11. Sou muito grato aos vários colegas do Departamento de Estudos Urbanos e Planejamento do M.I.T. – Donna Ducharme, Bennett Harrison, Langley Keyes, Tunney Lee, Amy Schechtman, Mark Schuster e Lawrence Susskind –

pela parceria no experimento descrito no Capítulo 12 e pelas valiosas críticas sobre minhas tentativas de descrevê-lo.

Também foram de muito proveito as várias oportunidades que tive de dar palestras e oficinas sobre os temas deste livro, em escolas profissionais e outras instituições, neste país e no exterior. Uma parcela do material que consta da Parte 2 foi apresentado pela primeira vez em 1978, na Universidade de British Columbia, como conteúdo do programa *Cecil Green Lectures* daquele ano. Em 1984, o *Royal Institute of British Architects* concedeu-me uma verba de apoio para meus estudos de educação em arquitetura e um fórum no qual apresentar os resultados. Uma primeira versão do capítulo sobre supervisão psicanalítica foi apresentado em 1985, sob os auspícios do Instituto de Psicanálise de Chicago, como a primeira *Littner Memorial Lecture*. Outras partes deste livro foram apresentadas, pela primeira vez, em 1985, como as *Queens Lectures*, na Universidade Queens, em Kingston, Ontário; o Colóquio da Escola de Pós-Graduação em Administração da Universidade de Harvard sobre ensino de estudo de caso e a *Leatherbee Research Lecture*, na mesma instituição, na primavera de 1986.

Por fim, meu caloroso agradecimento a Marion E. Gross, que teve o trabalho pouco compensador de iniciar-me nos mistérios da edição de texto e que preparou esta obra com uma dedicação muito além de seu dever.

Cambridge, Massachusetts
Donald A. Schön

PREFÁCIO

No início dos anos 70, quando William Porter, diretor da Escola de Arquitetura e Planejamento do M.I.T., pediu-me que participasse de um estudo sobre educação em arquitetura sob sua direção, eu não podia imaginar o tipo de empreendimento intelectual que estava por vir. Participei dessa jornada por mais de uma década, o que me levou a debater a situação atual e o futuro da educação profissional, além de repensar e reorganizar as idéias de minha tese de doutorado sobre a teoria da investigação de John Dewey.

Nas fases iniciais daquele empreendimento, planejei um livro sobre conhecimento e educação profissionais. Mais tarde, ficou claro que seria necessário dividir o livro em dois. Na primeira parte, publicada em 1983, com o título de *The Reflective Practitioner*, eu propunha uma nova epistemologia da prática, que pudesse lidar mais facilmente com a questão do conhecimento profissional, tomando como ponto de partida a competência e o talento já inerentes à prática habilidosa – especialmente a reflexão-na-ação (o "pensar o que fazem, enquanto o fazem") que os profissionais desenvolvem em situações de incerteza, singularidade e conflito. Ao contrário, afirmava eu, as escolas profissionais das universidades contemporâneas que se dedicam à pesquisa privilegiam o conhecimento sistemático, de preferência científico. A racionalidade técnica, a epistemologia da prática predominante nas faculdades, ameaça a competência profissional, na forma de aplicação do conhecimento privilegiado a problemas instrumentais da prática. O currículo normativo das escolas e a separação entre a pesquisa e a prática não deixam espaço para a "reflexão-na-ação", criando, assim, um dilema entre o rigor e a relevância para educadores, profissionais e estudantes. O argumento do livro *The Reflective Practitioner* coloca uma questão: que tipo de educação profissional seria adequada para uma epistemologia da prática baseada na reflexão-na-ação? Deixei essa questão não respondida lá, para respondê-la aqui. Nesta obra, proponho que as escolas superiores aprendam a partir de tradições divergentes de educação para a prática, tais como ateliês de arte e projetos, conservatórios de música e dança, treinamento de atletas e aprendizagem em técnicas de artesanato, os quais enfatizam a instrução e a aprendizagem através do fazer. O projeto da educação profissional deveria ser refeito, para combinar o ensino da ciência aplicada com a instrução, no *talento artístico* da reflexão-na-ação.

Começando com um estudo sobre a educação em arquitetura, tomo o projeto arquitetônico e o ateliê de projetos como protótipos da reflexão-na-ação e da educação para o uso do talento artístico em outros campos da prática. O cenário educacional generalizado, derivado do ateliê de projeto, é um espaço de *ensino prático reflexivo*. Aqui, estudantes aprendem principalmente através do fazer, apoiados pela *instrução*. Sua aprendizagem prática é "reflexiva" em dois sentidos: destina-se a ajudar os estudantes a tornarem-se proficientes em um tipo de reflexão-na-ação e, quando isso funciona bem, acaba por envolver um diálogo entre instrutor e aluno que toma a forma de reflexão-na-ação recíproca.

Na Parte 2, descrevo a dinâmica do ateliê de projetos, com seu paradoxo e seu dilema do aprendizado para o *design*, rituais de instrução e estilos de promover a instrução para o uso do talento artístico. Mais adiante, na Parte 3, exploro variações de uma aprendizagem prática em três outros contextos – uma *master class* em performance musical, a supervisão psicanalítica e um seminário (desenvolvido durante muitos anos por mim e Chris Argyris) sobre habilidades de aconselhamento e consultoria. Esses estudos destacam similaridades nos processos através dos quais os estudantes aprendem – ou não aprendem – o talento artístico da prática com caráter de *design*. Eles também apontam a forma como a aprendizagem e a instrução variam de acordo com o meio e o conteúdo da prática. Descrevo a tripla estrutura da tarefa de instrução e ilustro modelos de instrução ("Siga-me!", "experimentação conjunta" e "sala de espelhos") que colocam demandas diferentes para a competência do instrutor e do aluno e prestam-se a diferentes contextos de aprendizagem.

Finalmente, na Parte 4, dirijo-me às implicações dessas idéias para a renovação da educação profissional. A partir da análise do atual dilema das faculdades profissionais, argumento que a renovação é necessária; na verdade, há muito já deveria ter sido realizada. E concluo com a história de um modesto experimento em reforma de currículo que sugere o que pode estar envolvido na idéia de um ensino prático reflexivo.

Pareceu-me necessário abordar aqui um pouco do que já foi explorado em *The Reflective Practitioner*, pois meu argumento sobre educação e prática reflexivas depende da epistemologia da prática articulada no livro anterior. Assim, os primeiros dois capítulos apresentam, em uma versão revisada, a visão do conhecimento profissional já apresentada lá. O modelo de construção do *design* apresentado no Capítulo 3 apareceu integralmente em *The Reflective Practitioner*. Porém, a discussão sobre o ateliê de projetos como ensino prático reflexivo, na Parte 2, os exemplos e experimentos descritos na Parte 3, e o tratamento das condições para a educação profissional na Parte 4 são substancialmente novos.

Gostaria de dizer o que *não* tentei fazer neste livro. Não tratei de como o ensino de uma ciência aplicada pode ser melhor combinado com um ensino prático reflexivo (tenho uma idéia a este respeito – que a ciência aplicada deveria ser ensinada como uma forma de investigação, fosse ela semelhante ou diferente da reflexão-na-ação de um profissional capacitado – mas aqui apenas mencionei o assunto). Digo pouco sobre a discussão em resposta aos problemas éticos da prática em instituições burocráticas, nas quais os profissionais passam cada vez mais tempo. No entanto, na Parte 4, preocupo-me com as forças institucionais que restringem as liberdades pessoais, essenciais para o exercício da perspicácia e do talento artístico. E acredito que a educação para a prática reflexiva, ainda que não seja uma condição suficiente para uma prática perspicaz e moral, certamente é necessária. De outra forma, como os profissionais irão aprender a agir com destreza, se não através da reflexão sobre dilemas práticos que a exijam?

Minha ênfase coloca-se no lado positivo da educação para a prática. Minha principal questão é: o que acontece em uma situação de ensino prático reflexivo quando isto está funcionando bem? Escolhi, em sua maioria, exemplos de instrução e aprendizagem em que vale a pena adotar as habilidades e as visões de um treinador. Tenho consciência, no entanto, de que este não é sempre o caso. Há um lado negativo no ensino (Israel Scheffler chama-o de "lado escuro"). Assim sendo, apresento alguns "exemplos horríveis" de treinamento. E também pergunto: quais as dificuldades genéricas inerentes a um ensino prático reflexivo? Como podem ser superadas? O que pode dar errado? Como as coisas podem ser feitas de uma melhor maneira? Examino como os estudantes podem mover-se entre o "superceticismo", que os impede de aprender o que quer que seja, e o "superaprendizado", que os transforma em crentes. E analiso de que forma os instrutores podem tornar-se mais conscientes do potencial destrutivo da "ajuda" que oferecem.

Este livro é dirigido especialmente a indivíduos que trabalham em escolas ou ambientes de ensino – profissionais, professores, estudantes e administradores educacionais – que se preocupam com a educação para a prática reflexiva. Mas também se destina a todos aqueles que compartilham de um interesse vivo pelos fenômenos complexos da competência prática e do talento artístico e pelos processos, igualmente complexos, através dos quais eles são, às vezes, adquiridos.

Este livro é um manual, minha esperança é de que alguns leitores, especialmente docentes de escolas profissionais, usem-no para ampliar e desenvolver a investigação que comecei.

Sumário

PREFÁCIO. VII

PARTE 1
Compreendendo a Necessidade do Talento Artístico na Educação Profissional

CAPÍTULO 1
   Preparando os Profissionais para as Demandas da Prática 15

CAPÍTULO 2
   Ensinando o Talento Artístico através da Reflexão-na-Ação 29

PARTE 2
O Ateliê de Projetos Arquitetônicos como Modelo Educacional para a Reflexão-na-Ação

CAPÍTULO 3
   O Processo de Projeto como Reflexão-na-Ação 47

CAPÍTULO 4
   Paradoxos e Dilemas na Aprendizagem do Projeto 71

CAPÍTULO 5
   O Diálogo entre Instrutor e Estudante 85

CAPÍTULO 6
   Como os Processos de Ensino e Aprendizagem Podem Dar Errado   99

CAPÍTULO 7
Utilizando o Ensino Prático Reflexivo para Desenvolver
Habilidades Profissionais 123

PARTE 3
Como Funciona o Ensino Prático Reflexivo: Exemplos e Experimentos

CAPÍTULO 8
Uma *Master Class* em Execução Musical 137

CAPÍTULO 9
Aprendendo o Talento Artístico da Prática Psicanalítica 163

CAPÍTULO 10
Uma aula Prática Reflexiva em Habilidades
de Aconselhamento e Consultoria 189

PARTE 4
Implicações para o Aperfeiçoamento da Educação Profissional

CAPÍTULO 11
Como um Ensino Prático Reflexivo Pode Conectar
os Mundos da Universidade e da Prática 223

CAPÍTULO 12
Uma Experiência em Reforma de Currículo 239

REFERÊNCIAS BIBLIOGRÁFICAS 251

ÍNDICE 253

PARTE 1

Compreendendo a Necessidade do Talento Artístico na Educação Profissional

Os dois capítulos da Parte 1 pretendem estabelecer as condições para a discussão subseqüente sobre o ateliê de projetos em arquitetura e as variações sobre a idéia de um ensino prático reflexivo em outros campos da prática.

O Capítulo 1 descreve o dilema entre o rigor ou a relevância, que clama por uma nova epistemologia da prática e um repensar da educação para a prática reflexiva. Também apresenta, brevemente, o argumento do livro como um todo.

O Capítulo 2 aborda as idéias que são centrais à minha compreensão da prática reflexiva: conhecer-na-ação, reflexão-na-ação e reflexão sobre a reflexão-na-ação, explorando as relações dessas idéias com a prática do talento artístico e descrevendo as propriedades gerais de um ensino prático reflexivo.

CAPÍTULO 1

PREPARANDO OS PROFISSIONAIS PARA AS DEMANDAS DA PRÁTICA

A CRISE DE CONFIANÇA NO CONHECIMENTO PROFISSIONAL

Na topografia irregular da prática profissional, há um terreno alto e firme, de onde se pode ver um pântano. No plano elevado, problemas possíveis de serem administrados prestam-se a soluções através da aplicação de teorias e técnicas baseadas em pesquisa. Na parte mais baixa, pantanosa, problemas caóticos e confusos desafiam as soluções técnicas. A ironia dessa situação é o fato de que os problemas do plano elevado tendem a ser relativamente pouco importantes para os indivíduos ou o conjunto da sociedade, ainda que seu interesse técnico possa ser muito grande, enquanto no pântano estão os problemas de interesse humano. O profissional deve fazer suas escolhas. Ele permanecerá no alto, onde pode resolver problemas relativamente pouco importantes, de acordo com padrões de rigor estabelecidos, ou descerá ao pântano dos problemas importantes e da investigação não-rigorosa?

Tal dilema tem duas fontes: em primeiro lugar, a idéia estabelecida de um conhecimento profissional rigoroso, baseado na racionalidade técnica, e, em segundo, a consciência de zonas de prática pantanosas e indeterminadas, que estão além dos cânones daquele conhecimento.

A racionalidade técnica é uma epistemologia da prática derivada da filosofia positivista, construída nas próprias fundações da universidade moderna, dedicada à pesquisa (Shils, 1978). A racionalidade técnica diz que os profissionais são aqueles que solucionam problemas instrumentais, selecionando os meios técnicos mais apropriados para propósitos específicos. Profissionais rigorosos solucionam problemas instrumentais claros, através da aplicação da teoria e da técnica derivadas de conhecimento sistemático, de preferência científico. A medicina, o direito e a administração – as "profissões principais" de Nathan Glazer (Glazer, 1974) – figuram nessa visão, como exemplares de prática profissional.

Contudo, como pudemos ver com uma clareza cada vez maior nos últimos vinte e poucos anos, os problemas da prática do mundo real não se apresentam aos profissionais com estruturas bem-delineadas. Na verdade, eles tendem a não se apresentar como problemas, mas na forma de estruturas caóticas e indeterminadas. Engenheiros civis, por exemplo, sabem como construir estradas adequadas para as condições de certos locais e especificações. Eles se servem de seus conhecimentos de solo, materiais e tecnologias de construção para definir declividades, superfícies e dimensões. Quando é necessário decidir *qual* estrada construir, no entanto, ou se ela deve ser construída, seu problema não é passível de solução pela aplicação de conhecimento técnico, nem mesmo pelas técnicas sofisticadas das teorias da decisão. Eles enfrentam uma mistura complexa e mal-definida de fatores topográficos, financeiros, econômicos, ambientais e políticos. Se quiserem obter um problema bem-formado, adequado às teorias e às técnicas que lhes são familiares, eles devem *construí-lo* a partir dos materiais de uma situação que é, para usarmos o termo de John Dewey (1938), "problemática". E o problema da definição de problemas não é bem-definido.

Quando um profissional define um problema, ele escolhe e nomeia os aspectos que irá observar. Em sua situação de construir estradas, o engenheiro civil poderá observar a drenagem, a estabilidade do solo e a facilidade de manutenção, sem ver os efeitos diferenciais que a estrada terá nas economias das cidades que estão ao longo de seu percurso. Através de atos complementares de designação e concepção, o profissional seleciona os fatos aos quais se ater e os organiza, guiado por uma apreciação da situação que dá a ela coerência e estabelece uma direção para a ação. Assim sendo, a definição de problemas é um processo ontológico – nas palavras memoráveis de Nelson Goodman (1978), uma maneira de apresentar uma visão de mundo.

Dependendo de nossos antecedentes disciplinares, papéis organizacionais, histórias passadas, interesses e perspectivas econômicas e políticas, abordamos situações problemáticas de formas diferentes. Um nutricionista, por exemplo, pode transformar uma preocupação vaga como a subnutrição de crianças em países em desenvolvimento em uma questão de selecionar uma dieta adequada. Porém, os agrônomos podem abordar o problema em termos de produção de alimentos; epidemiologistas podem fazê-lo em termos de doenças que aumentam a demanda por nutrientes ou impedem sua absorção; demógrafos tendem a vê-lo em termos da taxa de crescimento populacional que supera a atividade agrícola; engenheiros, em termos de administração e distribuição de alimentos inadequados e economistas, em termos de poder de compra insuficiente ou de distribuição desigual de terras ou riqueza. No campo da subnutrição, identidades profissionais e perspectivas econômicas e políticas determinam a forma como as pessoas vêem uma situação problemática e os debates sobre essa questão giram em torno da construção do problema a ser resolvido. São debates que envolvem perspectivas conflitantes, de difícil solução – se é que há solução – através de informações. As pessoas que têm pontos de vista conflitantes prestam atenção a fatos diferentes e têm compreensões diferentes dos fatos que observam. Não é através de soluções técnicas para os problemas que convertemos situações problemáticas em problemas bem-definidos; ao contrário, é através da designação e da concepção que a solução técnica de problemas torna-se possível.

Muitas vezes, uma situação problemática apresenta-se como um caso único. Uma médica reconhece um conjunto de sintomas que não consegue associar a nenhuma doença conhecida. Um engenheiro mecânico encontra uma estrutura para a qual ele não pode, com as ferramentas à sua disposição, fazer uma determinada análise. Uma professora de aritmética, ao escutar a pergunta de uma criança, conscientiza-se de um tipo de confusão e, ao mesmo tempo, de um tipo de compreensão intuitiva para a qual ela não tem qualquer resposta disponível. E porque o caso único transcende as categorias da teoria e da técnica existentes, o profissional não pode tratá-lo como um problema instrumental a ser resolvido pela aplicação de uma das regras de seu estoque de conhecimento profissional. O caso não está no manual. Se ele quiser tratá-lo de forma competente, deve fazê-lo através de um tipo de improvisação, inventando e testando estratégias situacionais que ele próprio produz.

Algumas situações problemáticas são situações de conflitos de valores. Tecnologias médicas, como a hemodiálise ou a tomografia, criaram demandas que ampliam a disposição do país de investir em serviços médicos. Como os médicos deveriam responder às demandas conflitantes de eficiência, igualdade e qualidade de serviço? Tecnologias de engenharia, eficientes e sofisticadas, quando avaliadas de uma perspectiva estritamente técnica, acabam por ter efeitos colaterais não-desejados e imprevistos que degradam o ambiente, geram riscos inaceitáveis ou criam demandas excessivas a partir de recursos escassos. Como, no *design* real de seus projetos, os engenheiros deveriam levar em conta tais fatores? Quando os agrônomos recomendam métodos eficientes de cultivo de solo que favorecem o uso de grandes extensões de terra, eles podem estar inviabilizando as pequenas propriedades familiares, das quais as economias rurais dependem. De que forma suas práticas deveriam refletir o reconhecimento do risco? Em tais casos, os profissionais competentes devem não apenas resolver problemas técnicos, através da seleção dos meios apropriados para fins claros e consistentes em si, mas devem também conciliar, integrar e escolher apreciações conflitantes de uma situação, de modo a construir um problema coerente, que valha a pena resolver.

Freqüentemente, as situações são problemáticas de várias formas ao mesmo tempo. Um hidrologista, por exemplo, contratado para assessorar um sistema de fornecimento de água no que diz respeito ao investimento de capital e tomada de preços, pode considerar o sistema hidrológico como único. Ele também pode experimentar incertezas por não ter um modelo satisfatório do sistema. Além disso, pode descobrir que seu cliente não está querendo ouvir suas tentativas de descrever a singularidade e o caráter incerto da situação, insistindo em uma resposta especializada que especifique um caminho correto. Ele será pego, então, em meio a um conflito de demandas: o orgulho profissional de sua habilidade de dar aconselhamento útil e a firme sensação de obrigação de que deve manter suas afirmações de incerteza de acordo com sua opinião real.

Essas zonas indeterminadas da prática – a incerteza, a singularidade e os conflitos de valores – escapam aos cânones da racionalidade técnica. Quando uma situação problemática é incerta, a solução técnica de problemas depende da construção anterior de um problema bem-delineado, o que não é, em si, uma tarefa técnica. Quando um profissional reconhece uma situação como única não pode lidar com ela apenas aplicando técnicas derivadas de sua bagagem de conhecimento profissional. E, em situações de conflito de valores, não há fins claros que sejam consistentes em si e que possam guiar a seleção técnica dos meios.

No entanto são exatamente tais zonas indeterminadas da prática que os profissionais e os observadores críticos das profissões têm visto, com cada vez mais clareza nas últimas duas décadas, como sendo um aspecto central à prática profissional. E a consciência crescente a respeito delas tem figurado de forma proeminente em recentes controvérsias sobre o desempenho das profissões especializadas e seu lugar em nossa sociedade.

Quando os profissionais não são capazes de reconhecer ou de responder a conflitos de valores, quando violam seus próprios padrões éticos, quando ficam aquém de expectativas criadas por eles próprios a respeito de seu desempenho como especialistas ou parecem cegos para problemas públicos que eles ajudaram a criar, são cada vez mais sujeitos a expressões de desaprovação e insatisfação. Críticos radicais, como Ivan Illich (1970), os condenam por apropriação indevida e monopólio do conhecimento por simplesmente ignorar as injustiças sociais. Os próprios profissionais argumentam que é impossível corresponder a expectativas elevadas da sociedade com relação ao seu desempenho, em um ambiente que combina uma turbulência crescente com a regulamentação cada vez maior da atividade profissional. Eles enfatizam sua falta de controle sobre os sistemas mais amplos pelos quais são tidos injustamente como responsáveis. Ao mesmo tempo, chamam a atenção para a disparidade entre as divisões tradicionais do trabalho e as complexidades da sociedade atual, em constante mudança. Eles clamam por reformas nas normas e estruturas profissionais.

Apesar dessas diferentes ênfases, críticos profissionais, públicos e radicais fazem uma reclamação em comum: as áreas mais importantes da prática profissional encontram-se, agora, além das fronteiras convencionais da competência profissional.

O falecido Everett Hughes, um pioneiro da sociologia das profissões, observou uma vez que as profissões realizaram uma barganha com a sociedade. Em troca do acesso ao conhecimento extraordinário que elas têm de questões de grande importância humana, a sociedade deu-lhes um mandato para o controle social em seus campos de especialização, um alto grau de autonomia em suas práticas e uma licença para determinar quem deve ser investido da autoridade profissional (Hughes, 1959). Contudo, no atual clima de crítica, controvérsia e insatisfação, a barganha não está funcionando. Quando a reivindicação das profissões especializadas pelo conhecimento extraordinário está sendo bastante questionada, por que deveríamos continuar a conceder-lhes direitos e privilégios especiais?

A CRISE DE CONFIANÇA NA EDUCAÇÃO PROFISSIONAL

A crise de confiança no conhecimento profissional corresponde a uma crise semelhante na educação profissional. Se as profissões especializadas são acusadas de ineficácia e inadequação, suas escolas são acusadas de não conseguir ensinar os rudimentos da prática ética e efetiva. O juiz Warren Burger critica as faculdades de direito, por exemplo, porque os advogados que atuam em julgamentos não são bons no que fazem. No atual clima de insatisfação com as faculdades públicas, as faculdades de educação são as mais criticadas. As faculdades de administração tornam-se alvo de críticas quando seus cursos de pós-graduação são vistos como fracassados no exercício do gerenciamento responsável ou em estar à altura do desafio japonês. As faculdades de engenharia perdem credibilidade, porque são consideradas como produtoras de técnicos de formação estreita, com capacidade deficiente para o *design* e para lidar com dilemas do desenvolvimento tecnológico.

Por trás de tais críticas, está uma versão do dilema entre o rigor e a relevância. O que os aspirantes a profissionais mais precisam aprender, as escolas profissionais parecem menos capazes de ensinar. E a versão das escolas do dilema está enraizada, como a dos profissionais, em uma epistemologia da prática profissional pouco estudada – um modelo de conhecimento profissional implantado em níveis institucionais nos currículos e nos arranjos para a pesquisa e para a prática.

As escolas profissionais da universidade moderna, dedicada à pesquisa, estão baseadas na racionalidade técnica. Seu currículo normativo, adotado inicialmente nas primeiras décadas do século XX, quando as profissões especializadas buscavam ganhar prestígio através do estabelecimento de suas escolas em universidades, ainda incorpora a idéia de que a competência prática torna-se profissional quando seu instrumental de solução de problemas é baseado no conhecimento sistemático, de preferência científico. Assim, o currículo profissional normativo apresenta, em primeiro lugar, a ciência básica relevante, em seguida, a ciência aplicada relevante e, finalmente, um espaço de ensino prático no qual se espera que os estudantes aprendam a aplicar o conhecimento baseado na pesquisa aos problemas da prática cotidiana (Schein, 1973). E a visão dominante do relacionamento apropriado entre as escolas profissionais e as faculdades de caráter mais acadêmico ainda está conformada pela barganha enunciada muitos anos atrás por Thorstein Veblen (1918/1962): das escolas técnicas "de baixo nível", seus problemas não-resolvidos; das escolas técnicas "de alto nível", seu conhecimento útil.

À medida que as escolas profissionais foram buscando níveis mais altos de rigor e *status* acadêmico, elas orientaram-se na direção de um ideal mais vividamente representado por uma visão particular da educação médica: os médicos são supostamente treinados como biotécnicos solucionadores de problemas, através da imersão, primeiramente, na ciência médica e, depois, na prática clínica supervisionada, em que aprendem a aplicar as técnicas baseadas na pesquisa do diagnóstico, do tratamento e da prevenção. Nessa visão da educação médica, e sua extensão no currículo normativo de outras escolas profissionais, há uma hierarquia de conhecimento:

Ciência básica
Ciência aplicada
Habilidades técnicas e prática cotidiana

Como regra geral, quanto maior for a proximidade de alguém à ciência básica, maior o seu *status* acadêmico. O conhecimento geral e teórico desfruta de uma posição privilegiada. Mesmo nas profissões menos equipadas com uma sólida fundação de conhecimento profissional sistemático – as "profissões secundárias" de Nathan Glazer (1974), tais como serviço social, planejamento urbano e educação – o desejo do rigor do conhecimento de base científica leva as escolas a importarem acadêmicos de departamentos vizinhos das ciências sociais. E o estatuto relativo das várias profissões está muito correlacionado à medida que conseguem apresentar-se como profissionais rigorosos do conhecimento de base científica e incorporar, em suas escolas, uma versão do currículo profissional normativo.

Todavia, ao vivenciarem ataques externos e autoquestionamentos internos, as escolas profissionais, dentro das universidades, estão cada vez mais conscientes dos problemas de alguns pressupostos sobre os quais elas têm estado tradicionalmente assentadas para ter legitimidade e credibilidade. Elas partem da idéia de que a pesquisa acadêmica rende conhecimento profissional útil e de que o conhecimento profissional ensinado nas escolas prepara os estudantes para as demandas reais da prática. Esses dois pressupostos estão sendo cada vez mais questionados.

Nos últimos anos, tem havido uma crescente percepção de que os pesquisadores, que deveriam suprir as escolas profissionais com conhecimento útil, têm cada vez menos a dizer a respeito de algo que os profissionais possam considerar útil. Os professores reclamam que os psicólogos cognitivos têm pouco a ensiná-los em termos de utilidade prática. Os administradores de empresas e mesmo alguns professores de faculdades de administração expressam uma "dúvida desconfortável de que parte da pesquisa está ficando acadêmica demais e que podemos estar negligenciando a necessidade de ensinar os professores como pôr em prática as estratégias que eles desenvolvem" (Lynton, 1984, p.14). Quem está encarregado de elaborar políticas públicas e os próprios políticos expressam dúvidas semelhantes sobre a utilidade da ciência política. Martin Rein e Sheldon White (1980) observaram recentemente que a pesquisa não só está separada da prática profissional, mas também tem sido apanhada em sua própria agenda, divergente das necessidades e dos interesses dos profissionais atuantes. Joseph Gusfield (1979, p. 22), abordando o fracasso da sociologia em prover uma base útil e firme para as políticas públicas, escreveu uma passagem que poderia ter uma aplicação muito mais geral: "A esperança era de que a sociologia, através da lógica de suas teorias e do poder de suas descobertas empíricas, forneceria *insights* e generalizações para capacitar os governos a desenvolverem políticas e os profissionais a projetarem programas que pudessem resolver os exigentes problemas da sociedade e ajudaria os intelectuais a coordenarem a compreensão e a crítica. Nossos resultados não foram muito bons. Em uma área depois da outra – gerontologia, crime, saúde mental, relações raciais, pobreza – cresce a nossa dúvida de que a tecnologia é adequada à demanda. ...Não que os interesses conflitantes levem os grupos a ignorarem a ciência social. Mais do que isso, é a nossa crença na legitimidade de nosso conhecimento que está em dúvida".

Ao mesmo tempo, os educadores profissionais têm deixado cada vez mais claras suas preocupações com a distância entre a concepção de conhecimento profissional dominante nas escolas e as atuais competências exigidas dos profissionais no campo de aplicação. Um eminente professor de engenharia, comentando a negligência do projeto de engenharia nas escolas dedicadas a essa ciência, há quase 20 anos, observou que se a arte do projeto de engenharia fosse conhecida e constante, ela seria ensinada, mas ela não é constante (Brooks, 1967). Outro diretor de faculdade de engenharia disse, mais ou menos na mesma época, que "sabemos como ensinar as pessoas a construírem navios, mas não a saberem quais navios construir" (Alfred Kyle, comunicação pessoal, 1974). O diretor de uma escola de administração de boa reputação observou, 10 anos atrás, que "o que mais precisamos é ensinar os estudantes a tomarem decisões sob condições de incerteza, mas isso é justamente o que não sabemos" (William

Pownes, comunicação pessoal, 1972). Os professores de direito têm discutido, já há algum tempo, a necessidade de ensinar "o exercício prático da advocacia" e, especialmente, as competências para resolver as disputas de outras formas que não as litigiosas. Uma importante escola de medicina está desenvolvendo um programa-piloto no qual um dos objetivos é ajudar os estudantes a aprenderem a agir de forma competente em situações clínicas em que não há respostas certas ou procedimentos-padrão. Em todos esses exemplos, os educadores expressam sua insatisfação com um currículo profissional que não é capaz de preparar os estudantes para a atuação competente em zonas incertas da prática.

A consciência desses dois vazios, cada um contribuindo e exacerbando o outro, desestabiliza a confiança dos educadores profissionais em sua capacidade de exercer suas funções. Contudo, muitas escolas profissionais – e com certeza as de medicina, direito e administração – continuam a atrair grande número de alunos em busca das tradicionais recompensas em termos de posição social, segurança e prosperidade. A dúvida interna coexiste com a pressão para prestar serviços tradicionais em estudantes que procuram as recompensas tradicionais.

Os profissionais atuantes na área da educação profissional que refletem sobre a questão costumam vê-la de formas variadas. Alguns, nos campos da medicina, administração e engenharia, têm concentrado atenção nas dificuldades criadas para a educação profissional pelas mudanças rápidas e pela massa crescente de conhecimento relevante à prática profissional. Eles vêem o problema como uma questão de manter-se em dia e integrar ao currículo profissional o fluxo de resultados de pesquisa potencialmente úteis. Outros, em direito ou arquitetura, por exemplo, concentraram-se em aspectos da prática para os quais a educação profissional tradicional não oferece qualquer preparação. Eles recomendam complementações marginais ao currículo, como cursos de ética profissional ou relações cliente/profissionais. Outros, ainda, vêem a questão como um rebaixamento dos padrões anteriores de rigor e probidade profissional e querem ajustar o currículo, para restaurar seu antigo padrão de excelência.

Essas são abordagens para remendar um problema visto como periférico. Porém, outro grupo de críticos, incluindo alguns estudantes, profissionais e educadores, levanta uma questão mais profunda. Os conceitos dominantes da educação profissional poderão construir um currículo adequado aos universos complexos, instáveis, incertos e conflituosos da prática? Um exemplo recente dessa escola de pensamento é o livro de Ernst Lynton (1985) que vincula os problemas nas escolas profissionais à crise multidimensional da universidade e clama por um reexame da natureza e da conduta da educação universitária. Tais comentários levam-nos a encontrar as raízes da distância existente entre faculdade e local de trabalho, entre pesquisa e prática, em uma concepção errônea de competência profissional e sua relação com a pesquisa acadêmica e científica. De acordo com tal visão, se existe crise de confiança nas profissões e suas escolas, ela está enraizada na epistemologia da prática dominante.

VIRANDO O PROBLEMA DE CABEÇA PARA BAIXO

É impressionante o fato de que o desconforto em torno do conhecimento profissional persiste, mesmo que alguns profissionais tenham excelente desempenho em zonas indeterminadas, cuja importância estamos aprendendo a reconhecer. Alguns engenheiros são bons em *design*. Alguns advogados são bons no exercício prático da advocacia, competentes em habilidades de negociação e relações com o cliente que vão além das fronteiras do conhecimento legal. Alguns administradores de empresas são muito melhores do que outros na compreensão de situações confusas, e pessoas encarregadas de elaborar políticas são significativamente dotadas da habilidade de produzir a integração útil de visões e interesses conflitantes.

São poucos os críticos da prática profissional que negariam tais evidências, mas poucos as tomariam como fonte para *insights* sobre a crise do conhecimento e da educação profissionais. A dificuldade não está em que os críticos não reconheçam algumas *performances* profissionais com sendo superiores a outras – nesse ponto, há um acordo surpreendentemente generalizado –, mas no fato de que eles não podem assimilar o que reconhecem em seu modelo de conhecimento profissional. Não se diz que profissionais bastante destacados têm mais conhecimento profissional do que outros, mas mais "perspicácia", "talento", "intuição" ou "talento artístico".

Infelizmente, tais expressões não servem para abrir a investigação, mas para selá-la. Elas são usadas como categorias ultrapassadas, atribuindo nomes a fenômenos que impedem estratégias convencionais de explicação. Assim, o dilema do rigor e da relevância reafirma a si próprio nesse caso. Com base em uma epistemologia da prática pouco estudada, distanciamo-nos dos tipos de *performance* que mais precisamos entender.

A questão do relacionamento entre competência profissional e conhecimento profissional precisa ser virada de cabeça para baixo. Não deveríamos começar perguntando de que forma podemos fazer melhor uso do conhecimento oriundo da pesquisa, e sim o que podemos aprender a partir de um exame cuidadoso do talento artístico, ou seja, a competência através da qual os profissionais realmente dão conta de zonas indeterminadas da prática – ainda que essa competência possa estar relacionada à racionalidade técnica.

Esta é a perspectiva deste livro, que começa com as seguintes premissas:

- Há um núcleo central de "talento artístico"* inerente à prática dos profissionais que reconhecemos como mais competentes.
- O talento artístico é um exercício de inteligência, uma forma de saber, embora possa ser diferente em aspectos cruciais de nosso modelo-padrão de conhecimento profissional. Ele não é inerentemente misterioso, é rigoroso em seus próprios termos, e podemos aprender muito sobre ele – dentro de que limites devemos tratá-lo como uma questão aberta – através do estudo cuidadoso das *performances* mais competentes.
- No terreno da prática profissional, a ciência aplicada e a técnica baseada na pesquisa ocupam um território criticamente importante, ainda que limitado, que faz fronteira em muitos lados com o talento artístico. Há uma arte da sistematização de problemas, uma arte da implementação e uma arte da improvisação – todas necessárias para mediar o uso, na prática, da ciência aplicada e da técnica.

Não apenas a questão do relacionamento entre prática competente e conhecimento profissional precisa ser posta de cabeça para baixo. Da mesma

---
* Nota de R.T. No original, "artistry".

forma como deveríamos investigar as manifestações do talento artístico profissional,também deveríamos examinar as várias maneiras através das quais as pessoas o adquirem.

Quando, nas primeiras décadas deste século, as profissões especializadas começaram a apropriar-se do prestígio da universidade, colocando nela suas escolas, "profissionalização" significava a substituição do talento artístico pelo conhecimento sistemático, de preferência científico. No entanto, com o crescimento da consciência sobre a crise de confiança no conhecimento profissional, os educadores mais uma vez começaram a ver o talento artístico como um componente essencial da competência profissional e a questionar se as faculdades fariam ou deveriam fazer qualquer coisa a respeito e, sendo assim, como a educação para o talento artístico pode ser coerente com o núcleo do currículo profissional de ciência e técnica aplicadas.

Os debates em torno dessas questões têm tomado formas diferentes em diferentes profissões e escolas. Em um currículo da engenharia organizado principalmente em torno da ciência de engenharia, por exemplo, como os estudantes aprendem o *design* na área em questão? Como os estudantes de ciências relacionadas à elaboração de linhas de ação, como economia, teoria da decisão, análise operacional e análise estatística, deveriam aprender as habilidades políticas e administrativas da implementação de decisões?

A educação jurídica tem sido tradicionalmente dirigida a preparar os estudantes a "pensar como um advogado". As escolas de direito foram pioneiras no uso do método de estudo de caso de Christopher Langdell para ajudar os estudantes a aprenderem como produzir argumentos legais, a esclarecerem questões durante o processo judicial e a escolherem, entre precedentes legais plausíveis, o que for mais relevante a uma questão particular de interpretação legal. Por alguns anos, contudo, professores de algumas das mais eminentes faculdades de direito têm defendido a necessidade de desenvolver competências que vão além de pensar como um advogado – por exemplo, procedimentos de julgamento, relações com clientes, negociação, advocacia e ética legal. Na educação médica, novos programas têm sido pensados para abordar os problemas de preparação de estudantes, não só para demandas biotécnicas da prática clínica, mas também para a prática da medicina familiar, o gerenciamento de doentes crônicos e as dimensões psicológicas das doenças. Críticos de dentro e de fora das escolas de administração têm questionado a adequação do consagrado método de estudo de caso para as demandas específicas do gerenciamento em certas indústrias, bem como as demandas mais gerais da administração e gerenciamento sob condições de incerteza. Nesses tipos de campos, um currículo profissional organizado em torno da preparação para competências supostamente genéricas de solução de problemas e tomada de decisões começa a parecer radicalmente incompleto.

Em certos campos, a questão do talento artístico profissional vem à tona no contexto da continuidade da educação. Os educadores questionam de que forma profissionais maduros podem ser ajudados a renovar-se de modo a evitar o esgotamento e como eles podem ser ajudados a construir seus repertórios de habilidades e idéias de forma contínua. A educação de professores é um exemplo interessante. A consciência pública sobre os problemas das escolas recebeu ou perdeu atenção nos últimos 30 anos, cristalizando-se, de tempos em tempos, em torno de questões como a qualidade do ensino e a educação dos professores no próprio trabalho. Os professores, que muitas vezes são alvo de críticas por causa dos fracassos na educação pública, tendem, por sua vez, a defender suas próprias versões da necessidade de desenvolvimento e renovação profissionais. Críticos de dentro e de fora das escolas têm argumentado, nos últimos anos, que devemos estimular e recompensar o desenvolvimento da habilidade de ensinar.

Onde o currículo central da educação profissional é relativamente difuso, instável e inseguro, como nas "profissões secundárias" de Nathan Glazer, o problema da educação para o talento artístico tende a tomar uma forma diferente. No serviço social, no planejamento urbano, nos estudos religiosos e na administração escolar, por exemplo, os educadores tendem a estar mais abertos a questionar quais as competências que deveriam ser adquiridas, através de quais métodos, em que domínios da prática, e mesmo a perguntar-se, em voz alta, se aquilo que mais precisa ser aprendido será aprendido em uma faculdade profissional. Aqui, a educação para o talento artístico está envolvida na questão mais ampla da legitimidade da educação profissional.

Ao considerarmos o talento artístico de profissionais extraordinários e explorarmos as formas pelas quais eles realmente o adquirem, somos inevitavelmente levados a certas tradições divergentes de educação para a prática – tradições estas que se colocam fora dos currículos normativos das escolas ou paralelamente a eles.

Há tradições divergentes nas próprias escolas profissionais. Nas escolas de medicina e escolas modeladas, pelo menos em parte, com base na medicina, é comum encontrar-se um currículo dual. Quando residentes e estagiários sob a orientação de clínicos experientes trabalham com pacientes reais nas enfermarias, eles aprendem mais do que aplicar a ciência médica ensinada na sala de aula. Há pelo menos um reconhecimento implícito de que modelos de diagnóstico e tratamento baseados em pesquisa não podem funcionar até que os estudantes adquiram uma arte que está fora dos modelos e, de acordo com essa visão, muito comum em médicos já praticantes; o ensino prático em medicina está tão relacionado com a aquisição de uma arte autônoma de prática clínica quanto com o aprendizado da aplicação de teoria oriunda da pesquisa.

Além dos limites das escolas profissionais, há outras tradições divergentes de educação para a prática. Há o aprendizado na indústria e no artesanato. Há o treinamento de atletas. E, talvez mais importante, há os conservatórios de música e dança e os ateliês de artes plásticas e visuais. O talento artístico para pintores, escultores, músicos, dançarinos e *designers* possui uma semelhança muito grande com o de advogados, médicos, administradores e professores extraordinários. Não é por acaso que os professores freqüentemente se referem a uma "arte" do ensino ou da administração e usam o termo *artista* para referir-se a profissionais especialmente aptos a lidar com situações de incerteza, singularidade e conflito.

Na educação para as artes, encontramos pessoas aprendendo o *design*, a *performance* e a produção, através do engajamento em *design, performance* e produção. Tudo é ensino prático. O conhecimento profissional, no sentido dos conteúdos da ciência e do conhecimento acadêmico aplicado, ocupa um lugar marginal – se é que está presente – nos limites do currículo. A ênfase é posta na aprendizagem através do fazer, a qual John Dewey descreveu, há muito tempo, como a "disciplina primeira ou inicial": "O reconhecimento do curso natural do desenvolvimento(...) sempre envolve situações nas quais se aprende fazendo. As artes e as ocupações formam o estágio inicial do currículo, correspondendo a saber como atingir os fins" (Dewey, 1974, p. 364).

Os estudantes aprendem por meio do fazer ou da *performance*, na qual eles buscam tornar-se especialistas, e são ajudados nisso por profissionais que – mais uma vez, nas palavras de Dewey – os iniciam nas tradições da prática: "Os costumes, métodos e padrões de trabalho da vocação constituem uma 'tradição'(...) e a iniciação nas tradições é o meio através do qual as forças dos aprendizes são liberadas e dirigidas" (1974, p.151). Ao estudante, não se pode *ensinar* o que ele precisa saber, mas se pode *instruir*. "Ele tem que *enxergar*, por si próprio e à sua maneira, as relações entre meios e métodos empregados e resultados atingidos. Ninguém mais pode ver por ele, e ele não poderá ver apenas 'falando-se' a ele, mesmo que o falar correto possa guiar seu olhar e ajudá-lo a ver o que ele precisa ver" (1974, p.151).

Há, com freqüência, uma forte sensação de mistério e magia na atmosfera – a magia daqueles que produzem grandes *performances*, o mistério do talento que cai caprichosamente, como graça divina, ora em um indivíduo, ora em outro. Há aqueles que simbolizam isso com suas grandes *performances* e a criança prodígio, cuja aparição ocasional dá mostras de sua contínua renovação. Nesse ambiente particularmente mágico, a função da instrução é controversa. Na ausência de talento, alguns instrutores acreditam que há pouco a ser feito. E, se há talento em abundância, é melhor ficar fora do caminho do estudante. Outros acreditam que estudantes talentosos podem aprender, através de algum tipo de contágio, pela exposição a mestres profissionais. Outros, ainda, abordam o aprender através do fazer como sendo uma iniciação disciplinada no estabelecimento e na solução de problemas de produção e *performance*.

Talvez, então, aprender *todas* as formas de talento artístico profissional dependa, pelo menos em parte, de condições semelhantes àquelas criadas nos ateliês e conservatórios: liberdade para aprender através do fazer, em um ambiente de risco relativamente baixo, com acesso a instrutores que iniciem os estudantes nas "tradições da vocação" e os ajudem, através da "fala correta", a ver por si próprios e à sua própria maneira o que eles mais precisam ver. Deveríamos, então, estudar a experiência de aprender por meio do fazer e o talento artístico da boa instrução. Deveríamos basear nosso estudo na hipótese de trabalho de que os dois processos são inteligentes e – dentro de limites a serem descobertos – inteligíveis. E deveríamos buscar exemplos, onde quer que pudéssemos encontrá-los – no currículo dual das escolas, nos aprendizados e nas atividades de ensino prático que os profissionais encontram ou criam para si mesmos e nas tradições divergentes de ateliê e conservatório.

O QUE ESTÁ POR VIR

Neste livro, explorarei um pouco das tradições desviantes da educação para o talento artístico e desenvolverei, a partir delas, uma visão geral do que chamarei de "ensino prático reflexivo" – um ensino prático voltado para ajudar os estudantes a adquirirem os tipos de talento artístico essenciais para a competência em zonas indeterminadas da prática. Argumentarei que as escolas profissionais devem repensar tanto a epistemologia da prática quanto os pressupostos pedagógicos sobre os quais seus currículos estão baseados e devem adaptar suas instituições para acomodar o ensino prático reflexivo como um elemento-chave da educação profissional.

Começarei com o ateliê de projetos de arquitetura. As faculdades de arquitetura são interessantes, porque ocupam um ponto intermediário entre as escolas profissionais e de arte. A arquitetura é uma profissão estabelecida, carregada de funções sociais importantes, mas é também uma arte, e as artes tendem a não estar bem-acomodadas na universidade contemporânea, dedicada à pesquisa. Mesmo que algumas escolas de arquitetura sejam instituições autônomas, a maioria existe dentro de uma universidade, onde tendem a ser marginais, isoladas e de *status* duvidoso – quanto mais prestigiada a universidade, mais dúbio o *status*. Em seus currículos, podem ser ensinadas algumas ciências aplicadas, embora o *status* de tais ciências seja muitas vezes como os "ciclos de insucessos" dos estudantes evoluem e são, às vezes, ambíguo e controvertido. Em sua maior parte, contudo essas escolas preservam uma tradição de ateliê de projetos, baseada na arte do *design*.

Escolhi concentrar-me no ateliê de projetos de arquitetura, porque tive a oportunidade de estudá-lo com certa profundidade e também porque me convenci de que o projeto de arquitetura é um protótipo do tipo de talento artístico que outros profissionais mais precisam adquirir, e o ateliê de projetos, com seu padrão característico de aprendizagem através do fazer e da instrução, exemplifica as situações inerentes a qualquer aula prática reflexiva e as condições e os processos essenciais para seu sucesso. Dessa forma, outras escolas profissionais podem aprender com a arquitetura.

Na Parte 2 deste livro, que é dedicada exclusivamente ao ateliê de projetos, trabalharei com os seguintes temas:

- *A atividade de* projeto *como uma forma de talento artístico.* Quais são os tipos de conhecimento que estão em funcionamento na arquitetura?
- *Tarefas e dilemas fundamentais de um ateliê de projetos.* Como deveríamos explicar a sensação de confusão e mistério que permeia as primeiras etapas de um ateliê de projetos? Em que sentido as competências do projeto são passíveis de ser ensinadas ou aprendidas? Quais são os papéis e as tarefas características de estudantes e instrutores no ateliê?
- *Diálogo entre estudante e instrutor.* Se pensarmos na interação entre estudante e instrutor como uma relação em que as mensagens são enviadas, recebidas e interpretadas, quais são as formas de comunicação disponíveis a estudantes e instrutor? De que fatores depende a eficácia da comunicação?
- *Formas de diálogo.* Quais são alguns dos principais modelos de interação comunicativa entre instrutor e estudante? Para que tipos de aprendizagem eles são particularmente adequados?
- *Instrutor e estudante como praticantes do conhecimento profissional.* Dependendo das formas de diálogo em uso no ateliê, o estudante e o instrutor estão sujeitos a diferentes conjuntos de demandas complementares. Quais são os problemas característicos que eles são chamados a resolver em suas interações um com o outro?
- *Instrução do talento artístico.* Instrutores de projeto que são bons em seu trabalho demonstram um tipo de talento artístico que lhes é peculiar. Quais são esses padrões distintivos de conhecimento?
- *Obstáculos à aprendizagem.* Quais são algumas das formas em que o diálogo entre o estudante e o instrutor pode dar errado? Que competências podem superar tais obstáculos à aprendizagem?

Pelo estudo desses temas no contexto do ateliê de projetos de arquitetura, esboçarei as principais características de um ensino prático reflexivo, aplicável à educação para o talento artístico em outras profissões.

Nas Partes 3 e 4, testarei e desenvolverei minha reflexão sobre um ensino prático reflexivo através da descrição e da análise de quatro casos tomados de outros campos: uma *master class* em *performance* musical, exemplos de supervisão psicanalítica, seminários de "teoria da ação", que Chris Argyris e eu coordenamos durante sete anos, para ajudar estudantes a aprenderem habilidades de consultoria interpessoal e organizacional, e introdução a um currículo central em um departamento de planejamento urbano. Em cada um desses casos, mostrarei que os estudantes estão tentando adquirir – e os instrutores, ajudando-os a adquirir – um tipo de talento artístico que é uma atividade de *design*. Os dilemas e os padrões característicos do ateliê de projetos também são centrais à educação para o talento artístico em outros campos. Os alunos aprendem fazendo, e os instrutores são mais orientadores do que professores. Nos estágios iniciais do ensino prático, reinam a confusão e o mistério. A passagem gradual à convergência de significado é mediada – quando acontece – por um diálogo distintivo entre o estudante e o instrutor, no qual a descrição da prática está entrelaçada com a *performance*, e as interações complexas entre estudante e instrutor tendem a conformar-se em uns poucos modelos básicos, cada um adequado a diferentes contextos e tipos de aprendizado. Nesses termos, descreverei a prática do ensino prático, as múltiplas demandas colocadas para aqueles que dela participam e os tipos de instrução para o talento artístico – incluindo o talento através do qual os dilemas previsíveis à aprendizagem podem ser superados.

Além disso, cada um dos exemplos a serem analisados nas Partes 3 e 4 levanta suas próprias questões e considerações.

A *master class* em *performance* musical relaciona-se mais intimamente com o ateliê de projetos. Os dois tipos de ensino prático exemplificam tradições desviantes da educação para o talento artístico e oferecem exemplos intimamente relacionados de modelos de diálogo e de formas de instrução para a competência. Ao mesmo tempo, eles revelam diferenças importantes, que podem ser atribuídas a seus meios e conteúdos substancialmente diferentes.

A supervisão psicanalítica é um grande passo que se afasta dos exemplos anteriores, mas é também um tipo de *design*. De uma perspectiva construcionista, os analistas são ouvintes ativos que constroem os significados do material de seus pacientes e tentam construir um relacionamento especial, que conduza aos distintos usos psicanalíticos da transferência. De forma semelhante, a supervisão psicanalítica pode ser entendida como um ensino prático reflexivo, na qual o terapeuta estudante e o supervisor criam paralelismos – um com a prática do outro, dentro e fora da aula prática – no que eles se baseiam para estimular ou impedir o trabalho de aprender e instruir.

Esses paralelismos, e a sala de espelhos que eles possibilitam, são também inerentes aos seminários sobre a "teoria da ação". Aqui, no entanto, porque teremos acesso às informações sobre as experiências durante longos períodos de tempo, poderemos estudar ciclos de longo prazo de aprendizagem e instrução. Examinaremos como os "ciclos de insucessos" dos estudantes evoluem e são, às vezes, transcendidos e de que forma os instrutores aprendem a partir de tantas experiências de ensino prático.

Finalmente, no caso da introdução a um novo núcleo de currículo em um departamento de planejamento urbano, teremos condições de explorar as formas nas quais o contexto institucional de uma escola profissional resiste à criação de um ensino prático e, ao mesmo tempo, tem potencial para seu desenvolvimento.

A partir do estudo desses vários exemplos e experimentos, montarei os esboços de uma teoria do ensino prático como veículo de educação para o talento artístico – uma resposta ao dilema de faculdades cada vez mais conscientes da necessidade de preparar os estudantes para a competência em zonas indeterminadas da prática.

Contudo, antes de passar para as Partes 2, 3 e 4, apresentarei uma análise mais geral do talento artístico na prática e uma reflexão mais geral sobre as funções de uma prática reflexiva.

Capítulo 2

Ensinando o Talento Artístico através da Reflexão-na-Ação

CONHECER-NA-AÇÃO

Tenho usado o termo *talento artístico profissional* para referir-me aos tipos de competência que os profissionais demonstram em certas situações da prática que são únicas, incertas e conflituosas. Observe, no entanto, que o talento artístico é uma variante poderosa e esotérica do tipo mais familiar de competência que todos nós exibimos no dia-a-dia, em um sem-número de atos de reconhecimento, julgamento e *performance* habilidosa. O que chega a ser surpreendente sobre esses tipos de competência é que eles não dependem de nossa capacidade de descrever o que sabemos fazer ou mesmo considerar, conscientemente, o conhecimento que nossa ações revelam. Como já observou Gilbert Ryle, "O que distingue a operação sensata daquela sem sentido não é a sua origem, mas os seus procedimentos, e isso não é menos verdadeiro para as *performances* intelectuais do que para as práticas. 'Inteligente' não pode ser definido em termos como 'intelectual', ou o 'saber *como* fazer' em termos de 'saber *que*'. O 'pensar o que estou fazendo' não implica 'ao mesmo tempo, pensar o que fazer e fazê-lo'. Quando faço algo de forma inteligente(...) estou fazendo uma coisa e não duas. Minha *performance* tem um procedimento ou uma maneira especial, e não antecedentes especiais" (1949, p. 32). Por razões semelhantes, meu falecido amigo Raymond H. Hainer falava de "saber mais do que se pode dizer", e Michael Polanyi, em *The Tacit Dimension* (1967), cunhou o termo *conhecimento tácito*.

Polanyi escreveu, por exemplo, sobre a virtuosidade extraordinária com a qual reconhecemos os rostos das pessoas que nos são familiares. Ele chamou a atenção para o fato de que, quando notamos um rosto familiar na multidão, nossa experiência de reconhecimento é imediata. Em geral, não estamos conscientes de qualquer raciocínio anterior ou de qualquer comparação desse rosto com outros rostos guardados na memória. Nós simplesmente vemos o rosto da pessoa que conhecemos. E se alguém nos perguntasse de que forma o fazemos, ou seja, como distinguimos um rosto particular de centenas de outros mais ou menos semelhantes a ele, provavelmente responderíamos que não sabemos. Normalmente, não somos capazes de construir uma lista de características específicas *desse* rosto, distintas das outras à volta dele; e, mesmo se pudéssemos fazê-lo, o caráter imediato de nosso reconhecimento sugeriria que ele não acontece por uma listagem de características.

Polanyi também descreveu nossa extraordinária apreciação tátil das superfícies dos materiais. Se nos perguntam o que sentimos ao explorar a superfície de uma mesa com a mão, podemos dizer que sentimos a mesa lisa, áspera, fria, pegajosa ou escorregadia, mas é improvável que digamos que sentimos uma certa compressão ou abrasão nas pontas dos dedos. No entanto, deve ser desse tipo de sensação que recebemos nossa apreciação das qualidades da superfície da mesa. Nas palavras de Polanyi, nossa percepção parte *das* sensações nas pontas dos dedos *para* as qualidades da superfície. Da mesma forma, quando usamos um graveto para explorar um buraco em uma parede de pedra, prestamos atenção não nas impressões do graveto nas pontas dos dedos ou nas palmas das mãos, mas sim nas qualidades do buraco – sua forma e tamanho, as superfícies das pedras em torno dele – as quais apreendemos através dessas impressões tácitas. Capacitar-se no uso de uma ferramenta é aprender a apreciar, diretamente e sem raciocínio intermediário, as qualidades dos materiais que apreendemos *através* das sensações tácitas da ferramenta em nossas mãos.

Tais processos de reconhecimento e apreciação, muitas vezes, tomam a forma de julgamentos normativos. No próprio ato através do qual reconhecemos algo, também percebemos esse algo como "certo" ou "errado". Chris Alexander (1968) descreveu como os artesãos reconhecem o desajuste de um elemento em relação a um padrão geral – seu exemplo mais famoso é a confecção de xales dos camponeses eslovacos – sem que haja a menor habilidade ou necessidade de descrever as normas que eles consideram ter sido violadas. E Geoffrey Vickers (1978), ao comentar o exemplo de Alexander, observou que não só no julgamento artístico, mas em todos os nossos julgamentos ordinários das qualidades das coisas, somos capazes de reconhecer e descrever desvios de alguma norma de forma muito mais clara do que a própria norma.

Tal capacidade parece ter muito a ver com a maneira como aprendemos novas habilidades. Um professor de tênis que conheço escreve, por exemplo, que ele sempre começa tentando ajudar seus alunos a terem a sensação de "bater certo na bola". Uma vez que eles tenham reconhecido essa sensação e gostado dela, e aprendam a distingui-la das várias sensações associadas com "bater errado na bola", eles começam a ser capazes de detectar e corrigir seus próprios erros. E, em geral, não são capazes e não precisam descrever como é essa sensação ou por que meios eles a produzem.

Médicos habilidosos falam da capacidade de reconhecer uma doença específica, de vez em quando, no momento em que uma pessoa atingida por ela entra no consultório. O reconhecimento vem imediatamente, como um todo, e embora o médico possa descobrir mais tarde, em sua investigação, que o paciente apresenta todo um conjunto de sintomas para seu diagnóstico, ele, muitas vezes, não é capaz de dizer que sintoma especificamente foi responsável por seu julgamento imediato.

Chester Barnard escreveu, no apêndice de *The Functions of the Executive* (1938/1968), sobre os "processos não-lógicos" através dos quais realizamos julgamentos habilidosos, decisões e ações que tomamos espontaneamente, sem que possamos declarar as regras ou os procedimentos que seguimos. Um garoto que tenha aprendido a atirar uma bola, por exemplo, faz julgamentos imediatos sobre a distância e coordena-os com os julgamentos imediatos envolvidos no ato de atirar a bola, mesmo que não possa dizer como o faz ou mesmo a distância que estima. Uma aluna do ensino médio que tenha aprendido a resolver equações biquadradas pode efetuar uma série de operações espontaneamente, sem que seja capaz de dar uma descrição precisa dos procedimentos que segue para fazê-las. Um contador experiente, conhecido de Barnard, podia "pegar uma folha de balanço de considerável complexidade e, em questão de minutos ou mesmo segundos, obter um conjunto de fatos significativos sobre ela" (p. 306), embora não fosse capaz de descrever em palavras os julgamentos e os cálculos que utilizava em sua operação.

De forma semelhante, aprendemos a executar atividades complexas, como arrastar-nos, caminhar, fazer malabarismo ou andar de bicicleta, sem poder dar uma descrição verbal, ainda que grosseiramente adequada, da nossa *performance* real. Na verdade, se nos perguntarem como fazemos tais ações, tendemos a dar respostas erradas, de modo que, se estivéssemos agindo de acordo com elas, iriam causar-nos problemas. Quando se pergunta às pessoas que sabem andar de bicicleta, por exemplo, como não cair quando a bicicleta começa a inclinar-se para a esquerda, algumas dirão que se reequilibram movendo a roda à direita. Se elas realmente o fizessem, provavelmente cairiam. Felizmente, o conhecimento implícito em suas ações é incoerente com sua descrição.

Usarei a expressão *conhecer-na-ação* para referir-me aos tipos de conhecimento que revelamos em nossas ações inteligentes – *performances* físicas, publicamente observáveis, como andar de bicicleta, ou operações privadas, como a análise instantânea de uma folha de balanço. Nos dois casos, o ato de conhecer está *na* ação. Nós o revelamos pela nossa execução capacitada e espontânea da *performance*, e é uma característica nossa sermos incapazes de torná-la verbalmente explícita.

Apesar disso, é possível, às vezes, através da observação e da reflexão sobre nossas ações, fazermos uma descrição do saber tácito que está implícito nelas. Nossas descrições serão de diferentes tipos, dependendo de nossos propósitos e das linguagens disponíveis para essas descrições. Podemos fazer referência, por exemplo, às seqüências de operações e procedimentos que executamos; aos indícios que observamos e às regras que seguimos; ou aos valores, às estratégias e aos pressupostos que formam nossas "teorias" da ação.

Qualquer que seja a linguagem que venhamos a empregar, nossas descrições do ato de conhecer-na-ação são sempre *construções*. Elas são sempre tentativas de colocar de forma explícita e simbólica um tipo de inteligência que começa por ser tácita e espontânea. Nossas descrições são conjecturas que precisam ser testadas contra observações de seus originais, dos quais, pelo menos em um certo aspecto, elas provavelmente distorcerão. Porque o processo de conhecer-na-ação é dinâmico, e os "fatos", os "procedimentos" e as "teorias" são estáticos. Quando sabemos como pegar uma bola, por exemplo, antecipamos a vinda da bola pela forma como estendemos e colocamos nossas mãos em concha e pelos ajustes seqüenciais que fazemos à medida que a bola se aproxima. Pegar uma bola é uma atividade contínua, na qual consciência, apreciação e ajuste fazem seu papel. Da mesma forma, serrar em uma linha traçada com lápis requer um processo mais ou menos contínuo de detecção e correção de desvios da linha. De fato, é esse ajuste e essa expectativa seqüenciais, essas contínuas detecção e correção de erro que nos levam, em primeiro lugar, a chamar a atividade de "inteligente". *Conhecer* sugere a qualidade dinâmica de conhecer-na-ação, a qual, quando descrevemos, convertemos em *conhecimento*-na-ação.

REFLEXÃO-NA-AÇÃO

Quando aprendemos a fazer algo, estamos aptos a executar seqüências fáceis de atividade, reconhecimento, decisão e ajuste sem ter, como se diz, "que pensar a respeito". Nosso ato espontâneo de conhecer-na-ação geralmente nos permite dar conta de nossas tarefas. No entanto, nem sempre é bem assim. Uma rotina comum produz um resultado inesperado, um erro teima em resistir à correção, ou, ainda que ações comuns produzam resultados comuns, há algo nelas que nos parece estranho, porque passamos a vê-las de uma outra maneira. Todas essas experiências, agradáveis e desagradáveis, contém um elemento de *surpresa*. Algo não está de acordo com nossas expectativas. Em uma tentativa de preservar a constância de nossos padrões normais de conhecer-na-ação, podemos responder à ação colocando-a de lado, ignorando seletivamente os sinais que a produzem. Ou podemos responder a ela através da reflexão e temos duas formas de fazê-lo.

Podemos refletir sobre a ação, pensando retrospectivamente sobre o que fizemos, de modo a descobrir como nosso ato de conhecer-na-ação pode ter contribuído para um resultado inesperado. Podemos proceder dessa forma após o fato, em um ambiente de tranqüilidade, ou podemos fazer uma pausa no meio da ação para fazer o que Hannah Arendt (1971) chama de "parar e pensar". Em ambos os casos, nossa reflexão não tem qualquer conexão com a ação presente. Como alternativa, podemos refletir no meio da ação, sem interrompê-la. Em um *presente-da-ação*, um período de tempo variável com o contexto, durante o qual ainda se pode interferir na situação em desenvolvimento, nosso pensar serve para dar nova forma ao que estamos fazendo, enquanto ainda o fazemos. Eu diria, em casos como este, que refletimos-*na*-ação.

Recentemente, por exemplo, construí um portão de estacas de madeira e correias. Eu havia feito um desenho e pensado sobre as dimensões que queria, mas não havia avaliado o problema de como manter firme o formato quadrado da estrutura. À medida que comecei a pregar as correias às estacas, notei uma oscilação. Eu sabia que a estrutura iria tornar-se rígida quando eu pregasse uma peça em diagonal, mas como poderia ter certeza de que ela formaria um quadrado? Veio-me à mente uma vaga lembrança a respeito das diagonais: em um retângulo, as diagonais são iguais. Peguei um metro de madeira, com a intenção de medir as diagonais, mas descobri que não poderia usá-lo sem mover a estrutura. Ocorreu-me usar um pedaço de corda. Então, notei que, para medir as diagonais, eu precisava da exata localização de cada canto. Depois de várias tentativas, descobri que poderia localizar o ponto central de cada canto traçando diagonais ali (ver ilustração). Coloquei um prego em cada um dos quatro pontos centrais e usei os pregos como apoio para a corda usada para medir. Levei vários minutos para entender como ajustar a estrutura de forma a corrigir os erros que detectei pela medição. E, quando obtive as diagonais iguais, preguei um pedaço de corda para manter a estrutura imóvel.

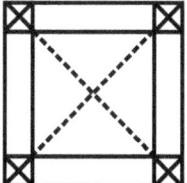

Aqui, em um exemplo que deve ter seus análogos nas experiências de carpinteiros amadores no mundo todo, minha forma intuitiva de desenvolver a tarefa levou-me a uma surpresa (a descoberta da oscilação), a qual interpretei como um problema. Durante a ação, inventei procedimentos para resolver o problema, descobri mais surpresas desagradáveis e produzi mais invenções corretivas, incluindo várias de menor importância, mas necessárias para levar adiante a idéia de usar uma corda para medir a diagonal. Podemos chamar esse processo de "tentativa e erro". Porém, as tentativas não se relacionam aleatoriamente umas com as outras. A reflexão sobre cada tentativa e seus resultados prepara o campo para a próxima. Tal padrão de investigação é melhor descrito como uma seqüência de "momentos" em um processo de reflexão-na-ação:

- Para começar, há uma situação de ação para a qual trazemos respostas espontâneas e de rotina. Elas revelam um processo de conhecer-na-ação que pode ser descrito em termos de estratégias, compreensão de fenômenos e formas de conceber uma tarefa ou problema adequado à situação. Conhecer-na-ação é um processo tácito, que se coloca espontaneamente, sem deliberação consciente e que funciona, proporcionando os resultados pretendidos, enquanto a situação estiver dentro dos limites do que aprendemos a tratar como normal.
- As respostas de rotina produzem uma surpresa – um resultado inesperado, agradável ou desagradável, que não se encaixa nas categorias de nosso conhecer-na-ação. Inerente à surpresa é o fato de que ela chama nossa atenção. Por exemplo, posso não ter sido surpreendido pela oscilação em meu portão porque não estava atento a ele. A estrutura poderia não ter ficado quadrada, e eu poderia nem ter notado.
- A surpresa leva à reflexão dentro do presente-da-ação. A reflexão é, pelo menos em alguma medida, consciente, ainda que não precise ocorrer por meio de palavras. Levamos em consideração tanto o evento inesperado como o processo de conhecer-na-ação que levou a ele, perguntando-nos "O que é isso?" e, ao mesmo tempo, "Como tenho pensado sobre isso?". Nosso pensamento volta-se para o fenômeno surpreendente e, ao mesmo tempo, para si próprio.
- A reflexão-na-ação tem uma função crítica, questionando a estrutura de pressupostos do ato de conhecer-na-ação. Pensamos criticamente sobre o pensamento que nos levou a essa situação difícil ou essa oportunidade e podemos, neste processo, reestruturar as estratégias de ação, as compreensões dos fenômenos ou as formas de conceber os problemas. Em meu exemplo, a surpresa desencadeada ao observar a oscilação levou-me a conceber um novo problema: "Como manter o portão no esquadro?".

• A reflexão gera o experimento imediato. Pensamos um pouco e experimentamos novas ações com o objetivo de explorar os fenômenos recém-observados, testar nossas compreensões experimentais acerca deles, ou afirmar as ações que tenhamos inventados para mudar as coisas para melhor. Com meu experimento da corda usada para medir, testei tanto minha compreensão do ajuste do formato como igualdade de diagonais quanto a eficácia dos procedimentos que eu havia inventado para determinar quando as diagonais são iguais. Experimentos imediatos podem funcionar, no sentido de proporcionar os resultados pretendidos, ou podem produzir surpresas que exijam uma maior reflexão e experimentação.

A descrição que dei é, certamente, idealizada. Os momentos de reflexão-na-ação raramente são tão claros, um em relação ao outro, como eu os descrevi. A experiência da surpresa pode apresentar-se de forma a parecer já interpretada. A crítica e a restruturação do ato de conhecer-na-ação pode ser resumida em um processo único. Contudo, independentemente da distinção de seus momentos ou da constância de sua seqüência, o que distingue a reflexão-na-ação de outras formas de reflexão é sua imediata significação para a ação. Na reflexão-na-ação, o repensar de algumas partes de nosso conhecer-na-ação leva a experimentos imediatos e a mais pensamentos que afetam o que fazemos – na situação em questão e talvez em outras que possamos considerar como semelhantes a ela.

A distinção entre os processos de reflexão-na-ação e de conhecer-na-ação pode ser sutil. Alguém que executa habilidosamente uma tarefa ajusta suas respostas às variações nos fenômenos. Nessa apreciação momento a momento de um processo, o indivíduo coloca em ação um vasto repertório de imagens de contextos e ações. Assim sendo, um arremessador de beisebol adapta seu estilo de arremesso às particularidades de um batedor específico ou de uma situação de jogo. Para opor-se às mudanças nas estratégias de um oponente, um jogador de tênis executa variações em seu jogo em frações de segundos. Pode-se dizer, em casos como este, que o executante responde à *variação*, ao invés da *surpresa*, porque as mudanças no contexto e na resposta nunca ultrapassam as fronteiras do familiar.

Todavia, em um processo que pode parecer, de fora, como aqueles descritos acima, um executante habilidoso pode integrar a reflexão-na-ação no decorrer de uma tarefa em andamento. Ouvi recentemente a história de um violoncelista que havia sido convidado para participar da execução de uma nova peça de música de câmara. Por motivos de saúde, ele perdeu os primeiros ensaios e apareceu somente na véspera da apresentação. Sentou-se com os outros músicos e leu, à primeira vista, a difícil partitura, executando a música tão bem que o maestro não precisou mudar a data da apresentação. À medida que o músico lia o arranjo, ele não poderia saber ao certo aonde a música estava indo. Ainda assim, deve ter sentido, a cada momento, a direção de seu desenvolvimento, assimilando em sua própria execução as linhas de desenvolvimento já traçadas por outros. Ele deve ter encontrado surpresas para as quais formou, de imediato, uma interpretação guiada por seu sentido emergente a respeito do todo. E essa execução deixou-o com uma compreensão renovada da peça e de como tocá-la que ele revelaria na forma de conhecer-na-ação no dia da apresentação.

Quando os bons músicos de *jazz* improvisam juntos, eles demonstram de forma semelhante uma reflexão-na-ação fluente, integrada à execução em andamento. Escutando um ao outro, e escutando a eles próprios, sentem aonde a música está indo e ajustam seu desempenho de acordo com isso. Uma figura anunciada por um músico será assumida por outro, elaborada e transformada em uma nova melodia. Cada músico faz invenções seqüenciais e responde a surpresas desencadeadas pelas invenções dos outros, mas o processo coletivo da invenção musical é organizado em torno de uma estrutura básica. Há um esquema comum de métrica, melodia e desenvolvimento harmônico que dá à peça uma ordem previsível. Além disso, cada músico tem à mão um repertório de figuras musicais em torno do qual ele pode tecer as variações, quando a oportunidade surge. A improvisação consiste em variar, combinar e recombinar um conjunto de figuras, dentro de um esquema que dá coerência ao todo da peça. À medida que os músicos sentem as direções nas quais a música está desenvolvendo-se, eles produzem novas compreensões dela. Refletem-na-ação sobre a música que estão produzindo coletivamente, ainda que isto não se dê, é claro, através das palavras.

O processo lembra os padrões conhecidos da conversação no dia-a-dia. Em uma boa conversa – em alguns aspectos, previsível, em outros, não – os participantes conhecem e desenvolvem temas da conversa, cada um emitindo variações de seu repertório de coisas a dizer. A conversação é uma improvisação verbal coletiva. Em alguns momentos, ela cai em rotinas convencionais – histórias com comentários e reações laterais, por exemplo, ou discussões – as quais se desenvolvem de acordo com um passo e ritmo de interação que os participantes parecem, sem deliberação consciente, desenvolver coletivamente, dentro de uma estrutura de divisão de trabalho que evolui. Outras vezes, pode haver surpresas, mudanças inesperadas de frase ou direções de desenvolvimento para as quais os participantes inventam respostas imediatas.

Em exemplos desse tipo, os participantes estão *fazendo* algo. A partir de materiais musicais e temas para falar, eles fazem uma peça musical ou uma conversa, um artefato com significado e coerência próprios. Sua reflexão-na-ação é uma conversação reflexiva com os materiais de uma situação – "conversação", agora em um sentido metafórico. Cada pessoa desenvolve seu próprio papel, em evolução, na *performance* coletiva, "escuta" as surpresas – ou, como direi, "respostas" – que resultam de movimentos anteriores e responde através da produção seqüencial de novos movimentos que dão novos significados e direções ao desenvolvimento do artefato. O processo lembra a descrição de Edmund Carpenter do escultor esquimó, esculpindo pacientemente um osso de rena, examinando a forma que emerge gradualmente e, finalmente, exclamando, "Ah, foca!".

Assim como o conhecer-na-ação, a reflexão-na-ação é um processo que podemos desenvolver sem que precisemos dizer o que estamos fazendo. Improvisadores habilidosos ficam, muitas vezes, sem palavras ou dão descrições inadequadas quando se lhes pergunta o que fazem. É claro que, sermos capazes de refletir-na-ação é diferente de sermos capazes de refletir sobre nossa reflexão-na-ação, de modo a produzir uma boa descrição ver-bal dela. E é ainda diferente de sermos capazes de refletir sobre a descrição resultante.

Contudo nossa reflexão sobre nossa reflexão-na-ação passada pode conformar indiretamente nossa ação futura. As reflexões de um zagueiro na segunda-feira de manhã podem estar cheias de significação se a pessoa que reflete é o zagueiro que jogará no próximo sábado – e jogará diferentemente por causa de seu jogo de segunda. Quando penso em minha experiência com o portão de madeira, é possível consolidar minha compreensão do problema, ou inventar uma solução melhor ou mais geral para ele. Nesse caso, minha reflexão presente sobre minha reflexão-na-ação anterior dá início a um diálogo de pensar e fazer através do qual posso tornar-me um carpinteiro mais habilidoso (embora continue sendo amador). Na verdade, como veremos nos capítulos seguintes, esses vários níveis e tipos de reflexão desempenham papéis importantes na aquisição do talento artístico.

PRÁTICA

Até aqui, neste capítulo, tenho feito mudanças de foco, do talento artístico habilidoso e esotérico da prática profissional até o mais mundano – mas não menos importante – talento artístico da vida cotidiana. Tenho feito isso no sentido de mostrar que atos de conhecer-na-ação e reflexão-na-ação entram em experiências de pensar e fazer que são compartilhadas por todos. Quando aprendemos o talento artístico de uma prática profissional, não importando o quão separada da vida cotidiana ela possa parecer, aprendemos novas maneiras de usar tipos de competências que já possuímos.

Contudo, o contexto de uma prática profissional é significativamente diferente de outros contextos, e os papéis de conhecer-na-ação e reflexão-na-ação, no talento artístico profissional, correspondentemente diferentes.

Everett Hughes, como já mencionei, definia o profissional como alguém que detém o conhecimento profissional em questões de alta importância humana (Hughes, 1959). Ele via a reivindicação do profissional em relação ao conhecimento profissional como envolvida em uma barganha com a sociedade. Em troca do acesso a seu conhecimento especial, o profissional recebe um mandato para exercer controle social nas questões de sua especialização, uma licença para determinar quem entrará em sua profissão e um grau relativamente alto de autonomia na regulamentação de sua prática. Assim, em uma íntima associação com a própria idéia de profissão, encontramos a idéia de uma comunidade de profissionais cujo conhecimento especial coloca-os à parte de outros indivíduos, em relação aos quais eles têm direitos e privilégios especiais.

Uma prática profissional é o domínio de uma comunidade de profissionais que compartilham, nos termos de John Dewey, as tradições de uma vocação. Eles compartilham convenções de ação que incluem meios, linguagens e ferramentas distintivas e operam dentro de tipos específicos de ambientes institucionais – o tribunal, a escola, o hospital e a empresa, por exemplo. Suas práticas são estruturadas em termos de tipos particulares de unidades de atividade – casos, pacientes, visitas ou aulas, por exemplo – e eles estão social e institucionalmente padronizados, de forma a apresentar ocorrências repetidas de tipos particulares de situações. Uma "prática" é feita de fragmentos de atividade, divisíveis em tipos mais ou menos familiares, cada um dos quais sendo visto como vocação para o exercício de certo tipo de conhecimento.

As pessoas que exercem uma profissão são diferentes entre si, é claro, em suas subespecialidades, nas experiências e nas perspectivas particulares que trazem para seu trabalho e em seus estilos de operação. Entretanto, elas também compartilham um corpo de conhecimento profissional explícito e organizado mais ou menos sistematicamente, que Geoffrey Vickers chamou de um "sistema apreciativo" – o conjunto de valores, preferências e normas em termos dos quais elas compreendem situações práticas, formulam objetivos e diretrizes para a ação e determinam o que constitui uma conduta profissional aceitável.

O processo de conhecer-na-ação de um profissional tem suas raízes no contexto social e institucionalmente estruturado do qual compartilha uma comunidade de profissionais. Conhecer-na-*prática* é exercitado nos ambientes institucionais particulares da profissão, organizados em termos de suas unidades de atividade características e seus tipos familiares de situações práticas e limitado ou facilitado por seu corpo comum de conhecimento profissional e seu sistema apreciativo.

Isso é o máximo que podemos dizer sem fazer referência explícita a uma epistemologia particular da prática profissional. Além desse ponto, no entanto, nossa visão do conhecimento de um profissional afetará em muito nossas descrições das funções e das interações entre conhecimento profissional e talento artístico profissional.

Na perspectiva da racionalidade técnica, como já indiquei, um profissional competente está sempre preocupado com problemas instrumentais. Ele busca os meios mais adequados para a conquista de fins fixos e não-ambíguos – na medicina, a saúde; no direito, o sucesso na disputa judicial; nos negócios, o lucro – e sua eficácia é medida pelo sucesso em encontrar, em cada instância, as ações que produzem os efeitos pretendidos, consistentes com seus objetivos. Nessa visão, a competência profissional consiste na aplicação de teorias e técnicas derivadas da pesquisa sistemática, preferencialmente científica, à solução de problemas instrumentais da prática.

Desse ponto de vista, podemos distinguir dois tipos de situações práticas e dois tipos diferentes de atos de conhecer apropriados a elas.

Há situações familiares, nas quais o profissional pode resolver o problema pela aplicação rotineira de fatos, regras e procedimentos derivados da bagagem de conhecimento profissional. No planejamento urbano, por exemplo, há regras não-oficiais, mas aceitas, pelas quais um planejador pode calcular, sob um dado zoneamento regulamentado, o número de vagas de estacionamento necessárias para cada apartamento de um edifício. Em medicina, há diagnósticos de rotina de pacientes e prescrições rotineiras para queixas comuns e simples.

Há, também, situações incomuns nas quais o problema não fica inicialmente claro e não há uma equivalência óbvia entre as características das situações e o conjunto de teorias e técnicas disponíveis. É comum, nesse tipo de situação, falar em "pensar como um médico" – ou advogado, ou administrador – para referir-se aos tipos de investigação pelas quais profissionais competentes aplicam conhecimentos disponíveis em situações práticas em que sua aplicação é problemática. Nesse caso, a seqüência comum da faculdade de direito leva os estudantes através de um processo que começa com a enunciação dos "fatos do caso" e continua através de padrões característicos de raciocínio que determinam quais questões legais estão centralmente em jogo no caso e que precedentes judiciais são mais pertinentes a ele. Da mesma forma, os estudantes de medicina aprendem a "analisar uma doença em questão" em que, começando por observações padronizadas, exames físicos, entrevistas e testes de laboratório, o estudante deve raciocinar e encontrar seu caminho até um diagnóstico plausível da doença do paciente e uma proposta de estratégia de tratamento.

Da perspectiva da racionalidade técnica, o "pensar como um _____" deve ser considerado como sendo uma investigação autogovernada. O profissional competente é visto seguindo regras para a obtenção de informações, inferência e teste de hipóteses, o que lhe permite tornar claras as conexões entre as situações que se apresentam e o corpo de conhecimento profissional em que tais conexões são inicialmente problemáticas. Presume-se que essas regras sejam explicáveis, onde elas já não estejam explícitas. Os "sistemas especializados", atualmente em voga na medicina clínica, assim como em outros campos, são tentativas de tornar explícitas as bases de informação, as regras e os procedimentos através dos quais o conhecimento profissional é aplicado a casos problemáticos particulares (Kassirer e Gorry, 1970).

Dentro dessa estrutura, há pouco espaço para a talento artístico profissional, exceto como uma questão de estilo, enxertada na especialização técnica. Pode-se reconhecer a existência de artistas profissionais capazes de entenderem situações únicas e incertas, mas não há forma de falar sensivelmente sobre seu talento artístico – exceto, talvez, dizer que eles estão seguindo regras que ainda não se tornaram explícitas.

Na epistemologia da prática alternativa sugerida neste livro, o talento artístico profissional é entendido em termos de reflexão-na-ação e cumpre um papel central na descrição da competência profissional.

Nessa visão, reconheceríamos como um caso-limite as situações nas quais é possível fazer uma aplicação rotineira das regras e dos procedimentos existentes a situações problemáticas específicas. Para além dessas situações, regras, teorias e técnicas conhecidas trabalham em instâncias concretas, por intermédio de uma arte que consiste em uma forma limitada de reflexão-na-ação. E, para além destas, reconheceríamos casos de diagnósticos problemáticos nos quais os profissionais não apenas seguem as regras da investigação, mas também, às vezes, respondem a descobertas supreendentes através da invenção imediata de novas regras. Esse tipo de reflexão-na-ação é fundamental para o talento artístico com o qual os profissionais, muitas vezes, compreendem situações incertas, únicas e conflituosas. Por exemplo:

- Um médico, sabendo que em torno de 85% dos casos que entram em seu consultório não estão "no manual", responde ao conjunto único de sintomas de um paciente inventando e testando um novo diagnóstico.
- Um pesquisador de mercado, monitorando as reações dos consumidores a um novo produto, descobre que eles encontraram usos para o produto que ele nunca tinha planejado e responde repensando o produto em termos das descobertas dos consumidores.

Em casos como esses, o profissional experimenta uma surpresa que o leva a repensar seu processo de conhecer-na-ação de modo a ir além de regras, fatos, teorias e operações disponíveis. Ele responde àquilo que é inesperado ou anômalo através da reestruturação de algumas de suas estratégias de ação, teorias de fenômeno ou formas de conceber o problema e inventa experimentos imediatos para testar suas novas compreensões. Ele comporta-se mais como um pesquisador tentando modelar um sistema especializado do que como um "especialista" cujo comportamento é modelado.

Na base dessa visão da reflexão-na-ação do profissional está uma visão *construcionista* da realidade com a qual ele lida – uma visão que nos leva a vê-lo construindo situações de sua prática, não apenas no exercício do talento artístico profissional, mas também em todos os outros modos de competência profissional.

A racionalidade técnica baseia-se em uma visão objetivista da relação do profissional de conhecimento com a realidade que ele conhece. Nessa visão, os fatos são o que são e a verdade das crenças é passível de ser testada estritamente com referência a elas. Todos os desacordos significativos são solucionáveis, pelo menos em princípio, tomando-se os fatos como referência. Todo o conhecimento profissional baseia-se em um alicerce de fatos.

Na visão construcionista, nossas visões, apreciações e crenças estão enraizadas em mundos construídos por nós mesmos, que viemos a *aceitar* como realidade. Comunidades de profissionais estão continuamente engajadas no que Nelson Goodman (1978) chama de "visão de mundo". Através de um sem-número de atos de atenção e desatenção, designação, compreensão, estabelecimento de limites e controle, eles vêem e mantêm os mundos que são adequados a seu conhecimento e *know-how* profissional. Eles estão em transação com seus mundos práticos, concebendo os problemas que surgem em situações práticas e moldando as situações para que sirvam nas concepções, concebendo seus papéis e construindo situações práticas que tornem operacionais os papéis que lhes cabem na concepção. Resumindo, eles têm uma maneira particular e profissional de ver o mundo e uma maneira de construir e manter o mundo da forma como o vêem. Quando os profissionais respondem a zonas indeterminadas da prática, sustentando uma conversação reflexiva com os materiais de suas situações, eles refazem parte de seu mundo prático e revelam, assim, os processos normalmente tácitos de construção de uma visão de mundo em que baseiam toda a sua prática.

ENSINO PRÁTICO

Quando alguém aprende uma prática, é iniciado nas tradições de uma comunidade de profissionais que exercem aquela prática e no mundo prático que eles habitam. Aprende suas convenções, seus limites, suas linguagens e seus sistemas apreciativos, seu repertório de modelos, seu conhecimento sistemático e seus padrões para o processo de conhecer-na-ação.

Pode-se fazer isso de várias maneiras. Raramente, é possível aprender a prática por conta própria, que é a forma como as pessoas, às vezes, aprendem a caça, a carpintaria ou a prática de crimes. Ele pode tornar-se um aprendiz de profis-sionais mais experientes, como ainda fazem muitos artesãos, trabalhadores industriais e outros. Ou pode entrar em uma atividade de ensino prático.

Aprender uma prática por conta própria tem a vantagem da liberdade – liberdade para experimentar sem os limites das visões recebidas de outros. Mas também oferece a desvantagem de exigir que cada aluno reinvente a roda, ganhando pouco ou nada da experiência acumulada de outros. A condição de aprendiz oferece a exposição direta às condições reais de prática e aos padrões de trabalho. Porém a maioria dos escritórios, fábricas, firmas e clínicas não está organizada para as tarefas exigentes da iniciação e da educação. As pressões por um bom desempenho tendem a ser altas; o tempo escasso, e os erros, caros. Profissionais experientes aprenderam, além disso, a esperar dos aprendizes que venham equipados com habilidades práticas rudimentares. No entanto, muitos iniciantes ainda se formam através da condição de aprendiz, e muitos profissionais e críticos experientes da educação profissional ainda a vêem como uma opção de método.

Um aula prática é um ambiente projetado para a tarefa de aprender uma prática. Em um contexto que se aproxima de um mundo prático, os estudantes aprendem fazendo, ainda que sua atividade fique longe do mundo real do trabalho. Eles aprendem assumindo projetos que estimulam e simplificam a prática ou projetos reais sob uma supervisão minuciosa. Uma aula prática é um mundo virtual, relativamente livre de pressões, distrações e riscos do mundo ao qual, no entanto, ele diz respeito. Fica no espaço intermediário entre o mundo prático, a camada "leiga" da vida ordinária e o mundo esotérico da academia. É, também, um mundo coletivo em si, com sua própria mistura de materiais, ferramentas, linguagens e apreciações. Incorpora maneiras particulares de ver, pensar e fazer que tendem, com o tempo, a ter sua autoridade cada vez mais reforçada na visão do estudante.

Quando uma estudante inicia uma aula prática, apresentam-se a ela, implícita ou explicitamente, certas tarefas fundamentais. Ela deve aprender a reconhecer a prática competente. Ela deve construir uma imagem dessa prática, uma apreciação de seu lugar na relação com essa prática e um mapa do caminho por onde ela pode chegar, de onde está, até onde quer estar. Ela deve aceitar os pressupostos implícitos daquela prática: que existe uma prática, que é boa o suficiente para ser aprendida, que ela é capaz de aprendê-la e que é representada, em suas características essenciais, pela aula prática. Ela deve aprender a "prática do ensino prático" – suas ferramentas, seus métodos, seus projetos e suas possibilidades – e assimilar, à prática, sua imagem emergente de como ela pode aprender melhor o que quer.

O trabalho do ensino prático é conseguido através de uma certa combinação do aprendizado do estudante pelo fazer suas interações com os instrutores e seus colegas e um processo mais difuso de "aprendizagem de fundo".

Os estudantes praticam em um duplo sentido. De forma simulada, parcial ou protegida, eles engajam-se na prática que desejam aprender; contudo, também praticam, como alguém pratica piano, os análogos, em seus campos, das escalas e dos arpejos do pianista. Eles fazem isso sob a orientação de um profissional experiente – um coordenador de ateliê, um médico supervisor ou um instrutor de estudo de caso, por exemplo. Às vezes, esses indivíduos podem ensinar no sentido convencional, comunicando informação, defendendo teorias, descrevendo exemplos de prática. No entanto, eles funcionam principalmente como instrutores cujas atividades principais são demonstrar, aconselhar, questionar e criticar.

A maioria das aulas práticas envolve grupos de estudantes que são, muitas vezes, tão importantes um para o outro quanto o instrutor. Às vezes, cumprem o papel dele. E o grupo é o meio através do qual eles podem imergir no mundo do ensino prático – o mundo abrangente de um ateliê de projetos arquitetônicos, um conservatório de música ou uma supervisão psicanalítica, por exemplo – aprendendo novos hábitos de pensamento e ação. A aprendizagem através de exposição e imersão, aprendizagem *de fundo*, acontece muitas vezes de maneira inconsciente, mesmo que um estudante possa tornar-se consciente disso mais tarde, quando entrar em um ambiente diferente.

Nossa visão do trabalho do ensino prático e das condições e do processo apropriados a ele depende, em parte, de nossa visão dos tipos de saber essenciais à competência profissional. Os tipos de saber descritos anteriormente, e suas diferentes perspectivas apresentadas, sugerem concepções diferentes de ensino prático.

Se concebermos o conhecimento profissional em termos de fatos, regras e procedimentos aplicados de forma não-problemática a problemas instrumentais, veremos o ensino prático, em sua totalidade, como uma forma de treinamento técnico. O trabalho do instrutor será comunicar e demonstrar a aplicação de regras e operações aos fatos da prática. Pode-se imaginar, nessa visão, uma aula prática para aprender uma linguagem de computação, técnicas de análise química ou métodos de análise estatística. Esperaríamos dos estudantes que assimilassem o material através da leitura, escuta e observação, familiarizando-se com exemplos e problemas práticos adequados às categorias apropriadas da teoria e da técnica. A instrução consistiria na observação da atuação dos estudantes, detectando-se erros de aplicação e apontando-se as respostas corretas.

Se concebermos o saber profissional em termos de "pensar como um" administrador, advogado ou professor, os estudantes ainda assim aprenderão fatos relevantes, mas aprenderão também as formas de investigação pelas quais os profissionais competentes raciocinam para encontrar, em instâncias problemáticas, as conexões entre conhecimento geral e casos particulares. Os exercícios comuns da sala de aula da faculdade de direito e da clínica médica exemplificam tal ponto de vista. Em uma atividade de ensino prático desse tipo, presume-se haver uma resposta certa para qualquer situação, algum item no corpo do conhecimento profissional que possa, afinal, encaixar-se no caso em questão. Porém, dependendo da visão que se tem de "pensar como um _____", os instrutores podem enfatizar tanto as regras da investigação quanto a reflexão-na-ação através da qual, ocasionalmente, os estudantes têm que desenvolver novas regras e métodos próprios.

Se nos concentrarmos nos tipos de reflexão-na-ação através dos quais os profissionais às vezes adquirem novas compreensões de situações incertas, únicas e conflituosas da prática, então iremos supor que o conhecimento profissional não resolve todas as situações e nem todo o problema tem uma resposta correta. Consideraremos que os estudantes devem aprender um tipo de reflexão-na-ação que vai além das regras que se podem explicitar – não apenas por enxergar novos métodos de raciocínio, como acima, mas também por construir e testar novas categorias de compreensão, estratégias de ação e formas de conceber problemas. Os instrutores enfatizarão zonas indeterminadas da prática e conversações reflexivas com os materiais da situação.

É importante acrescentar que o terceiro tipo de ensino prático não impede o trabalho do primeiro e do segundo. Talvez possamos aprender com a reflexão-na-ação, aprendendo primeiro a reconhecer e aplicar regras, fatos e operações-padrão; em seguida, a raciocinar a partir das regras gerais até casos problemáticos, de formas características daquela profissão, e somente, então, desenvolver e testar novas formas de compreensão e ação, em que categorias familiares e maneiras de pensar falham[1].

Atividades de ensino prático do terceiro tipo existem, em maior ou menor grau, nas tradições "desviantes" do ateliê ou do conservatório. Elas também são encontradas, às vezes, associadas com a condição de aprendiz ou – menos freqüentemente e geralmente sem legitimidade ou *status* formal – nas palestras, nas oficinas ou nos estágios das escolas profissionais. Essas atividades de ensino prático são reflexivas, no sentido de que estão voltadas para ajudar os estudantes a aprenderem a tornar-se proficientes em um tipo de reflexão-na-ação. Elas são reflexivas, como veremos, no sentido de que dependem, para sua eficácia, de um diálogo reciprocamente reflexivo entre instrutor e estudante. Eles e seus projetos, condutas, condições e dilemas característicos são o assunto dos próximos capítulos.

NOTA

1. Há duas questões, nesse ponto e elas têm igual importância. A primeira é que o ato de conhecer-na-ação característico de profissionais competentes em um campo profissional não é o mesmo que o conhecimento profissional ensinado nas faculdades. Em um dado caso, o relacionamento entre os dois tipos de conhecimento deveria ser tratado como uma questão aberta. O ato ordinário de conhecer-na-ação pode ser uma aplicação do conhecimento profissional baseado em pesquisa ensinado nas escolas, pode ser sobreposto a ele ou pode não ter nada a ver com ele. Esse argumento é semelhante ao usado por Charles Lindblom e David Cohen em *Usable Knowledge* (1979).
A segunda questão é que profissionais competentes, muitas vezes, têm a capacidade de gerar um novo processo de conhecer-na-ação, por meio da reflexão-na-ação desenvolvida em determinadas zonas da prática. As fontes de conhecer-na-ação incluem essa reflexão-na-ação e não são limitadas à pesquisa produzida pelas escolas profissionais das universidades.

PARTE 2

O Ateliê de Projetos Arquitetônicos como Modelo Educacional para a Reflexão-na-Ação

O talento artístico em arquitetura pode não parecer, à primeira vista, um protótipo da reflexão-na-ação para outras profissões. O ateliê de projetos pode parecer uma escolha estranha para servir como o protótipo de um ensino prático reflexivo. No entanto, os arquitetos estão preocupados fundamentalmente com o processo de projeto – na verdade, podem reivindicar, tanto quanto qualquer uma das profissões que envolvem *design* – e *design*, em uma concepção ampla, é o processo fundamental de exercício do talento artístico em todas as profissões.

Em *The Sciences of the Artificial*, Herbert Simon (1976) argumentou exatamente isso, mas sua visão de *design*, então, era muito diferente da que devo abordar aqui. Ele via o *design* como um processo instrumental de solucionar problemas: em sua mais pura e melhor forma, um processo de otimização. Essa visão ignora as funções mais importantes do *design* em situações de singularidade, incerteza e conflito, em que a solução instrumental de problemas – e certamente a otimização – ocupam um lugar secundário, se é que têm algum lugar. Vejo, ao contrário, o processo de *design* como um tipo de construção.

Arquitetos, paisagistas, *designers* de interior ou industriais produzem objetos físicos que ocupam espaços e têm forma plástica e visual. Em um sentido mais geral, um *designer* faz uma imagem – uma representação – de algo a ser trazido à realidade, tendo ou não sido concebido primeiramente em termos visuais, espaciais ou plásticos. O processo de *design*, em sentido mais amplo, envolve complexidade e síntese. Ao contrário dos analistas ou dos críticos, os *designers* juntam coisas e fazem com que outras coisas venham a existir, lidando, no processo, com muitas variáveis e limites, algumas conhecidas desde o início e outras descobertas durante o processo de projeto. Quase sempre, as ações dos *designers* têm mais consequências do que as pretendidas por eles. Eles jogam com variáveis, reconciliam valores conflitantes e manobram em torno de limitações – um processo no qual, ainda que alguns produtos de *design* possam ser superiores a outros, não há um conjunto único de respostas corretas.

Entre aqueles que abordaram o sentido mais amplo do *design*, alguns escolheram concentrar-se no gerenciamento da complexidade; outros, em imaginar um ideal a ser realizado na prática e outros, ainda, na busca dentro de um campo de limitações. Sem ignorar quaisquer dessas características, prefiro a visão de Dewey do *designer* como alguém que converte situações indeterminadas em determinadas. Começando com situações que são, pelo menos em parte, incertas, mal definidas, complexas e incoerentes ("bagunças", como as chamou Russel Ackoff, 1979), os *designers constroem* e impõem sua própria coerência. Posteriormente, eles descobrem conseqüências e implicações de suas próprias construções – algumas involuntárias – que apreciam e avaliam. Análise e crítica cumprem papéis críticos dentro do processo como um todo. Seu *design* é uma teia de ações projetadas e conseqüências e implicações descobertas, às vezes levando à reconstrução da coerência inicial – uma conversação reflexiva com os materiais de uma situação.

Os artistas constroem coisas e são, em um certo sentido, *designers*. Na verdade, os gregos antigos usavam o termo *poética* para referir-se ao estudo da construção das coisas – sendo que os poemas eram uma das coisas construídas. Os profissionais atuantes também são construtores de artefatos. Advogados constroem casos, argumentos, acordos e peças da legislação. Médicos constroem diagnósticos e sistemas de teste e tratamento. Planejadores constroem planos espaciais, políticas, arranjos reguladores e sistemas para a harmonização de interesses conflitantes. Os profissionais também são construtores no sentido mais geral, introduzido no capítulo anterior. Eles sistematizam problemas e moldam situações que sejam adequadas a seus métodos e concepções profissionais, constroem situações adequadas aos papéis que eles sistematizam e moldam os próprios mundos práticos de suas vidas profissionais.

Como construtores de artefatos, todas as pessoas que praticam uma atividade são profissionais do *design* e, dessa perspectiva, a arquitetura exemplifica o talento artístico profissional. Além disso, ela tem uma bimodalidade que lhe dá um interesse especial. Por um lado, é uma profissão utilitária, ocupada com o *design* funcional e a construção de ambientes para a atividade humana. Por outro, é uma arte que usa as formas das construções e a experiência das passagens através de seus espaços como meio de expressão estética. Na arquitetura, então, temos acesso ao protótipo da conversação reflexiva do *designer* com seus materiais e podemos observá-la tanto a serviço de valores funcionais como estéticos.

A arquitetura cristalizou-se como profissão antes do surgimento da racionalidade técnica e carrega consigo as sementes de uma visão anterior de conhecimento profissional. Talvez por essa razão, ela ocupe um lugar marginal na universidade contemporânea. Sua bimodalidade e sua dependência implícita em uma outra epistemologia da prática deixam a universidade desconfortável. Mesmo quando os arquitetos são tentados a implementar as linhas da ciência aplicada da universidade, eles não conseguem escapar do núcleo de talento artístico da profissão, porque vêem a si mesmos como *designers* e, mesmo que ciências auxiliares como mecânica de solos, climatologia e engenharia estrutural possam contribuir para tarefas especializadas de *design*, não há uma ciência geral do *design* que tenha uso prático. Assim a educação para a arquitetura ainda segue suas tradições de ateliê.

Os ateliês, em geral, são organizados em torno de projetos gerenciáveis de *design*, assumidos individual ou coletivamente, mais ou menos padronizados de forma similar a projetos tirados da prática real. Com o passar do tempo, eles criaram seus próprios rituais, como demonstrações dos coordenadores, sessões de avaliação de projetos e apresentações para bancas, todos ligados a um processo central de aprender através do fazer. E, como os instrutores de ateliê têm que fazer com que suas próprias abordagens sejam compreensíveis a seus alunos, o ateliê oferece um acesso privilegiado às reflexões dos *designers* sobre o processo de projeto. Ele é, ao mesmo tempo, um exemplo vivo e tradicional de ensino prático reflexivo.

Capítulo 3

O Processo de Projeto como Reflexão-na-Ação

Neste capítulo, irei explorar a conversação reflexiva do *designer* com seus materiais no contexto da elaboração do projeto de arquitetura. Escolhi descrever um evento em um ateliê de projetos – uma "avaliação de projetos" – porque é nesse tipo de evento que há mais probabilidades de que os esboços do processo de projeto sejam visíveis.[1]

O ambiente é um espaço semelhante a um sótão, no qual cada aluno de um grupo de 20 acomodou sua mesa de desenho, papel, livros, trabalhos e modelos. Esse é o espaço no qual os estudantes passarão muito tempo de suas vidas profissionais, às vezes conversando mas, na maior parte do tempo, envolvidos em buscas paralelas e privadas na tarefa comum do projeto. No início do semestre, Quist, coordenador do ateliê, deu um "programa" a cada estudante – um conjunto de especificações de projeto, nesse caso, para o projeto de uma escola elementar e uma descrição gráfica do local onde a escola deveria ser construída.

No decorrer do semestre, cada aluno deveria desenvolver sua própria versão do projeto, guardando seus resultados em esboços preliminares, estudos e modelos. No fim do semestre, haveria um encontro no qual os alunos apresentariam seus projetos a Quist e a um grupo de críticos externos (a "banca"). De tempos em tempos, durante o semestre, Quist fazia uma revisão de projeto com cada um dos alunos, e foi essa revisão, em nosso protocolo, que Quist conduziu com Petra.

Durante várias semanas, Petra trabalhou nas fases iniciais de seu projeto. Ela preparou alguns desenhos. Quist examina-os, enquanto Petra descreve como ela está "trancada".

Depois de algum tempo, Quist coloca uma folha de papel de desenho em cima dos croquis apresentados por ela e começa a desenhar sobre eles. Ele fala, à medida que vai desenhando. Ele diz, por exemplo:

O jardim de infância pode ir aqui...então você pode levar o nível da galeria até o fim – e dê uma olhada aqui...

Conforme Quist vai dizendo essas coisas, ele desenha, colocando o jardim de infância "aqui", no desenho, fazendo a linha que "leva o nível da galeria até o fim". Suas palavras não descrevem o que já está lá no papel, mas fazem um paralelo com o processo pelo qual ele faz o que está lá. Desenhar e conversar são formas paralelas de construir um projeto e, juntas, elas fazem o que eu chamo de linguagem do processo de projeto.

A linguagem do processo de projeto é uma linguagem de fazer arquitetura, um jogo de linguagem que Quist modela para Petra, mostrando a ela as competências que ele gostaria que ela adquirisse. Porém o discurso de Quist também é pontuado por parênteses nos quais ele fala sobre o ato de projetar. Ele diz, por exemplo:

Você deve começar com disciplina, mesmo sendo arbitrária.
O princípio é você trabalhar simultaneamente a partir da unidade e da totalidade e, então, entrar em ciclos.

Esses são exemplos de uma linguagem de projeto, uma metalinguagem através da qual Quist descreve algumas características do processo que está demonstrando e pelo qual ele introduz Petra, ainda que rapidamente, à reflexão sobre a ação de construir o projeto.

No protocolo que segue, os dois tipos de linguagem estão entrelaçados.

O PROTOCOLO

Esta apresentação de projeto dura em torno de 20 minutos e pode ser dividida em várias fases. Na primeira delas, Petra apresenta seus croquis preliminares e descreve os problemas que encontrou. Quist concebe novamente os problemas em seus próprios termos e prossegue demonstrando a construção de uma solução de projeto. Segue-se um breve intervalo de reflexão sobre o demonstrado até então. Depois Quist, estabelece os próximos pas-sos que Petra terá que seguir, incluindo um (o ajuste das coordenadas) que o faz tentar fazê-la olhar de forma diferente para a representação das declividades. Há, finalmente, uma conclusão da reflexão sobre tudo o que aconteceu antes.

A Apresentação de Petra

Petra: Não estou conseguindo passar da fase do diagrama. Fiz essa lista de problemas.
Tentei encaixar a forma do prédio nas formas do terreno – mas a forma não cabe na declividade. (Ela tem uma maquete com uma declividade levemente exagerada; eles discutem isso.)
Escolhi este lugar porque se relacionaria com o campo lá, mas a via de acesso está aqui. Então, decidi que o ginásio deve ficar aqui (mostrando um esboço do *layout* – ver ilustração a seguir). Meu *layout* ficou assim.
Quist: Houve outros grandes problemas?

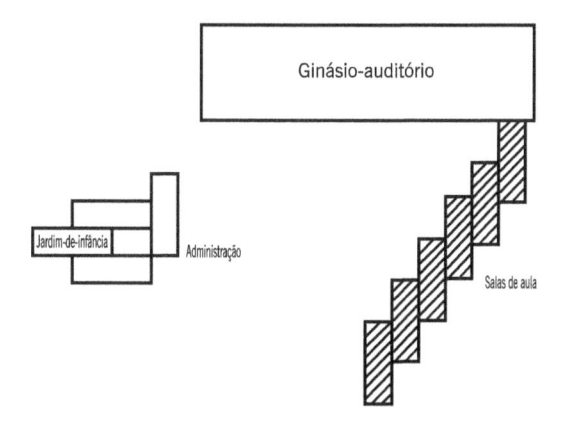

Petra: Eu tinha seis dessas salas de aula, mas elas eram muito pequenas em escala para fazer alguma coisa. Então, mudei para este *layout* mais significativo (as formas em L). Ele relaciona a primeira série com a segunda, a terceira com a quarta, a quinta com a sexta, que era o que eu queria fazer em termos educacionais, de qualquer forma. Aqui, tenho um espaço que é mais como uma casa. Terei um lado exterior/interior que pode ser usado e outro exterior/exterior que pode também ser usado – então, ele se abre para a biblioteca/espaço de línguas.

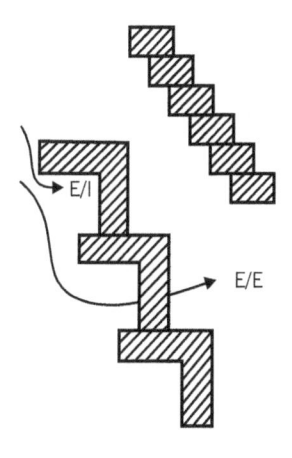

Q: Isto está em escala?
P: Sim.
Q: Certo, digamos que tenhamos introduzido a escala. Contudo, no próximo esquema, onde está o norte? (Ele desenha seu diagrama de orientação.)

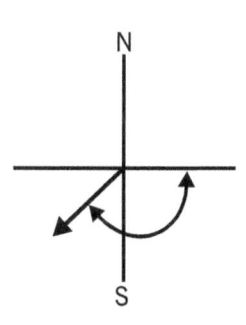

(Mostrando orientação preferencial)

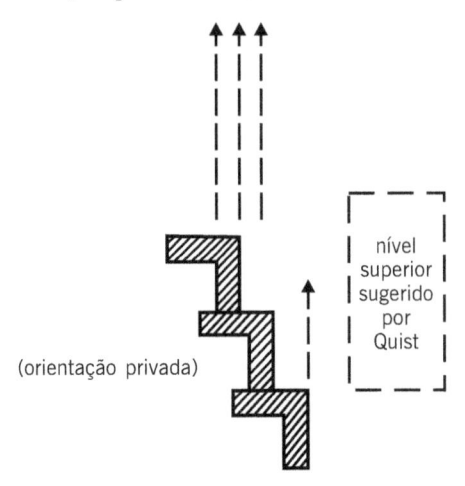

(orientação privada)

nível superior sugerido por Quist

P: Essa é a rua que vem aqui, e eu achei que o retorno seria em algum lugar por aqui.

Petra levou a sério os contornos do terreno, aceitando a norma de que a forma do prédio e os contornos do terreno devem estar de acordo. Em seus croquis, ela tentou experimentar o "encaixe" da forma do prédio dentro dos contornos das linhas de nível, mas a experiência falhou, daí o problema.

Petra também fez experiências com o tamanho e a disposição de suas salas de aula. Ela descobriu que as salas devem alcançar um princípio de escala, de modo que sejam suficientemente significativas para o projeto. Ao reagrupar as seis salas de aula menores em três unidades maiores em forma de L, ela experimentou uma "escala mais significativa". Porém, ao fazê-lo, também colocou próximos uns dos outros os espaços que contêm as pessoas que mais devem encontrar-se umas com as outras e criou uma "casa", que parece um bom lugar para se estar, um espaço exterior privado que pode ser usado pelas crianças e um espaço interno que se relacione, talvez, com a circulação da escola.

A Nova Concepção do Problema Produzida por Quist

Q: Veja, isso ofereceria a você uma orientação privada daqui e geraria geometria nesta direção. Seria uma paralela...
P: É, eu tinha pensado em 7 metros...
Q: Você deveria começar com uma disciplina, mesmo que seja arbitrária, porque o local é tão confuso – sempre dá para amenizá-la mais tarde.

O principal problema, na visão de Quist, não é adequar a forma do prédio à da declividade, pois o terreno é muito "confuso" para tanto. Ao invés disso, deve ser dada coerência ao local, na forma de uma geometria – uma "disciplina" – que lhe possa ser imposta. Na fase restante desse protocolo, Quist ensaia as conseqüências de tal tentativa.

A demonstração de Quist irá centrar-se, agora, no problema de coordenar a geometria, construída, com os contornos "confusos" do declive. Entretanto a geometria pode ser "aberta" de novo. Acho que isso quer dizer que se pode dissolver a disciplina original para tentar uma outra e que se pode, mais tarde, violar a disciplina original. Na metáfora de Quist, a geometria é um tipo de armação que, uma vez construída, pode ser aberta em alguns locais. Ele falará muitas vezes da necessidade de "suavizar" uma disciplina consistente, afastando-se conscientemente dela.

A Demonstração de Quist

> *Q*: Nesta direção, sendo que aqui é a parte baixa do terreno e aqui, a colina, aquilo ali poderia, então, ser a passagem, que pode gerar um nível mais elevado que desceria em dois caminhos.
> (Um caminho partindo da sala de aula) Temos aqui um potencial de diferenciação total de uma extremidade da sala de aula até a extremidade oposta. Há, no máximo, 5 metros, certo? Então, temos intervalos de 1,5 metro que, para uma criança, é a altura máxima, certo? Este corte aqui poderia gerar recantos, e a diferenciação entre esta unidade e esta estaria em dois níveis.

Os esboços da Figura 3.1 ajudarão a esclarecer o que está acontecendo nessa passagem. Quist continua a afastar a imposição de uma geometria de duas dimensões das salas de aula em forma de L nos contornos tridimensionais "acidentados" da topografia. As salas de aula em forma de L são cavadas no talude, como no croqui A. O "potencial de diferenciação", como mostrado em corte do croqui B, é a diferença total em altura do topo da sala de aula, ponto mais alto do talude, até o fundo da sala de aula, que é o ponto mais baixo da topografia. A "altura máxima de 5 metros" é dada pelo caimento total da topografia, na distância ocupada pelas três salas de aula. A topografia é agora dividida em três níveis, um para cada sala de aula, como em B. C mostra o "intervalo" do piso em um nível, até o telhado da sala de aula, que fica no próximo nível rebaixado. O telhado da sala de aula subirá 1,5 metro acima do piso do próximo nível elevado e, já que 1,5 metro é a "altura máxima para uma criança", as crianças poderão ficar nos "recantos" (esboço C), que estão aproximadamente à mesma altura da criança mais alta.

Um experimento de desenho foi conduzido, e seu resultado confirma parcialmente a maneira como Quist organizou salas de aula em forma de L na declividade incoerente. As salas de aula agora fluem declive abaixo em três planos, criando recantos protegidos, de "altura máxima para uma criança", em cada nível. Eles são vistos por Quist como "recantos", algo que ele não poderia ter feito se a diferença de nível fosse muito mais ou muito menos do que 1,5 metro. Dizer que o corte "pode formar recantos" é conferir a esses espaços um valor especial, tornado possível pelas diferenças de nível, e é isso que confirma parcialmente a primeira ação de Quist.

> *Q*: Você daria preferência a isso como um recinto que abre aqui e aqui, e, é claro, teríamos uma parede – no interior poderíamos ter uma parede ou degraus que se comunicassem com a parte de baixo. Bem, isso pode acontecer aqui ou aqui, e você terá que investigar de que forma deveria ou poderia ser. Se acontecesse dessa forma, a galeria seria no sentido norte, mas acho que a galeria pode ser um tipo de jardim, um tipo de pano de fundo mais discreto.
> A pré-escola pode ficar aqui – o que pode indicar que a administração, aqui... – mais ou menos o que você tem aqui – então, isso funciona bem com os níveis.

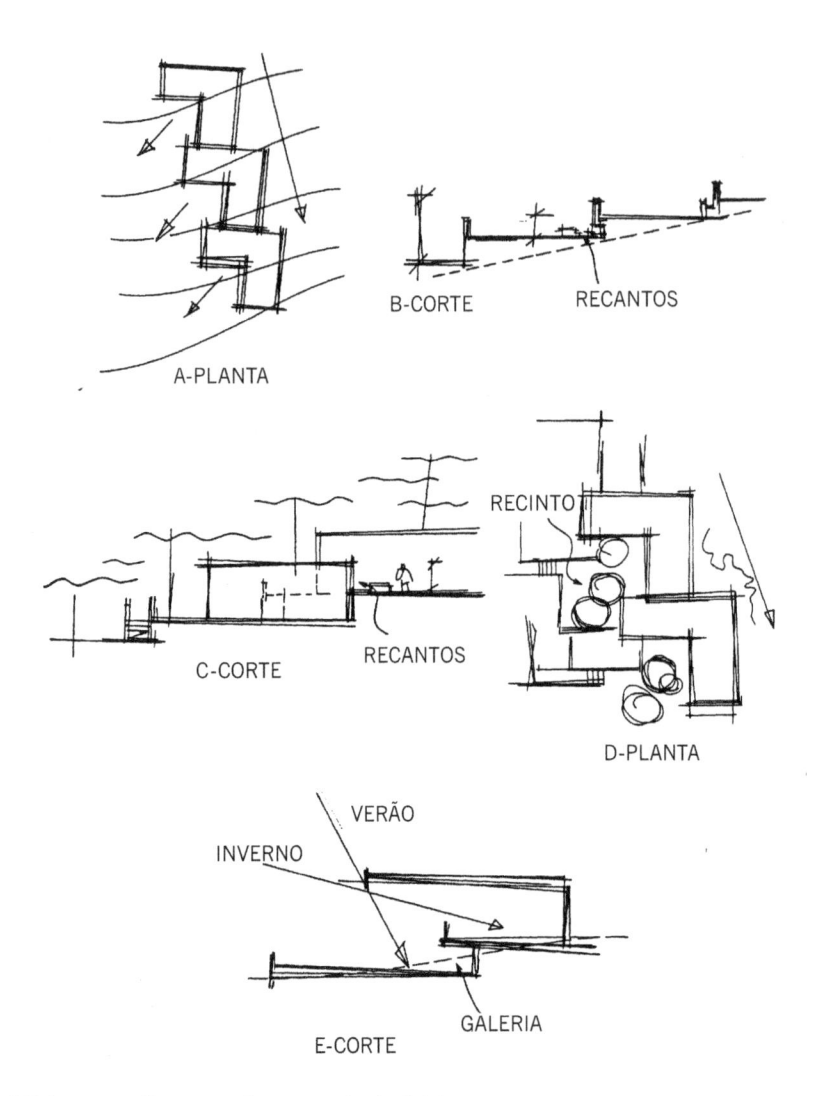

Figura 3.1 Esboços que ilustram a demonstração de Quist

Os "recantos" abrem-se em "recintos", cujo tratamento é um problema novo. Muros de arrimo são necessários por razões estruturais em cada nível, como no croqui D, mas eles também marcam os diferentes níveis. Paredes ou degraus funcionam como pontuação, marcando limites e relacionamentos. Quist convida Petra a considerar a galeria como uma "área mais discreta", como no croqui D, que iria bem com as salas de aula "destacadas". Também pode ser um "tipo de jardim".

O arranjo resultante – salas de aula em L, galeria, pré-escola e administração – agora "funciona bem" com as curvas de nível da topografia. Com isso, Quist retoma sua nova concepção do problema original de Petra. Quando ela não pôde encaixar a forma do prédio na topografia acidentada, Quist impôs a ele uma geometria ortogonal sugerida pelas salas de aula em L. Agora, a configuração resultante "funciona bem" com elas. O encaixe não é muito forte, mas é suficiente.

Q: Então, você pode levar o nível da galeria até o fim – e prestar atenção aqui – que é bacana.
Deixe o terreno produzir algumas subidéias aqui, que poderiam ser bem bacanas. Talvez a cafeteria não precisasse ser tão formal – tal-vez pudesse ser aqui, para pegar o sol de verão aqui e de inverno aqui (croqui E).
P: Essa galeria é mais uma passagem geral que qualquer um pode usar.
Q: É uma passagem geral por onde qualquer um tem a liberdade de passar, mas não é um corredor. Ela marca uma diferença de nível daqui para cá – poderia ter degraus ou uma rampa para subir.
P: Minha preocupação é de que a circulação através desse caminho... – a galeria está gerando algo muito bom, mas como passar por aqui? (o espaço da biblioteca.)
(Mais exemplos de Quist, respondendo perguntas antes que elas sejam feitas.)
Q: Então, não pense no auditório como um bloco de contorno rígido ali.

Quist desenha a extensão da galeria, enquanto fala sobre sua possibilidade, imaginando a experiência de uma pessoa que seguiria tal caminho, e acha o resultado "bacana", criando mais uma vez uma confirmação do fluxo de ações feitas até agora.

Petra não "deixou" a cafeteria distanciar da forma geométrica original. Ele a convida a "amaciá-la", aproveitando-se da orientação norte-sul do local, que fará com que a luz do sol caia sobre a inclinação em diferentes ângulos no verão e no inverno, como no croqui E. Da mesma forma, ele a convida a "tornar mais flexível" o auditório, relacionando-o com espaços próximos.

Reflexão Intermediária

P. Eu estava presa à forma original. Isso aqui faz muito mais sentido.
Q: Muito mais sentido – de modo que o que você tem, em termos gerais, é isso (aponta para a galeria). É um artifício, o tipo de coisa que Aalto inventaria só para dar alguma ordem. Ele tem feito isso de vez em quando. De uma forma menos enfática, essa é a coisa principal. Essa coisa repetitiva de uma maneira organizada – há essa que não é repetitiva. É muito bonita e na escala certa. Ela também tem uma certa ordem verbal que se pode explicar para as pessoas.

A galeria, que iniciara na idéia de Petra como um elemento menor do projeto, uma "passagem geral", havia se tornado agora "de uma forma menos enfática... a coisa principal". A reconstrução da concepção e da avaliação do problema, feita por Quist, levou a uma reapreciação da situação, a qual ele agora avalia em termos de normas oriundas de vários domínios – forma, escala e capacidade de ser explicada verbalmente.

Próximos Passos

Q: Agora você deve pensar no tamanho desta área central. Deveríamos ter a administração aqui.
P. Bem, isso mais ou menos resolve os problemas que eu tinha com a administração bloqueando o acesso ao ginásio.
Q: Não, está horrível – simplesmente destrói toda a idéia –, mas se colocarmos ali, fica em um lugar melhor e abre mais o espaço.

O tamanho da área central (não o seu projeto detalhado) pode entrar na discussão, agora que eles resolveram o grande problema de adaptação da geometria das salas de aula à topografia acidentada. Na área central, eles estão, mais uma vez, ocupados em localizar elementos principais, um em relação ao outro. E, com sua crítica da posição da administração, Quist sugere que tudo o que ele fez até agora – a construção da geometria básica, a imposição daquela geometria à inclinação, a criação das galerias – constitui um todo internamente coerente, todas as ações tendo sido feitas com fidelidade às condições colocadas pelas ações anteriores.

Q: A calibragem disso torna-se importante. Você tem que simplesmente desenhar e desenhar e tentar coordenadas diferentes.
P: Bem, parece haver uma estranha correlação entre os dois.
Q: Não, olhe de lado. Parece muito mais inclinado, olhado em corte. Cortes parecem sempre muito mais inclinados na realidade. Experimente dirigir em uma subida de dez graus, você pensa que nunca vai conseguir (desenha seu diagrama da inclinação).

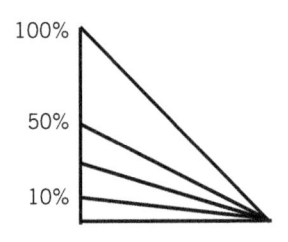

Final

P: Sim, essa foi a principal coisa a fazer – como aquela unidade básica – eu estava pensando em termos muito mais fechados.
Q: (Interrompe-a) Claro, e a outra coisa é a subordinação a uma organização geométrica comum. Você vai ver que esse será um problema comum que acontece com todo mundo, ter muitas restrições, ou não ter nenhuma. Como fazê-lo, este é o problema desse problema.
P: É surpreendente. Intuitivamente, a gente olha para a forma e sabe que está errada, mas é muito difícil entender a razão...
Q: Sim... bem, é por isso que você está aqui. Então, eu me preocuparia com a estrutura básica do local. Não me concentraria no telhado.
O princípio é que você trabalha simultaneamente a partir da unidade e do total e depois vai em ciclos, para a frente e para trás, para a frente e para trás, que é o que você tem feito algumas vezes, de forma meio vacilante. Você tem alguma idéia do todo, que é o aspecto das coordenadas, mas não conhece suas dimensões. Já fez algo a respeito eliminando a idéia, que eu considero uma boa decisão. Continue, você vai conseguir.

Quist volta para seu tema anterior ("Você deve começar com uma disciplina, mesmo que seja arbitrária"), mas agora ele o desenvolve. A geometria básica deveria comprometer o *designer*, mas como uma norma de moderação. E, na verdade, Quist pediu o tempo todo que Petra "suavizasse" suas formas geométricas "rígidas" e se afastasse, de vez em quando, da geometria básica, mas apenas depois de estabelecê-la.

Quist foi capaz de dar a Petra razões para sua intuição. Agora, ele deixa explícito um princípio do projeto: a atenção deve oscilar entre o "todo" e a "parte", o global e o local. Sob a metáfora do processo de projeto como fala, Quist contrasta o balbuceio dela com sua fala suave.

ANÁLISE DO PROTOCOLO

O processo de projeto de Quist toma a forma de uma conversação reflexiva com a situação.

No início do encontro, Petra está "trancada":

> Tentei encaixar a forma do prédio nos contornos do terreno, mas a forma não cabe na topografia.

Quist critica sua concepção do problema, mostrando que ela tentou fazer que as formas do prédio coubessem nos contornos de uma topografia "confusa" que não oferecia base para coerência. Ao invés disso, ele recoloca o problema dela:

> Você deve começar com uma disciplina, mesmo que seja arbitrária... sempre se pode amenizá-la depois.

Petra deveria tornar coerente o local confuso, impondo a ele uma disciplina própria sua, um "e se" a ser adotado de modo a descobrir suas conseqüências. Se essas não forem satisfatórias, ela sempre pode "amenizá-la depois".

De "você deveria começar com uma disciplina" até "isso funciona bem com as curvas de nível", Quist ensaia as conseqüências da nova regra, escavando a geometria no terreno inclinado. Através de esboços e linguagem de espaço e ação, ele representa prédios no espaço, através de ações que também são experimentos. Cada ação tem conseqüências descritas e avaliadas em termos de um ou mais domínios do projeto. Cada uma tem implicações liga que a ações posteriores. E cada uma cria novos problemas a serem descritos e resolvidos. Quist produz o projeto construindo uma teia de ações, conseqüências, implicações, apreciações e mais ações.

Uma vez que as salas de aula menores tenham sido feitas em forma de L e agregadas, elas são "mais satisfatórias em escala", "colocando a primeira série perto da segunda", e implicam (geram) uma "geometria ortogonal nessa direção". Dadas tais mudanças, Quist inventa uma nova ação: "aqui sendo a parte baixa e aqui, a colina, aquilo lá poderia ser a passagem". A passagem também gera algo novo, um nível mais elevado da qual se "poderia descer por dois caminhos".

Cada ação é um experimento local que contribui para um experimento global de reconstrução da concepção do problema. Algumas ações sofrem resistência (não se pode fazer com que as formas sirvam nos contornos), enquanto outras geram fenômenos novos. À medida que Quist reflete sobre as conseqüências e implicações inesperadas de suas ações, ele ouve as situações responderem-lhe, formando novas apreciações que guiam suas ações seguintes. Mais significativamente, ele torna-se consciente de que a galeria que criou, a "área mais suave nos fundos" das salas de aula em forma de L, passou a ser "de uma forma menos enfática... a coisa principal". Aproveitando-se do potencial da galeria, ele "a estende aqui, de forma que ela acabe aqui". Mais tarde, ele evita cuidadosamente colocar o edifício da administração de um modo que estragaria a "idéia toda".

Dessa forma, o experimento global de reconstruir a concepção do problema é também uma conversação reflexiva com a situação, na qual Quist vem a apreciar e a desenvolver as implicações de uma idéia totalmente nova. Refazer a concepção do problema é justificada pela descoberta de que a nova geometria "funciona bem com os contornos", proporciona cantos, vistas e áreas suaves agradáveis e evoca, na situação, o potencial de uma nova coerência. Reconstruindo a concepção do problema de Petra, Quist deriva um problema que ele pode resolver e uma organização coerente dos materiais a partir dos quais ele pode fazer algo de que gosta.

Três dimensões desse processo são particularmente dignas de nota: os domínios da linguagem nos quais o *designer* descreve e aprecia as conseqüências de suas ações, as implicações que ele descobre e segue e suas mudanças de postura em relação à situação com a qual ele conversa.

Domínios do Projeto

Quist desenvolve suas ações em uma linguagem de projeto que combina desenhar e falar. Nessa linguagem, as palavras têm papéis diferentes. Quando ele fala da cafeteria que poderia "vir aqui e pegar o sol de verão aqui", "um nível mais elevado [do qual se poderia] descer por dois caminhos", "degraus para poder descer", ele usa uma linguagem de espaço e ação. Ele atribui ações a elementos do projeto, como se eles estivessem criando forma e organizando o espaço. Ao mesmo tempo, antecipa a percepção de um usuário do prédio que poderia achar que o nível superior desce ou que os degraus permitem ir para a parte de baixo. Quist também usa palavras que dão nome a elementos de projeto ("degraus", uma "parede" e "administração"), para descrever as conseqüências e as implicações das ações e reavaliar a situação.

Os elementos da linguagem do projeto podem ser agrupados em conjuntos, dos quais identifiquei doze (Tabela 3.1). Esses domínios do *design* contêm os nomes dos elementos, das características, das relações e ações e das normas usadas para avaliar problemas, conseqüências e implicações.

Conforme constrói seu projeto, Quist serve-se de um repertório de domínios do projeto para preencher uma variedade de funções construtivas, descritivas e normativas.

No domínio do programa/uso, por exemplo, termos como "sala de aula", "administração" e "pré-escola" dão nome a prédios, de acordo com seus usos. Frases como "altura máxima para uma criança" e "como passar pelo espaço da biblioteca" descrevem a experiência de uso dos prédios.

No domínio do terreno, Petra usa "curvas de nível do terreno" para descrever seu problema, e Quist usa "colina", "parte baixa" e "declividade" para construir alguns dos passos através dos quais ele escava a geometria no declive.

No domínio da organização do espaço, Petra fala do "exterior/exterior", criado por suas salas de aula em L, e Quist caracteriza a galeria como "uma passagem geral em que qualquer um tem a liberdade de passar, mas... não um corredor".

Tabela 3.1 Domínios Normativos/Descritivos do *Design*

Domínio	Definição	Exemplos
Programa/uso	Funções dos prédios ou componentes dos prédios; uso dos prédios ou dos terrenos; especificação para o uso	"Ginásio", "auditório", "sala de aula", "1,5 metro, que é a máxima altura para uma criança", "cidade nenhuma irá limpar a neve de uma rua íngreme"
Terreno	Características, elementos, relações do local do prédio	"Contornos do terreno", "inclinação", "colina", "parte baixa"
Elementos do prédio	Prédios ou componentes de prédios	"Ginásio, "pré-escola", "rampa", "parede", "telhado", "degraus"
Organização do espaço	Tipos de espaços e relações de um com o outro	"Passagem geral", "exterior/exterior", "*layout*"
Forma	1. Forma do prédio ou componente 2. Geometria 3. Marcas da organização do espaço 4. Percepção do movimento através dos espaços	"Bloco de contornos rígidos" "Uma geometria ortogonal" "Marca uma diferença de nível daqui para cá". "Levar a galeria até o fim e olhar aqui para baixo, que é bacana"
Estrutura/tecnologia	Estrutura, tecnologias e processos usados no prédio	"Um módulo de construção para essas salas de aula"
Escala	Dimensões do prédio e elementos, em relação um com o outro	"Um paralelo de 7 metros", "muito pequeno em escala para que se possa fazer", "simplesmente a escala certa"
Custo	Custo da construção em dólares	(Nenhum neste protocolo)
Característica do prédio	Tipo de prédio, como indicação de estilo ou modo de construir	"Depósito", "hangar", "casa de praia" – mas não neste protocolo
Precedente	Referência a outros tipos de prédios, estilos ou modos de arquitetura	"Um artifício...o tipo de coisa que Aalto inventaria"
Representação	Linguagens e símbolos pelos quais elementos de outros domínios são representados	"Olhe para ele em corte", "maquete na escala 1/16"
Explicação	Contexto de interação entre o *designer* e outros	"O tipo de ordem verbal que se poderia explicar para alguém"

O domínio da forma tem quatro significados distintos, mas relacionados entre si. Em primeiro lugar, há as formas geométricas dos edifícios, como o "bloco de contornos duros" de Petra. Há também um sentido de geometria global, como na "geometria ortogonal gerada pelas salas de aula em L". Há a forma como um sinal visível de organização do espaço, como na observação de Quist de que a galeria marca diferenças de nível na topografia. E finalmente há referências freqüentes às percepções daqueles que irão deslocar-se através do espaço organizado apreendendo as figuras, as qualidades e as relações que surgem na experiência do movimento de um lugar para outro.

Em suas apreciações das situações a que estão dando forma, Quist e Petra empregam termos associativos ou sensíveis como "casa", "jardim" e "fundo suave". "Um tipo de jardim" não é literalmente um jardim, e "fundo suave" não é literalmente suave, mas as metáforas de "suave" e "jardim" são usadas para transmitir valores particulares da experiência.

Muitas vezes, descobre-se que as ações têm conseqüências e implicações que atravessam os domínios do *design*. Os morros do arrimo são necessários à solidez estrutural dos prédios escavados no declive, mas também demarcam diferenças formais nos níveis da declividade. A galeria, que Petra acha "muito bom", também cria problemas de circulação. Quando os termos de *design* são ambíguos a tal ponto, podem criar confusão, mas também chamam a atenção para múltiplas conseqüências. Termos como "escada", "rampa" e "parede" referem-se tanto a elementos particulares do prédio como a funções formais como "marcar" e "dar uma visão de". "Galeria" refere-se tanto a uma organização do espaço quanto a um precedente particular ("o tipo de coisa que Aalto inventaria"). Os membros aspirantes da comunidade lingüística do projeto aprendem a detectar referências múltiplas, a distinguir significados particulares em um contexto e a usar referências múltiplas como uma ajuda para ver através dos domínios do *design*.

O repertório de domínios do *designer* tem uma estrutura de prioridades para atender às características das situações. Em nosso protocolo, há muitas referências à organização do espaço, especialmente à localização dos principais elementos do prédio, como o ginásio, a rótula de retorno, a rampa e a pré-escola. Há muitas referências à escala, a elementos do prédio, ao programa/uso e aos vários sentidos da forma, mas há apenas referências isoladas nos domínios do precedente, da estrutura/tecnologia e da explicação. Os domínios do custo e das características do prédio simplesmente não aparecem no protocolo. As freqüências relativas das referências aos vários domínios de *design* revelam as prioridades da atenção de Quist nesse estágio inicial do processo.

Implicações

Quando Petra diz, "isso é a rua vindo por aqui, e eu acho que o retorno ficaria por aqui", e quando Quist observa, mais tarde, que "o jardim de infância poderia ficar aqui, o que pode indicar que a administração [ficaria] aqui", eles estão observando as implicações de movimentos anteriores nos posteriores, com base em um sistema de normas que governa a localização relativa dos principais elementos do prédio. Esse sistema inclui normas de acesso (o prédio da administração acessível a todas as outras unidades), circulação (facilidade e clareza de movimento de uma unidade para a outra) e uso ("abrir espaço"). Assim, a decisão de colocar uma rua ou uma pré-escola "aqui" tem implicações na localização de uma rótula de retorno ou uma administração "lá". Nesse sentido, há uma lógica literal do *design*, um padrão de proposições "se... então" que relaciona a seqüência cumulativa de movimentos anteriores com as escolhas com que agora se confronta o *designer*.

Por causa do caráter relacional das normas oriundas dos domínios referentes a local, programa, geometria, percepção, estrutura e similares, as ações do *designer* geram sistemas de implicações. Elas constituem uma disciplina. Se Petra escolhe "colocar o local aqui porque se relacionaria ao campo ali... [e] a via de acesso está aqui", *então,* "o ginásio deve estar lá". Como diz Quist, no entanto, uma disciplina pode sempre ser flexibilizada mais tarde. As implicações de ações anteriores devem ser geralmente respeitadas, mas podem ser violadas de forma consciente.

A teia de ações tem muitas ramificações, e isso complica o problema, criando muitas implicações a serem descobertas e respeitadas. Dada a superposição de salas de aula no declive, por exemplo, poderia haver "uma parede ou degraus para dar a visão de baixo" que poderia ser "aqui ou aqui". Estes são pontos de escolha. Na medida em que o *designer* reflete-na-ação sobre a situação criada por suas atitudes anteriores, ele deve considerar não apenas a escolha atual, mas as três ou quatro posteriores às quais esta levará, cada uma com diferentes significados em relação aos sistemas de implicações estabelecidos pelas ações anteriores. A virtuosidade de Quist está em sua habilidade de tecer redes "projetais" de grande complexidade, mas mesmo ele não pode ter em mente uma rede que se expande indefinidamente. Em algum momento, ele deve mover-se de um "e se" para uma decisão, a qual torna-se um ponto central, com implicações em ações posteriores. Assim, há um sistema de implicações em evolução contínua, dentro do qual o *designer* reflete-na-ação.

O teste de ações locais está parcialmente ligado a esse sistema de implicações e parcialmente independente dele. Quist descobre que os três níveis de salas de aula escavados no declive proporcionam um "potencial de diferenciação de nível" de "no máximo 5 metros" que permitiria "intervalos de até 1,5 metro", e observa posteriormente que tais áreas, vistas em corte, poderiam ser transformadas em "recantos". Aqui, ele afirma uma ação local porque acha que ela produziu uma situação da qual ele pode fazer algo de que gosta. Nisso, ele faz uso de seu conhecimento das relações das declividades de vários graus e seus usos. Porém, encontra mais apoio para as dimensões da geometria que ele escavou no declive, quando descobre que a configuração resultante "funciona bem com as curvas". Seu método de escavar a geometria das salas de aula no declive afirma-se, por um lado, quando ele o vê como um experimento local e, por outro, quando ele o vê como parte de um experimento global.

As ações também levam à apreensão de novos problemas, como os tratamentos dos "recintos" que fluem dos recantos, e elas levam a novos potenciais para a criação de artefatos desejáveis, como a modelagem da forma de contornos rígidos da cafeteria, permitindo que ela "estenda-se até aqui embaixo e pegue o sol do verão aqui e o do inverno aqui". Na conversação do *designer* com os materiais de seu projeto, ele nunca poderá fazer uma ação que tenha somente as implicações pretendidas. Seus materiais estão continuamente lhe respondendo, fazendo com que ele aprenda problemas e potenciais inesperados. Enquanto aprecia tais fenômenos inesperados, ele também avalia as ações que os criaram.

Assim sendo, o *designer* avalia suas ações em três dimensões: em termos da desejabilidade de suas conseqüências, julgadas em categorias oriundas de domínios normativos do projeto, em termos de sua conformidade ou violação das implicações estabelecidas por ações anteriores e em termos de sua apreiação de novos problemas ou potenciais que elas tenham criado.

Mudanças de Postura

À medida que Quist tece sua teia de ações, sua postura com relação à situação de projeto passa por uma série de mudanças.

Às vezes, ele fala do que "pode" ou "poderia" acontecer e, às vezes, do que "deve" ou "deveria" acontecer. Ele muda de um reconhecimento da possibilidade e liberdade de escolha para uma aceitação dos imperativos que seguem a escolha. Ele precisa que Petra entre no problema livremente, impondo seus próprios construtos a ele. Sem essa liberdade, não pode haver "e se?". Contudo, ele também chama a atenção para a disciplina impostas pelas implicações geradas por suas ações. A geometria em L das salas de aula deve ser seguida. As declividades implicam limites nos possíveis usos do local. Implicações para o acesso à insolação, à circulação, aos limites do terreno, à existência de recantos, ao desenho da rua, à consistência da escala, ao acesso ao ginásio ou à administração, ao destino das árvores, estão em jogo em uma série relativamente descomplicada de ações. Ao prever tais implicações, Quist demonstra fidelidade aos "deveres" através dos quais os "e se", livremente escolhidos, serão julgados.

Ele também demonstra como o todo está em jogo em cada movimento parcial. Quando uma idéia é criada, uma má localização da administração poderá destruí-la. Em função disso, o *designer* deve oscilar entre a parte e o todo, e, como Quist aponta em um de seus freqüentes metacomentários, ele deve oscilar entre o envolvimento e o desligamento. Quist torna-se, às vezes, tão envolvido nos desenvolvimentos locais, que o projeto parece estar construindo a si próprio. No entanto, ele também recua da experiência projetada da passagem através do espaço, com vistas a dar conta do relacionamento mais amplo do qual as qualidades da idéia como um todo irão depender.

Finalmente, ao circular através da reiteração das ações e apreciações dos resultados das ações, Quist vai da adoção experimental de uma estratégia a um compromisso real. Esse movimento permite que ele adquira uma economia de projeto, simplificando a rede de ações em evolução, para tornar gerenciável o experimento pensado por ele.

O PROCESSO FUNDAMENTAL DA REFLEXÃO-NA-AÇÃO

A ação de Petra, ao resolver o problema, levou-a a um impasse. Quist reflete criticamente sobre o principal problema que ela se colocou, refaz a concepção acerca dele e continua a trabalhar as conseqüências da nova geometria que ele impôs a um local desordenado. A investigação que se segue é um experimento global, uma reflexão-na-ação sobre o problema reestruturado. Quist tece uma teia de ações, sujeitando cada grupo de ações a múltiplas avaliações oriundas de seu repertório de domínios do projetado. Ao fazer isso, ele vai da adoção da liberdade de escolha à aceitação de implicações, do envolvimento nas unidades locais a uma consideração distanciada do todo resultante e de uma postura de exploração experimental a uma de compromisso. Ele descobre que a situação responde a toda uma nova idéia, que gera um sistema de implicações para ações posteriores. Seu experimento global é, também, uma conversação reflexiva com a situação.

Não é difícil ver como um processo de projeto desse tipo pode estar na base de diferenças de linguagem e estilo associadas a várias escolas de arquitetura. Os *designers* podem diferir, por exemplo, nas prioridades que escolhem para projetar domínios em vários estágios do processo. Eles podem concentrar-se menos na geometria global dos prédios, como faz Quist, do que no local ou nas propriedades potenciais dos materiais. Eles podem deixar que o projeto dependa mais das implicações formais dos módulos de construção. Suas imagens governantes podem ser concebidas em termos de características do prédio, e eles podem permitir que precedentes particulares influenciem mais francamente a ordem que impõem ao local. Todavia, quaisquer que sejam suas diferenças de linguagens, prioridades, imagens, estilos e precedentes, é provável que eles se encontrem, como Quist, em uma situação de complexidade e incerteza que demande a imposição de uma ordem. Qualquer que seja a ordem de onde eles derivem essa disciplina inicial, tratarão sua imposição ao local com um experimento global, cujos resultados serão apenas vagamente aparentes nos estágios iniciais do processo. Eles precisarão descobrir suas conseqüências e implicações e, ainda que possam apreciá-las de forma diferente de Quist, irão engajar-se como ele, em uma conversação com a situação que estão modelando. Embora seu repertório de significados possa ser diferente do de Quist, é provável que encontrem significados novos e inesperados nas mudanças produzidas por eles e redirecionem suas ações em resposta a tais descobertas. E, se forem bons *designers*, irão refletir-em-ação sobre a resposta dada pela situa-ção, mudando de postura, de "e se?" para um reconhecimento de implicações, de um envolvimento com as partes a uma consideração do todo e de exploração ao compromisso.

Este é o esqueleto do processo. Ele sugere duas questões:

1. Quando o profissional leva a sério a singularidade da situação em questão, de que forma ele utiliza a experiência que acumulou até então em sua prática? Quando ele não pode aplicar categorias da teoria e da técnica que lhe são familiares, como ele aplica o conhecimento anterior à invenção de novas concepções, teorias ou estratégias de ação?
2. Reflexão-na-ação é um tipo de experimentação. Porém, as situações práticas são notoriamente resistentes a experimentos controlados. Como o profissional escapa dos limites práticos do experimento controlado, ou os compensa? Em que sentido há rigor, se é que há algum, em sua experimentação?

Nossa exploração dessas questões levará a um desenvolvimento da elaboração sobre a reflexão-na-ação como uma epistemologia da prática.

Trazendo a Experiência Anterior para uma Situação Única

Quist reconhece muitos aspectos familiares na situação de Petra e coloca-os em categorias de nomes familiares, como "paralelas", "salas de aula", "declividade" e "parede". Porém, ele não classifica da mesma forma a situação como um todo, sob uma única categoria. Quist, provavelmente, já viu outros locais acidentados, mas sua descrição inicial deste não o coloca em uma categoria de *design* que exija uma solução padrão. Ao contrário, inicia uma investigação nas características peculiares dessas declividades, que respondem de maneiras muito especiais à geometria ortogonal, criando um conjunto particular de problemas e uma coerência particular.

É em relação às características únicas dessa situação problemática que ele faz o experimento de estabelecer problemas, o qual discutimos há pouco. Mas isto é realmente intrigante. Como um investigador pode usar o que já sabe em uma situação que ele considera única?

Ele não pode aplicar uma regra formada pela experiência passada, como a que Quist dá para o uso apropriado de inclinações de vários graus, porque estaria ignorando a singularidade da situação e tratando-a como um exemplo de uma classe de aspectos familiares. Ele também não inventa uma nova descrição a partir do nada, sem nenhuma referência ao que já sabe. Está claro que Quist usa muito sua experiência e conhecimento, e não está nem um pouco claro o que seria a geração espontânea de uma descrição.

O que quero propor é: Quist construiu um *repertório* de exemplos, imagens, compreensões e ações. Seu repertório perpassa todos os domínios de *design*. Ele inclui locais que já viu, prédios que conheceu, problemas de projeto que encontrou e soluções que produziu. Todos esses elementos são partes do repertório de Quist, já que estão acessíveis a ele para entendimento e ação.

Quando um profissional consegue entender uma situação que percebe como única, ele a *vê* como algo já presente em seu repertório. Ver *este* local como *aquele* não é colocar o primeiro sob uma categoria ou regra. É, ao invés disso, ver a situação não-familiar tanto como semelhante quanto como diferente da familiar, sem ser capaz, em princípio, de dizer familiar ou diferente a respeito disso ou daquilo. A situação familiar funciona como um precedente, ou uma metáfora, ou ainda, na frase de Thomas Kuhn (1977), um exemplo para a situação não-familiar.

Vendo *esta* situação como *aquela*, um profissional também pode *agir* nesta situação *como* naquela. Quando um estudante iniciante de física vê um problema de pêndulo como uma questão conhecida de plano inclinado, ele pode estabelecer um novo problema e resolvê-lo, usando tanto procedimentos similares como diferentes dos que já usou antes. Da mesma forma que vê o problema como uma variação do antigo, seu comportamento novo para resolver o problema será uma variação do antigo. Da mesma forma que não consegue, em princípio, articular as diferenças e as semelhanças dos problemas, ele é incapaz, em um primeiro momento, de articular as diferenças e as semelhanças de seus procedimentos para resolver esses problemas. Na verdade, todo o processo de *ver como* e *fazer como* pode ir adiante sem uma articulação consciente.

Todavia, o investigador poderá refletir sobre as semelhanças e as diferenças que ele percebeu ou experimentou. Pode fazê-lo comparando conscientemente as duas situações ou descrevendo a situação atual à luz de uma referência tácita à outra. Quando Quist chama imediatamente o terreno de Petra de "confuso" e diz que ela deve impor-lhe uma disciplina, a qual ela sempre poderá romper posteriormente, acredito que ele esteja vendo a situação dela como uma ou mais que ele conhece e aplicando ao problema variações de estratégias que já usou. As descrições posteriores da situação são reflexões e elaborações da primeira, percepções desarticuladas de semelhança e diferença.

Seria um erro atribuir ao investigador, no início de um processo desse tipo, a descrição articulada que ele adquire depois – dizer, por exemplo, que Quist deve ter sabido inconscientemente, desde o início, que este local era acidentado e que a geometria ortogonal poderia ser imposta a ele com sucesso. Fazer isso seria engajar-se em um revisionismo histórico do instante. A percepção da diferença e da semelhança implícita na descrição inicial de Quist sobre a situação é, como diz Kuhn, lógica e psicologicamente anterior à sua articulação.

É a nossa capacidade de ver situações não-familiares como familiares, e de proceder nas primeiras como já o fizemos nas anteriores, que nos habilita a associar uma experiência passada ao caso único. É nossa capacidade de *ver como* e *fazer como* que nos permite dar um sentido a problemas que não se encaixam em regras existentes.

O talento artístico de um profissional como Quist depende da variedade do repertório que ele traz para situações não-familiares. Por ser capaz de entender sua singularidade, ele não precisa reduzi-las a exemplos de categorias padronizadas.

Além disso, cada experiência nova de reflexão-na-ação enriquece seu repertório. O caso de Petra pode funcionar como um exemplo para situações novas. A reflexão-na-ação em um caso único pode ser generalizada para outros casos, não trazendo à tona princípios gerais, mas contribuindo para o repertório de temas exemplares do profissional, a partir dos quais, em casos posteriores de sua prática, ele poderá compor novas variações.

Rigor em Experimentos Imediatos

Ver como, no entanto, não é suficiente. Quando um profissional vê uma situação nova como um elemento de seu repertório, ele tem uma maneira nova de ver e uma nova possibilidade de agir, mas a adequação e a utilidade dessa nova visão ainda deverá ser descoberta na ação. A reflexão-na-ação envolve, necessariamente, experimento.

Na verdade, como vimos, Quist conduz uma conversação reflexiva com sua situação, que é um experimento de reconstrução da concepção. A partir de seu repertório de exemplos, imagens e descrições, ele deduz (através do *ver como*) uma forma de conceber a situação atual e única e avalia todo o processo através de critérios que descrevi anteriormente neste capítulo – se ele pode resolver o problema que estabeleceu; se ele valoriza o que obtém quando o resolve (ou o que pode fazer com o que obtém); se ele adquire, na situação, uma coerência entre artefato e idéia, uma congruência com suas teorias e valores fundamentais; se ele pode manter o andamento da investigação. No interior do experimento para definir o problema, localizam-se também experimentos locais de vários tipos.

Mas em que sentido isso é realmente *experimentação?*

A questão surge porque há um outro sentido de experimento que é central para o modelo de conhecimento profissional como racionalidade técnica, um sentido que a investigação de Quist não parece exemplificar de forma alguma. Nesse sentido, a perimentação é uma atividade pela qual o pesquisador confirma ou refuta uma hipótese. Sua lógica é, em termos gerais, a seguinte: o pesquisador quer entender um fenômeno intrigante, Q. Ele observa várias hipóteses (A, B, C) sobre Q, sendo que todas o explicam. Isto é, de cada hipótese, se verdadeira, poderia concluir-se Q. De que forma o pesquisador pode determinar qual das hipóteses é correta? Ele deve empregar alguma das versões do "método da diferença" de Mill, mostrando que, se A (ou B, ou C) está ausente, então Q também está ausente.[2] Isso porque se ele *apenas* mostrar que A (ou B, ou C) está presente junto a Q, pode haver outro fator que esteja também co-presente e seja a causa de Q. Esse método de testar hipóteses segue um processo de eliminação. O experimentador tenta produzir condições que neguem cada uma das hipóteses conflitantes, mostrando que as condições que seriam geradas por cada uma delas não são observadas. A hipótese que resiste com mais sucesso à refutação é aquela que será aceita pelo experimentador – apenas em termos incertos –, já que algum outro fator, o qual ainda por ser descoberto, pode ser a causa real de Q.

Para que possa estabelecer tal competição de hipóteses, o experimentador deve ser capaz de atingir uma variação seletiva de fatores designados por hipóteses conflitantes e deve poder isolar a situação experimental de mudanças no ambiente que possam confundi-lo. Através de seu controle sobre o processo experimental, considera-se que ele adquire objetividade de tal modo, que os investigadores que usarem os mesmos métodos obterão os mesmos resultados. E, para este fim, espera-se que ele preserve sua distância do fenômeno experimental, afastando seus preconceitos do objeto de estudo.

Sob condições da prática profissional cotidiana, as normas do experimento controlado podem ser atingidas apenas de uma forma muito limitada. Normalmente, o profissional não consegue proteger seus experimentos dos efeitos das mudanças no ambiente que possam confundi-lo. A situação prática, muitas vezes, muda rapidamente e pode mudar a partir do experimento. As variáveis, muitas vezes, estão escondidas umas nas outras, de forma que o investigador não pode separá-las. A situação prática, muitas vezes, é incerta, no sentido de que não se sabe quais são as variáveis relevantes. E o próprio ato de experimentar, muitas vezes, é arriscado.

Em que consiste, então, o experimento de Quist? Qual é a sua lógica de inferência experimental? Em que sentido, se é que há algum, podemos ver a reflexão-na-ação como experimentação rigorosa?

Voltemos um pouco atrás para analisar o que significa *experimentar*. Quero mostrar que o ato de testar hipóteses é apenas um dos vários tipos de experimentos, cada um com sua lógica e seus critérios próprios de sucesso e fracasso. Na prática, esses vários tipos de experimentos estão misturados.

No sentido mais genérico, experimentar é agir para ver o que deriva da ação.

Quando a ação acontece *apenas* para ver o que dela deriva, sem que a acompanhem previsões ou expectativas, eu a chamo de *exploratória*. Isso é o que uma criança faz ao explorar o mundo à sua volta, o que faz um artista ao justapor cores para ver o efeito que elas produzem e o que uma pessoa faz quando simplesmente caminha por um bairro para onde acaba de mudar-se. É também o que um cientista muitas vezes faz quando encontra e investiga uma substância estranha para ver como ela irá responder. O experimento exploratório é a atividade investigativa e lúdica, pela qual somos capazes de obter uma impressão das coisas. Ela é bem-sucedida quando leva a alguma descoberta.

Há uma outra maneira de fazermos algo para produzir uma mudança desejada. Um carpinteiro que deseja fazer uma estrutura estável tenta firmar uma tábua em um ângulo. Um jogador de xadrez avança seu peão para dar proteção à rainha. Um pai dá uma moeda a uma criança para que ela não chore. Chamarei a estes de *experimentos para teste de ações*. Qualquer atitude deliberada tomada com uma finalidade em mente é, nesse sentido, um experimento. No caso simples, em que não há resultados pretendidos e apenas se obtém ou não a conseqüência desejada, direi que a ação é *afirmada* quando produz aquilo para o que foi destinada e é *negada* quando não o produz. Em casos mais complicados, no entanto, as ações produzem efeitos que vão além daqueles pretendidos. Podem-se obter coisas muito boas sem pretender, e coisas muito ruins podem acompanhar a aquisição de resultados pretendidos. Aqui, o teste da afirmação de uma ação não é apenas *Você obtém o que pretende?*, mas sim *Você gosta do que obtém?* No xadrez, quando você acidentalmente dá um xeque-mate em seu oponente, a ação é boa e você não volta atrás porque seus resultados foram inesperados. No entanto, dar uma moeda a uma criança pode fazê-la não apenas parar de chorar, mas também ensiná-la a ganhar dinheiro chorando, e o efeito inesperado não é muito bom. Nesses casos, esta é uma descrição melhor da lógica dos experimentos de teste de ações: você gosta daquilo que obtém da ação, considerando suas conseqüências como um todo? Se gosta, então a ação é afirmada. Se não, é negada.

Um terceiro tipo de experimento, o *teste de hipóteses*, já foi descrito aqui. O experimento para teste de hipóteses é bem-sucedido quando se consegue, através dele, uma diferenciação de hipóteses conflitantes. Se as conseqüências previstas com base em uma hipótese dada, H, estão de acordo com o que é observado, e as previsões resultantes de hipóteses alternativas não estão, então H foi *confirmada* através de tentativas e as outras, *não-confirmadas*.

Na prática, a hipótese sujeita ao experimento pode ser alguma que esteja implícita no padrão de nossas ações. Na experimentação imediata, característica da reflexão-na-ação, a lógica do teste de hipóteses é essencialmente a mesma do contexto de pesquisa. Se o carpinteiro se pergunta, "O que torna esta estrutura estável?", e começa a experimentar para descobrir – usando ora um mecanismo, ora outro –, ele está, basicamente, no mesmo rumo do pesquisador cientista. Ele propõe hipóteses e, com os limites colocados pelo contexto prático, tenta diferenciá-las, tomando como negação de sua hipótese o fracasso em obter as conseqüências previstas. A lógica da inferência experimental é a mesma da do pesquisador.

O que é, então, diferenciado no experimento que acontece na prática?

O contexto prático é diferente do contexto de pesquisa de várias e importantes maneiras, todas vinculadas ao relacionamento entre mudar as coisas e entendê-las. O profissional tem um interesse em mudar a situação do que ela é para algo que mais lhe agrade. Ele também tem um interesse em compreender a situação, mas a serviço de seu interesse na mudança.

Quando o profissional reflete-na-ação, em um caso que ele percebe como único, prestando atenção ao fenômeno e fazendo vir à tona sua compreensão intuitiva dele, sua experimentação é, ao mesmo tempo, exploratória, teste de ações e teste de hipóteses. As três funções são preenchidas pelas mesmas ações. E desse fato deriva o caráter distintivo da experimentação na prática.

Consideremos, à luz disso, a reflexão-na-ação de Quist. Quando ele impõe a geometria ortogonal à topografia acidentada, assume uma seqüência global de ações cuja intenção é transformar a situação em outra que seja adequada à geometria. Seu experimento de teste de ações acontece porque ele resolve o problema estabelecido e porque, além disso, gosta do que pode fazer com o que obtém. A ação global é afirmada.

Suas ações também funcionam como testes exploratórios de sua situação. Suas ações estimulam a resposta da situação, o que o leva a uma apreciação das coisas na situação que vai além de sua percepção inicial do problema. Por exemplo, ele percebe toda uma nova idéia, criada inesperadamente pelo aparecimento da galeria como uma peça central do projeto.

Além disso, a nova concepção produzida por Quist do problema daquela situação carrega consigo uma hipótese a respeito dessa situação. Ele traz à tona o modelo dos fenômenos associados com a concepção que sua aluna tinha do problema, a qual ele rejeita. Propõe um novo problema e, com isso, um novo modelo do fenômeno, que ele continua a tratar como uma hipótese a ser testada. A hipótese é a de que essa topografia e essa geometria ortogonal podem ser adequadas uma à outra.

Todavia, quando comparamos o experimento de teste de hipóteses do profissional com o método de experimento controlado, há várias diferenças importantes.

O profissional faz com que sua hipótese aconteça, violando, assim, os cânones do experimento controlado, tão caros à racionalidade técnica, que clama por "objetividade" e "distância". Ele diz, com efeito, "que seja o caso que X..." e molda a situação de forma a que X seja verdade. Quist *escava* sua geometria na topografia. Seu teste de hipóteses consiste em ações que mudam os fenômenos para fazer com que a situação passe a ser adequada. Mesmo assim, sua situação não é completamente manipulável. Ela pode resistir às suas tentativas de moldá-la e, desse modo, gerar os efeitos inesperados da manipulação. Quist pode ter descoberto que *não* se poderia adequar a topografia à sua geometria ortogonal. Assim, ele estabelece o critério de adequação, de modo que "funcionar bem" seja suficiente.

Seu experimento de teste de hipótese não é completamente auto-suficiente. Ao contrário, é um jogo com a situação, no qual ele busca fazê-la conformar-se à sua hipótese, mas permanecendo aberto à possibilidade de que isso não aconteça. A relação de Quist com a situação é *transacional* (Dewey e Bentley, 1949). Ele molda a situação, mas em uma relação de conversação, de forma que seus próprios métodos e apreciações também sejam moldados por ela. Os fenômenos que busca compreender são parcialmente produzidos por ele próprio, e ele está presente na situação que busca compreender.

Esta é outra maneira de dizer que a ação através da qual ele testa sua hipótese é também uma ação com o objetivo de tentar produzir uma mudança desejada na situação e uma prova através da qual ele a explora. Quist compreende a situação, tentando mudá-la, e considera a mudança resultante não como sendo um defeito do método experimental, e sim como a essência de seu sucesso.

Este fato é um importante aspecto da resposta do profissional à pergunta: quando eu deveria parar de experimentar?

No contexto do experimento controlado, o experimentador pode continuar experimentado indefinidamente, enquanto for capaz de inventar hipóteses novas e plausíveis que possam resistir à refutação de forma mais efetiva do que aquelas que ele já tiver testado. Contudo, em uma situação prática como a de Quist, na qual o experimento é também uma ação e um teste, na qual o interesse do investigador em mudar a situação precede seu interesse em entendê-la, o teste de hipóteses é limitado por apreciações. Ele é iniciado pela percepção de algo problemático ou promissor e é encerrado pela produção de mudanças que se consideram, como um todo, satisfatórias, ou pela descoberta de novas características que dão à situação um significado, mudando a natureza da questão a ser explorada. Tais eventos trazem o teste de hipóteses a um fechamento, mesmo quando o investigador ainda não esgotou seu estoque de hipóteses alternativas plausíveis.

Em nosso estudo de caso, Quist fez com que a geometria ortogonal funcionasse razoavelmente com as curvas da topografia. Mas outras geometrias poderiam ter sido levadas ao mesmo efeito. Por que ele pára aqui? Porque produziu mudanças que considera satisfatórias, porque obteve, de resultados inesperados, algo que lhe agrada e produziu um artefato não-previsto que cria toda uma nova idéia.

É verdade que a investigação mais ampla continua para além dessas descobertas, sendo que sua direção posterior é estabelecida por elas. Entretanto, o experimentador precisa discriminar entre as hipóteses conflitantes, apenas até o ponto em que suas hipóteses são afirmadas ou proporcionam novas apreciações da situação. Sendo assim, o experimento de teste de hipóteses tem uma função mais limitada na prática do que na pesquisa e, conseqüentemente, a existência de limites para o experimento controlado na situação prática tem efeito menos negativo sobre a investigação do que eles o teriam de outra forma.

Contudo, o contexto prático coloca demandas para o teste de hipóteses que não estão presentes no contexto de pesquisa. A hipótese deve prestar-se para a incorporação em uma ação. Quist não tem qualquer interesse em uma hipótese sobre aquele terreno que ele não possa imediatamente traduzir em projeto.

Essas características distintivas da experimentação na prática carregam consigo normas distintivas de rigor. O investigador que reflete-na-ação joga, com a situação, um jogo no qual ele está limitado por considerações pertinentes a três níveis do experimento: a experimentação, o teste de ações e o teste de hipóteses. Seu interesse primeiro é mudar a situação. Porém, se ignorar as resistências dessa situação à mudança, ele acaba simplesmente por ratificá-la. Ele experimenta com rigor quando se esforça para fazer a situação contornar-se com a visão que tem dela, enquanto permanece aberto a indícios de seu fracasso em fazê-lo. Ele deve estar aberto a aprender, através da reflexão sobre a resistência da situação, que sua hipótese é inadequada e de que forma isso acontece. Além disso, ele joga seu jogo em relação a um alvo em movimento, mudando os fenômenos à medida que experimenta.

Mundos Virtuais

A situação de Quist, devemos lembrar, não é a realidade. Ele não está fazendo terraplanagem no terreno. Ele opera, em um mundo virtual, uma representação construída do mundo real da prática.

Tal fato é significativo para a questão do rigor na experimentação. Em seu mundo virtual, o profissional pode jogar com alguns dos limites do experimento para teste de hipóteses que são inerentes ao mundo de sua prática. É por isso que sua habilidade de construir e manipular mundos virtuais é um componente crucial não apenas de sua habilidade de atuar de forma artística, mas também de experimentar rigorosamente.

Para Quist e Petra, o mundo gráfico do bloco de desenho é o meio para a reflexão-na-ação. Aqui, eles podem desenhar e conversar sobre suas ações em linguagem de espaço e ação, deixando traços que representam as formas dos prédios no local. Pelo fato de o desenho revelar qualidades e relações não-imaginadas de antemão, as ações podem funcionar como experimentos. Petra pode descobrir que as formas de seu prédio não se encaixam na topografia e que suas salas de aula são muito pequenas, em escala, para que se possa fazer muita coisa com elas. Quist pode encontrar recantos nos vazios criados por ele e pode ver que sua geometria funciona bem com as curvas de nível do local. Considerando-se a galeria feita por ele, pode observar que "há isto que é repetitivo e isto, novamente, que não é".

Limitações que impediriam ou inibiriam o experimento no mundo da construção são amplamente reduzidos no mundo virtual do desenho.

O ato de desenhar pode ser rápido e espontâneo, mas os traços resultantes são estáveis. O *designer* pode examiná-los à vontade.

O ritmo da ação pode ser variado à vontade. O *designer* pode diminuí-lo para pensar sobre o que está fazendo, e eventos que levariam muito tempo no mundo da construção – a escavação do terreno inclinado, a poda das árvores – podem fazer-se "acontecer" imediatamente no desenho.

Nenhuma ação é irreversível. O *designer* pode tentar, observar e, trocando a folha de papel, tentar novamente. Como conseqüência disso, ele pode realizar seqüências de aprendizado nas quais corrige seus erros e reconhece resultados antes inesperados de suas ações. Petra pode explorar o tamanho e a forma de suas salas de aula e a localização do prédio da administração. Quist pode propor que ela "desenhe e desenhe" para determinar as dimensões adequadas de seu sistema de coordenadas, descobrir como tratar a "área intermediária" e "podar as árvores". Ações que seriam caras no mundo da construção podem ser tentadas com pouco ou nenhum risco no mundo do desenho.

No mundo virtual, eliminam-se as mudanças no ambiente que interromperiam ou confundiriam o experimento. No desenho, não há paradas no trabalho, quebras de equipamento ou condições de solo que impeçam que se faça uma fundação.

Algumas variáveis que estão ligadas no mundo da construção podem ser separadas umas das outras no mundo do desenho. Uma geometria global dos prédios no local pode ser explorada sem qualquer referência a métodos particulares de construção. A forma de um prédio pode ser considerada colocando-se em segundo plano a questão do material de que deverá ser feito.

Para obter os benefícios do mundo desenhado como um contexto para experimento, o *designer* deve adquirir certas competências e capacidades de avaliação. Ele precisa aprender as tradições do meio gráfico, as linguagens e as notações. Quist, por exemplo, tem um repertório de meios que o habilita a escolher o sistema gráfico mais adequado à exploração de fenômenos particulares. Os croquis dão a ele condições de explorar geometrias globais; os desenhos em corte transversal permitem examinar efeitos tridimensionais; os desenhos em escala, experimentar as dimensões do projeto; as maquetes, examinar as relações entre massas de prédios, volumes comparativos, sol e sombra. Ele usa os meios seletivamente, para abordar as questões às quais dá prioridade em cada estágio do processo de projeto.

Quist também aprendeu a usar a linguagem gráfica de forma transparente. Quando representa os níveis do local através de um conjunto de linhas concêntricas, enxerga *através* dele até as formas reais da topografia, da mesma forma que leitores experientes conseguem ler através das letras em uma página até as palavras e os significados. Assim, ele é capaz de mover-se no desenho como se estivesse andando pelos prédios no local, explorando as percepções como um usuário dos prédios estaria experimentando-os.

Contudo, apenas podemos tomar o mundo virtual do desenho como um contexto para o experimento se os resultados desse experimento puderem ser transferidos para o mundo da construção. A validade da transferência depende da fidelidade com a qual o mundo do desenho representa o mundo da construção. À medida que a prática de um arquiteto o capacita a mover-se entre desenhos e prédios, ele aprende a forma como seus desenhos serão "construídos" e desenvolve uma capacidade para projetar com precisão. Ele aprende a reconhecer os limites de representação do meio gráfico. Aprende, por exemplo, que os desenhos não conseguem capturar as qualidades dos materiais, das superfícies e das tecnologias. Aprende a lembrar que os desenhos não conseguem representar condição de solo, vento, custos de materiais e mão-de-obra, quebras de equipamento e mudanças operadas pelo homem no ambiente. Desenhar funciona como um contexto para o experimento precisamente porque permite ao *designer* eliminar características da situação do mundo real que podem confundir ou prejudicar seus experimentos; porém, quando ele interpreta os resultados de seus experimentos, deve lembrar-se dos fatores que foram eliminados.

O bloco de desenho do arquiteto é um exemplo da variedade de mundos virtuais dos quais todas as profissões dependem. Uma escultora aprende a inferir, a partir do que sente com uma maquete em sua mão, as qualidades de um monumento que será construído a partir dela. Os engenheiros tornam-se capacitados no uso de modelos em escala, túneis de vento e simulações de computador. Em um ensaio de orquestra, os maestros fazem experiências com compassos, fraseado e equilíbrio de instrumentos. Uma dramatização é um jogo improvisado no qual os participantes aprendem a descobrir propriedades de uma situação interpessoal e a refletir-na-ação sobre suas respostas intuitivas a ela. Na improvisação, seja ela musical ou dramática, os participantes podem conduzir experimentos imediatos nos quais, tendo-se em vista que a improvisação tende a levar à execução, as fronteiras entre os mundos real e virtual possam tornar-se indefinidas.

Os mundos virtuais são contextos para a experimentação nos quais os profissionais podem suspender ou controlar alguns impedimentos cotidianos à reflexão-na-ação. Eles são mundos representativos da prática, no duplo sentido desta. E a prática na construção, na manutenção e no uso de mundos virtuais desenvolve a capacidade para a reflexão-na-ação que chamamos de talento artístico.

Racionalidade Técnica e Reflexão-na-Ação Comparadas

Da mesma forma como descrevemos o processo de projeto de Quist, também começamos a descrever uma alternativa em epistemologia da prática dentro da qual a solução técnica de problemas ocupa um lugar limitado. Na perspectiva da conversação reflexiva de um investigador com sua situação, o modelo da racionalidade técnica parece radicalmente incompleto.

A epistemologia da prática positivista baseia-se em três dicotomias. Dada a separação entre meios e fins, a solução instrumental de problemas pode ser vista como um problema técnico a ser medido por sua eficácia em atingir um objetivo pré-estabelecido. Dada a separação entre pesquisa e prática, a prática rigorosa pode ser vista como a aplicação de problemas instrumentais das teorias e técnicas baseadas na pesquisa, cuja objetividade e generalidade derivam do método do experimento controlado. Dada a separação do fazer e do conhecer, a ação é apenas uma implementação e um teste de decisão técnica.

Na conversação reflexiva de Quist, tais dicotomias não se sustentam. Para ele, a prática assemelha-se à pesquisa. Meios e fins são concebidos de forma interdependente em seu problema. E sua investigação é uma transação com a situação, na qual conhecer e fazer são inseparáveis.

Ao conceber o problema de sua situação problemática, Quist determina as características que irá observar, a ordem que tentará impor, as linhas nas quais ele tentará efetivar a mudança. Procedendo desse modo, ele identifica tanto os fins a serem buscados como os meios a serem empregados. Na investigação que segue, sua solução de problemas é parte de um experimento mais amplo com o estabelecimento de problemas. Por exemplo, suas regras aceitas sobre o uso de várias inclinações cumprem um papel subordinado no experimento mais amplo, no qual ele impõe uma geometria ortogonal ao terreno confuso.

Ele reflete sobre a compreensão intuitiva de Petra acerca de sua situação de *design* e constrói um problema novo. Ele não o deriva, contudo, da teoria baseada na pesquisa, mas de seu repertório de temas e exemplos. *Vendo como* e *fazendo como*, ele produz um novo modelo da situação mas os experimentos imediatos com os quais ele testa aquele modelo no mundo virtual do bloco de desenho também funcionam como ações transformadoras e testes exploratórios. Esse processo de teste de hipóteses funciona principalmente para guiar seus movimentos posteriores e trazer à tona os fenômenos que o levam a reconstruir sua concepção da situação.

Em uma conversação reflexiva, os valores de controle, o distanciamento e objetividade – centrais à racionalidade técnica – assumem novos significados. O profissional tenta, dentro dos limites de seu mundo virtual, controlar as variáveis em nome do experimento de teste de hipóteses. Porém suas hipóteses referem-se ao potencial da situação para a transformação, e, ao testá-las, ele inevitavelmente entra na situação. Ele produz um conhecimento que é objetivo no sentido de que pode descobrir o erro – por exemplo, que ele não produziu a mudança que pretendia, mas seu conhecimento é também pessoal; sua validade é relativa a seus compromissos com um sistema apreciativo particular ou uma teoria geral. Seus resultados serão significativos apenas para aqueles que compartilham de seus compromissos.

NOTAS

1. As origens deste estudo de caso estão em um trabalho sobre educação em arquitetura de que participei no final dos anos 70. O estudo, apoiado pela Andrew Mellon Foundation foi dirigido por William Porter, diretor da Escola de Arquitetura e Planejamento do M.I.T., e Dean Maurice Kilbridge, diretor da Escola de Pós-Graduação em *Design* de Harvard. Vários estudos de observação participante foram conduzidos em ateliês de projetos em universidades, em várias partes dos Estados Unidos. Foi de um destes que eu obtive o protocolo que segue. Ele foi gravado por Roger Simmonds, então um de meus alunos de pós-graduação. Sou grato a Simmonds por sua ajuda, bem como a William Porter, Julian Beinart, Imre Halasz e Florian Von Buttlar, com os quais tive conversas iluminadoras. O diretor Porter, principalmente, ajudou a iniciar-me no mundo do pensamento arquitetônico.
2. O método da diferença de Mill, juntamente com seus métodos de acordo e variações concomitantes, é descrito em *A System of Logic* (Mill, 1843/1949).

CAPÍTULO 4

PARADOXOS E DILEMAS NA APRENDIZAGEM DO PROJETO

Até aqui, abordamos o diálogo entre Quist e Petra pelo que ele revela em termos do ato de projetar. O que observaríamos se o tomássemos como exemplo de *educação* para o projeto?

Petra, que tentou fazer algo por conta própria, não conseguia sair do mesmo lugar. Ela parece não ter claro exatamente o que deveria estar fazendo, ou tem idéias sobre o assunto que são incongruentes com as de Quist. Quist, depois de ouvir seus "grandes problemas", começa a tecer suas críticas. Usando a linguagem de desenho/fala para tornar seu processo acessível a Petra, ele demonstra o tipo de processo que acredita que deveria estar conduzindo, pontuando sua demonstração com reflexões sobre o processo de projeto.

O que Petra faz com tudo isso? Quist não pergunta, e ela não diz. Se ela permanece confusa sobre o significado de "processo de projeto", apesar das demonstrações e reflexões de Quist, nem nós temos condições de sabê-lo a partir das informações disponíveis. Mas há uma considerável evidência de que muitos estudantes no estágio de desenvolvimento em que Petra se encontra estão bastante confusos sobre o projeto; na verdade, eles consideram, às vezes, a experiência do ateliê, como um todo, misteriosa.

No ateliê de Petra, por exemplo, apesar de os estudantes terem uma admiração geral por Quist como profissional e professor, a metade do grupo considera difícil entender o que ele quer dizer com "pensar arquitetonicamente". Judith, uma colega de Petra, tem uma banca de avaliação na qual o crítico finalmente diz:

A menos que você comece a pensar o problema arquitetonicamente, não encontrará qualquer maneira de continuar.

E a própria Judith diz, em uma entrevista posterior:

Comecei a dar-me conta de que minha abordagem não era nada arquitetônica.

Em outro ateliê, o instrutor Leftwich diz de um estudante:

> Lauda é o cara mais difícil de se lidar. Inteligente, articulado, sempre aparece com alguma coisa que funciona, mas, arquitetonicamente, é horrível. E aí, o que é que eu faço? De certa forma, é o tipo de caso que precipita as respostas mais fracas, porque ele não internalizou algumas das coisas implícitas... acho que ele deveria fazer alguma outra coisa. Ele é brilhante, mas totalmente não-visual. Dentro do sistema de referências de um arquiteto de projetos, está totalmente fora do lugar... Eu não saberia o que fazer com ele.[1]

Leftwich argumenta que, em função de Lauda não ter internalizado as "coisas implícitas", não sabe o que fazer com ele. Lauda, por sua vez, aceita tal fato, mas está um tanto confuso pela demanda de que ele comporte-se de acordo com padrões que considera estranhos e misteriosos:

> Acho que, às vezes, Leftwich supunha que eu tivesse uma consciência maior do que eu realmente tinha... Eu não estava agindo em torno de meus padrões. Meus padrões já haviam sido superados há muito... Essa é, provavelmente, a questão-chave.

Então, ele diz:

> Primeiro eu quero ir lá e aprender. Quero saber o que estamos discutindo.

Ainda em um outro ateliê, o aluno que não foi escolhido pelos professores como um problema faz esta observação pungente:

> O que temos é uma situação kafkiana, na qual você realmente não sabe onde está e onde não tem qualquer base para avaliação. Você se baseia na inflexão do tom de voz das avaliações que recebe para descobrir se algo está mesmo errado.

Assim, além das características da educação para o projeto que já mencionei – o aluno tentando fazer algo por conta própria, mas não sabendo exatamente o que deve fazer e não conseguindo sair do lugar; o instrutor do ateliê oferecendo demonstração, instrução e reflexão –, devemos somar, pelo menos na fase inicial do ateliê, a experiência de mistério e confusão dos alunos. Esses fenômenos não são únicos do diálogo entre Quist e Petra, ou sequer do ateliê de Quist como um todo. Eles são característicos dos ateliês de projetos de arquitetura. Para compreendê-los, devemos começar com um certo paradoxo, inerente à educação para o projeto.

O PARADOXO DE APRENDER A PROJETAR

Inicialmente, o aluno não entende, e nem poderia, o que significa o processo de projeto. Ele considera o talento artístico de pensar como um arquiteto nebuloso, obscuro, estranho e misterioso. Além disso, mesmo que sejamos capazes de dar uma explicação verbal plausível do processo de projeto – intelectualizando-a –, ele ainda seria incapaz de responder à demanda de que demonstre uma compreensão do *design* no *fazer*.

Partindo dessa observação do desempenho dos estudantes, o instrutor do ateliê pode entender que eles não compreendem as coisas essenciais em um primeiro momento. Ele vê que não pode explicar tais coisas com qualquer esperança de ser entendido, pelo menos no princípio, porque elas somente podem ser compreendidas na experiência do processo real de projeto. Na verdade, muitos instrutores de ateliê crêem, assim como Leftwich, que há "coisas implícitas" essenciais que não podem jamais ser entendidas. Estas ou serão entendidas pelo estudantes no fazer, ou não o serão. Daí, a situação kafkiana na qual o estudante deve "basear-se na inflexão do tom de voz... para descobrir se alguma coisa está mesmo errada".

O ateliê de projetos compartilha de um paradoxo geral que acompanha o ensino e a aprendizagem de qualquer competência ou idéia nova, porque o estudante busca aprender coisas cujo significado e importância ele não pode entender de antemão. Ele é pego no paradoxo descrito vividamente por Platão em seu diálogo *Mênon*. Nele, enquanto Sócrates induz Mênon a admitir que ele não tem a menor idéia do que é a virtude, Mênon explode com a seguinte questão:

> Mas como procurarás por algo que nem ao menos sabes o que é? Como determinarás que algo que não conheces é o objeto de tua busca? Colocando de outra forma, mesmo que esbarres nisso, como saberás que o que encontraste é aquilo que não conhecias? (Platão, 1956, p.128)

Como Mênon, a estudante de projeto sabe que deve buscar algo, mas não sabe o que esse algo é. Ela tenta aprender, além disso, no sentido de vir a sabê-lo *em ação*. Ainda assim, no começo, ela não pode fazê-lo, nem reconhecê-lo quando o vê. Então, ela é pega em uma contradição: "procurar algo" implica uma capacidade de reconhecer o que se procura, mas a estudante não tem, em princípio, a capacidade de reconhecer o objeto de sua busca. O instrutor é pego no mesmo paradoxo: ele não sabe dizer à estudante o que ela precisa saber, mesmo que tenha as palavras para isso, porque a estudante não o entenderia naquele momento.

O paradoxo lógico de *Mênon* descreve precisamente a experiência de aprender a projetar. Ele captura os próprios sentimentos de mistério, confusão, frustração e futilidade que muitos estudantes experimentam em seus meses ou anos iniciais de estudo arquitetônico. Ainda assim, a maioria dos estudantes tenta desenvolver essa tarefa paradoxal.

A estudante descobre que se espera que ela aprenda, através do fazer, tanto o que é o processo de projeto quanto como desenvolvê-lo. O ateliê parece estar baseado na suposição de que essa é a única maneira pela qual ela pode aprender. Outros podem ajudá-la, mas podem fazê-lo apenas à medida que ela começa a entender, por conta própria, o processo que considera misterioso. E, embora possam ajudá-la, *ela* é, essencialmente, a sua auto-educadora. Em relação a isso, a tradição de ateliê de educação para o projeto é consistente com uma tradição mais antiga e mais ampla de pensamento e prática educacionais, de acordo com a qual as coisas mais importantes – talento, perspicácia, virtude – só podem ser aprendidas por conta própria.

Em *Mênon*, para voltar a um texto que dá a errônea impressão de ser simples, Platão faz com que Sócrates argumente que uma pessoa não pode ensinar a virtude a outra. A evidência é que os homens bons, que certamente quiseram ensinar a virtude a seus filhos, não o conseguiram.

> *Sócrates:* ... há muitos homens bons na política, aqui em Atenas, que também foram bons no passado. A questão é: eles também foram bons professores de sua própria virtude? Este é o ponto em discussão... se a virtude pode ser ensinada. É a

questão de se os bons homens do presente e do passado souberam como transmitir a outros a bondade que estava neles, ou se, ao contrário, ela não é algo que se possa transmitir, ou que um homem possa receber de outro (Platão, 1956, p.148).

E, em resposta a essa questão, tendo considerado os casos de um certo número de homens da política e seus filhos, Sócrates finalmente conclui:

Receio que seja algo que não se possa fazer através do ensino (p.149).

Como, então, os seres humanos se tornam bons? Alguns se tornam, e disso Sócrates não tem dúvidas. Sobre isso, *Mênon* oferece duas respostas, talvez conflitantes e certamente desconexas. Na parte final do diálogo, Sócrates conclui que a virtude é uma questão de "graça divina":

Se tudo o que dissemos nesta discussão e as perguntas que fizemos estavam certas, a virtude não será adquirida pela natureza, nem pelo ensino. Quem quer que a tenha, a recebe por graça divina, sem que o saiba, a não ser que ele seja o tipo de homem da política que é capaz de criar outro como ele próprio (p. 156-157).

Contudo, anteriormente, em sua discussão sobre as implicações desse paradoxo, Sócrates oferece uma visão diferente:

Há uma coisa pela qual estou pronto a lutar, até onde puder, em palavras e atos: devemos ser homens melhores, mais corajosos e mais ativos, se acreditarmos ser correto buscar algo que não conhecemos, do que o seríamos se acreditássemos que não há um porquê nessa busca, já que nunca poderemos descobrir o que não conhecemos (p.139).

Na verdade, em sua parábola do menino escravo, da qual evoca o enunciado de um teorema geométrico, Sócrates chega ao ponto de sugerir a natureza do processo pelo qual podemos "procurar o que não conhecemos". Este é, em essência, um processo de recordação; o aprendiz "espontaneamente recupera o conhecimento que está nele, mas esquecido".

Este conhecimento não virá de ensinamentos, mas de questionamentos. Ele (o menino escravo) o recuperará por conta própria (p. 138).

E o início desse processo de recuperação depende de Sócrates, o provocador e parteiro epistemológico que estimula o menino que não sabe o que pensou que soubesse:

Sócrates: Você supõe, então, que ele teria tentado buscar ou aprender o que pensou que soubesse (ainda que não soubesse), antes de ser jogado na perplexidade, conscientizar-se de sua ignorância e sentir desejo de saber?
Mênon: Não.
Sócrates: Então, o processo de entorpecimento foi bom para ele?
Mênon: Concordo (p. 135).

Talvez seja possível reconciliar as duas visões platônicas do processo pelo qual os seres humanos aprendem algo novo. A visão anterior é geral: podemos aprender algo novo, recuperando o conhecimento esquecido, com a ajuda de um provocador socrático cujo questionamento nos entorpece na perplexidade. Todavia, quando se trata de coisas realmente importantes, como virtude, a recuperação do conhecimento esquecido também depende de um talento dado, ainda que por graça divina, apenas a alguns.

Alguns autores contemporâneos têm tentado resolver o paradoxo de *Mênon* através de argumentos semelhantes aos de Platão. Da mesma forma como Platão argumentava que o menino escravo havia conhecido o teorema geométrico no passado e depois esquecido e poderia, portanto, quando entorpecido e despertado propriamente, *reconhecê*-lo, também outros autores têm atribuído àqueles que buscam aprender algo novo uma capacidade nova e implícita de reconhecê-lo ao encontrá-lo.

Polanyi propôs que já sabemos tacitamente aquilo que buscamos aprender. O diálogo de Sócrates com o menino escravo é, para Polanyi, uma parábola da reflexão sobre o conhecimento tácito:

> *Mênon* mostra, de forma conclusiva, que, se todo o conhecimento é explícito, isto é, capaz de ser claramente enunciado, então não podemos conhecer um problema ou procurar sua solução. E *Mênon* também mostra, portanto, que, se um problema existe e podem ser feitas descobertas resolvendo-o, podemos conhecer coisas, e coisas importantes, que não somos capazes de dizer.
>
> O tipo de conhecimento tácito que resolve o paradoxo de *Mênon* consiste na intimação de algo escondido que ainda podemos descobrir (Polanyi, 1967, p.22-23).

Herbert Simon (1969), que considera o *design* como a conversão de uma situação de seu estado real a um estado ideal, propõe resolver o paradoxo de *Mênon* através da distinção entre "estado" e "processo". Com certeza, argumenta ele, podemos descrever a mudança de estado que ocorre quando resolvemos um problema – subir uma montanha ou vencer um jogo de xadrez – mesmo que não possamos, em um primeiro olhar, descrever o processo que a produziria. Resolver problemas é procurar por valores de processos variáveis que produziriam uma mudança de estado desejada. Regulamos nossa busca por tal mudança através de nossa capacidade de reconhecer a segunda.

Israel Scheffler sugeriu, em uma conversa informal, que o paradoxo de *Mênon* pode ser resolvido pela distinção entre visões "de dentro" e "de fora" da atividade que estamos tentando aprender. Da forma como ele o vê, os estudantes de arquitetura sabem, desde o começo de seus estudos, que querem um diploma e que querem estar dentro dessa prática que eles vêem, inicialmente, de fora. Ampliando a visão de Scheffler, podemos dizer que os estudantes são capazes de reconhecer, desde o início, os sinais externos de uma execução competente do projeto. O problema que eles tentam resolver no ateliê é aprender as deixas internas que correspondem a esses sinais externos. Eles tentam descobrir como se sentem, fazendo coisas que viram o instrutor do ateliê fazer, e regulam sua busca pelos sinais externos de competência que já sabem reconhecer.

Cada uma dessas propostas – baseada, como é, em uma distinção entre tácito e explícito, estado e processo ou dentro e fora – captura algo importante sobre o processo de aprendizagem do projeto.

Se aplicássemos a visão de Polanyi à experiência dos estudantes no ateliê de projetos, diríamos, corretamente, que a aprendizagem do projeto toma, às vezes, a forma de explicitar o que já se sabe como fazer. Como diz Petra, "intuitivamente você olha para a forma e sabe que está errada, mas é difícil colocar a questão racionalmente". E os estudantes parecem experimentar, em um ou outro momento, a "intimação de algo escondido" de Polanyi. Contudo, a maioria dos estudantes não *começa* com um conhecimento tácito do processo competente de projeto. Sendo assim, eles têm mais probabilidades de dar descrições verbais do projeto que não conseguem produzir. Somente mais tarde, quando tiverem aprendido alguns aspectos do processo de projeto, eles podem desenvolver seu aprendizado através da reflexão sobre o conhecimento tácito, implícito em seu próprio desempenho.

A solução dada por Simon para o paradoxo é aplicável a um número limitado de problemas de projeto, nos quais os estudantes podem reconhecer a mudança de estado que constituiria uma solução – por exemplo, "em um espaço de tamanho e forma dados, organize certos itens de mobiliário especificados, de forma que esse espaço contenha a mobília confortavelmente e permita seu uso cotidiano". Porém nem todos os problemas de projeto são desse tipo, na verdade, os mais importantes não o são. No início de seu diálogo com Quist, Petra ainda não chegou a uma formulação satisfatória do problema a ser resolvido – "o problema deste problema", como o chama Quist. Ela começa sem uma capacidade de reconhecer tanto o problema quanto sua solução. No decorrer do diálogo, no entanto, é bem possível que ela comece a entender o problema de estabelecer uma configuração global de prédios no local e de identificar uma direção na qual buscar soluções. É aprendendo a trabalhar no problema que ela pode, também, aprender a reconhecer quando o resolveu. A respeito desse tipo de aprendizagem, no entanto, a abordagem de Simon não nos diz, nada.

Scheffler está certo quando diz que estudantes de primeiro ano de projeto sabem que querem obter um diploma e entrar na profissão. Mas isso não diz muito sobre o paradoxo de aprender a projetar, já que muitos estudantes que têm essas aspirações ainda não fazem a menor idéia do que possa ser "pensar como um arquiteto". É verdade que eles freqüentemente vêm a reconhecer e a apreciar as qualidades do projeto competente, as quais tentarão aprender e produzir. Uma forma de aprender a projetar parece ser a coordenação dos sentimentos profundos da *performance* com os sinais externos do projeto competente. O importante, no entanto, é que os estudantes devem vir a ser capazes de fazê-lo. Em nosso esforço para explicar tal maneira de aprender, não podemos evitar o problema de explicar de que forma, em primeiro lugar, eles vêm a reconhecer o bom projeto quando o vêem.

Nos estágios iniciais do ateliê de projetos, a maioria dos estudantes experimenta o paradoxo de *Mênon*, sentindo-se como pessoas que buscam algo que não são capazes de reconhecer, mesmo que tropecem nesse algo. Assim, seu processo inicial de aprendizagem possui uma carga dupla: eles devem aprender a executar o projeto e a reconhecer sua execução competente. Porém esses dois componentes da tarefa de aprendizagem dão suporte um ao outro: à medida que o estudante começa a desenvolver a *performance* de sua tarefa, ele também começa a reconhecer a *performance* competente e a regular sua busca, tendo como referência as qualidades que reconhece. Como ele vem a ser capaz de fazer tal coisa é uma outra questão, à qual retornaremos em nossa discussão sobre o diálogo entre estudante e instrutor.

Em 1952, uma figura socrática de nosso tempo, Carl Rogers, apresentou algumas reflexões pessoais sobre ensino e aprendizagem a um grupo de professores reunidos na Universidade de Harvard. O que ele disse naquela ocasião traça um paralelo muito próximo à linha de pensamento que venho desenvolvendo aqui:

    a. Minha experiência tem mostrado que não posso ensinar a outra pessoa como ensinar. Essa tentativa é, para mim, no final das contas, fútil.

b. Parece-me que qualquer coisa que se possa ensinar a outra pessoa é relativamente inconseqüente e tem pouca ou nenhuma influência no comportamento. Essa afirmação soa tão ridícula que não consigo deixar de questioná-la, ao mesmo tempo em que a apresento.
c. Cada vez mais percebo que estou interessado apenas nos aprendizados que influenciam significativamente o comportamento. É bem possível que isso seja apenas uma idiossincrasia pessoal.
d. Hoje considero que apenas a aprendizagem que influencia significativamente o comportamento é uma aprendizagem autodescoberta e auto-apropriada.
e. Essa aprendizagem autodescoberta, verdade que foi apropriada e assimilada pessoalmente na experiência, não pode ser diretamente comunicada a outros. No momento em que o indivíduo tenta comunicar tal experiência diretamente, muitas vezes com um entusiasmo bastante natural, ela torna-se ensino, e seus resultados são inconseqüentes. Senti-me aliviado ao descobrir, recentemente, que Sören Kierkegaard, filósofo dinamarquês, também descobriu isso em sua própria experiência e enunciou muito claramente um século atrás. Fez com que parecesse menos absurdo.
f. Como conseqüência do que foi dito acima, reconheço que perdi o interesse em ser professor.
g. Quando tento ensinar, como faço às vezes, fico estupefato com os resultados, que me parecem pouco mais do que inconseqüentes, porque, às vezes, o ensino parece dar certo. Quando isso acontece, considero os resultados danosos. Parecem fazer o indivíduo desacreditar em sua própria experiência e reprimem uma aprendizagem significativa. A partir disso, comecei a considerar os resultados do ensino sem importância ou danosos.
h. Quando olho para minhas experiências passadas com ensino, os resultados reais parecem os mesmos – ou ocorreu algum dano, ou nada de significativo aconteceu. Isto é bastante problemático.
i. Como conseqüência, dou-me conta de que estou interessado apenas em ser um aprendiz, de preferência aprendendo coisas que me interessam, que têm alguma influência significativa em meu comportamento.
j. Considero muito recompensador aprender em grupos, no relacionamento com outra pessoa, como na terapia ou por conta própria.
k. Considero que uma das melhores, mas mais difíceis, maneiras que tenho de aprender é abandonar minha própria defensividade, pelo menos temporariamente, e tentar entender de que forma essa experiência aparece e é sentida por outra pessoa.
l. Considero que uma outra maneira que tenho de aprender é declarar minhas próprias incertezas, tentar clarear minha confusão, aproximando-me, assim, do significado que minha própria experiência parece ter.
m. A experiência como um todo, e os significados que descobri nela, até agora, parecem ter desencadeado em mim um processo que é, ao mesmo tempo, fascinante e assustador. Parece que esse processo significa deixar que minha experiência conduza-me em uma direção que parece ser para a frente, rumo a algo que quase não consi-

go definir, à medida que tento entender pelo menos o significado presente dessa experiência. A sensação é a de flutuar em uma corrente complexa de experiência, em uma possibilidade fascinante de tentar entender a realidade que está sempre mudando (Rogers, 1969, p.277).

Nos momentos finais dessa conversa, Rogers fez mais algumas inferências. Se a experiência de outros está de acordo com a dele, pensou, ele se livraria do ensino, dos testes, das notas, dos créditos, "da apresentação das conclusões" e de todo o aparato da educação formal.

Suas palavras tiveram um profundo efeito nos professores ali reunidos. Como ele diz:

> Os ânimos exaltaram-se. Parecia que eu estava ameaçando seus empregos. Eu estava obviamente dizendo coisas que não eram bem assim, etc., etc. E, ocasionalmente, a voz mansa de apreciação vinha de um professor que já havia sentido esse tipo de coisa, mas nunca teve a coragem de dizê-lo... Recuso-me a me defender, respondendo a perguntas e ataques que vêm de todas as partes. Arrisquei-me a aceitar e assumir a indignação, a frustação e as crísticas que eles sentiam. Chamei a atenção para o fato de que eu havia meramente espressado algumas de minhas próprias visões pessoais. Não pedi nem esperava que outros concordassem comigo. Depois de muita tempestade, membros do grupo começaram a expressar, mais ou menos francamente, seus prórpios sentimentos significativos sobre o ensino – sentimentos, muitas vezes, divergentes dos meus ou divergentes uns dos outros. Foi uma reunião que instigou bastante o pensamento. Perguntou-me se qualquer dos participantes daquela reunião jamais a esqueceu (Rogers, 1969, p.277).

Há algo estranho no relato de Rogers. Ele diz aos professores que, tendo passado a acreditar na futilidade de tentar ensinar qualquer coisa significativa para o comportamento, perdeu o interesse em ser professor. Ainda assim, acredita claramente que sua condução da reunião contribuiu para um clima de auto-expressão e autodescoberta que poucos participantes esquecerão. A partir da evidência desse exemplo, eu diria não que Rogers perdeu todo o interesse em ensinar, mas que ele *recolocou o ensino* de modo a dar importância central a seu papel de aprendiz. Ele evoca a autodescoberta nos outros, em primeiro lugar modelando para os outros, como um aprendiz, a expressão clara de suas reflexões mais profundas (embora possam parecer absurdas) e então, quando os outros o criticam, recusando-se a assumir uma posição defensiva. À medida que expressa suas próprias incertezas e convicções, enfatiza a natureza "meramente pessoal" de suas convicções e, receptivo, escuta as reações dos outros, procurando, literalmente, instigar o pensamento. Ele acredita que a expressão própria dos pensamentos e dos sentimentos guardados, claramente divergentes entre si, tem o potencial de promover a autodescoberta.

Como Sócrates em *Mênon*, Rogers crê que as coisas mais importantes não podem ser ensinadas mas devem ser descobertas e apropriadas pela própria pessoa. Como Sócrates, ele atribui a si próprio e aos outros a capacidade de autodescoberta e funciona como um professor paradoxal, que não ensina, mas serve como um provocador e parteiro da autodescoberta de outros, provocando em seus interlocutores, como Sócrates, uma tempestade de indignação e confusão.

Ainda mais recentemente, um amigo meu, Professor Thomas Cowan da Universidade da Pensilvânia, expôs o mesmo ponto de vista de forma muito suscinta, em uma carta que me escreveu, como segue:

> O velho Carl Gustav Jung é o meu preferido em educação. Você sabe que, diferentemente de Freud, para quem a psicanálise é um ramo das artes curativas, Jung sempre insistiu em que ela é uma propedêutica, um ramo da educação. Para ele, educação é aquilo que alguém faz para si e por si. Daí a irrelevância universal de todos os sistemas de educação... essa visão forçou-me a distinguir educação de treinamento: educação é o processo de auto-aprendizagem; treinamento, aquilo que outros fazem você fazer... o que os (assim chamados) sistemas de educação estão *realmente* fazendo? Por exemplo, descobri que a faculdade de direito inicialmente treina os estudantes para ouvir... pensar e falar como o resto da profissão. Qual é, então, sua função educacional? Levar você à loucura com seu movimento incessante para educá-lo. O processo é ou parece ser um terrível desperdício, ainda que alguns acabem se educando. Se o professor tivesse um porrete e batesse em sua cabeça toda a vez que você tentasse fazer com que ele o educasse, a coisa estaria terminada em menos de um semestre. Parece-me que este é o método Zen de educação, de modo que eu não posso afirmar tê-lo inventado (comunicação pessoal, 1979).

O DILEMA DE APRENDER A PROJETAR

O paradoxo de aprender uma competência realmente nova é este: um estudante não pode inicialmente entender o que precisa aprender; ele pode aprendê-lo somente educando a si mesmo e só pode educar-se começando a fazer o que ainda não entende.

No ateliê de arquitetura, o paradoxo inerente a aprender a projetar coloca o estudante em um dilema. Espera-se que ele mergulhe na atividade de projetar, tentando, desde o início, fazer o que ainda não sabe como fazer, de modo a ganhar o tipo de experiência que o ajudará a aprender o que significa o projeto. Ele não pode fazer uma opção informada por esse passo decisivo, porque ainda não entende seus significados essenciais e seus instrutores não podem transmiti-los a ele, até que tenha a experiência requerida. Assim, deve jogar-se sem saber – aliás, para descobrir – o que precisa aprender.

É como disse o instrutor de ateliê, "posso dizer-lhe que há algo que você precisa aprender e com minha ajuda você será capaz de aprendê-lo. Mas não posso dizer-lhe o que é de forma que você possa entendê-lo agora. Posso apenas arranjar para que você tenha o tipo certo de experiência por conta própria. Então, você será capaz de fazer a opção informada por continuar ou não. Se não estiver querendo participar desta experiência sem saber de antemão como ela será, então não posso ajudá-lo. Você deve acreditar em mim".

Como disse Quist em uma entrevista, o instrutor do ateliê pede que seus alunos "façam uma suspensão voluntária da desconfiança":

> Deve haver ser uma espécie de contrato entre os dois. O professor deve estar aberto à mudança e ser capaz de defender sua posição. O estudante, por sua vez, deve querer suspender sua desconfiança e dar uma chance à sugestão do professor – experimentar a sugestão. O estudante deve querer acreditar que o professor tem uma intenção programática que será apropriada por antecipação

ou destruída pela sua exigência de uma completa justificação e explicação antes que qualquer coisa tenha sido feita. ...Um bom aluno é capaz de uma suspensão voluntária da desconfiança.

A frase de Quist originou-se de Samuel Taylor Coleridge, que a utilizou para descrever a postura essencial para a compreensão da poesia (Coleridge, 1817/1983). Para permitir que um poema funcione, pensava Coleridge, o leitor deve estabelecer uma espécie de contrato com o poeta, suspendendo voluntariamente sua desconfiança de afirmações que pareçam falsas ou, até mesmo, absurdas. Não se pede que o leitor queira "acreditar", porque não se pode esperar que ele opte informadamente por acreditar até que ele entenda, o que depende, por sua vez, de ter a experiência certa. A desconfiança deve ser suspensa até que o leitor (ou aluno) tenha acesso a informações nas quais possa basear uma boa decisão. Porém para obter essas informações, ele deve comprometer-se com um empreendimento que proporcione a experiência.

O que faz de uma situação um dilema para um estudante é o fato de que ele ou ela provavelmente considerará os custos do compromisso maiores do que a recompensa esperada. Talvez o menor desses custos seja o custo de oportunidade, de permanecer no ateliê. Mais importante é o sentido de estar em risco. Nadando em águas desconhecidas, o estudante arrisca-se a perder seu sentido de competência, controle e confiança. Ele deve abandonar temporariamente muito daquilo que já valoriza. Se vier ao ateliê com o conhecimento que considera útil, pode ser que se peça a ele que o desaprenda. Se já vier com uma perspectiva formada do que tem valor para o projeto, pode-se pedir que ele ponha tudo isso de lado. Posteriormente, em sua educação de ateliê, ou depois dela, ele pode julgar por si mesmo aquilo que deseja manter, descartar ou combinar, mas, inicialmente, é incapaz de fazer tal julgamento. E ele pode ter receio de que, por uma certa coerção insidiosa, perca para sempre o que já sabe e valoriza.

Ele torna-se dependente de seus instrutores e passa a esperar que eles o ajudem a adquirir compreensão, instrução e competência. À medida que suspende voluntariamente sua desconfiança, ele também suspende a autonomia – como se voltasse a ser criança. Nesse dilema, o estudante é mais ou menos vulnerável à ansiedade, dependendo das forças ou fraquezas que traz para o ateliê. Se ele é facilmente ameaçado pela rendição temporária de seu sentido de competência, então seu risco de perda parecerá alto. Se ele já vier desacreditando naqueles que têm autoridade e pronto a vê-los como manipuladores, especialmente se não estiver consciente de suas predisposições a perceber, então a suspensão voluntária da desconfiança pode parecer difícil ou até impossível.

O instrutor tem um dilema complementar ao do estudante. Ele sabe que não poderá inicialmente comunicar-lhe aquilo que sabe sobre o processo de projeto. E sabe que o estudante, como um postulante a quem se pediu que desse um salto no escuro para aprender, só pode ter boas razões para estar agindo, se começar a agir. Não importando o quanto o instrutor não goste de pedir que o estudante abra mão de sua autonomia, ele deve convidá-lo para entrar em um relacionamento temporário de confiança e dependência.

O contrato de aprendizagem entre o estudante e o instrutor raramente é tornado explícito. Quist é excepcional no grau em que reflete sobre esse contrato. O mais freqüente é que as duas partes simplesmente já se encontrem no interior do relacionamento descrito pelo contrato. E, se acontecer de pensarem nisso depois, suas tentativas de discuti-lo estarão tomadas pelo discurso complexo e multidimensional em que consiste o trabalho de ateliê.

COMUNICAÇÃO ENTRE ESTUDANTE E INSTRUTOR

Podemos pensar nisso como um processo de enviar e receber mensagens. Não é, no entanto, um tipo de telégrafo, no qual sinais com significado são transmitidos de um participante para outro.[2] Ao contrário, cada participante deve construir por conta própria o significado das mensagens do outro e deve construir o *design* de suas mensagens de forma que o outro possa decifrar seus significados. Quando o processo funciona bem, há um tipo de construção recíproca, que resulta em uma convergência de significado. Até aí, o ateliê tem tudo isso em comum com a comunicação humana.

Contudo, a comunicação entre o estudante e o instrutor é, de várias maneiras, problemática.

As mensagens, muitas vezes, referem-se tanto ao processo de projeto como ao de aprendê-lo. Um evento como a avaliação de Petra, que pertence a ambos os processos, tem potencial para uma confusão nas duas direções.

As mensagens são transmitidas, em princípio, através de ações – as demonstrações do instrutor e os esforços da estudante para o projeto. Isto é útil, em última análise, porque o sucesso da comunicação é medido não pela habilidade da estudante em falar sobre projeto, mas por sua habilidade em fazê-lo. Entretanto, a comunicação pelas ações apresenta problemas. A estudante deve construir seus significados das ações do instrutor, mesmo que tais significados estejam em conflito com os seus próprios (a probabilidade desse conflito é a base da necessidade de uma suspensão inicial da desconfiança); e as próprias mensagens-ações da estudante a tornam vulnerável a sentimentos de confusão e fracasso.

O instrutor quer comunicar coisas essenciais, algumas que vão além de regras enunciáveis, mesmo que ele seja bom em refletir sobre seu próprio conhecimento tácito. Ele pode alertar seus alunos para a necessidade de responder às demandas inesperadas, colocadas pela situação em resposta a suas ações, mas não pode dar-lhes as regras para fazê-lo. Sua intuição para o desenho – representar as curvas de nível do terreno, as vistas em corte dos prédios ou as perspectivas – não pode ser transmitida por uma descrição verbal de regras para o desenho. Isto é verdade, em primeiro lugar, porque desenhar depende de ver, e as palavras são aproximações muito pobres das questões visuais, mas também porque o desenho habilidoso depende de uma intuição para o uso da linha que não é redutível a procedimentos passíveis de serem verbalmente descritos. E a atividade de *design*, como outras formas de talento artístico, demanda autenticidade. Um *designer* deve *ter um significado* para o que faz. Se trabalhar a partir de uma metáfora geradora, por exemplo, ele deve levá-la a sério, entrar nela e tratá-la como sua. O instrutor do ateliê não pode dar regras para autenticidade; e, mesmo que as pudesse imaginar, o estudante ainda precisaria aplicá-las de uma forma autêntica!

Nem tudo o que é importante a respeito do *design* escapa à descrição verbal. Há muitas informações que o instrutor pode colocar em palavras. Entretanto suas tentativas de esclarecer, especificar e diferenciar os significados são vulneráveis às próprias ambigüidades que ele gostaria de dissipar.

Quist, por exemplo, dedica muito esforço para demonstrar e descrever a variedade de domínios de projeto que devem ser considerados ao avaliar as conseqüências das ações de uma *designer*. Ele aconselha Petra a enxergar a cafeteria não apenas como uma "função formal", mas também em termos de acesso ao sol de inverno e de verão; ele trata a galeria não apenas como uma circulação, mas como uma forma de marcar as diferenças de nível. Em nenhum lugar, no entanto, ele faz referências explícitas ao sistema de domínios de projeto sobre o qual, desenha. E, mesmo que o fizesse, alguns estudantes o considerariam confuso. Um estudante como Lauda só pode entender o processo de projeto em termos de estrutura e tecnologia; Judith, em termos de programa e uso. Para eles, outros domínios são vagos e inexistentes.

Quando Quist diz a Petra que ela deve "desenhar e desenhar", para que calibre suas coordenadas, ele refere-se a desenho no sentido do experimento do desenho. Ela deve desenhar para que possa descobrir as conseqüências das várias possibilidades das coordenadas. No entanto, estudantes que entenderam o desenho apenas como uma apresentação visual de uma idéia provavelmente tomariam o significado dos conselhos de Quist como se seus esboços tivessem falta de acabamento. Quist usa *metáfora* para referir-se à imagem geradora de um projeto. Mas uma estudante como Judith, para quem o termo parece significar embelezamento de um projeto existente, poderá dizer que, para agradar aos seus instrutores, ela "incluirá algumas metáforas".

Os subprocessos do projeto – fazer um mapa do local, por exemplo, ou analisar um programa – podem ser demonstrados e descritos. Contudo, o processo de projeto é holístico, e o instrutor não pode explicar o ato de "pensar arquitetonicamente" através de uma listagem de habilidades componentes do projeto. Um estudante não pode entender e adquirir cada habilidade componente, no sentido exigido pelo ato de "pensar arquitetonicamente", até que tenha experimentado aquele componente no conjunto de um processo. Sendo assim, ele pode confundir-se com o que aprendeu, ou pode acreditar que aprendeu mais do que o instrutor do ateliê pensa que ele aprendeu.

Há fontes potenciais de incerteza nas afirmações implícitas do instrutor sobre sua abordagem do projeto. Quist faz julgamentos claramente positivos sobre espaços e áreas suaves e expressa julgamentos negativos através de termos como "confuso", "ruim" e "estraga a idéia toda". Suponhamos, no entanto, que Petra não compartilhe de seus julgamentos. No caso em que ela levanta esse tipo de questão – a calibragem das coordenadas – ele a convida a olhar em corte. Porém, se Petra persistisse em seu ponto de vista, Quist tentaria argumentar para que ela o abandonasse, ou simplesmente desistiria, como se ela não tivesse entendido uma piada? Com certeza, Quist age como se seus julgamentos tivessem uma validade objetiva. O local *é* confuso, ele parece dizer, o auditório *é* um bloco de contornos muito rígidos. Mas estudantes como Petra, expostos a muitas escolas de arquitetura diferentes, podem questionar tais visões. Ao expressar seus julgamentos, Quist também está transmitindo a mensagem de que eles se aplicam normativamente a todos? Ou ele está apenas dizendo que ela deve colocar seus próprios valores em seu projeto, independentemente de sua adequação aos dele? Há diferença entre escolas de arquitetura baseadas objetivamente, ou são questões de gosto ou ideologia? A respeito dessas questões, Quist se cala. Como diz um estudante, "uma das coisas que realmente me incomoda sobre educação em arquitetura é que muitas coisas são realmente implícitas, permanecem superficiais e não são ditas".

O silêncio do instrutor sobre suas afirmações implícitas torna-se um teste projetivo para o estudante. Petra é livre para pensar, por exemplo:

"Estas coisas são óbvias para todo mundo, menos para mim".
"Quist não consegue explicar o que ele quer dizer".
"O que ele quer dizer não se pode expressar em palavras".
"Não aprendi a fazer as perguntas certas".

A questão torna-se crucial exatamente quando uma estudante, procurando interpretar a crítica do instrutor a seu trabalho, não consegue entender a visão de processo de projeto que está na base daquela crítica. Então, suas perguntas sobre o erro que ela não conseguiu ver podem juntar-se à confusão sobre a perspectiva que permite que o instrutor de ateliê o veja e a ambigüidade de suas pretensões de objetividade. A forma como ela resolve essas questões tem muito a ver com seu aprendizado posterior.

O ateliê de projeto baseia-se em uma resposta implícita ao paradoxo e ao dilema de aprender a projetar: a estudante deve começar a atividade de projeto antes de saber o que está fazendo, de modo que as demonstrações e as descrições do instrutor do ateliê possa assumir significados úteis para seu *design* posterior. Contudo, esse "círculo virtuoso" depende da capacidade do instrutor do ateliê e do estudante de comunicarem-se efetivamente um com o outro, apesar do potencial para ser vago, ambíguo ou obscuro, inerente às coisas que eles tentam comunicar. Sua busca por convergência de significado será o assunto do próximo capítulo.

NOTAS

1. "Leftwich" e "Lauda" são nomes fictícios atribuídos por Florian Von Buttlar a um instrutor e a um aluno em certo ateliê de projetos observado por ele como parte do Encontro Harvard/M.I.T sobre Educação para a Arquitetura.
2. Michael Reddy (1979) descreveu sua forma de ver a comunicação interpessoal em termos de "metáfora do conduto".

Capítulo 5

O diálogo Entre Instrutor e Estudante

Nas fases iniciais da educação em arquitetura, muitos estudantes que se dispuseram a dar o salto começam tentativas de *design*, mesmo que ainda não saibam o que significa e não possam reconhecê-lo quando o vêem. No princípio, seus instrutores não podem tornar as coisas mais fáceis. Eles não sabem dizer o que é *design,* porque têm uma habilidade limitada de dizer o que sabem, porque algumas características essenciais do processo de *design* escapam de regras claramente enunciáveis e porque muito do que eles *sabem* dizer é compreensível por um estudante apenas à medida que o instrutor começa a produzir o *design*. Mesmo que os instrutores pudessem produzir boas descrições, claras e estimulantes do processo de *design*, os estudantes, com seus sistemas de compreensão muito diferentes, provavelmente as considerariam confusas e misteriosas.

Nessa etapa, a comunicação entre estudante e instrutor parece quase impossível. Ainda assim, em uma questão de poucos anos ou mesmo meses, eles começam a falar um com o outro elipticamente, usando mensagens codificadas em palavra e gesto para transmitir idéias que pareceriam totalmente complexas e obscuras a um estranho. Eles comunicam-se facilmente, terminando as frases um do outro e deixando frases inacabadas, confiantes de que o ouvinte captou seu significado essencial.

Na verdade, nem todos adquirem esse estado de graça comunicativo. Alguns estudantes nunca entendem o que o instrutor está falando – ou crêem que entendem quando o instrutor tem certeza de que não –, e alguns instrutores nunca conseguem atingir seus estudantes. Muitos são bem-sucedidos, no entanto, em cruzar uma distância de comunicação aparentemente impossível de atravessar, atingindo o que parece ser uma convergência de significado. Como o fazem?

O estudante e o instrutor trazem para a experiência do ateliê uma capacidade para um tipo particular de diálogo sobre o assunto – o processo de *design* – que eles vêem, inicialmente, de maneiras tão divergentes. Seu diálogo tem três características essenciais: acontece no contexto de uma tentativa de desenhar do estudante; faz uso de ações, bem como de palavras, e depende da reflexão-na-ação recíproca.

O instrutor tenta discernir o que a estudante entende, quais são suas dificuldades peculiares, o que ela já sabe como fazer, principalmente a partir da evidência dos esforços iniciais da estudante para produzir o *design*. Em resposta, o instrutor pode mostrar ou dizer. Ele pode demonstrar uma parte ou aspecto do processo que ele pense que a estudante precisa aprender, oferecendo-o como um modelo a ser imitado; pode, com perguntas, instruções, conselhos ou críticas, descrever algumas características do processo de *design*. Os instrutores variam em suas predileções por dizer ou mostrar. Alguns se recusam a desenhar, por medo de que a imitação feita pela estudante seja cega ou mecânica. Outros apenas desenham, desacreditando simples palavras para transmitir algo tão inerentemente visual como o *design*. Alguns, como Quist, combinam as duas estratégias. O que quer que ele escolha fazer, experimenta com a comunicação, testando, com cada uma de suas intervenções, tanto seu diagnóstico da compreensão e dos problemas de uma estudante como a eficácia de suas próprias estratégias de comunicação. Nesse sentido, ele reflete-na-ação.

A estudante tenta decifrar as demonstrações e as descrições do instrutor, testando o significado que construiu ao aplicá-las ao seu *design* posterior – revelando, assim, o que fez das coisas vistas ou ouvidas. Nesse sentido, ela reflete-na-ação.

A reflexão-na-ação torna-se recíproca quando o instrutor trata o *design* posterior da estudante como uma declaração, contendo significados como "Isto é o que eu acho que você quer dizer", ou "Isto é o que eu realmente quis dizer", e responde a suas interpretações mostrando e dizendo mais, o que a estudante, por sua vez, pode novamente decifrar e traduzir em nova *performance* de produção do *design*. O processo continua através da seqüência de projetos de *design* que formam o ateliê, avançando, ainda que não em linha reta no sentido da convergência de significado e da crescente capacidade da estudante de produzir o que ela e seu instrutor consideram um *design* competente.

Nesse processo, vários tipos de aprendizagem estão entrelaçados. A estudante aprende a reconhecer e a apreciar as qualidades do bom projeto e da atividade competente de *design* no mesmo processo pelo qual também aprende a produzir essas qualidades. Ela aprende o significado das operações técnicas no mesmo processo em que aprende a desenvolvê-las. E, à medida que aprende a produzir o *design*, ela também aprende a maneira de produzi-lo – ou seja, ela aprende a prática do ensino prático.

Dada essa breve e idealizada descrição do diálogo entre instrutor e estudante, tratarei, no restante deste capítulo, dos processos componentes de dizer e ouvir, demonstrar e imitar.

DIZER E OUVIR

Um instrutor tem muitas maneiras de "dizer". Ele pode dar instruções específicas dizendo, por exemplo, como preparar um mapa do local, designar usos para inclinações de graus diferentes ou produzir desenhos em corte, elevações ou mapas. Ele pode criticar o produto ou o processo de um estudante, sugerindo coisas que o estudante pode fazer, como "trabalhar no tamanho da área intermediária" ou "calibrar as dimensões das coordenadas". Ele pode dizer aos estudantes como definir prioridades, como quando diz "trabalhem na geometria geral dos prédios no terreno; eu não me preocuparia com a forma dos telhados". Ele pode propor experimentos que o estudante pode cogitar fazer, analisar ou reformular problemas e fazer reflexões sobre o processo que demonstrou.

O que quer que o instrutor escolha dizer, é importante que ele o diga, na maior parte, no contexto do *fazer* da estudante. Ele deve falar à estudante enquanto ela se encontra no meio de uma tarefa (e talvez sem conseguir sair do lugar), ou está prestes a começar uma tarefa nova, ou reflete sobre uma tarefa que acabou de completar, ou ensaia na imaginação uma tarefa que poderá desempenhar no futuro.

Não há uma linha divisória mágica entre o mundo do ateliê e o mundo fora dele. A estudante não entende de repente, quando entra no ateliê, aquilo que no mundo exterior ela teria considerado obscuro. Porém no contexto de suas tentativas de produzir o *design*, o dizer e o ouvir do instrutor têm um elevado potencial para a eficácia. Quando Petra está tentando, com dificuldade, localizar a administração, o ginásio e o jardim de infância em seu terreno confuso, e Quist fala com ela sobre seu problema, ela o escuta com atenção operativa – com uma prontidão especial para traduzir aquilo que ela ouve em ações, da mesma forma como escutamos alguém que nos dá instruções de como chegar em um local desconhecido, quando nós somos quem terá de dirigir. Com essa atitude de atenção operativa, Petra provavelmente colocará demandas especiais para o conselho de Quist, e ele provavelmente tentará responder às suas demandas.

As instruções são sempre e inevitavelmente incompletas. A menos que já saibamos como fazer a coisa em questão, sempre há uma distância entre a instrução e a ação que ela descreve – uma distância que provavelmente não detectaremos, a não ser que escutemos no modo da atenção operativa. Essa distância da instrução pode ser de vários tipos.

A instrução pode conter uma descrição que não seja específica o suficiente, ou pode não ter o tipo de especificidade que seja adequada às necessidades de saber do estudante. Para seguir o conselho de Quist de "desenhar e desenhar para calibrar as coordenadas", Petra deve saber testar a escolha particular de uma dimensão para seus efeitos sobre fatores como acesso a prédios, circulação e adequação aos contornos do prédio. Quist pode tentar ajudá-la, citando exemplos desses tipos de efeitos que podem ou não responder às dificuldades particulares que ela experimenta ao tentar seguir seu conselho. Ele não tem meios de prever todas as dificuldades que ela poderá experimentar e, se tentar fazê-lo, certamente a sobrecarregará com informações. Ele deve tentar produzir descrições adequadas ao *know-how* e às sensações do problema que ela atualmente tem, consciente, ao fazê-lo, de que algumas coisas que provavelmente lhe causarão mais problemas são as que ele considera menos problemáticas.

As instruções podem ser ambíguas; na verdade, a maioria é. "Dobre na primeira à esquerda, depois do sinal", poderia significar, em um contexto particular, "dobre na estrada de chão batido, que fica à esquerda", ou "dobre na primeira estrada *pavimentada*". Pelo fato de aquele que dá as informações saber o que elas significam, não lhe ocorre que a "primeira à esquerda" pode ser ambíguo. Entretanto, para o ouvinte que tenta decifrar as instruções para agir de acordo com elas, a ambigüidade apresenta-se prontamente como um problema a ser resolvido – por inferência, ou por experimentação ou pelas duas. Se aquele que dá as instruções leva sua tarefa a sério, ele deve primeiramente refletir sobre aquilo que já sabe como fazer, tentando tornar explícitos, a si mesmo, os procedimentos que desenvolve espontaneamente e, então, deve tentar antecipar e clarear as ambigüidades que o ouvinte poderá encontrar em sua descrição. Por causa de ambigüidades peculiares à linguagem do *design*, como observado antes, um estudante de *design*, ouvindo com atenção operativa, provavelmente experimentará uma necessidade especial de esclarecimento.

As instruções podem ser estranhas, referindo-se a coisas, procedimentos ou qualidades que não são familiares ao ouvinte, ou são incongruentes com os significados que ele já conhece. Assim acontece com a compreensão de Judith de instruções como "pense arquitetonicamente", "desenhe em escala", "baseie seu trabalho em uma metáfora organizadora". Esses comandos podem não ter qualquer significado para ela, ou ela pode construir para eles um significado incongruente com o que seu instrutor pretende.

Quando uma estudante desenvolve uma instrução, ela revela os significados que construiu para isso, indicando como pode ter preenchido um espaço de especificidade, ambigüidade ou estranheza. Ao observar o que ela desenha, o instrutor pode dar-se conta de que ela pensa que "desenhar em escala" quer dizer usar uma régua, ou que ela não sabe o que significa calibrar coordenadas. Ele pode surpreender-se pela evidência de um vazio antes insuspeito ou um problema diferente daquele que tinha em mente. E ele pode inventar, em resposta a isso, aquilo que deverá dizer ou fazer dali em diante. Toda a tentativa de produzir uma instrução é um experimento que testa tanto a reflexão do instrutor sobre seu próprio ato de conhecer-na-ação como sua compreensão das dificuldades dos estudantes. Toda a tentativa de seguir uma instrução revela e testa a compreensão do estudante sobre seu significado e, ao mesmo tempo, a própria qualidade da instrução. A estudante pergunta, com efeito: eu entendo o que ele está dizendo? Faz algum sentido para mim? Sou capaz de fazê-lo? Entendi direito? E o instrutor, observando e lendo o desempenho da estudante, faz perguntas semelhantes, tanto sobre suas próprias instruções quanto sobre as tentativas da estudante de entendê-las.

Em um contexto diferente – ensinando os rudimentos da leitura -, Leon Tolstoy descreveu a reflexão-na-ação de um instrutor que tenta produzir instruções adequadas às capacidades e às dificuldades de estudantes específicos:

> Todo o indivíduo deve, para adquirir a arte de ler no tempo mais curto possível, ser ensinado separadamente de qualquer outro, devendo, assim, haver um método específico para cada um. Aquilo que constitui uma dificuldade insuperável para um não é um problema para outro e vice-versa. Um aluno tem uma boa memória, sendo mais fácil para ele memorizar as sílabas do que compreender o caráter não-vogal das consoantes. Outro reflete calmamente e irá compreender um método de sons mais racional; outro tem um instinto fino e entende a lei das combinações de palavras lendo palavras inteiras de uma só vez.
>
> O melhor professor é aquele que tem, na ponta da língua, a explicação do que está incomodando o aluno. Essas explicações dão ao professor o conhecimento do maior número possível de métodos, a habilidade de inventar novos e,

sobretudo, não uma adesão cega a um dos métodos, mas a compreensão de que todos os métodos são unilaterais e de que o melhor método seria aquele que respondesse da melhor forma a todas as possíveis dificuldades apresentadas por um aluno, ou seja, não um método, mas uma arte e um talento...
...Todo professor deve..., considerando todas as imperfeições na compreensão do aluno não como um defeito do aluno, mas como um defeito em sua própria instrução, empenhar-se para desenvolver em si mesmo a habilidade de descobrir novos métodos (1861/1967, p.57-58).

Assim como o professor de leitura de Tolstoy, um bom instrutor de *design* tem à sua disposição e é capaz de inventar imediatamente muitas estratégias de instrução, questionamento e descrição – todas dirigidas a responder às dificuldades e aos potenciais de um estudante específico que está tentando fazer algo.

Por exemplo, o instrutor deve conceber a questão que dirige a atenção do aluno na direção de um novo aspecto da situação de *design*: "Porque a administração deve ficar aqui?", "E se você abrisse um espaço aqui?". Sua pergunta pode fazer avançar uma idéia que a estudante ainda não identificou; ele pode perguntar, "Como você irá marcar a diferença de nível?", por exemplo, quando ela ainda não notou a irregularidade da topografia.

Ele pode dar à estudante uma instrução operacional muito concreta que contenha um significado implícito, profundo. Quist pode perguntar a Petra, por exemplo, "Porque você não vê como fica a galeria em corte?", com esperanças de que ela note que é mais do que um veículo para circulação. Da mesma forma, um professor de piano pode dizer, "Você deveria mudar a posição dos dedos aqui", querendo dizer que "isso deveria marcar o fim de uma frase e o início de outra". Nesses casos, o instrutor tenta fazer com que o estudante desempenhe uma operação particular para conscientizar-se de sua função na situação – desempenhar uma operação técnica, como observou Wittgenstein (1953), para aprender seu significado.

O instrutor pode escolher as palavras exatas que um aluno escolhe para descrever sua intenção – desenvolvendo-as, entretanto, em uma direção diferente daquela que ele tinha em mente. Dessa forma, Quist faz eco à descrição de Petra da galeria: "é uma passagem geral que qualquer um tem a liberdade de usar", mas acrescenta, "não é um corredor".

Ele pode tentar encontrar uma imagem concreta, acessível à sua aluna, que carregue uma rede complexa de associações. Assim, Quist fala de "um jardim, uma área suave nos fundos (para essas formas de contornos rígidos)", ele fala, de maneira meio depreciativa, de "podar as árvores".

Ele pode fazer um julgamento das necessidades de sua aluna de saber algo agora ou de sua prontidão de ouvi-lo. Quist nota que Petra está disposta a lidar com elementos individuais do prédio (trabalhar "de perto", como ela diz), concentrando-se, então, em estabelecer a geometria básica dos prédios no local. Ele vê que ela hesita em fazer escolhas aparentemente arbitrárias que poderiam investir seu *design* de significados que podem ser seguidos de uma idéia básica e, então, diz a ela que imponha uma disciplina, ainda que arbitrária ("sempre se pode amenizá-la depois"). Vendo que Petra não é capaz de encadear uma seqüência longa e complexa de ações condicionais e conseqüências, ele a conduz através dessas ações. Vendo que está limitada aos domínios das normas pelas quais ela permite ser influenciada, ele fala sobre as implicações formais das geometrias escolhidas, a idéia, relacionada ao uso, de tornar-se um com as árvores, os efeitos da orientação no terreno, os significados que podem estar ligados aos elementos da construção, os usos compatíveis com os diferentes graus de inclinação. Quando Petra parece estar interessada apenas na pureza de suas formas de contornos rígidos, Quist fala de "amaciá-las e diluí-las" pela acomodação às normas derivadas de outros domínios.

Da mesma forma que o instrutor pode variar sua estratégia de descrição, dependendo da leitura que um estudante específico faz naquele momento, ele também pode variar a maneira como dá a descrição. Ele pode tratar um aluno com gentileza e através de mensagens indiretas, mal sugerindo questões que exigem mudança; com outro, ele pode ser direto e desafiador. No ateliê de Quist, algumas das variações nas respostas dos alunos podem refletir os diferentes aspectos de sua pessoa que ele escolhe para mostrar-lhes.

DEMONSTRAR E IMITAR

No diálogo de Quist com Petra, depois de ele escutar seus "grandes problemas", demonstra uma versão do processo global que ela já tentou (gaguejando, como ele diz) levar adiante.

Como deveríamos descrever sua intenção? Ele quer que ela entenda sua demonstração para que possa ir adiante e fazer algo semelhante a ela. "Continue", diz ele, "você vai conseguir". Ele mostrou-lhe uma maneira de produzir um *design* da geometria dos prédios no terreno, de forma que ela possa continuar imitando – não em seus detalhes, mas em suas características essenciais. E ela parece aceitar a demonstração, no espírito de sua intenção, sentindo que o instrutor ajudou-a onde ela estava trancada e fornecendo uma abordagem alternativa que ela será capaz de desenvolver por conta própria.

Um instrutor demonstra partes ou aspectos do processo do *design* para ajudar seu aluno a entender o que ele crê que ele precisa aprender e, ao fazê-lo, atribui-lhe uma capacidade para a imitação.

À primeira vista, não há nada nesse processo de demonstração e imitação que mereça atenção extraordinária.

As crianças freqüentemente aprendem a brincar imitando outras e aprendem a atuar no mundo adulto pela imitação dos adultos em torno delas. Aprendemos habilidades físicas, jogos, maneiras de trabalhar, práticas da vida cotidiana, em parte, imitando outros que já são bons nessas atividades. Podemos não gostar da *idéia* de imitação (terei mais a dizer a esse respeito, adiante), mas estamos continuamente fazendo isso – e geralmente sem sentir que estamos fazendo qualquer coisa de especial. A obviedade da imitação dissolve-se, entretanto, quando a examinamos mais de perto.

Consideremos uma mãe que senta de frente para seu bebê, batendo palmas. O bebê começa a bater palmas também, imitando sua mãe. A mãe começa a bater palmas em um ritmo mais rápido; o bebê responde, também aumentando o ritmo. A mãe, mais uma vez, bate lentamente, dessa vez sem um ritmo fixo. O bebê faz o mesmo. A mãe acelera a batida e faz um ritmo mais complicado. O bebê responde, produzindo várias batidinhas. A mãe começa a brincar de "escravos-de-Jó" com o bebê, primeiramente estendendo suas palmas da mão para tocar as duas palmas do bebê, em seguida tocando a palma direita do bebê com sua palma direita, e a esquerda com sua esquerda. Confuso em princípio, o bebê responde em seguida, estendendo a mão direita para encontrar a direita da mãe, e a esquerda para encontrar a esquerda.

Mesmo um exemplo tão "simples" mostra uma complexidade extraordinária. O bebê faz da maneira que viu sua mãe fazer, reproduzindo seus gestos globais. Mas, para fazê-lo, ele deve ser capaz de produzir e controlar, a partir de sua intuição interior, o que aprende através da observação visual de sinais externos. De alguma forma, ele consegue coordenar sinais interiores e exteriores para produzir ações que estejam de acordo, em alguns aspectos essenciais, com as ações observadas.

Mesmo nesse exemplo "simples", a imitação apresenta-se como um processo de construção seletiva. As características da atuação a ser reproduzida não são dadas com a demonstração. O bebê seleciona e integra em sua própria atuação o que considera essencial nas coisas que vê sua mãe fazer. Ou talvez devêssemos dizer que já há, em sua percepção das ações de sua mãe, uma construção das coisas essenciais e não-essenciais que ele então traduz em sua própria atuação.

Quando o bebê bate palmas, por exemplo, ele está sentado de frente para sua mãe; a mímica não inclui virar-se, de forma a sentar-se na mesma posição dela. O bebê detecta algumas variações nas palmas da mãe – diminuindo, por exemplo – e responde, reproduzindo-as. Quando a mãe bate em um ritmo mais complexo, no entanto, o bebê produz várias batidinhas – que podem representar o que ele ouve ou, talvez, refletir sua habilidade limitada em produzir os ritmos mais complexos que escuta.

A reconstrução, pela imitação, de uma ação observada é um tipo de processo para a solução de problemas – indicado especialmente, em nosso exemplo, pelo sucesso gradual do bebê em aprender os movimentos alternantes da brincadeira. A solução de problemas pode tomar a forma de sucessivas diferenciações de um gesto global, ou de aprender a juntar ações componentes. O imitador tem acesso à observação do processo (nesse caso, as palmas) e do produto (os sons das palmas) e pode regular sua construção seletiva pela referência a um destes ou aos dois. Quando o processo de imitação é interativo, como em nosso exemplo, as reações do demonstrador podem também regular o processo construtivo. Quando o bebê bate palmas, a mãe sorri e acena com a cabeça, recompensando seu desempenho.

A construção imitadora do bebê não depende de sua habilidade em descrever o que vê, ouve ou faz. O processo de solução de problemas envolvido na imitação – fazê-lo como viu e ouviu sua mãe fazer – não depende de uma formulação verbal explícita das similaridades percebidas e vividas. O bebê pode produzir uma ação semelhante à que percebeu sem que seja capaz de dizer "em que ela é semelhante". Seu processo construtivo é, entretanto, uma forma de reflexão-na-ação – uma investigação imediata na qual o imitador constrói e testa, em suas próprias ações, as características essenciais da ação que observou.

À medida que uma criança amadurece, sua capacidade para esse tipo de reflexão-na-ação desenvolve-se. Sua reconstrução imitadora torna-se cada vez mais complexa, cumprindo, sem dúvida, um papel fundamental em todos os processos que associamos à aquisição de habilidades. Ao aprender a esquiar, fazer malabarismo ou desenhar, por exemplo, a observação e a imitação de atuações habilidosas são de importância crucial. Nesse tipo de exemplo, como nas palmas do bebê, temos acesso a observações tanto do produto como do processo e podemos dar prioridade a um destes ou a ambos. Posso ver os movimentos de uma instrutora de esqui quando ela entra em uma curva paralela. Também posso ver (e ouvir) a curva real com a qual ela completa a manobra, os esquis bem juntos, ligeiramente voltados para cima, fazendo um ruído semelhante a uma lixa, conforme derrapam sobre a neve. Posso ver um desenhista habilidoso fazendo um desenho à mão livre de uma samambaia. Posso observar seus gestos, ver como ele guia a caneta sobre o papel e ver, finalmente, o desenho final deixado pelos traços de sua caneta.

Se presto atenção ao produto – a curva paralela ou o desenho –, tenho algo para *copiar*. Aqui, sou livre da necessidade de reproduzir um processo observado de ação; trabalho contra a obrigação de produzir algo como o produto original, algo que eu possa perceber como semelhante – mais uma vez, antes que eu possa dizer "semelhante em quê". Ao colocar-me o problema de copiar o produto, regulo meus experimentos imediatos pelas percepções das semelhanças e das diferenças entre o original e minha cópia dele. Posso estar limitado, é claro, por minha habilidade de perceber o produto – alguém com muita experiência poderá vê-lo de forma bem diferente –, mas o próprio ato de copiar pode levar-me a ver o original de uma nova maneira.

Ao observar o *processo* de ação, tentando fazer como vi uma pessoa habilidosa fazer, reflito-na-ação tanto sobre o processo que observei quanto sobre minhas tentativas de reproduzi-lo. "O que ele está realmente fazendo?" e, ao tentar fazer o que ele fez, pergunto, "O que estou realmente fazendo?". Posso quebrar em partes todo o gesto que imitei, tentando ver o que, em cada parte, torna minha tentativa de reprodução certa ou errada. Ao poder detectar esse certo ou errado mais prontamente do que posso enunciar as regras que baseiam meus julgamentos, sou capaz de refletir sobre os critérios que guiam minhas percepções de adequação ou inadequação. Posso experimentar formas diferentes de corrigir os erros que detecto. Posso examinar as "juntas" que conectam as partes do desempenho que tento reproduzir, reconhecer etapas intermediárias da tarefa de construção, diferenciar aspectos do meu desempenho – observando, por exemplo, o que acontece quando meus esquis cortam mais fundo a neve, ou minha caneta movimenta-se mais vagarosamente sobre a superfície do papel. Muitas vezes, nesse processo, descubro novos significados nas operações que tento reproduzir. Inclinando-me na descida, como já vi um esquiador experiente fazer, posso descobrir como isso me dá uma sensação de equilíbrio sólido e força para a curva. Imitando a atuação observada, coloco-me em uma nova situação de ação e, desse ponto de vista, tenho visão e sensação novas sobre a atuação que estou tentando imitar.

Posso coordenar as duas estratégias de imitação: reproduzir um processo e copiar seu produto. Posso usar cada uma como um teste para a outra, avaliando que finalmente acertei, por exemplo, quando detecto em minha própria ação uma adequação ao processo que observei e, em meu próprio resultado, uma adequação ao produto original. Nesse momento, posso tentar fazê-lo de novo, dirigindo agora meus esforços para minha ação, recém-completada. Progrido de imitar o outro para imitar a mim mesmo.

COMBINANDO DIZER/OUVIR E DEMONSTRAR/IMITAR

No ateliê de projetos, como em outros tipos de ensinos práticos reflexivos, o mostrar e o dizer do instrutor estão entrelaçados da mesma forma que o ouvir e o imitar do estudante. Através de sua combinação, os estudantes podem aprender o que não aprenderiam apenas pela imitação ou seguindo instruções. Cada processo pode ajudar a preencher espaços de comunicação inerentes ao outro.

As instruções são sempre incompletas, como já vimos, e muitas vezes ambíguas, estranhas e incongruentes com as idéias do ouvinte. Da mesma forma, cada demonstração é ambígua, estando sempre aberta à questão: "O que, nisso tudo, deve ser imitado?". O que quer que o instrutor veja como sendo as características essenciais de sua demonstração, os estudantes deverão construir suas próprias versões dela, que são, com freqüência, incongruentes com as intenções do instrutor.

Além disso, há várias maneiras pelas quais uma demonstração pode apresentar obstáculos à imitação. Ela pode ser refinada demais, contendo diferenças que escapem à atenção do observador. Um professor de violoncelo poderá demonstrar um toque de um arco na corda que torne o tom mais brilhante, por exemplo, e seu aluno poderá ouvi-lo e reproduzi-lo simplesmente mais alto. A demonstração pode acontecer rápido demais para que o estudante possa detectar o que está acontecendo. Sua complexidade pode iludir a compreensão do estudante. Por exemplo, a demonstração pode consistir em um conjunto de ações longo demais e sutilmente interconectado para que o estudante o retenha na mente, ou pode ser feito de uma conexão de movimentos concorrentes. Ela pode variar, ao longo do tempo, de uma forma que parece previsível ao novato, ainda que revele ao iniciado a compreensão de um sistema complexo – como a seqüência de movimentos através da qual um mecânico habilidoso testa um motor.

A descrição verbal poderá fornecer pistas para características essenciais de uma demonstração, e a demonstração pode tornar claro o tipo de desempenho denotado por uma descrição que, à primeira vista, parece vaga e obscura. Um treinador de tênis pode aconselhar o aluno a bater na bola no movimento ascendente, por exemplo, e o aluno pode considerar esse conselho impenetrável, até que observe a forma como o treinador bate na bola. Quando o aluno tenta fazê-lo por conta própria, o treinador observa-o e diz, "Traga a raquete de trás", chamando a atenção para uma característica da demonstração que não havia sido notada pelo aluno.

A reflexão do instrutor ou do aluno sobre seu próprio desempenho ou sobre o do outro pode proporcionar uma descrição que saliente diferenças sutis, explicite as conexões em um conjunto longo e rápido de ações, ou revelar o entendimento que informa variações superficiais. O técnico de tênis Timothy Gallwey pede a seus alunos que lhe digam onde suas raquetes estão no momento em que batem na bola. Observando a posição da raquete no momento preciso do impacto, o aluno aprende o que está fazendo de errado e passa a confiar mais em seus esforços para a correção dos erros. Seymour Papert ensinava malabarismos, informando os aspirantes a malabaristas que eles estavam suscetíveis a uma variedade de erros típicos ou "vícios" – jogar a bola longe demais, por exemplo. Pedindo-lhes, de vez em quando, que descrevessem o "vício" que haviam ilustrado, dava-lhes uma linguagem com a qual pudessem refletir sobre seu próprio desempenho. Ele dava nomes a partes do processo do malabarismo – diferenciando um "passe" de um "lançamento", por exemplo –, ajudando o aluno a quebrar em partes compreensíveis aquilo que havia parecido, em princípio, um fluxo incessante de movimento.

O desenho e a fala de Quist – sua linguagem de *design* – parece ajudar Petra a compreender sua demonstração particularmente longa e complexa. E seus comentários ocasionais sobre o processo de *design*, como "Trabalhe indo e vindo, entre a parte e o todo", parecem ajudá-la a observar características essenciais. Suas descrições indicam o que Petra deve imitar, tanto na tarefa particular que tem à mão como no processo genérico que ilustra. Suas demonstrações esclarecem descrições que poderiam, de outra forma, parecer vagas e obscuras a ela.

Podemos identificar os "momentos" do processo nos quais Petra responde reflexivamente às descrições e às demonstrações de Quist. Inicialmente, ela observa, escuta e presta atenção operativa ao seu desenho e à sua fala, perguntando-se quais são seus elementos essenciais. Ela faz da forma como o viu fazer, vivenciando a descrição verbal dada por ele. Ela constrói, em sua própria *performance*, o que viu de essencial na dele, experimentando por si os padrões de ação que observou de fora, e produz um novo produto que pode ser comparado com aquele feito por Quist.

Ela agora pode refletir sobre seu próprio processo, perguntando quais regras, operações e compreensões de descrições foram vivenciadas, comparando-as com as descrições anteriores de Quist. Como, por exemplo, ela "trabalhou indo e vindo entre a parte e o todo"? Ela pode refletir sobre seu novo produto, comparando-o com o de Quist, questionando-se se ela "pegou" e o que ela pegou.

Ao repetir esse processo, tanto as ações componentes quanto as reflexões sobre as ações, ela poderá, em um dado momento, descobrir que internalizou a *performance*. O que começou como uma reconstrução imitadora da ação de Quist, ela experimenta agora com algo próprio, um elemento novo de seu próprio repertório, disponível para uso, através do *ver como* e *fazer como*, na próxima situação de *design*.

O que Petra aprende nesse processo depende da qualidade de sua reflexão-na-ação. Ela pode escolher algumas das operações mecânicas de Quist (por exemplo, sua forma de representar "como o sol de verão entra por aqui"), sua linguagem ou suas maneiras. Ela poderá aprender que uma área suave nos fundos, como um jardim, é boa, ou, ao contrário, que ela deve fazer julgamentos apreciativos próprios. Ela poderá aprender a impor essa geometria específica orotognal à topografia confusa ou, ao contrário, entrar em qualquer situação inicialmente incoerente impondo-lhe uma coerência produzida por conta própria. O que quer que aprenda, ela o revelará em sua atividade posterior de *design*, criando um novo objeto de possível reflexão.

A ESCADA DA REFLEXÃO

Quando dizer/ouvir e demonstrar/imitar são combinados, como geralmente o são, oferecem uma grande variedade de objetos e modos de reflexão possíveis que podem ser combinados para preencher os espaços inerentes em cada subprocesso. Perguntar, responder, aconselhar, demonstrar, observar, imitar, criticar – todos estão conectados de forma que uma intervenção ou resposta possa desencadear ou construir outra.

A corrente de ações e reflexões recíprocas que forma o diálogo entre o estudante e o instrutor pode ser analisada de várias formas.

Podemos começar com um mapa linear de intervenções e respostas, por exemplo:

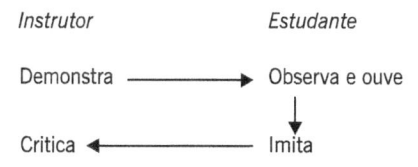

```
Instrutor                    Estudante

Demonstra     ─────────►    Observa e ouve
                                   │
                                   ▼
Critica       ◄─────────     Imita
```

Esse esquema simplesmente ilustra uma seqüência de ações, com as setas indicando ligações supostamente causais entre elementos da seqüência.

Também podemos introduzir uma outra dimensão de análise, uma dimensão vertical, de acordo com a qual níveis mais altos de atividade são a "meta" para aqueles de baixo. "Subir", nesse sentido, é mover-se de uma atividade para a reflexão *sobre* aquela atividade; "descer" é mover-se da reflexão para uma atividade que permite vivenciar a reflexão. Os níveis de ação e reflexão sobre a ação podem ser vistos como os degraus de uma escada. Subindo a escada, transformamos o que aconteceu no degrau abaixo em um objeto de reflexão. Por exemplo, um instrutor pode refletir sobre a mensagem implícita em seu próprio desempenho. Um estudante pode refletir sobre os problemas inerentes a seus próprios desenhos. Descendo a escada, agimos com base em uma reflexão prévia. Tendo refletido sobre um desempenho anterior, o instrutor pode oferecer uma nova demonstração, ou o estudante poderá tentar um novo desenho.

Ações diagonais na escada da reflexão ocorrem quando a ação de uma parte desencadeia a reflexão da outra, ou quando a reflexão de uma desencadeia a ação da outra. Por exemplo:

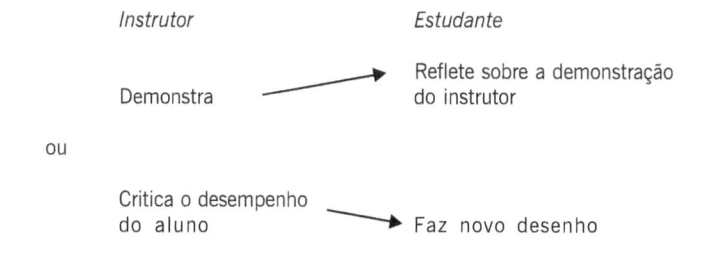

```
Instrutor                    Estudante

Demonstra     ─────────►    Reflete sobre a demonstração
                             do instrutor

ou

Critica o desempenho
do aluno      ─────────►    Faz novo desenho
```

Quando as coisas dão errado em um nível da atividade – quando uma parte não consegue ir adiante, ou não entende ou sente-se incompreendida – então é possível, subindo um degrau na escada da reflexão, comunicar-se sobre o impasse ou mal-entendido que a pessoa experimentou no nível abaixo.

Podemos pensar nos degraus da escada da reflexão da seguinte maneira:

4. Reflexão sobre a reflexão sobre a descrição do processo de *design*.
3. Reflexão sobre a descrição do processo de *design*.

2. Descrição do processo de *design*.
1. Processo de *design*.

Na base, o *design* é (como já vimos), à sua própria maneira, um processo de reflexão-na-ação. Um nível acima, a reflexão sobre o *design* toma a forma de descrição, por exemplo, "Agreguei estas formas menores às salas de aula maiores, em forma de L". A descrição pode ser combinada com apreciação: "Relaciona a primeira (série) com a segunda... o que é mais o que queria fazer em termos educacionais, de qualquer forma". A descrição pode ser incorporada ao conselho ou à crítica: "Eu não me preocuparia, neste momento, com o formato dos telhados", "Horrível, simplesmente destrói a idéia toda". A descrição pode referir-se ao ato de conhecer-na-ação implícito ao processo de *design*, por exemplo, "Você tentou adequar as formas dos prédios aos contornos da topografia, mas a topografia é confusa".

Dois níveis acima, na reflexão sobre a descrição, o instrutor poderá perguntar, por exemplo, "O que ela quer dizer com 'Maior em escala, mais satisfatório'?" ou "O que o seu 'grande problema' diz sobre a sua maneira de conceber a tarefa de *design* neste momento?". A estudante pode perguntar, "O que ele quer dizer quando descreve a galeria como 'de uma forma secundária, a coisa principal'?". Ela pode colocar suas reflexões em uma pergunta, ou tentar um novo desenho que ela considere como seguindo o conselho de Quist. Instrutor ou estudante podem refletir sobre o significado que o outro construiu para uma descrição dada por ele ou ela. Quist pode perguntar-se, por exemplo, o que Petra tirou de toda a sua demonstração, questionando se ela entendeu a idéia de impor uma disciplina que pode ser quebrada mais tarde.

No quarto nível, finalmente, as partes do diálogo podem refletir sobre o próprio diálogo. Eles podem perguntar, privada ou publicamente, se chegaram perto de uma compreensão comum do problema, ou testaram seus entendimentos dos significados do outro. Se, na reflexão, eles estiverem insatisfeitos com seus esforços de comunicação, poderão experimentar novas estratégias ou meios: "Talvez seja hora de visitar o local", "talvez fosse útil tentar um novo tipo de desenho".

O progresso na aprendizagem não precisa tomar a forma de subir a escada da reflexão. O trabalho da reflexão-na-ação recíproca, inerente ao dizer e ao ouvir, ao demonstrar e ao imitar, pode acontecer muito bem sem o recurso a níveis mais altos de reflexão. Porém quando o instrutor e o estudante não conseguem ir adiante no trabalho, sua habilidade de subir ou descer a escada abre novas possibilidades na busca da convergência de significado.

Não menos importante, negociar a escada da reflexão oferece respostas possíveis sobre a dúvida da estudante sobre o valor da mensagem de seu instrutor. Um diálogo bem-sucedido entre a estudante e o instrutor não precisa terminar com a aceitação, por parte dela, das intenções do instrutor. Ao contrário, quanto mais ela entende o que ele quer dizer, mais poderá descobrir que não quer aprender o que ele tem para ensinar. Ao contrário, quando uma estudante não entende por aparente incapacidade ou falta de vontade de aprender, o instrutor deve considerar a possibilidade de que o "insucesso" possa ser atribuído não às limitações dela ou à instrução inadequada dele, mas à recusa dela em abrir mão de algo a que dá valor. Entretanto, tais descobertas são feitas de forma confiável apenas quando estudante e instrutor podem estar relativamente seguros de ter construído uma visão adequada dos significados do outro. Negociar a escada da reflexão é uma maneira de submeter essas construções privadas a um teste público.

CONCLUSÃO

Através desse tipo de processo, então, pode uma estudante começar a educar-se em *design* quando, no início, ela não entende o que significa o processo de *design* e não é capaz de reconhecê-lo nem de produzi-lo? O que capacita um instrutor para ajudá-la a entender esse processo quando o resultado é que ele não pode comunicar o que ela precisa aprender?

Os ateliês de projetos baseiam-se em um tipo particular de aprender fazendo. Pede-se à estudante que comece o *design* antes que ela saiba o que isso quer dizer. Se ela aceita o desafio e percebe o risco que isso acarreta, entrando, tácita ou explicitamente, em um contrato com o instrutor que inclui uma suspensão voluntária da desconfiança, ela começa a ter os tipos de experiências às quais a linguagem do instrutor refere-se. Ela coloca-se em um modo de atenção operativa, intensificando suas demandas às descrições e demonstrações do instrutor e a seus próprios ouvir e observar.

Seus esforços iniciais para o *design* fornecem ao instrutor a evidência da qual inferir suas dificuldades e compreensões e uma base para a concepção de questões, críticas e sugestões.

Dentro de limites que variam de pessoa para pessoa, a estudante vem para o ateliê com a capacidade de seguir instruções para desenvolver operações técnicas cujos significados ela ainda não entende. Igualmente, vem ao ateliê equipada com uma capacidade para a imitação, uma habilidade de fazer da maneira que vê uma outra pessoa fazendo, de modo a reproduzir elementos de uma atividade cujo significado ela ainda não entende. Ao executar tais *performances*, ela as experimenta, sentindo-as e descobrindo nelas, pela reflexão, significados de que não havia suspeitado anteriormente.

Quando instrutor e estudante coordenam a demonstração e a imitação, o dizer e o ouvir, cada componente do processo preenche espaços de significado inerentes ao outro. As demonstrações e autodescrições do instrutor, os esforços da estudante na *performance* e autodescrição, e as comparações de processo e produto fornecem material para a reflexão-na-ação recíproca. Aprender e instruir para o *design* tornam-se experimentos no trabalho de produzir o *design* e na comunicação do *design*.

Quando a experimentação gera novos problemas, enigmas e confusões, estes também podem tornar-se material para a reflexão recíproca. Os impasses comunicativos podem proporcionar movimentos para cima ou para baixo na escada da reflexão.

Tanto para a estudante como para o instrutor, a busca efetiva pela convergência de significado depende de aprender a tornar-se eficiente na prática do ensino prático – e isto pode implicar um círculo vicioso de aprendizado. O instrutor deve aprender formas de mostrar e dizer adequadas às qualidades peculiares da estudante que tem à sua frente, aprendendo a ler suas dificuldades e potenciais particulares a partir de seus esforços na execução, bem como a descobrir e testar o que ela faz das intervenções dele. A estudante deve aprender o ouvir operativo, a imitação reflexiva, a reflexão sobre seu próprio ato de conhecer-na-ação e os significados do instrutor.

Não está parecendo que ela deve refletir-na-ação, para que possa aprender a refletir-na-ação? Contudo, a reflexão-na-ação essencial à prática do ensino prático não é a mesma reflexão-na-ação essencial ao processo de *design*. Os estudantes trazem ao ateliê, em graus maiores ou menores, competências genéricas para comunicação, experimentação e imitação sobre as quais eles devem construir, em diálogo com o instrutor, para que possam aprender a fazer o trabalho cognitivo de aprender a produzir o *design*.

Não é suficiente, entretanto, para estudante e instrutor, ter essas competências. Eles também devem exercitá-las, adotando um tipo de postura, um em relação ao outro, que exploraremos no capítulo seguinte.

Capítulo 6

Como os Processos de Ensino e Aprendizagem Podem dar Errado

Neste capítulo, examinarei algumas das características contextuais das quais pode depender o sucesso do diálogo entre instrutor e estudante: as posturas adotadas pelas duas partes em seu esforço conjunto pela comunicação, as teorias-em-uso que elas trazem para seus padrões de interação e as qualidades do universo comportamental que elas criam uma para a outra. Mostrarei como tais características estão inter-relacionadas e como podem facilitar ou dificultar o trabalho de reflexão-na-ação recíproca.

POSTURA

Alguns instrutores de ateliê sentem uma necessidade de proteger seu talento artístico especial. Com medo de que os estudantes possam entender mal, fazer mau uso ou mal apropriar-se dele, esses instrutores tendem, às vezes inconscientemente, sob o disfarce do ensino, a reter o que sabem. Alguns estudantes sentem-se ameaçados pela aura de especialização do coordenador do ateliê e respondem a seu dilema de aprendizagem tornando-se defensivos. Sob o disfarce de aprendizagem, eles na verdade se protegem contra aprender qualquer coisa nova.

Quando uma das partes tem esse tipo de visão e sentimento acerca da situação do ateliê, ele ou ela podem destruir a busca pela convergência de significado. A *postura* daquela parte em relação à interação impede o exercício e o desenvolvimento de competência para a reflexão-na-ação recíproca. Na verdade, pode-se pensar na própria "postura" como um tipo de competência, já que ela envolve não só atitudes e sentimentos, mas também maneiras de perceber e compreender. No mínimo, deveríamos reconhecer a postura, nesse sentido, como uma condição para a aquisição da competência: querer tentar algo é uma condição para adquirir a habilidade de fazê-lo.

Comecemos, então, por considerar de que forma a postura da estudante em relação à experiência de ateliê pode impedir ou facilitar sua auto-educação em *design*.

Anteriormente, no que diz respeito à suspensão voluntária da desconfiança, observamos que o estudante é chamado a jogar-se na experiência do ateliê sem que saiba realmente o que isso irá acarretar. Pede-se a ele que esqueça o *know-how* e as idéias anteriores, juntamente com a sensação de controle e confiança que os acompanha. Espera-se que ele experimente confusão e desorientação. Pede-se que acredite no instrutor do ateliê e torne-se temporariamente dependente dele, enquanto ainda mantém um sentido de responsabilidade por sua auto-educação.

Uma vez que tenha estabelecido um contrato inicial com o instrutor, as demandas colocadas ao estudante não terminam. Ele deve querer experimentar a abordagem de *design* que o instrutor oferece e conduzir uma busca ativa dos significados essenciais de suas instruções e demonstrações, mesmo quando estes contradizem suas próprias idéias anteriores. Para descobrir de que modo seu conhecimento tácito existente contradiz aquilo que deseja aprender, ele deve querer refletir sobre isto.

Quando se trata da demonstração do instrutor, pede-se que ele assuma uma postura de imitação reflexiva – mesmo que muito provavelmente sinta uma aversão à imitação, especialmente se pertencer a uma cultura (como a americana) que preze a independência de pensamento e ação. Sentimentos negativos com relação à imitação podem assumir qualquer das seguintes formas:

"Não quero ficar dependente de você; quero preservar minha identidade".

"Não quero desistir de minha liberdade de ação; não quero ser reprimido por você".

"Se eu imitar você, aceitarei sua autoridade e irei tornar-me sua subordinada".

"Se eu imitar você, perderei minha originalidade; meramente reproduzirei suas ações sem nenhum sentimento ou compreensão própria".

"Se imitar você, desisto de meu direito de me governar".

Tais restrições parecem estar ligadas à nossa idéia de virarmos adultos, a qual concebemos em termos de independência, liberdade de escolha e completo exercício da iniciativa individual. Elas também estão ligadas a uma ideologia de educação que defende o pensar por conta própria (considere-se o epíteto pejorativo "imitador!"). Porém, restrições contra a *idéia* de imitação vão de encontro à *prática* quase universal da imitação. Estudantes pertencentes à cultura americana, especialmente aqueles que vêm de uma experiência recente de rebelião adolescente, provavelmente serão profundamente ambivalentes em relação à imitação, desprezando-a na teoria mas assumindo-a na prática.

É possível que essa ambivalência seja um fenômeno peculiar a certas culturas nacionais ou mesmo de classe. Em minha experiência, estudantes de países do extremo oriente parecem não ter qualquer problema com a imitação; eles esperam imitar seus professores e podem ficar perdidos com a idéia de fazer qualquer outra coisa. Mesmo nos Estados Unidos, um aprendiz de mecânico aprende seu ofício imitando exatamente o que ele vê um mecânico experiente fazer.

Em ambos os casos, a disposição para imitar é uma disposição de colocar-se, pelo menos por um tempo, na posição de dependência da criança.

Dada a ambivalência de muitos estudantes em relação à imitação, eles podem querer colocar-se nesse papel, desde que consigam esconder de si mesmos que o estão fazendo. Sua ambivalência pode conduzi-los, paradoxalmente, em direção a uma imitação cega e mecânica. A imitação reflexiva demanda, ao contrário, uma disposição de fazer o que o instrutor está fazendo, refletindo, ao mesmo tempo, sobre o que ele faz. Entrando conscientemente na maneira como o instrutor produz seu *design*, a estudante aumenta sua gama possível de *performances* e amplia sua liberdade de escolha.

Há uma estudante no ateliê de Quist (iremos chamá-la de Johanna[1]), que, em todos os aspectos acima citados, manifestava, em um grau muito alto, uma postura que conduzia à reflexão-na-ação recíproca.

De todos os estudantes no ateliê, ela parece ter um dom incrível de aprender a partir de suas interações com Quist e é considerada, tanto pelos estudantes como pelos professores, como a melhor *designer* do grupo.

Encarando as mesmas condições que levam alguns estudantes à loucura e deixam outros com uma sensação de estar em um jogo de adivinhação kafkiana, Johanna descreve as instruções de Quist como "de primeira linha". Ela parece, desde o início, ter entendido algo que permanece confuso para os outros.

Quist é um forte defensor de uma abordagem específica do *design*. Todos os estudantes reagem, de alguma forma, à sua poderosa presença. Todos eles, pelo menos em alguma medida, têm medo dessa presença. Mas Johanna, sozinha entre os estudantes, reflete sobre sua própria ambivalência em relação a Quist. Em uma de suas entrevistas, ela apresenta os seguintes comentários:

> De certa forma, eu acreditava completamente no julgamento de Quist, e preocupava-me com isso. Porém olhando agora, não funciona assim, ele trabalha com nossas próprias idéias e nunca impõe as dele, a não ser no sentido positivo de ajudar-nos a nos expandir e enxergar as implicações de nossas próprias idéias. Não acho que estejamos em uma linha doutrinária. Mas, de certo modo, há preguiça. Queremos uma maneira mais rápida de chegar lá. *Sinto que, mesmo que algo seja muito dominante agora, será possível desfazê-lo depois.* Parece-me que muitos dos melhores aprenderam naquela antiga tradição de Belas Artes em que receberam uma linha muito autoritária, mas, mais tarde, puderam sair dela.

Suas palavras lembram-nos as de Quist:

> Você deveria começar com uma disciplina, mesmo que arbitrária... sempre se pode amenizá-la depois.

Da mesma maneira como Quist aponta para o fato de que o processo de *design* depende de uma imposição inicial de uma ordem que sempre se pode quebrar mais tarde, também Johanna aceita sua dependência inicial de uma estrutura de significado autoritária imposta por outro, porque sente confiança de que sempre poderá fazê-la depois. Ela pode querer a suspensão da desconfiança na abordagem de Quist e também a suspensão de suas crenças anteriores, porque confia em sua habilidade de avaliá-la, *uma vez que tenha entendido*, olhar para trás e quebrá-la. Ela pode abrir mão do controle por um tempo e deixar aberta a direção de seu desenvolvimento, porque se sente confiante em sua habilidade de controlar o processo mais amplo, que inclui sua perda temporária de controle.

Da mesma forma, Johanna revela, nas anotações feitas em seus cadernos, a preocupação com as questões gêmeas de liberdade e disciplina, centrais ao dilema no qual ela se encontra. Ela está consciente do requisito paradoxal de que ela abra mão da liberdade no processo de *design*, assim como na aprendizagem, para que possa ganhar a liberdade que vem com novos níveis de entendimento e controle.

> Liberdade é disciplina, o passo além da educação progressista... liberdade *de* alguma coisa não é liberdade.

Ela é articulada com relação às oscilações, implícitas na visão de Quist do processo de *design*, entre compromisso e desprendimento.

> Estes são paradoxos e necessitam de uma resposta dual, uma que seja simultaneamente de desprendimento e compromisso, a liberdade do primeiro *permitindo* o segundo.

Sua habilidade de reter idéias "de forma solta" dá a ela a liberdade de perceber, comparar e coordenar muitos significados diferentes e estabelece a base para um eventual compromisso, baseado em um entendimento mais rico.

Sua atitude em relação à experiência do ateliê como um todo, como a descreve em seus cadernos, aparece mais concretamente na descrição de sua abordagem de uma tarefa em particular, o projeto da escola. Aqui, ela começa com a idéia de que deve haver um "esqueleto, um núcleo a que tudo está ligado":

> A experiência do eixo deve ser variada, deve ser estimulante, deve ser seqüencial, deve ter um clímax, deve ser capaz de ser usada para outros propósitos, deve possibilitar atividades de circulação, deve trazer surpresas e não ser desperdiçada. A direção é de cima para baixo – deve ser um indício para o prédio todo.

Ela preocupa-se com a relação desta idéia central com o terreno:

> Voltei ao terreno depois da primeira idéia e não havia jeito de colocá-la lá. É uma área totalmente arborizada, uma área bonita. As pessoas estavam usando-a apenas para caminhar... Eu disse, "deve haver alguma razão para eu justificar sua colocação lá". Então, decidi que aquele era o momento em que um arquiteto deve dizer "não!". De início, estava errado.

Quando sua idéia inicial colide com seu respeito pelo que era de valor no terreno, ela é capaz de abandonar a idéia.

O gérmen para sua segunda idéia surge à medida que ela desenha os contornos para o novo terreno:

> Os contornos que entram juntos no lado norte atingem o prédio transversalmente e, quando liberados através da área mais ampla do prédio, ficam mais frouxos, mais livres.

O eixo permanece, mas não mais como um tema dominante. Na nova idéia, as paredes das salas de aula estão nos ângulos corretos em relação à direção da inclinação, sendo que seus ângulos são determinados pela própria inclinação. Sobre sua nova abordagem, ela diz:

> Aninhado na colina, mudança de níveis, alicerces centrados em torno do centro de recursos em um ângulo que permita acesso ao lado de fora, posicionados para pegar o sol da manhã pelo leste.

Johanna consegue levar em consideração perspectivas múltiplas em uma nova experiência, com a confiança de que será capaz, mais tarde, de escolher entre elas e coordená-las. No ateliê como um todo, assim como em uma tarefa específica de *design*, ela pode aceitar uma disciplina inicial, certa de que irá quebrá-la depois. Ela pode simular um compromisso inicial com um ponto de vista, o seu próprio ou o de Quist e depois distanciar-se dele. Sua capacidade de reter idéias soltas é um tipo de "liberdade disciplinada", um "compromisso desprendido".

Se Johanna sente relativamente pouca ansiedade frente à idéia de abrir mão temporariamente do controle para Quist, é porque ela tem confiança em sua própria capacidade de avaliar, comparar, coordenar e reestruturar seus próprios significados. Se ela não está assustada com uma rendição temporária de independência, conforme segue a visão de Quist, é porque ela pode articular para si própria o trabalho cognitivo que pode e deve fazer e o dilema situacional dentro do qual isso deve ser feito.

A postura de Quist em relação a Johanna é, pelo menos da forma como ela a percebe, muito adequada à sua própria. Ele está preparado para defender e demonstrar sua visão do processo de *design*. Também está preparado, como ela diz, para não lhe impor suas idéias. Ele quer, como fica claro em seu diálogo com Petra, refletir sobre seu próprio *design*. Ele diz, em uma entrevista citada no Capítulo 4, que está aberto aos desafios e confrontos colocados pelos estudantes. Já vimos, em seu diálogo com Petra, como Quist não tenta testar o impacto de suas palavras ou ações sobre ela. Com Johanna, entretanto, o insucesso de Quist em testar o que a estudante faz das intervenções dele parece ter pouco ou nenhum efeito negativo. A vontade dela de tentar entrar na maneira como ele vê as coisas e sua busca ativa pelos significados que ele emprega parecem suficientes para capacitá-la a fazer um uso bastante efetivo de Quist para sua auto-educação em *design*.

UNIVERSOS COMPORTAMENTAIS E IMPASSES NA APRENDIZAGEM

Outros estudantes no ateliê de Quist, não poucos, consideram-no problemático, ameaçador e dominador. Eles têm dificuldade em aprender qualquer coisa com ele. Estes são estudantes que não compartilham, inicialmente, o complexo de atitudes que dá condições a Johanna, interagindo com Quist, de tornar produtiva a experiência de aprender. Uma dessas estudantes, Judith, exibe uma postura inicial que é, em muitos aspectos, o oposto da de Johanna.

Judith vem ao ateliê armada de antemão com uma visão forte de arquitetura. O que se quer, ela crê, é "uma tecnologia através da qual o usuário ou a usuária torne-se, na maior parte, o criador de seu ambiente". Ela apenas reconhece uma necessidade programática, isto é, "a flexibilidade... e isso não tem qualquer implicação formal". Não surpreendentemente, seus professores consideram seu trabalho aquém do desejado e acusam-na de não conseguir pensar arquitetonicamente. Mas Judith defende-se bem. Ela constrói suas divergências com os professores como sendo ideológicas: eles estão simplesmente do lado errado do muro.

> Eles já tiveram seu tempo, não conseguem mais dar conta do problema... seus prédios não podem adaptar-se a usos futuros...
> Por acreditar em universais, eles ignoram o cliente. Eles chegam a dizê-lo. Também ignoram o usuário, pela mesma razão.

Assim, Judith recusa-se a entrar em uma suspensão voluntária da desconfiança na perspectiva de seu professor e da confiança em sua própria. Ao contrário, vê a si própria como uma lutadora que deve enfrentar seus professores em combate.

Ao entrar no ateliê, Judith poderia ser descrita como agressiva, lutadora, defensiva, ideológica e congelada em sua própria visão. Contudo, essa é sua postura *inicial*. O que ocorre com ela à medida que o ateliê se desenvolve?

O que acontece a ela está gravado dolorosamente no protocolo de seu diálogo com Northover, um dos assistentes de Quist, um diálogo que é típico de suas interações com os instrutores. Assim como o diálogo de Petra com Quist, este é um encontro de avaliação e crítica e ocorre mais ou menos na mesma fase de seu trabalho em que ocorre o problema da escola. Ele revela um processo sistemático de falta de comunicação. Não apenas as duas partes falham em atingir uma convergência de significado, mas cada uma falha quase completamente também em entender o que a outra está dizendo. E o processo no qual eles falham mostra como a postura inicialmente resistente e defensiva de um estudante e uma postura complementar do instrutor levam ambos a criar um universo comportamental (um contexto inter-relacionado que molda suas visões sobre suas ações e sobre as do outro) no qual é impossível, para cada um, superar o desentendimento mútuo. Eles criam um para o outro o que eu chamaria de "impasse na aprendizagem".

Judith começa o diálogo com um comentário a respeito de seus planos para a localização da escola:

> *Judith*: Ainda não decidi se ela ficará aqui ou aqui; algo me diz que vai ficar aqui e farei com que fique equilibrada.

Ela descreve a escolha do local como uma questão de "algo me diz", como se dissesse, "se eu sinto que está certo, então está!".

> *Northover*: Você tem isso em grande escala em algum lugar?

A partir de nossas experiências com outros casos em que o instrutor do ateliê faz essa pergunta, podemos inferir que Northover pede um desenho em escala porque acredita que seja essencial para a experimentação no projeto. Nesse momento, entretanto, ele não declara a idéia que está por trás de sua questão.

> *J*: Não, agora. Mas funciona como uma orientação do sul, sendo longe o suficiente daqui, para que eu não tenha problemas de drenagem, e sendo perto o suficiente desta área plana, para que eu possa montar as áreas de lazer...
> *N*: Então você não tem nada disso em uma planta do terreno!

Judith mostra que conhece algumas das normas para a localização da escola, mas Northover não responde a elas. Ele concentra-se na sua omissão de uma planta do terreno, mais uma vez sem dizer por que tal omissão é crucial. Nesse momento, Judith lança-se em uma longa defesa de sua abordagem do problema:

> *J*: Não, isso não parece ser necessário, já que será plano. Preocupei-me com o prédio. Falamos sobre a noção de escolas experimentais e progressistas como um todo e acabei ficando com esta forma decagonal, porque é muito apropriada para o número de salas de aula que eu preciso... também há menos janelas e superfície livre, de modo que estou conservando energia.
> Mas deixe-me falar das plantas. A entrada principal seria aqui... quando se entra, há as salas da administração e da saúde – há o corredor longo para exposições – este leva até o ginásio – vou colocar aqui e um palco aqui. Aqui tem uma

rampa em espiral. As salas de aula começam aqui, e todas as porções do decágono sobem meio metro... começa com as áreas de jardim de infância e pré-escola, do outro lado está o resto de sua área de lazer, sob o espiral, que ali já se elevou 5,5 metros. Fiz uma cadeira de acústica no semestre passado, então estou fazendo isso, de modo que vai ser muito bom acusticamente.

Ela já decidiu que o decágono serve, porque é adequado ao número de salas de aula e conserva energia, concebeu uma forma para o prédio como um todo, uma espiral, e achou uma maneira de encaixar os espaços necessários. Em outros lugares ela chama sua espiral de um "Guggenheim".

Ela parece ter um repertório de características bastante reduzido, tirado de muito poucos domínios de *design*. Diz, com efeito, "Se tenho *alguma* característica sobre a qual eu tenha que tomar uma decisão, então estou legal!", mas ela não tem consciência desse caráter reduzido. Ela parece não saber que há muitos domínios relevantes, nem como desenhar as conseqüências e as implicações de suas ações através de domínios múltiplos.

Northover pergunta onde está a planta do próximo piso. Judith reponde que não considerou necessário fazê-la. Ela propõe colocar "arte e cafeteria" no nível principal e pergunta se ele acha uma boa idéia. Ele diz, "É possível, eu acho". Então, ele pergunta sobre as mudanças em nível e circulação. "A maioria das pessoas vai usar a rampa", ela espera.

> *N:* Por que você quer isto subindo?
> *J:* Bem, quando eu visitei escolas abertas, o que eles mais reclamavam era do estilo de depósito, que se podia ver por quilômetro. Então, quebraria visual e acusticamente o volume.

Mais uma vez, ela tem em mente uma regra, o partido do prédio, e um problema, o "estilo de depósito".

> *N:* Acho que você tem que se disciplinar de verdade para desenhar em escala e desenhar um corte disso. Vamos apenas supor que essas rampas acabem funcionando; se isso acontecer, essa rampa cortará as vistas da biblioteca e para ela.

Isto é, "Não se pode dizer se a solução da rampa para a circulação realmente funcionará, ou será resolvido o problema do estilo de depósito, até que se tenha feito o desenho em escala e em corte". Northover, então, dá um exemplo de uma falha no *design* dela, que ela deveria descobrir através da disciplina.

> *J:* Não, esta rampa é, na verdade, apenas uma varanda.
> *N:* Certo, mas tem uma espessura que deve ser considerada. É difícil de ler, realmente você precisa de um corte.
> *J:* Não, preciso de uma maquete.
> *N:* Não, um corte já será suficiente.
> *J:* Mas você entende, mesmo que o desenho não seja muito bem-feito?
> *N:* Por que o ginásio ficou fora do esquema todo?

Ela pretende que a rampa seja apenas uma varanda, que não tenha qualquer espessura com que se tenha que preocupar, mas Northover aponta para o fato de que será espessa, quer queira, ou não. Ela poderá descobri-lo através de um desenho em corte, mas pode não saber como fazer tal desenho. Em qualquer dos casos, ela toma os comentários de Northover como sendo críticas a seu desenho, ainda que esteja claro que ela vê não o desenho como uma experimentação mental, mas como uma forma de apresentar idéias.

Northover parece estar dizendo, "Você não está fazendo um projeto. Você está simplesmente tendo 'idéias' e colocando-as no papel. Suas ações têm conseqüências que são testáveis, mas você tem que desenhar em escala e em corte para testá-las. Todo o processo de *design* está perdido para você, porque não quer fazer essas coisas".

Judith, ao contrário, vê o projeto como simples formas, assim como o decágono ou a espiral, que darão aos usuários a liberdade de construir suas próprias formas. No máximo, tais formas devem ser conectadas com atenção a considerações como acústica, conservação de energia ou evitar o estilo de depósito. Uma idéia básica, uma vez descoberta, poderá ser decidida de uma vez por todas. É como se Judith entendesse a noção de imposição arbitrária de uma geometria, mas não a descoberta e o teste de suas conseqüências.

Judith e Northover trazem para seu diálogo dois modelos muito discrepantes de processo de *design*. A principal diferença entre eles não é o conflito entre "forma" e "participação do usuário", mas é, ao contrário, o fato de que Judith não faz a menor idéia do que Northover quer dizer com desenhar, concebido como um processo de experimentação de ações de *design* e descoberta de suas implicações e conseqüências. Ela também não entende o que ele quer dizer com "saber como algo irá parecer". Da mesma forma, Norhtover parece ter uma idéia errada das perspectivas e das prioridades que Judith estabeleceu à sua tarefa e da imagem de *design* que informa suas respostas.

Se Judith quisesse descobrir o significado das críticas de Northover, teria que concentrar-se nos vazios e nos erros que ele aponta, tentando construir e testar por conta própria o modelo de *design* que faz com que estes se destaquem a seus olhos. Porém, ela está muito longe de querer fazer esse trabalho. Ao contrário, ela vê a avaliação como uma nova batalha em sua guerra contra os professores. Ela tenta precaver-se das críticas de Northover, que vê como ataques, fazendo com que ele admita que entende sua idéia geral e gosta dela. Com essa finalidade, ela adota várias estratégias: desvia-se da sondagem de suas perguntas e, quando ele aponta um erro que ela não pode deixar de notar, ela o descarta, admitindo superficialmente seu erro.

J: Uma vez que se esteja lá, a coisa toda está no mesmo nível.
N: Não, porque há uma mudança de nível aqui.
J: Certo, você tem razão.

Outras vezes, ela se agarra à sua visão, independentemente do que Northover possa dizer em contrário.

N: Você não acha que há outras peças que também não se encaixam, peças que precisam definir sua forma?
J: Bem, eu não considero o sistema tão restritivo.
N: Isso é verdade sobre as salas de aula, não vou discutir, mas e os outros espaços? Você diz que tudo é possível, mas não dá razões.
J: Não, é possível - funciona, funciona mesmo.

Ela não investiga as bases das perguntas e críticas dele, nem procura refletir sobre suas próprias afirmações, ou mesmo testá-las. Quando ela, ocasionalmente, parece estar pedindo por uma crítica, suas palavras sugerem que o que ela realmente quer é aprovação:

J: O que preciso saber é o que você acha do esquema. É complexo demais? Acho que está razoavelmente simples para uma escola.

Com um desespero crescente, ela ignora as perguntas de Northover e pede sua aprovação. Mesmo assim, não expressa seus sentimentos diretamente, nem traz à tona sua visão dessa interação como mais um episódio em sua contínua luta com Northover.

Northover, enquanto isso, segue uma estratégia de "mistério e maestria". Ele faz muitas perguntas – "Onde está a planta do próximo piso?", "Em que elevação ele está?", "Qual é o principal sistema de circulação?", "Como se vai daqui para lá?" –, mas não explicita os significados subjacentes a tais perguntas. De tempos em tempos, ele junta suas respostas em sua mente e aparece com uma opinião negativa, que joga nela:

Então você não tem nada disso em uma planta do terreno!

E, em alguns momentos, ele defende o que pensa que ela deveria fazer:

Acho que você deveria se disciplinar e desenhar isso em escala.

Porém ele não conecta essas prescrições à visão de *design* da qual elas fluem.

Northover não convida os questionamentos de Judith a encontrarem os significados dele, nem investiga os dela. Ele não responde a suas demandas crescentes por aprovação:

J: Mas você entende, mesmo que o desenho não esteja muito bem-feito?
N: Por que o ginásio ficou fora do esquema todo?

Pode ser que, durante o diálogo, ele sinta-se preso em um dilema que expressa apenas no final, que ele gostaria de responder às perguntas dela, mas não pode fazê-lo porque está longe de ter-se apresentado com um esquema que torne as idéias de Judith compreensíveis. E, quando finalmente expressa esse dilema, ela parece, na maior parte, estar tentando diminuir o impacto:

N: Não estou dizendo que você deveria sentir-se desencorajada, mas que deveria trabalhar com mais detalhe. A razão pela qual não posso dar opiniões mais consistentes é que, honestamente, não sei como isso vai ficar.

Judith e Northover parecem estar jogando um tipo de jogo no qual eles fazem com que o outro gire em círculos.

Judith apresenta seu grande esquema, para o qual ela procura a aprovação e a compreensão de Northover. Northover dispara questões críticas e prescrições, todas destinadas a fazer com que Judith se dê conta de que ela simplesmente não produziu um projeto. Ela percebe essas intervenções como sendo ataques, e defende-se delas. Ela retorna, com desespero crescente, a seu próprio objetivo. Northover insiste em seu argumento, dizendo que ela deve desenhar, fazer trabalho de detalhe, até o ponto em que ele parece ter receio de que a tenha desmoralizado completamente. Nesse momento, ele diz a ela que não se sinta desencorajada.

Em seu jogo de ataque e defesa, nem Judith nem Northover conseguem notar que um se perdeu do significado do outro. Judith pensa que a idéia está lá no papel; Northover diz que não sabe como vai ficar. Ele lhe diz que desenhe; ela o interpreta como se dissesse que ela apresenta suas idéias em um desenho malfeito. O que ele quer dizer, entretanto, é que sem desenhar em escala ou detalhe ela não pode experimentar as conseqüências de suas ações. Judith pede pela reação dele às suas idéias. Para ele, ainda não há idéias.

Se Judith soubesse que Northover entende como processo de *design* algo muito diferente do que ela, consideraria o entendimento dele misterioso. Northover, que parece pensar que ela compartilha de sua visão de *design*, considera sua recusa em fazer desenhos detalhados em escala como sendo pura teimosia. Ele deve sentir-se frustrado por não conseguir que ela desenvolva procedimentos elementares de *design*. Para Judith, a escaramuça com Northover deve reforçar sua sensação de que está engajada em uma batalha ideológica com todos os seus professores.

Cada um deles constrói visões sobre o processo de *design*, significados de termos-chave e interpretações da interação como um todo que são incongruentes com as visões, os significados e a interpretação do outro – e ambos parecem não ter consciência desse fato. A possibilidade de trabalho recíproco em direção à convergência de significado depende de sua descoberta da atual incongruência. No entanto, é improvável que eles façam isso, pois cada um percebe a interação como um conflito, e não como uma dificuldade de entendimento. O jogo de ataque e defesa também não levará qualquer um deles à reflexão recíproca.

Posteriormente, naquele mesmo ano, Judith sucumbirá ao que ela considera uma força superior. Como diz ela, em uma entrevista:

> Depois de uma sessão particularmente agressiva com Quist... (decidi que) devo dar a meus críticos o que eles querem.

Mas, a partir de suas experiências de ateliê, ela não será capaz de entender o que seus críticos querem dizer quando expressam o que querem, muito menos dar isso a eles. Ela tentará lançar mão de "metáforas", "desenhos em escala" e "funções formais". Porém, nunca tendo entendido o significado desses elementos na visão de *design* de Quist, a única coisa que ela conseguirá será enxertar isso tudo no que eles chamam de não-*design*. Ela não será capaz de produzir qualquer coisa que eles considerem arquitetura.

Se considerarmos o diálogo entre Judith e Northover do ponto de vista das questões conceituais gerais que ele levanta, podemos descrever o processo como aquele no qual estudante e instrutor conseguem criar um universo comportamental no qual o dilema de aprendizagem torna-se um impasse na aprendizagem. Além disso, à medida que criam seu universo comportamental, eles empregam um padrão comum de comportamento, em relação ao outro.

A postura inicial de Judith, em relação ao ateliê como um todo e a essa interação em particular, é combativa, hostil, rígida e defensiva. Mesmo assim, ela também quer algo de sua interação com Northover: apreciação pelo que fez. Dessa forma, ela procura, ao mesmo tempo, defender-se de seus "ataques" e garantir sua aprovação. Desse ponto de vista, podemos descrever a teoria da ação interpessoal – os valores, as estratégias e os pressupostos – que ela traz ao diálogo. Ela busca atingir seus objetivos, como ela os define – defesa própria, apreciação por suas realizações. Judith não busca os objetivos de Northover na interação. Ela se vê envolvida em um jogo de vitória ou derrota que tenta vencer através de estratégias unilaterais de controle e defesa, deixando de lado perguntas que não deseja responder, apegando-se firmemente à sua posição, pedindo críticas de forma a provocar aprovação. Ao mesmo tempo, ela tenta evitar as conseqüências negativas da vitória. Ela controla seus sentimentos negativos, não acusando Northover da hostilidade que, em uma entrevista privada, atribui a todos os seus professores. Preserva uma frieza racional na superfície. Ela parece fazer perguntas reais, dá algumas justificativas para suas posições e, quando Northover a coloca contra a parede com argumentos, ela cede de uma forma superficial.

Northover emprega uma teoria-em-uso bastante semelhante. Ele também tem um objetivo para a interação: fazer com que Judith veja a inadequação de seu *design* e desenvolva (sua visão de) procedimentos fundamentais do bom processo de *design*. Ele tenta atingir seu objetivo unilateralmente, não tentando entender o que ela pode querer da interação com ele, vendo-se também envolvido em um jogo de vitória ou derrota, e busca vencer. Procura unilateralmente controlar o diálogo, mudando de um alvo ocasional para outro. Ele faz perguntas cujas respostas já sabe ("você não acha que também há outras peças que não se encaixam?"), usa argumentação para convencê-la de suas posições e tenta colocá-la contra a parede. Ao mesmo tempo, oculta a base intelectual de suas perguntas e os sentimentos negativos, a irritação e a frustração que ele provavelmente está experimentando. Finalmente, quando ele diz, "Não estou dizendo que você deveria sentir-se desencorajada" e "Honestamente, ainda não consigo imaginar como isso vai ficar", tenta amenizar os efeitos negativos de seus esforços para penetrar as defesas dela e vencer a discussão.

A teoria-em-uso que Judith e Northover compartilham está de acordo com um modelo de teorias de ação interpessoal que Chris Argyris e eu chamamos de Modelo I (Argyris e Schön, 1974). É um modelo de controle unilateral, estratégias de mistério e maestria do tipo vitória/derrota, ocultação de sentimentos negativos e racionalidade superficial. É um modelo no qual indivíduos fazem atribuições negativas a outros, as quais eles testam apenas na privacidade de suas própria mentes, nunca publicamente, em aberto, com a outra pessoa.

Quando as partes envolvidas em um padrão de interações sustentam as teorias em uso de Modelo I, elas tendem a criar um certo tipo de universo comportamental, isto é, um certo tipo de contexto comunicativo que elas percebem como realidade. Este é um universo de vitória ou derrota, no qual defensividade e autoproteção unilateral são as normas. Caracteristicamente, no entanto, dentro desse universo, cada um percebe o outro, e não a si mesmo, como defensivo e querendo vencer. É um modelo no qual cada um tende a ver-se em um dilema que guarda para si. As atribuições negativas sobre o outro não são testadas publicamente, mas tomadas simplesmente como um valor em si. É também um modelo de engano mútuo, no qual cada uma das partes tenta vencer, exercer controle, penetrar as defesas da outra, enquanto preserva uma impressão de frieza racional e respeito pelos sentimentos da outra.

Esse tipo de universo comportamental inibe a reflexão e, conseqüentemente, a aprendizagem em vários níveis. Quando cada parte está envolvida em um esforço para conquistar seus próprios objetivos às custas dos da outra, ela provavelmente não refletirá sobre os pressupostos de valor que estão por trás desse esforço, não será receptiva aos desafios da outra, não testará o que o outro entende de suas declarações e não explicitará os dilemas que enfrenta. Cada participante constrói significados para a interação que inibem a reflexão recíproca. Nenhum busca informações que poderiam negar suas visões do outro, ou esforça-se para que seus pressupostos venham a ser confortáveis ao outro.

A trama dessas teorias-em-uso produz um universo comportamental no qual não é possível isolar fenômenos problemáticos de modo a descobrir e justapor as diferentes descrições que cada participante iria construir para tais fenômenos. Ao contrário, cada parte luta para persuadir a outra ou defender-se de seus ataques. Cada uma luta para impor sua maneira de ver sobre a outra, e não para entrar no universo da outra para entender, a partir de seu ponto de vista, de que forma uma declaração que antes parecia opaca poderia ser uma explicação. Cada uma demonstra para a outra as normas e as estratégias (teste e julgamento privados; supressão de sentimentos que possam assinalar abertura à investigação; autoproteção unilateral através da fala por categorias inferidas, desconectadas de informações diretamente observáveis) que provavelmente impedirão que seu jogo de vitória ou derrota venha à tona como um objeto de investigação comum. Assim sendo, o universo comportamental da interação torna-se, para todos os propósitos práticos, fechado em si mesmo, uma doença que impede sua própria cura.

Judith e Northover provavelmente não refletirão sobre suas visões incongruentes de *design*, bem como sobre suas dificuldades de comunicação. Longe de querer suspender sua desconfiança na visão de *design* de Northover, Judith persiste na tentativa de defender-se de seus ataques, ao mesmo tempo em que pede sua aprovação. Não lhe ocorre explorar a visão de *design* que ele apresenta. Ela pensa que já sabe como é essa visão e, de qualquer forma, ela não poderia fazê-lo sem parecer tornar-se vulnerável em uma batalha que ela está determinada a vencer. Northover não poderá explorar as idéias dela sobre as idéias que ele oferece, enquanto estiver apenas lutando para convencê-la de seus erros, nem poderá ser receptivo à sua confrontação ou engajá-la em uma reflexão sobre o diálogo sem tornar-se vulnerável.

Aqui, estudante e instrutor criam, um para o outro, um universo comportamental no qual o dilema de aprendizagem passa a ser um impasse na aprendizagem: Judith, trancafiada em sua visão de *design*, de onde ela não pode descobrir o que Northover considera que ela precisa aprender; Northover, fechado em um modelo de interação em que não pode ajudá-la a fazer tais descobertas. Eles estão em um impasse no nível mais baixo da escada da reflexão.

A QUEBRA DO IMPASSE

Embora o caso de Judith e Northover seja um exemplo certamente extremo, de forma alguma ele é único. O dilema de aprendizagem de qualquer estudante pode facilmente tornar-se um impasse na aprendizagem.

Os potenciais para essa transformação estão presentes em todas as situações semelhantes aos ateliês de projetos. A comunicação sobre o *design* está sempre sujeita aos impedimentos da ambigüidade, indefinição e inexpressibilidade. As idéias da estudante e do instrutor são sempre, em princípio, mais ou menos incongruentes. Sob tais circunstâncias, a má comunicação é altamente provável. Sua correção depende da capacidade e da vontade da estudante e do instrutor de buscarem ativamente uma convergência de significados através de um diálogo de reflexão-na-ação recíproca. Mas esta, por sua vez, depende da criação de um universo comportamental que leve a tal diálogo, e vários fatores poderão trabalhar contra sua criação. A experiência anterior de perda de controle, confiança e segurança da estudante, sempre presente em algum nível, poderá prontamente produzir um sentido de vulnerabilidade que a levará a tornar-se defensiva. E o instrutor poderá responder à defensividade da estudante, como o fez Northover, com estratégias de controle unilateral que aumentam a defensividade e reduzem as chances de reflexão recíproca. Então, o cenário está pronto para um jogo de vitória ou derrota. Uma vez que esse jogo tenha começado, as teorias-em-uso de Modelo I dos participantes provavelmente o manterão em andamento.

Se o instrutor tenta manter o controle unilateral do diálogo e a estudante resistir, então, nas rodadas seguintes de ataque e defesa, é improvável que cada uma das partes pare de refletir sobre seu próprio significado, ou tente uma investigação sobre o da outra. Se o instrutor tenta manter um controle unilateral do diálogo e a estudante submete-se a ele, então será difícil para ela fazer um teste público de suas próprias idéias, ou explorar os significados do instrutor, já que isso poderá minar seu controle unilateral. Se uma estudante está confusa e incapaz de articular sua confusão, então ela deve ser ajudada a ver que as perguntas são possíveis e ser encorajada a fazê-las, mas tal encorajamento é incompatível com uma teoria-em-uso como a de Northover, que se baseia em mistério e maestria.

Criado um impasse na aprendizagem, a busca por convergência de significado requer que estudante e instrutor entrem não apenas na visão de *design* do outro, mas também na maneira como o outro concebe a interação em que estão envolvidos. Northover teria que refletir sobre sua própria visão de *design* e sobre a de Judith, sobre sua maneira de conceber a interação e sobre a dela. E ela deveria fazer o mesmo. Eles teriam que testar as reflexões através de experimentos imediatos, impossíveis a menos que cada um deles obtivesse informações válidas do outro. Judith teria de ser capaz de dizer a Northover como ela está vendo sua interação com ele e como ela entende o significado de suas críticas e perguntas; e Northover teria de ser capaz de fazer o mesmo.

Estes, então, são alguns dos elementos da reflexão-na-ação recíproca essenciais para quebrar um impasse na aprendizagem:

- Prestar atenção à presente interação como um objeto de reflexão em si.
- Entrar em contato e descrever seu próprio processo, bastante tácito, de conhecer-na-ação.
- Refletir sobre as idéias que o outro tem do material substantivo que o instrutor quer transmitir e o estudante quer aprender.
- Testar o que se entendeu sobre o processo de conhecer-na-ação do outro e sua concepção da interação. Testar o que o outro fez de nossas tentativas de comunicação.
- Refletir sobre as teorias-em-uso interpessoais trazidas ao processo comunicativo.

Com efeito, estudante e instrutor teriam que estender sua escada de reflexão, adicionando mais um "degrau" de reflexão sobre sua própria interação, seu universo comportamental e as teorias-em-uso pelas quais eles o criam e sustentam. Eles recorreriam a esse nível de reflexão quando as coisas não estivessem funcionando e estivessem trancadas nos níveis inferiores.

Porém para participar desse processo, a estudante já deve ser capaz de entrar em contato com suas próprias intuições, descrevê-las e entrar nas do instrutor, tanto no domínio do processo de *design* como no de sua interação com o instrutor. Ela deve ser capaz de deixar de lado o que sabe para entrar em um universo ainda desconhecido de uma outra pessoa, experimentar uma zona de incerteza onde, tendo aberto mão, por um momento, de sua maneira de ver, ela ainda está desconectada à do outro. Para isso, ela necessita de uma capacidade cognitiva de correr riscos. Raramente uma estudante como Johanna traz ao ateliê o sentido intenso de vontade própria de que isso depende. Para a maioria das estudantes, o desejo de evitar a incerteza, somado a uma teoria-em-uso de vitória ou derrota, ou a uma deferência não-reflexiva à autoridade do instrutor, torna impossível a participação em um processo desse tipo. Uma demanda por tal participação iria colocá-los em um círculo vicioso de aprendizagem, pedindo que exibam, para que possam aprender, aquilo que eles mais precisam aprender.

A responsabilidade pelo início da quebra do impasse na aprendizagem deve estar, em princípio, com o instrutor, que presumivelmente está mais bem-equipado para fazer o que a estudante ainda não consegue.

Exploramos, por exemplo, de que outra forma Northover poderia ter lidado com Judith. O que ele poderia ter feito? E de que competências ele teria precisado para fazê-lo?

Suponhamos que Northover tivesse que enfrentar, no começo da interação, o dilema que ele coloca no fim:

> A razão pela qual eu não posso dar opiniões consistentes é que, honestamente, ainda não sei como isso vai ficar.

Se ele tivesse que fazê-lo, começaria de uma posição que pode (em um contexto de vitória ou derrota) ser percebida como fraqueza. Já começaria com sua inabilidade de responder, mas de uma forma que chama a um questionamento do seguinte tipo:

> O que devo fazer para que possa saber como isso vai ficar?

Assim, o caminho estará pronto para que Northover descreva o que quer dizer com uma idéia de *design* ou, ainda melhor, demonstrar, a começar por uma característica da abordagem de Judith, como ela poderia desenvolver uma idéia de *design* através do "desenho em escala".

Se começasse trazendo à tona um dilema que sente, Northover estaria encorajando Judith a explorar seus significados, mais do que apenas apegar-se a seus próprios. E essa exploração por parte de Judith aumentaria a possibilidade de que Northover se abrisse para que ela inspecionasse o sistema de idéias e *know-how* essenciais à sua visão sobre o *design*.

Ou podemos imaginar uma abordagem diferente que poderia decolar a partir do diálogo que já lemos. Northover poderia dizer algo como:

> Esta discussão deixa-me frustrado e preocupado. Frustrado, porque não creio que esteja lhe ajudando a pensar sobre o que está por trás de meus julgamentos e conselhos. Preocupado, porque posso ter desencorajado você. Gostaria de saber se essas afirmações são verdadeiras.

A expressão de tais sentimentos por parte de Northover poderá encorajar Judith a expressar seus próprios sentimentos de raiva e frustração por ter sido incapaz de entender Northover, ou arrancar dele alguma apreciação de seu trabalho. Sua reflexão pública sobre o diálogo deles deverá encorajar Judith a trazer à tona sua própria percepção desse diálogo como sendo uma batalha. Assim, o caminho estaria aberto para várias linhas de investigação. Northover poderia dizer, por exemplo:

Pode ser, como você diz, que você dê maior importância do que eu às necessidades do usuário e menor às qualidades formais do prédio. Porém parece-me que não comuniquei ou você não entendeu o que eu entendi do ato de *design*, mesmo nos casos em que o *designer* coloca a prioridade maior no uso do prédio.

Ele poderia, então, descrever a Judith alguns dos fatores que o levam a fazer essa inferência, pedindo sua concordância ou discordância. Se Judith concordasse que não consegue compreender o que ele entende por *design*, ele poderia propor-lhe que se juntassem na exploração de um processo no qual considerações do uso do prédio e flexibilidade juntam-se a normas vindas de outros domínios de *design*. Ou, se ela discordasse, ele poderia pedir-lhe que mostrasse, com relação aos próprios desenhos, o que ela entende por *design*. Ou, ainda, ele pode pedir-lhe que tornasse explícito, por descrição e ilustração, de que forma sua própria idéia de *design* difere da dele.

Cada uma dessas intervenções sugere uma teoria-em-uso muito diferente da que Judith e Northover ilustram no diálogo real. As interações que sugeri enfatizam uma explicitação de atribuições privadas para teste público, fornecendo informações diretamente testáveis para a avaliação, revelando os dilemas privados com os quais se está engalfinhando, explorando ativamente as idéias do outro e acolhendo a confrontação que o outro faz de nós mesmos. Estes são elementos da teoria da ação interpessoal que Chris Argyris e eu descrevemos como Modelo II (Argyris e Schön, 1974). Seus valores, do modo como os descrevemos, são os da informação válida, escolha livre e informada e compromisso interno (e não gerado externamente). Suas estratégias incluem defesa de visões e os interesses, acoplada à investigação sobre as visões e interesses do outro. É uma teoria-em-uso construída sobre o reconhecimento de que, em todas as nossas declarações, transmitimos uma mensagem dupla. Há, antes de tudo, a mensagem transmitida diretamente, por exemplo, "Vamos testar se nos entendemos". Mas há também a mensagem transmitida pela teoria-em-uso de que, intencionalmente ou não, modelamos um para o outro. Os estudantes compartilham com todos os seres humanos a grande capacidade de prestar atenção a mensagens em ambos os níveis e, especialmente, à sua incongruência. Se Northover aceitasse esse processo de teste recíproco de significados, mesmo proferindo frases como as que sugeri, mas, ao mesmo tempo, transmitindo a Judith um sentido de que isso era simplesmente um estratagema para a "vitória", então ela provavelmente aceitaria tal fato e responderia a ele não com a teoria de ação que ele desenvolveu, mas com a intenção tácita que ele transmitiu.

Para ser capaz de remodelar sua abordagem da interação com Judith, de acordo com as linhas que propus, Northover teria que mudar significativamente sua teoria-em-uso, uma mudança que tanto o faria refletir sobre o que faz em interações desse tipo quanto o tornaria hábil em inventar e produzir alternativas. Isto não apenas exigiria um novo tipo de reflexão-na-ação, mas também a ajuda de alguma outra pessoa.

No Capítulo 10, discutirei tais transformações e a ajuda adequada a elas. Por enquanto, talvez seja suficiente observar que Northover está preso, pelo menos nos próximos tempos, a um círculo de aprendizagem próprio, incapaz de engajar Judith em uma reflexão sobre o impasse em sua interação, porque ele é incapaz de refletir e reestruturar a teoria-em-uso que apresenta a ela.

A HISTÓRIA DE DANI E MICHAL[2]

Essa discussão não deveria terminar com a impressão de que há apenas uma abordagem correta do dilema de aprendizagem e do impasse na aprendizagem. Acredito, ao contrário, que há muitas abordagens eficazes possíveis. Cada uma coloca demandas especiais a seus proponentes, e é adequada a alguns participantes ou contextos de aprendizagem e não a outros. Por mais que isso possa parecer contra-intuitivo, os estudantes podem responder positiva e abertamente a um técnico de basquete que grita com eles sem piedade, mas grita com *todo mundo*, sob as mesmas condições previsíveis.

A história de Dani e Michal ilustra uma abordagem muito diferente da de Quist ou da de Northover ou de minha alternativa à de Northover. A história foi contada e discutida em uma oficina, no ateliê de projetos que aconteceu na escola de Arquitetura e Planejamento na Technion, em Israel, em novembro de 1983. Dani, um arquiteto que exerce a profissão e instrutor de ateliê de projetos, pedira a Michal, que havia sido sua aluna no primeiro ano, oito anos antes, que estivesse presente. Além de Dani, os participantes da oficina incluíam vários professores da faculdade de arquitetura e eu.

Começarei contando a história nas palavras de Dani e Michal, suas descrições iniciais dos exemplos e suas respostas a perguntas feitas no decorrer da atividade.

Dani: Lembro-me do trabalho que Michal Z. fez quando era estudante do primeiro ano, oito anos atrás. Mesmo que já tenha se passado muito tempo, lembro-me muito bem dos eventos e da sensação do projeto. Eu estava dando aula e... era "Introdução ao *Design*", no primeiro semestre do Technion...
De qualquer forma, lembrei-me de repente desse evento, que foi muito incomum para mim. Mais para o fim do semestre, vi que Michal estava tendo dificuldades com seu trabalho, e seu projeto não se parecia nem um pouco com isso (refere-se aos desenhos na parede). Pedi a ela que me mostrasse seu trabalho e vi algo mais ou menos assim (desenha), uns prédios... um corredor e salas. Era sem inspiração, institucionalizado, e a coisa toda era parecida com um hotel. Não gostei, mas não disse. Apenas perguntei a Michal se ela gostava do que estava fazendo.
Participante: Qual deveria ser o objeto de seu *design* aqui?
Dani: Esqueci-me de dizer – uma escola onde se tivesse contato com a natureza. Talvez Michal devesse continuar a partir daqui.
Michal: Primeiro, havia três projetos no semestre, e este era o terceiro e último deles. Tínhamos em torno de um mês, e o assunto era alojamentos em uma escola de campo. O que mais você gostaria que eu dissesse?
Dani: O que você considerar importante.
Michal: Na noite anterior à conversa com Dani, lembro-me de pensar, "isto não é o que eu quero". Parecia bem com o que Dani desenhou ali.
Havia também alguns prédios que eu tentei fazer que acompanhassem a topografia ou algo do tipo. Uma história. E lembro-me de que, na noite anterior, eu mais ou menos concluí, por conta própria, que queria algo diferente. Até conseguia definir o que queria.
Dani, na aula do dia seguinte, deveria instruir-nos como nos prepararmos para a apresentação, como fazer rascunhos, etc. Era a última sessão, uma semana antes do fim do semestre. Lembro-me de que até falamos sobre a elevação, eu queria este ou aquele tipo de janelas e não queria que fossem simétricas ou queria que fossem simétricas, etc. Falamos sobre o que desenhar e como cons-

truir a maquete. Então, ele perguntou: "O que você acha? Você gosta? Qual a sua opinião?" Então, eu consegui dizer-lhe a verdade, que não era nada daquilo que eu queria e que, na verdade, eu queria... três coisas...

Primeiro, eu disse, é uma escola de campo, então o "campo" vem antes da "escola", antes da casa. Quero que a natureza seja dominante. Também quero que seja uma experiência social para os grupos que visitarem a escola. Em geral, as turmas visitam e todas as crianças se conhecem; por isso, quero que seja uma experiência social para elas. E então, a terceira coisa: quero que seja um lugar que desenvolva seus sentidos, que as sensibilize para mudanças, para sensações. Um lugar desconhecido irá tornar a gente mais consciente de tudo. Então, Dani disse-me, "Bem, o semestre já acabou, mas não desista. Talvez durante as férias, você consiga fazer o que quer. Se conseguir, venha e mostre-me o que fez". Falamos sobre como talvez durante as férias eu sentasse e tentasse conseguir o que queria. Porém, na mesma noite, vim para casa, sentei-me e fiz. Naquela noite, estava muito concentrada e terminei o *layout* do prédio.

No dia seguinte, vim falar com Dani e disse, "Olhe, eu fiz isso". Ah! Há uma outra etapa importante. Quando lhe disse as três coisas que queria, ele pegou uma caneta e começou a esboçar, "Talvez assim... ou assim". Ele pensou sobre todos os tipos de possibilidades, vários *designs*, de forma muito livre. Acho que ele deu uma espécie de salto e, desta etapa, era só (uma distância muito pequena) ao ponto onde era realmente possível realizá-lo (Figura 6.1)...

Dani: Tentamos esclarecer de que forma fazer tudo aquilo. Como fazê-lo escondido, o que se queria dizer com "experiência social"... Você poderia contar um pouco sobre a experiência social, alguns eventos ou cenários de experiência social que foram expressos, mais tarde, em seu trabalho?

Michal: Não me lembro de todos os detalhes.

Dani: Eu lembro. Por exemplo, você tinha que poder entrar na sala sem estar exatamente dentro. Ou seja, dar uma olhada para dentro, ver quem está lá e ser capaz de decidir juntar-se a eles ou não, depois de ver o quê e quem está lá dentro. Você pode ver se é a sua turma que está lá, o que está fazendo, se você quer juntar-se a ela, etc. Lembro-me de que havia também algo sobre surpresas, encontros casuais que poderiam acontecer onde se cruzavam os caminhos das pessoas.

Michal: Recordo-me de outra coisa. Eu queria dar desculpas para que as pessoas olhassem para dentro e entrassem em todas as salas que normalmente não entrariam porque não eram as suas. Lembro-me de desculpas para caminhar, diferentes razões para ir a um certo ponto...

Dani: O que foi que dissemos sobre "escondido"? Como foi que você fez isso? Você poderia falar ou desenhar?

Michal: Lembro-me de modo geral... todo tipo de corte pequeno, vistas de cima para baixo, vistas que desapareçam e reapareçam...

Dani: Dá para ver que seu corte (Figura 6.2) é como se continuasse a colina.

Michal: Eu queria que as pessoas chegassem ao local sem ver que ali há um prédio. Somente quando estivessem realmente lá, elas deveriam dar-se conta de que estão lá. Essa era a idéia... minha concepção era de que você vem a uma escola de campo para experimentar a natureza. Assim, não se deve ver um prédio, pois isso é o que se vê o tempo todo. Você deveria caminhar através das árvores e, de repente, ver que isto é a escola de campo. Isto é o campo e você está dentro...

Dani: Como se expressa o conceito de "experimentar a natureza"?

Michal: Tentei manter toda a vegetação e tive um problema com as margens largas. Você tem que ver como voltar para as árvores de toda esta área de escavação e construção. Aquilo me incomodou e pensei muito no problema...

Dani: Vejo, no segundo corte da direita (Figura 6.3), que alguém está parado perto da mesa, com um braço esticado para fora. Não posso penetrar em sua cabeça, mas interpreto isso como a experiência da natureza. É bem variado. Em alguns lugares, vemos a natureza emoldurada em um tipo de janela. Em outros, é possível tocá-la. Em outros ainda, pode-se ir à ela.

Michal: Coisas diferentes também podem ser vistas de alturas diferentes. Quando se está no nível inferior, enxerga-se a parte inferior. E, quando você está acima, enxerga longe...

Mais tarde, Michal descreveu como havia concebido sua *primeira* solução.

Michal: Podemos ver as coisas de uma outra maneira. Pensei sobre o que queriam de mim...
Participante: O que você quer dizer com "queriam"?
Michal: Poderia ter sido satisfeito, e eu sabia exatamente o que queriam.
Participante: O que você sentia que queriam de você?
Michal: Uma solução adequada, deveria ser conveniente, barata... lembro-me de que eu tinha um problema de simetria por causa do banheiro que, na frente, não era tão bonito, etc. E havia esse problema de que estávamos falando, essa elevação...

Talvez a característica mais impressionantes desta história seja a maneira vívida e entusiástica como uma estudante e um instrutor contam-na, passados oito anos do evento. Sendo agora uma arquiteta profissional, Michal guardou os desenhos de seu ateliê de projetos do primeiro semestre. Ela consegue contar, com um detalhamento considerável, o que lhe aconteceu, o que pensou e fez, o que Dani disse e como ela reagiu. Dani parece lembrar-se dos detalhes ainda mais do que Michal ("muito incomuns para mim", observa ele). Claramente, o evento foi importante para ambos. O que o faz tão memorável?

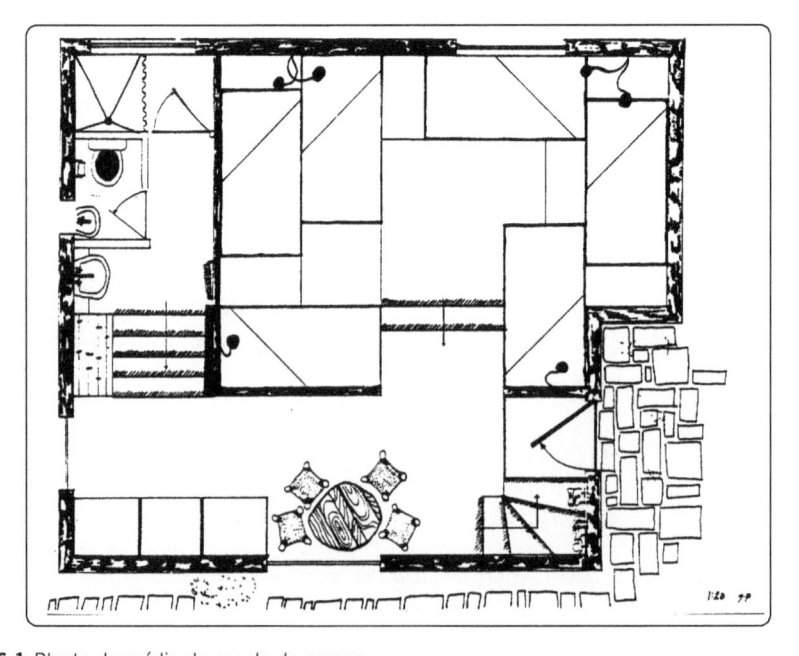

Figura 6.1 Planta do prédio da escola de campo.

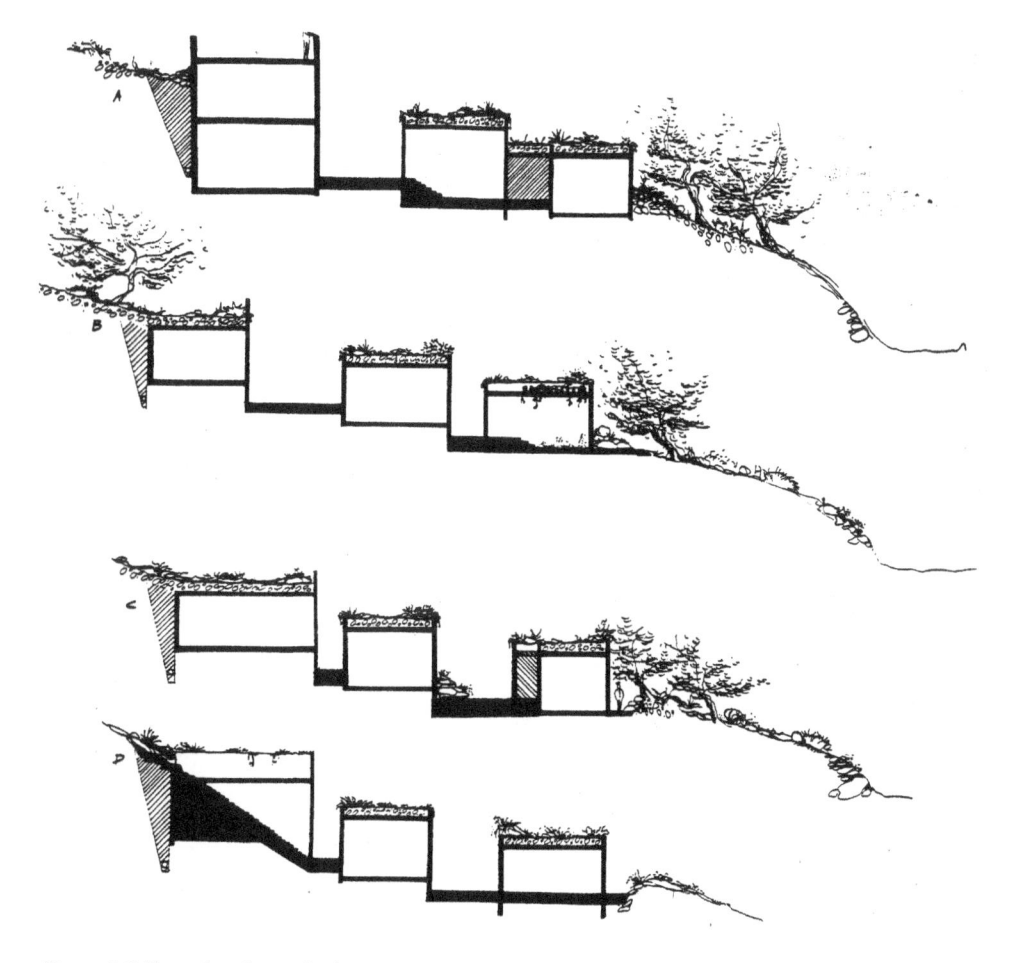

Figura 6.2 Elevações da escola de campo.

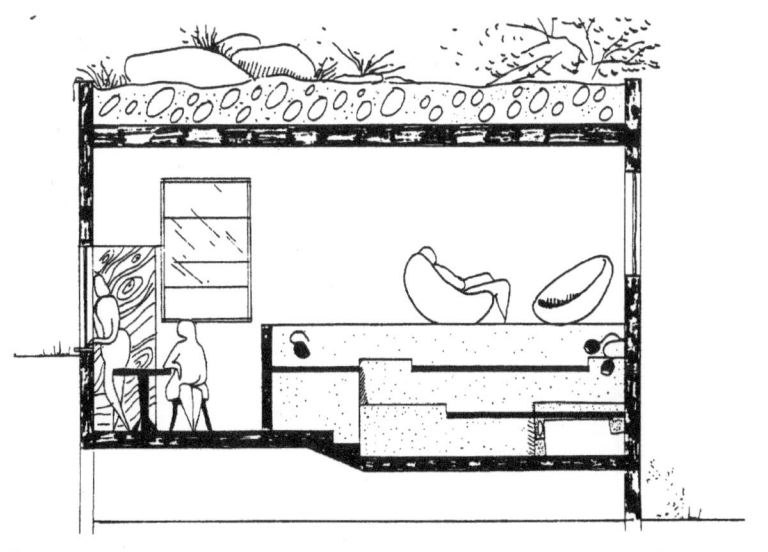

Figura 6.3 Corte de uma sala na escola de campo.

Michal havia tido dificuldades com o projeto da escola de campo e produzira algo de que nem ela nem Dani gostaram. Dani o chama de "sem inspiração, institucionalizado... um pouco como um hotel" (antes, ele o havia descrito como "três bananas em um campo"). Dani não disse a, Michal sua opinião sobre seu *design* mas, de forma significativa, ela acabou adivinhando o que ele pensava. Ela mesma decidiu, na noite anterior à sua sessão, que "isso não é o que eu quero". Os primeiros momentos críticos parecem ter sido as perguntas de Dani: "O que você acha?", "Você gosta?", "O que você acha disso?".

Isso tudo parece ter sido um choque para Michal. É verdade que ela sabia que seu *design* não era o que queria e que já havia considerado o que ela realmente queria. Contudo, ela havia concebido a situação como uma em que *seus* gostos ou desgostos eram de pouca importância. Ao contrário, ela perguntara, "O que esperam de mim?". Ela havia tentado adivinhar exatamente o que era esperado e sentira que sabia a resposta: "uma solução adequada", conveniente, barata, algo muito mais parecido com o que ela havia desenhado primeiro.

Dani, inicialmente, "referiu-se ao projeto", falando com ela sobre elevações, janelas e simetrias. Porém, a pergunta "Você gosta?" quebrou essa concepção. Surpresa e aliviada pela pergunta (eu acho), Michal foi capaz de dizer-lhe a verdade, que aquilo não era nada do que ela queria, descrevendo então, as três qualidades que gostaria de ter em sua escola de campo: a natureza deveria ser dominante (a escola deveria estar "escondida na natureza", como Dani colocou mais tarde), a escola deveria ser uma experiência social para os grupos de crianças que a visitassem e deveria ser um lugar para que "desenvolvessem seus sentidos".

Impressionado pela clareza e pela consciência da descrição das qualidades que ela queria produzir, Dani, antes de mais nada, disse-lhe que "não desistisse". Então, ele sentou-se com ela, pegou uma caneta e começou a esboçar. Mais tarde, Michal descreveu Dani "rabiscou":

> Ele fez pequenos desenhos em corte, falou e mostrou uns esqueminhas. Aquilo me abriu todas as possibilidades físicas.

Michal experimentou o que ele fez como um "espécie de salto" para a etapa na qual ela sentia que "era mesmo possível realizá-lo". Em seu desenho, Dani abriu as possibilidades, mostrando-lhe *muitas maneiras* de produzir as qualidades que ela desejava.

Energizada por essa abertura de possibilidades e também, talvez, pelo estímulo de Dani para ir adiante e fazer o que ela gostava, Michal foi para casa, e naquela mesma noite ("muito concentrada", como ela diz), terminou o *layout* do prédio.

A partir da riqueza e do entusiasmo com que Michal descreveu os resultados de seu trabalho, fica claro que ela ainda gosta do que havia feito, mesmo depois de oito anos. Mais tarde, Dani declarou explicitamente do que gostara naquilo:

> Comecei a ver que todas as partes estavam respondendo àquelas possibilidades que ela definiu. Eu estava realmente satisfeito com aqueles resultados, em todos os aspectos.

A história da escola de campo é uma história de aprendizagem em *design* com uma experimentação na produção do que se gosta. Neste processo, as funções do instrutor são várias:

- Em primeiro lugar, perguntar o que a estudante quer que o projeto seja, legitimando, assim, suas próprias preferências e intenções e transmitindo, na verdade, a mensagem de que suas preferências pessoais devem expressar-se e devem ser usadas para guiar seu *design*.
- Então, para encorajá-la a tentar produzir o que ela gosta, demonstrar, em esboços rápidos, diferentes maneiras como ela pode fazê-lo, "abrindo as possibilidades". É importante notarmos aqui que Dani sugere muitas formas, e não uma melhor forma, de atingir os efeitos que Michal quer. Ele não a instrui na melhor maneira de fazê-lo, mas trabalha com ela para abrir um leque de meios possíveis para sua experimentação.
- Finalmente, julgar os resultados de seu trabalho em termos de sua eficácia em "realizar aquelas qualidades que ela definiu".

Dani apresenta a Michal uma oportunidade de aprender como praticar, na qual a "prática" é concebida como uma exploração e um teste de meios alternativos de produzir as qualidades de produtos que ela considera desejáveis. Ela é convidada a prestar atenção em seus próprios julgamentos apreciativos, trazendo à tona preferências que poderia, em outra situação, ignorar ou suprimir.

Dani comunica, implicitamente, que Michal deveria impor sua própria coerência sobre a situação de *design*. Assim, ela torna a situação coerente, ao querer para sua escola de campo as três qualidades de integração à natureza, experiência social e desenvolvimento dos sentidos. Ela também desaprende, pelo menos nesse momento, seu hábito de depender de "soluções apropriadas", que ela investiu, até então, com toda a autoridade da escola de arquitetura onde estudou.

No mesmo processo em que Dani encoraja Michal a produzir o que ela quer, ele a guia através de uma disciplina na qual a apreciação regula a experimentação. Implicitamente, ele a leva a ver o tipo de objetividade possível de ser adquirida em um experimento prático, a qual depende de suas preferências subjetivas: ela pode julgar por conta própria, independentemente da mera opinião, se teve sucesso em realizar as qualidades que diz querer.

Dani ensina "técnica", demostrando muitos meios alternativos de produzir as qualidades necessárias. Implicitamente, mais uma vez, ele transmite a mensagem de que a técnica deve ser aprendida através de experimentos que exercitem e avaliem meios alternativos de produção. Ao mesmo tempo, Michal parece aprender a fazer uma observação fina e diferenciada. Ela parece, por exemplo, ter aprendido o valor de incorporar à casa uma variedade de formas de conectar-se com a natureza em torno dela, capacitando o morador a mover-se de uma dessas conexões para outra.

Tomando-se essas funções em conjunto, parece correto dizer que Michal está sendo iniciada em um processo de auto-educação no ato do *design*, um processo no qual ela está exposta tanto a uma imagem de prática arquitetônica quanto a uma imagem de "prática" como uma forma de experimentação autodirigida.

Dani parece ter entrado em um tipo de contrato com Michal que difere da solicitação de Quist de que o estudante "suspenda a descrença". Os elementos deste contrato parecem ser os seguintes:

> Você deve entrar na situação, defendendo as qualidades que quer produzir; eu aceitarei suas preferências, sem tentar impor-lhe as minhas.

Você deve tornar-se um experimentador, testando seus meios alternativos de atingir seu objetivo.
Eu me tornarei seu co-experimentador, ajudando-o a descobrir como fazer o que quer, demonstrando como você poderá atingir seus objetivos.
Você pode julgar seu trabalho – e eu me juntarei a você neste julgamento - com base em seu sucesso em produzir o que pretende.

Esse contrato cria uma situação interpessoal em que Michal e Dani, estão lado a lado, como co-experimentadores, diante do problema comum de produzir as qualidades que Michal prefere:

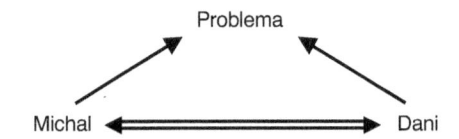

```
            Problema
           ↗       ↖
          ╱         ╲
     Michal ⟷ Dani
```

Sentado próximo a Michal, diante de um problema comum que originou suas intenções, Dani escapa do dilema de como transmitir-lhe informações negativas sem desencadear seus processos de defesa. Informações que, em outras circunstâncias, poderiam ser vistas como negativas, podem agora, realisticamente, ser consideradas como úteis a seus esforços para atingir seus objetivos.

Dani criou com Michal uma situação na qual ele não tem que lutar para que ela compartilhe de sua visão de *design*, nem tem que enfrentar (privada ou publicamente) a frustração que sente porque suas críticas legítimas são interpretadas pela estudante como ataques pessoais. Ele criou uma concepção diferente de sua interação com ela. Dani conseguiu que Michal declarasse suas próprias preferências, juntou-se a ela na tarefa de realizar essas preferências, concebeu o problema em comum como sendo de experimentação na produção do que ela gostava e definiu seu próprio papel no processo como sendo o de abrir novas possibilidades para a ação.

CONCLUSÃO

Os possíveis resultados da experiência de ateliê são tão variados quanto as possíveis evoluções do dilema de aprendizagem. A estudante deve educar-se para o *design*, mas só é capaz de fazê-lo através de interações com o instrutor. Dependendo da qualidade de sua busca pela convergência de significado, nas posturas e teorias-em-uso que ambas as partes trazem para dentro do processo, a carreira de aprendiz do estudante irá desdobrar-se em uma direção ou em outra.

Quando estudante e instrutor encontram-se em um impasse na aprendizagem, alguns dos elementos essenciais do processo de *design* estão congelados na má comunicação, e nem um nem outro é capaz de iniciar a reflexão sobre esse processo, sendo que qualquer dos resultados não-satisfatórios é provável. O estudante pode tornar-se um *contra-aprendiz*, como Judith, recusando-se a suspender a desconfiança, ou a entrar na visão de *design* do seu professor, a não ser "dando a eles o que querem". Ou, ainda, a estudante pode *superaprender* a mensagem do instrutor, construindo-a como um conjunto de procedimentos especializados a serem seguidos mecanicamente em cada situação. Ela pode tomar como uma regra geral, por exemplo, o que o instrutor concebe apenas como uma ilustração de uma idéia mais complexa. Essa estudante poderá desenvolver um "vocabulário de sistema fechado",[3] no qual ela pode recitar os princípios do instrutor, enquanto age de uma maneira que é incongruente com eles e permanece sem dar-se conta do fato.

Ao contrário, uma estudante como Johanna, com o tipo de postura e competência que ela traz para suas interações com Quist e Northover, pode escutar ativamente e imitar reflexivamente, construindo uma compreensão extraordinária daquilo que é essencial em suas abordagens do processo de *design*. A aparente falta de inclinação de Quist e Northover para refletirem sobre suas teorias-em-uso interpessoais não representa um obstáculo para Johanna em função do que ela *traz* para o ateliê. Contudo isso é um obstáculo manifestamente insuperável para Judith. Entre Judith e Johanna há muitas variações de resultados possíveis de aprendizagem.

A história de Dani e Michal ilustra um outro tipo de resultado da aprendizagem e uma outra abordagem das dificuldades enraizadas no dilema da aprendizagem. A partir do estímulo de Dani, ele e Michal tornam-se co-experimentadores na tarefa de produzir as qualidades que ela estabeleceu como seus objetivos. Estudante e instrutor refazem a concepção sobre sua interação, reduzindo, assim, a possibilidade de caírem em um tipo de jogo de vitória ou derrota, como o que jogam Judith e Northover. Porém, evitar ou dissolver um impasse na aprendizagem é, em si, um problema de experimentação. Há, como já observei, muitas possibilidade efetivas de abordagem. Para que se teste cada uma delas, instrutor e estudante dependem da reflexão-na-ação recíproca e da construção de um universo comportamental que conduza a isso.

Limitei minhas discussões, neste capítulo, às interações entre estudante e instrutor. Até aqui, não discuti as muitas formas pelas quais as qualidades particulares de um ambiente de ateliê ou a cultura da escola na qual ele existe podem influenciar tanto a probabilidade de ocorrência de impasses na aprendizagem como as formas pelas quais lidaremos com eles. Nesse aspecto, como em outros, o contexto institucional da escola é criticamente importante para a criação e a condução de um currículo de ensino prático. O Capítulo 11 tratará dessas questões.

NOTAS

1. "Johanna", assim como "Judith" e "Northover", "Quist" e "Petra", é uma nome fictício dado por Roger Simmonds a uma participante do ateliê de projetos que ele observou.
2. "Dani" refere-se à Daniel Gat, do Departamento de Arquitetura na Technion, Haifa, Israel. "Michal" é Michal Sofer, atualmente uma arquiteta ativa, anteriormente estudante do professor Gat na época desta história. O professor Gat apresentou este estudo de caso em 1983 durante uma Workshop acadêmica na Technion, na qual fui convidado como participante. Sou muito grato a ele e a Sra. Sofer.
3. Tomei esta frase emprestada de Jeanne Bamberger.

Capítulo 7

Utilizando o Ensino Prático Reflexivo para Desenvolver Habilidades Profissionais

Neste capítulo, a partir de minhas observações de ateliês de projetos arquitetônicos, construo o esboço geral de um ensino prático reflexivo, uma idéia cuja aplicação à educação para o talento artístico em outros campos da prática será o assunto das Partes 3 e 4.

O *design*, tanto em seu sentido arquitetônico mais restrito quanto no sentido mais amplo de que uma prática profissional é uma forma de , deve ser aprendido no fazer. Não importa o quanto os estudantes possam aprender sobre o processo de projeto a partir de leituras ou palestras, pois há sempre um componente da competência para o *design*, na verdade, seu aspecto central, que eles não podem aprender dessa forma. Uma prática com caráter de *design* é passível de ser aprendida, mas não de ser ensinada, por métodos de sala de aula. E quando os estudantes são ajudados a aprender a projetar, as intervenções mais úteis a eles são mais como uma instrução do que um ensino, como em uma aula prática reflexiva.

POR QUE O PROCESSO DE PROJETO NÃO PODE SER ENSINADO

Profissionais de projeto, tais como arquitetos e projetistas urbanos, juntamente com as pessoas que exercem profissões como direito, administração, ensino e engenharia, lidam freqüentemente com a incerteza, com a singularidade e com o conflito. As situações fora da rotina que surgem durante a prática são, pelo menos em parte, indeterminadas e devem ser tornadas coerentes de alguma forma. Profissionais capacitados aprendem a conduzir experimentos sobre a concepção nos quais eles impõem um tipo de coerência a situações caóticas e, por conseguinte, descobrem conseqüências e implicações das concepções que escolheram. De tempos em tempos, seus esforços para dar ordem a uma situação provocam resultados inesperados, respostas que dão à situação um novo significado. Eles escutam e refazem sua concepção do problema. É essa junção de concepção do problema, experimentos imediatos, detecção de conseqüências e implicações, resposta à situação e resposta à resposta que constitui uma conversação reflexiva com os materiais de uma situação, o talento artístico com caráter de *design* de uma prática profissional.

Várias características tornam esse processo passível de ser aprendido, instruído, mas não ensinado.

1. O *design* habilidoso é um tipo de conhecimento-em-ação. É possível descrever regras usadas no projeto, por exemplo, as regras de Quist sobre os usos apropriados para declividades de vários graus ou a regra de Northover de que se deve desenhar em escala. Contudo, algumas das regras mais importantes não podem ser acompanhadas de uma forma simples, mecânica. Entre uma regra como "desenhar em escala" e sua aplicação concreta ao *design* especializado, sempre há uma diferença de significado. Para que possa agir sobre tal regra, um *designer* deve aprender um tipo de experimentação – não a "tentativa e erro" – que sugere uma ausência de conexão pensada entre erros anteriores e tentativas subseqüentes, mas a invenção criativa de novas tentativas, baseadas na apreciação de resultados de ações anteriores. A aplicação de tal regra a um caso concreto deve ser mediada por uma arte de reflexão-na-ação.

Isso ajuda a explicar por que os estudantes devem praticar para aprender a atividade de *design* e sugere, além disso, que sua prática deve envolver reflexão na ação, mas não explica por que eles não podem aprender o *design* na seqüência de um currículo profissional normativo: primeiro, teoria de sala de aula; depois, um ensino prático em sua aplicação. Para explicar esse ponto, precisamos acrescentar que prescrições do tipo "desenhar em escala" ou "impor uma disciplina, ainda que arbitrária, sempre se pode quebrá-la depois" fazem sentido, e um sentido útil para a ação, apenas quando os estudantes estão envolvidos em um esforço para construir um projeto de algo. E, para isso, há mais de uma razão.

2. O *design* é uma habilidade holística. Em um sentido importante, deve-se entendê-lo como um todo para que se tenha qualquer compreensão dele. Assim, não se pode aprendê-lo de uma forma molecular, aprendendo primeiro a desenvolver pequenas unidades de atividade e então juntando essas unidades em um processo único de projeto, porque as peças tendem a interagir uma com a outra e a produzir significados e características a partir de todo o processo em que estão envolvidas.

Certamente, é verdade que os processos de projeto podem ser quebrados em partes componentes através de estratégias de decomposição que sejam úteis tanto para a prática quanto para a instrução. Por exemplo, Quist ajuda Petra a agir em uma *fase* particular do processo de projeto: estabelecer a geometria geral de prédios em um terreno. E, com a ajuda de Dani, Michal divide o problema da escola de campo em três problemas menores, sendo que cada um deles consiste em produzir um efeito desejado. Porém, no caso de Petra, experimentos locais apenas fazem sentido dentro de um contexto de um experimento mais amplo sobre a concepção. E Michal não pode fazer um *design* total juntando soluções de seus subproblemas. Ações que produzem um efeito como a unidade com a natureza também têm conseqüências em outros efeitos. Mesmo que um problema maior de *design* possa ser decomposto em partes, a solução total não será uma soma das menores.

Quando um estudante aprendeu a desenvolver pequenas unidades de uma atividade de *design,* mas ainda não aprendeu como integrá-las em um processo de projeto mais amplo, a natureza do todo provavelmente parecerá confusa. Normalmetemente, os instrutores podem descobrir a coerência de tipo Gestalt de uma teia de ações, conseqüências e implicações do *design*, somente em termos oblíquos, em geral metafóricos (como a frase de Quist "Isso destruiria a idéia toda!" ou "de uma forma secundária, a coisa principal"). E os estudantes provavelmente acharão tais descrições opacas, até que tenham realmente experimentado a coerência de todo um processo de projeto que eles próprios desenvolvem, momento em que poderão considerar iluminadora a metáfora de um instrutor.

3. A produção de um projeto especializado depende da habilidade de um *designer* de reconhecer e apreciar qualidades de *design* desejáveis e indesejáveis. Se um *designer* souber reconhecer qualidades como "fechamento", "privacidade", "direcionalidade", "suavização de formas de contornos rígidos", "funcionar bem com os níveis", ele poderá regular suas ações ou experimentos com referência neles. Uma estudante que saiba como reconhecer qualidades como essas pode aprender a experimentar com meios diferentes de produzi-las, e um instrutor poderá ajudá-la a fazê-lo. Entretanto, se uma estudante ainda não sabe como reconhecer uma qualidade particular do projeto, não lhe será muito útil fazê-lo somente através de descrições verbais (ainda que, certamente, tais descrições possam ser muito mais úteis do que outras). Um instrutor pode não ser capaz de expressar o que quis dizer com frases como "uma forma boa", "uma vista bonita" ou "linhas fortes" e, mesmo quando consegue, os estudantes podem não ser capazes de entender que qualidades *experienciadas* essas frases são destinadas a denotar.

Uma estudante pode ser ajudada a reconhecer e a apreciar qualidades como "fechamento" ou "direcionalidade", no entanto, sem recurso a uma descrição verbal. Um instrutor pode mostrar-lhe exemplos e variações da qualidade em questão, assim como exemplos do que tal qualidade não é, dando nome a cada uma delas à medida que fala. Ele pode demonstrar como uma configuração do projeto pode ser mudada para a dar mais ou menos fechamento ou direcionalidade. E pode, então, pedir à estudante que discrimine entre exemplos que têm fechamento ou direcionalidade em maior ou menor graus. Ao fazer essas coisas, naturalmente, sua instrução é uma forma de orientação; ele ajuda sua estudante a aprender a reconhecer qualidades do projeto, guiando-a através de um tipo particular de aprendizagem no fazer.

Mesmo quando uma estudante aprende, desta ou de outra forma, a reconhecer uma qualidade de *design* na produção de outra pessoa, ela ainda achará difícil reconhecê-la em sua própria produção. Em geral, como observamos no Capítulo 4, ela aprende a reconhecer uma qualidade como "suavização de formas de contornos rígidos", no mesmo processo pelo qual ela aprende a produzi-los.

4. Aquilo que é verdadeiro sobre a descrição e o reconhecimento de qualidades de design é, de forma mais geral, verdadeiro a respeito da descrição de reconhecimento de um *design* habilidoso.

A descrição do próprio conhecimento-em-ação de alguém é, em si, uma habilidade, e os *designers* podem possuí-la em maior ou menor grau. Eles podem aprender a fazer descrições do processo de projeto melhores, mais completas, precisas e úteis para a ação através da reflexão contínua sobre suas próprias atuações habilidosas. No entanto, até onde eles podem ir nessa direção, permanecerá uma questão aberta, passível de ser testada em cada novo esforço de descrição.

Os limites da descrição podem ser estabelecidos pela inabilidade de um *designer* de dizer o que sabe, ou pela impossibilidade inerente de expressar-se algum aspecto do conhecimento sobre o *design*. Parece mais razoável colocar esses limites em teste em cada nova instância do que afirmar que características essenciais do processo de projeto são inerentemente impossíveis de ser expressas em palavras, ou que o conhecimento do *design*, se é que ele existe, deve ser completamente descritível em algum sistema de símbolos.

Mesmo quando instrutores de projeto são bem-sucedidos em fazer descrições verbais e gráficas do processo de projeto, descrições estas que lhes parecem ser relativamente completas, precisas e úteis, os estudantes iniciantes provavelmente as acharão estranhas, vagas, ambíguas ou incompletas. Termos como *desenhar, usar metáforas* ou *impor uma disciplina* podem ser especialmente confusos, porque seus usos no campo do projeto arquitetônico diferem de seus significados comuns, ou porque pertencem a vocabulários idiossincráticos de um *designer* em particular.

Por qualquer uma dessas razões, os significados que os estudantes inicialmente constroem para as descrições do processo de projeto de seus instrutores provavelmente serão incongruentes com os significados que seus instrutores pretendiam.

O esclarecimento de significados pretendidos e a descoberta e solução de incongruências entre as intenções dos instrutores e as compreensões dos estudantes são melhor atingidos através da ação. É no momento em que os instrutores desenvolvem concretamente suas próprias descrições, como na demonstração de Quist, que os estudantes têm mais chance de ver o que eles querem dizer. E é quando os estudantes tentam agir sobre o que viram ou ouviram que eles têm mais probabilidades de revelar, a si próprios e a seus instrutores, tanto o conhecimento anterior que trazem ao ateliê como as compreensões ou as incompreensões que construíram a partir das intervenções de seus instrutores.

5. O *design* é uma atividade criativa. A conversação reflexiva de um *designer* com os materiais de uma situação pode proporcionar novas descobertas, significados e invenções, como quando Quist, por exemplo, passou a ver a galeria de uma nova maneira, como "o tipo de coisa que Aalto inventaria". É possível, claro, falar sobre o lado criativo do *design*. É também possível, e muito mais útil, ilustrá-lo, como o fez Quist, com uma demonstração. Porém, não há demonstração ou descrição que capacite um estudante para fazer a *próxima* invenção ou descoberta sem que se engaje em sua própria versão de reflexão-na-ação, porque o processo descrito ou demonstrado diz respeito a ver e fazer algo de uma maneira nova. Se fosse completamente descritível de antemão, não seria novo.

Mais uma vez há, necessariamente, uma diferença entre descrição e ação; e, novamente, os estudantes podem aprender a preenchê-la engajando-se em uma ação de *design*. Aqui, entretanto, a diferença resulta não de descrição ou compreensão imperfeitas, mas da criatividade inerente ao processo de projeto.

Por várias razões, então, uma prática com caráter de *design* não pode ser completa ou parcialmente transmitida aos estudantes através de ensino de sala de aula:

- A diferença entre a descrição do projeto e o conhecimento-na-ação que corresponde a ela deve ser preenchida pela reflexão-na-ação.
- O processo de projeto deve ser entendido como um todo, pela experimentação na ação.
- O processo de projeto depende do reconhecimento das qualidades de projeto, que devem ser aprendidas no fazer.
- Descrições do processo de projeto provavelmente serão consideradas, no inicio, confusas, vagas, ambíguas ou incompletas; seu esclarecimento depende de um diálogo no qual compreensões e incompreensões são reveladas através da ação.
- Sendo o *design* um processo criativo no qual o *designer* passa a ver e a fazer coisas de uma nova maneira, nem uma descrição *a priori* dele pode tomar o lugar da aprendizagem no fazer.

A partir de tudo isso, é claro, *não* se conclui que os estudantes não possam aprender a tornar-se proficientes em *design* em todos os sentidos listados acima. Eles podem fazê-lo e podem ser ajudados através da exposição a descrições explícitas do processo de projeto. Algumas descrições do conhecimento útil para o projeto, como características de terreno e programa, por exemplo, ou direções do sol no inverno e no verão, os estudantes podem ser capazes de entender antes que comecem a produzir o projeto. Mais ainda, os estudantes diferem em sua capacidade de fazer uso das descrições de um instrutor, da mesma forma que os instrutores variam na clareza com que conseguem dizer o que querem que seus estudantes aprendam. A questão é, particularmente, que sob as melhores circunstâncias – capacidade máxima para compreender, da parte do estudante, e clareza máxima, da parte do instrutor – algumas características essenciais do processo de projeto não podem ser descritas antecipadamente, de modo que os estudantes possam ter uma compreensão útil delas. Para que tais descrições tornem-se úteis para a ação, os estudantes devem estar engajados na aprendizagem de fazer um diálogo com alguém no papel de "treinador" (coach).

AS CONDIÇÕES INICIAIS PARA UM ENSINO PRÁTICO REFLEXIVO

Como já vimos, uma parte significativa do que um estudante iniciante em uma prática com caráter de *design* precisa aprender não pode ser entendido por ele antes que comece a produzir *design*. Ele deve começar o *design* para que possa aprendê-lo.

Não é de surpreender que confusão e mistério reinem nas fases iniciais de um ateliê de projetos ou de qualquer aula prática reflexiva. Ainda assim, freqüentemente, em questão de poucos anos ou mesmo meses, alguns estudantes começam a produzir em quantidade significativa aquilo que eles e seus instrutores consideram como sendo um *design* competente, e estudante e instrutor adquirem uma convergência de significado que fica evidente na facilidade com que costumam entender-se, terminando as sentenças um do outro, falando elipticamente, de maneiras que desorientam o não-iniciado.

Instrutor e estudante fazem essa transição – aqueles que a fazem – juntando-se em um empreendimento comunicativo específico, um diálogo de palavras e ações.

Diálogo entre Instrutor e Estudante. Em seu diálogo, instrutor e estudante transmitem mensagens um ao outro não apenas, ou até mesmo não basicamente, em palavras, mas também através da *performance*. A estudante tenta fazer o que busca aprender, revelando, assim, o que ela entende ou não. O instrutor responde com conselho, crítica, explicação, descrições e também com sua própria *performance*.

Quando o diálogo funciona bem, ele toma a forma de reflexão-na-ação recíproca. A estudante reflete sobre o que escuta o instrutor dizer ou o vê fazer e também reflete sobre o ato de conhecer-na-ação envolvido em sua *performance*. E o instrutor, por sua vez, pergunta-se o que essa estudante revela em termos de conhecimento, ignorância ou dificuldade e que tipos de respostas poderiam ajudá-la.

A reflexão-na-ação do instrutor gira em torno de duas questões que estão sempre vivas no diálogo (acrescentarei uma terceira). Ele precisa lidar, em primeiro lugar, com os problemas substantivos da tarefa com caráter de *design*. Ele deve submeter o *design* a uma demonstração, em vários aspectos e em vários níveis de agregação. Ele também deve descrever o *design*, nos modelos disponíveis a ele – conselho, questionamento ou explicação. Porém, em segundo lugar, ele deve particularizar suas demonstrações e descrições. As descrições devem estar ligadas às tarefas que o estudante está tentando desenvolver no momento. A descrição deve ser adequada às confusões, às perguntas, às dificuldades e aos potenciais da estudante naquele momento. Assim, o instrutor improvisa, aproveitando variantes de descrições e demonstrações de seu repertório ou inventando-as de imediato. Ele também reflete, de tempos em tempos, sobre sua própria *performance*, perguntando-se, "O que eu faço, espontaneamente, nesta situação?", de forma que ele pode descrever mais precisamente as ações que poderá sugerir à sua estudante. Suas intervenções são experimentos imediatos. Elas testam, ao mesmo tempo, sua compreen-são a respeito de seu próprio processo de conhecer-na-ação, sua consciência das dificuldades da estudante e a eficácia de suas intervenções. Nesse processo, o instrutor deve ser capaz de viajar livremente na escada da reflexão, passando, conforme a situação requer, do *design* para uma descrição do *design* ou da descrição para uma reflexão sobre a descrição, e de volta para o *design*.

A estudante, por sua vez, tenta construir e testar os significados que vê e ouve. Ela vivencia as descrições do instrutor ("trabalhar indo e vindo entre a parte e o todo", por exemplo) e reflete sobre a experiência de vivenciá-las. Ela também pode refletir sobre suas *performances* espontâneas, com o objetivo de descobrir aquilo que ela já sabe que ajuda ou prejudica sua aprendizagem. Ela tenta, através da imitação reflexiva, construir, em suas próprias ações, as características essenciais das demonstrações do instrutor. Também desempenha, de forma improvisada, experimentos imediatos para descobrir e testar o que o instrutor pode estar tentando comunicar-lhe. E, para fazê-lo, adota um tipo particular de postura – assumindo responsabilidade por sua própria educação naquilo que precisa aprender e, ao mesmo tempo, permanecendo aberta à ajuda do instrutor.

As duas dimensões da tarefa do instrutor tornam-se, no caso da estudante, algo como dois vetores, cada um contribuindo para um círculo de aprendizagem. Para ela, assim como para o instrutor, dois tipos de prática estão envolvidos no ensino prático: o processo substantivo de *design* que ela tenta aprender e a reflexão-na-ação pela qual ela tenta aprendê-lo. Um alimenta o outro, e o círculo resultante poderá ser virtuoso ou vicioso.

A estudante deve ser capaz de tomar parte em um diálogo, para que possa aprender a prática substantiva, e deve produzir *design* em algum nível, para que possa participar do diálogo. Suas tentativas de aprender a prática são prejudicadas, no sentido de que ela ainda não domina as habilidades de participação no diálogo. Entretanto, à medida que aprende a reflexão-na-ação do diálogo, ela aumenta sua capacidade de tirar, desse diálogo, lições úteis para o *design*. E quanto maior for sua competência para o *design*, maior será sua capacidade para a reflexão-na-ação do diálogo.

Estudante e instrutor devem começar a fazer a transição de um estágio anterior de confusão, mistério e incongruência para um estágio mais avançado de convergência de significado, através da forma com que entram na primeira rodada do círculo de aprendizagem.

O instrutor pode dar alguma descrição das ações a serem levadas adiante, às quais a estudante pode responder fazendo algo que esteja mais ou menos dentro da arena de expectativas dele. Não importando o quão incompleta ou mecanicamente ela desenvolva tais operações, pode começar tentando sentir como é fazê-las e que mudanças provocam. Na frase potente de Wittgenstein, ela aprende o significado das operações, executando-as. Mais ainda, ela coloca-se em um estado em que presta atenção operativa ao que o instrutor diz e mostra. Ela busca descobrir, em seu próprio fazer, o significado das mensagens dele. Ele, por sua vez, funciona como uma parte essencial de seu campo experimental, cumprindo, em parte, o papel de "realidade". Dada sua limitada habilidade de dizer por conta própria se sua *performance* teve sucesso ou não, ela deve depender, inicialmente, das percepções dele para a detecção e a correção do erro.

O instrutor dá uma instrução, observa as ações da estudante e instrui ou demonstra novamente para corrigir o erro que discerniu. Ou a estudante faz alguma coisa que parece errada, como Petra sentiu inicialmente que suas formas estavam erradas, mas não é capaz de dizer o porquê, e o instrutor dá a ela uma maneira de entender o que está errado ou demonstra uma alternativa, como Quist mostra-lhe como poderia escavar a geometria das salas de aula em forma de L na declividade do terreno. Ou o instrutor poderá pedir à estudante que faça algo e, então, ajudá-la a refletir sobre o processo de conhecer-na-ação envolvido em seu fazer, como Dani ajudou Michal a tornar-se consciente de sua opinião de que ela deveria produzir uma "solução escolar".

Nesses casos, o instrutor supõe que uma instrução ou demonstração inicial será suficiente para que a estudante faça *algo*. Essa iniciativa, enraizada naquilo que a estudante já sabe, dá início ao círculo de aprendizagem. Sua função é iniciar o diálogo, fornecendo uma primeira oportunidade para obter um retorno que permita fazer uma avaliação, a qual, dadas as qualidades de uma prática com caráter de *design*, a estudante provavelmente considerará confusa ou ambígua. Assim, o cenário é estabelecido para um diálogo contínuo de ações e palavras, de reflexão recíproca na ação e sobre a ação. Durante esse processo, a estudante poderá aprofundar sua compreensão do *design,* ao participar do diálogo, e aumentar sua habilidade de aprender com o diálogo através de sua capacidade ampliada para o *design*.

No entanto, o trabalho comunicativo do diálogo, com seu círculo virtuoso de aprendizagem, não depende apenas da habilidade do instrutor e da estudante de cumprir seus papéis, mas também de sua vontade de fazê-lo. Aqui, estão envolvidos sentimentos, bem como idéias, cada um criticamente ligado ao outro.

Dimensões Afetivas do Ensino Prático. O paradoxo de aprender a projetar carrega consigo um dilema. Para a estudante, ter que jogar-se na aprendizagem – sem saber, de fato, o que se precisa aprender – provoca sentimentos de perda. Excetuando-se casos raros, os estudantes experimentam uma perda de controle, competência e confiança. Com essas perdas, surgem sentimentos de vulnerabilidade e dependência. É fácil, em tais circunstâncias, tornar-se defensivo.

A versão do instrutor do dilema da aprendizagem opera em dois níveis. Ele deve aceitar o fato de que não pode falar a seus estudantes sobre o *design* de forma alguma que eles possam entender já no início e de que deve aceitar suas reações ao dilema em que os colocou.

Ocasionalmente, uma estudante como Johanna traz ao ateliê uma habilidade de experimentar o dilema de aprender a projetar sem tornar-se defensiva. Ela entra na visão de projeto de Quist, confiante de que sempre poderá quebrá-la depois. Mais freqüentemente, a vulnerabilidade da estudante nos estágios iniciais do ensino prático transforma-se em defensividade, e o dilema da aprendizagem pode prontamente tornar-se um impasse na aprendizagem. Assim como Northover e Judith, instrutor e estudante podem fechar-se em um ciclo de má comunicação. Seu diálogo pode levar à aprendizagem ou a um impasse na aprendizagem, dependendo da postura que um assume em relação ao outro, do universo comportamental que criam para si próprios e, especialmente, da habilidade do instrutor em estimular um relacionamento aberto à investigação. Esta é uma terceira dimensão da tarefa de instruir e, como as outras duas – lidar com problemas substantivos de *performance*, particularizar demonstrações e descrições –, está viva em todas as interações entre instrutor e estudante.

A construção de um relacionamento que conduza à aprendizagem começa com o estabelecimento implícito ou explícito de um contrato que coloca expectativas para o diálogo: O que cada um dará e receberá do outro? Do que cada um responsabilizará o outro? Essas perguntas não são respondidas de uma só vez no início (ainda que as interações iniciais possam dar o tom para as posteriores), mas são continuamente levantadas e resolvidas de novas maneiras através da vivência do ensino prático.

Não há um contrato ou relacionamento "correto" único. Contratos diferentes podem ser igualmente eficazes, dependendo de características particulares de projeto, estudante, instrutor e contexto organizacional. Por exemplo, a solicitação explícita de Quist de suspensão voluntária da desconfiança é adequada para ajudar uma estudante a aprender uma visão do *design* que ela considera, inicialmente, misteriosa. A maneira de Dani envolver Michal em um experimento comum parece particularmente adequada a uma estudante que pode claramente descrever os efeitos que ela gostaria de produzir, mas foi reprimida por suas crenças de que deve apresentar soluções escolares. O modelo de instrução escolhido por Quist explora ao máximo sua virtuosidade e fluência, mas também lhe facilita a exploração daquilo que Petra produz a partir de suas intervenções. A abordagem de Dani libera Michal do confinamento em suas idéias, encoraja-a a entrar na situação com objetivos próprios e dá início a um processo de experimentação que ela é capaz de continuar por si.

Estas e outras abordagens de instrução podem ser vistas como políticas para a tripla tarefa da instrução. Elas estabelecem estruturas gerais, dentro das quais um instrutor reflete-na-ação, tratando dos problemas substantivos de uma tarefa com caráter de *design*, moldando suas ações para a estudante que o observa e construindo um relacionamento que conduza à aprendizagem. Em sua escolha desse modelo, o instrutor, mais ou menos conscientemente, faz um experimento educacional que pode vir a ser adequado ou não às suas próprias forças ou fraquezas, às dificuldades e aos potenciais de uma estudante em particular, e a tarefa com caráter de *design* em questão.

Quando instrutor e estudante se vêem pegos em um impasse na aprendizagem – e isso pode acontecer independentemente das intenções do instrutor –, sua habilidade de escapar dele depende da habilidade do instrutor de refletir e encorajar a reflexão sobre o próprio diálogo instrução/aprendizagem. Diagnósticos tão comuns como "falta de talento", "inabilidade de compreender coisas implícitas", "falta de habilidade visual" ou "mau entrosamento" podem dizer menos sobre a inadequação de uma estudante do que sobre o fracasso de um instrutor em negociar a escada da reflexão. Contudo, a habilidade de um instrutor de encorajar a reflexão sobre um diálogo que tenha dado errado requer uma teoria em uso que minimize a proteção unilateral e coloque um valor maior na investigação do que em "vencer" – uma teoria em uso como a que Argyris e eu chamamos de Modelo II.

RESULTADOS DA APRENDIZAGEM

É sempre difícil dizer o que uma estudante finalmente aprendeu a partir da experiência de uma aula prática reflexiva. É especialmente difícil dizer, com razoável segurança, o que ela *não* aprendeu, porque a experiência do ensino prático pode criar raízes no subsolo da mente, na frase de Dewey, supondo significados sempre novos no decorrer do desenvolvimento de uma pessoa. E a aprendizagem de fundo absorvida em uma aula prática pode tornar-se evidente apenas quando a estudante entra em um novo contexto, no qual ela vê o que aprendeu à medida que detecta o quanto ela está diferente daqueles em torno dela.

Julgamentos mais imediatos do que foi aprendido tendem a ser parciais e aproximados. Não obstante, é possível descrever algumas das dimensões dos resultados da aprendizagem, como ilustrado pela experiência dos estudantes dos ateliês de projetos arquitetônicos. Cada uma das seguintes oposições identifica dois pólos de um eixo em que a aprendizagem de um estudante pode cair:

- *Vocabulário de sistema fechado/compreensão substantiva*. Uma estudante pode não ser capaz de fazer mais do que repetir palavras que tenha aprendido, conectando-as uma à outra, mas não à experiência ou à ação, ou pode adquirir uma compreensão substantiva dos processos aos quais as palavras se referem.

- *Processos unitários/entendimento holístico.* Uma estudante pode aprender a desenvolver procedimentos distintos, como Judith aprende a "inserir algumas metáforas", em ser capaz de integrá-las em um processo integral de *design*. Ou pode aprender a combinar muitos procedimentos diferentes e parciais em uma teia coerente de ações, conseqüências e implicações.
- *Estreito e superficial/ amplo e profundo.* Uma estudante pode aprender apenas a resolver problemas de um projeto específico ou aprender a vê-lo, de várias formas e em vários graus, como um exemplo para a prática futura e, no extremo, como um exemplo de forma de *design* aplicável a qualquer situação prática.
- *Superaprendizagem/representações múltiplas.* Uma estudante pode assumir a visão de *design* defendida por um instrutor como sendo a forma correta, comprometendo-se com ela com uma fé cega, "superaprendendo-a", ou pode considerá-la como uma visão, uma maneira de pensar e fazer, a ser criticamente analisada, justaposta e combinada com outras.

Em que momentos a aprendizagem de um estudante enquadra-se nessas seqüências depende de como ele entende as mensagens de uma aula prática em suas próprias apreciações e *performance*, que dependem, por sua vez, do desenvolvimento de seu diálogo com o instrutor. À medida que tal diálogo aproxima-se do ideal de reflexão-na-ação recíproca esboçado anteriormente neste capítulo, a aprendizagem da estudante tende a ser mais ampla e mais profunda, além de mais substantiva, holística e múltipla. E, até onde isso acontecerá, irá variar com as habilidades que instrutor e estudante trazem a seu diálogo: a habilidade do instrutor de adaptar demonstração e descrição às necessidades variáveis da estudante, e a capacidade inicial da estudante para a reflexão-na-ação sobre o diálogo.

Além dessas capacidades cognitivas, entretanto, muito irá depender do destino do dilema de aprendizagem da estudante. Se a defensividade inicial de uma estudante e a reação de um instrutor a ela geram um impasse na aprendizagem que permanece insolúvel, então a aprendizagem da estudante provavelmente assumirá a forma de um vocabulário de sistema fechado. Se o impasse na aprendizagem levar à dependência prolongada da estudante em relação ao instrutor, a superaprendizagem será o resultado provável. Os exemplos de Quist e Johanna e Dani e Michal sugerem maneiras muito diferentes de um diálogo de reflexão-na-ação recíproca, que conduz a uma aprendizagem mais profunda, ampla e mais holística e múltipla por parte da estudante.

Entretanto, tais relacionamentos estão baseados no pressuposto de que a aprendizagem de um estudante depende da idéia que ele constrói sobre as demonstrações e descrições de um instrutor. Outros fatores também estão envolvidos. Outros estudantes poderão, de várias formas, cumprir o papel de instrutores. Outros cenários, outras aulas práticas ou mundos da prática podem ajudar a moldar a experiência do estudante. E, mais importante, a sua auto-educação pode transcender o ensino prático: o que ele recebe poderá servir basicamente para estabelecer as condições para uma aprendizagem posterior mais próxima da independência.

IMPLICAÇÕES PARA A EDUCAÇÃO PROFISSIONAL

Este esboço de um ensino prático reflexivo, baseado nas tradições dos ateliês arquitetônicos, sugere questões e dilemas centrais à *criação* de um ensino prático para qualquer prática com caráter de *design*.

Uma aula prática, como já foi dito, é um mundo virtual. Ela busca representar as características essenciais da prática a ser aprendida, ao mesmo tempo em que capacita os estudantes para que façam experiências sem grandes riscos, variem o ritmo e foco do trabalho e repitam as ações quando lhes parecer útil. Um ensino prático poderá falhar, porque sua busca por realismo pode sobrecarregar os estudantes com limites práticos, ou (como se diz que acontece freqüentemente em ateliês arquitetônicos) porque deixa de fora um número demasiado grande de características da prática do mundo real.

Para que tenha crédito e seja legítima, uma aula prática deve passar a ser um mundo com sua própria cultura, incluindo sua linguagem, suas normas e seus rituais. De outra forma, pode ser soterrada pelas culturas acadêmicas e profissionais que a rodeiam. Porém, se ela consegue estabelecer sua própria cultura, isolada dos mundos da universidade e da prática, então pode tornar-se, no sentido pejorativo, um artifício – nas palavras de Hermann Hesse, "um jogo de contas de vidro".

Em arquitetura, alguns educadores buscam formas de introduzir ciência aplicada e postura acadêmica em um currículo dominado por tradições de ateliê. Em outras profissões, modelos dominantes de conhecimento profissional e ensino de sala de aula costumam ser hostis à criação de um ensino prático no qual uma importância muito grande é dada ao processo de aprendizagem no fazer e à instrução. Em ambos os casos, o desafio é inventar um casamento viável entre ciência aplicada e talento artístico, ensino de sala de aula e ensino prático.

A criação de um ensino prático demanda tipos de pesquisa que são novos à maioria das escolas profissionais: pesquisa sobre a reflexão-na-ação característica de profissionais competentes, especialmente em zonas indeterminadas da prática, e pesquisa sobre a instrução e a aprendizagem no fazer. Se não procederem assim, será difícil para as escolas determinar como suas concepções anteriores de conhecimento profissional e ensino estão colocadas em relação às competências que são centrais à prática e ao ensino prático. Seus esforços para criar um ensino prático reflexivo podem produzir apenas uma nova versão de um currículo dual, no qual o ensino de sala de aula e a prática não têm entre si qualquer relação possível de discernir.

Um ensino prático reflexivo provavelmente não florescerá como uma atividade secundária. A escola profissional deve dar-lhe *status* e legitimidade importantes, ou cair no dilema das "profissões secundárias" de Glazer, em que os estudantes são forçados a escolher entre "relevância" de baixo *status* ou "rigor" de alto *status*. Os instrutores devem ser professores de primeira classe, e os critérios para recrutamento, contratação, promoção e concessão de cargos devem refletir essa prioridade. Mais do que isso, o processo de instrução e as experiências de aprendizagem do ensino prático devem tornar-se centrais ao discurso intelectual da escola.

Um ensino prático reflexivo é uma experiência de alta intensidade interpessoal. O dilema da aprendizagem, a vulnerabilidade dos estudantes e os universos comportamentais criados por instrutores e estudantes influenciam criticamente os resultados pedagógicos. Tais questões são igualmente importantes na sala de aula, mas tendem a ser mascaradas por hábitos convencionais de leitura e anotações. Os instrutores em uma aula prática reflexiva são chamados mais abertamente a examinar as teorias em uso que eles trazem para a instrução, e as escolas profissionais, a criar um ambiente intelectual receptivo para tal reflexão.

Essas questões estão entre aquelas que abordarei nas Partes 3 e 4, à medida que exploramos a extensão da idéia de um ensino prático reflexivo a outros campos da prática profissional.

PARTE 3

Como Funciona o Ensino Prático Reflexivo: Exemplos e Experimentos

Os três capítulos seguintes vão além do ateliê de projetos arquitetônicos para examinar outras formas experimentais e tradicionais de educação para o talento artístico profissional: *master classes* em execução musical, supervisão psicanalítica e um seminário que Chris Argyris e eu desenvolvemos para ajudar os estudantes a aprenderem nossa abordagem sobre aconselhamento e consultoria, chamada de "teoria da ação".

Esses casos serão usados para testar a proposição de que o talento artístico em outros campos da prática profissional tem caráter de *design* e as atividades de ensino prático reflexivo em outros campos são similares, em condições de início, diálogo e dinâmica, aos ateliês de projetos. O Capítulo 8, sobre *master classes* em execução musical, outra tradição divergente de educação para a prática, é o mais próximo do ateliê. A execução musical tem um caráter de *design*, ainda que seja radicalmente diferente, em seu meios e conteúdo, do *design* arquitetônico. E os diálogos entre instrutor e estudante na *master class* e no ateliê são essencialmente similares, ainda que sejam diferentes na maneira de refletir as diferenças entre os dois tipos de prática. Os Capítulos 9 e 10, sobre a supervisão psicanalítica e os seminários de "teoria da ação", estendem a idéia de uma prática com caráter de *design* ou seu ensino prático reflexivo para profissionais de fora do campo das artes ou do *design*, no sentido estrito.

Esses três capítulos desenvolvem a idéia de um ensino prático reflexivo de diferentes formas, não apenas por causa de seus conteúdos substantivos, mas porque baseiam-se em diferentes tipos de informação. Assim como os ateliês descritos na Parte 2, o Capítulo 8 usa uma série de ilustrações sobre instrução para abordar modelos de diálogo e formas de instrução para o talento artístico. O Capítulo 9 compara ilustrações e descrições indiretas de supervisão psicanalítica, além de introduzir a idéia da sala de espelhos onde os paralelismos entre prática e ensino prático ocupam um lugar central, benéficos ou não, dependendo da habilidade do instrutor de explorá-los. E, no Capítulo 10, no qual temos acesso ao fazer e ao pensar de instrutores e estudantes durante longos períodos de tempo, examinaremos os ciclos de aprendizagem dos estudantes e as reflexões dos instrutores sobre a sua prática.

CAPÍTULO 8

UMA MASTER CLASS EM EXECUÇÃO MUSICAL

Uma apresentação musical é um tipo de *design*. É verdade que o músico tem acesso a uma partitura que dá a ele as notas e durações a serem tocadas, juntamente com indicações para as posições dos dedos, onde deve realizar *legato* e *staccato*, dinâmica, tempo e descrições expressivas como "furioso" ou "andante cantabile". Mas o executor também tem muitas possibilidades de diferenciação. Ele é livre para decidir sobre os grupos de notas e seu padrão de intensidade, qualidade de tom e "cor" e, nos amplos limites permitidos pela partitura, dinâmica, tempo e rubato. Todas essas decisões realizam-se com a manipulação física do instrumento: no piano, posição dos dedos, produção de tom e pedal; nos instrumentos de sopro, dedos, embocadura e respiração.

Estes são meios físicos através dos quais o músico entende e comunica uma peça em execução. Ele deve descobrir o significado da peça dada a ele em partitura, construir sua concepção através das decisões que toma e realizá-la pela manipulação física do instrumento. Suas decisões vivenciadas são ações que ele poderá escutar como realizações fiéis de suas intenções, erros a serem corrigidos e respostas que revelam significados surpreendentes a serem adotados, junto com suas implicações para ações futuras. De forma que o músico produz seu artefato efêmero e em desdobramento temporal.

Em uma *master class* em execução musical, um instrutor trabalha com um estudante avançado que preparou uma peça do repertório de seu instrumento. O professor tenta transmitir algo a respeito da compreensão e da comunicação na peça em questão, mas poderá também transmitir concepções aplicáveis à execução de outras peças, na verdade, à execução em geral.

Aqui, como em um ateliê de projetos, o professor enfrenta uma tripla tarefa de instrução.

Em primeiro lugar, ele deve lidar com os problemas substantivos da execução, servindo-se, para tal propósito, de muitos domínios do conhecimento, por exemplo, propriedades técnicas do instrumento, acústica do ambiente físico, características da estrutura musical, estilo de composição e detalhes da vida de um compositor que podem guardar pistas para a interpretação. Todas essas questões, juntamente com suas implicações para as decisões de quem executa, podem ser comunicadas pelo instrutor não pela análise acadêmica, mas por um tipo de análise-em-ação.

Em segundo lugar, o instrutor deve modelar suas idéias às necessidades e aos potenciais de um estudante especifico em um estágio específico de desenvolvimento. Ele deve priorizar algumas coisas e não outras, decidir sobre o que, quando e como falar, empregando, para tal propósito, o repertório completo de meios e linguagem à sua disposição. Ele pode dar conselhos ou fazer críticas verbalmente, contar histórias, levantar questões, conduzir demonstrações ou marcar a partitura do estudante.

Em terceiro lugar, ele deve fazer tudo isso dentro de um papel que escolhe cumprir e em um tipo de relacionamento que deseja estabelecer com o estudante, levando em conta os perigos sempre presentes de defensividade e vulnerabilidade.

TRÊS BREVES EXEMPLOS

Consideremos a seguinte descrição de uma *master class* em violoncelo. É assim que Bernard Greenhouse, violoncelista do Beaux Arts Trio, descreve suas primeiras lições com Pablo Casals:

> Passávamos pelo menos três horas em uma lição. A primeira hora era a execução; a próxima hora proporcionava a discussão de técnicas musicais e, na terceira hora, ele contava reminiscências sobre sua própria carreira. Durante a primeira hora, ele sentava-se a uma distância de mais ou menos um metro. Tocava uma frase e fazia-me repeti-la. E, se os movimentos do arco e dos dedos não fossem exatamente os mesmos dele e a ênfase sobre a frase não fosse a mesma, ele parava-me e dizia: "Não, não, faça assim". E foi assim que aconteceu em um número razoável de lições. Eu estava estudando a Suíte em Ré Menor, de Bach, e ele queria que eu me tornasse uma cópia absoluta. Em um certo momento, sugeri muito cautelosamente que eu seria apenas uma cópia ruim de Pablo Casals, e ele disse: "Não se preocupe com isso, porque eu já tenho 70 anos e vou partir a qualquer momento, e as pessoas não vão se lembrar de minha música, mas vão ouvir a sua". Acabou acontecendo, é claro, de ele viver até a idade madura de 97. Porém, aquele era seu estilo de ensinar. ...Ele era extremamente meticuloso sobre o fato de eu seguir todas os detalhes de sua execução. E, depois de várias semanas trabalhando naquela suíte de Bach, finalmente, nós dois pudemos sentar juntos e fazer todos os movimentos de arco e dedos e tocar todas as frases de forma semelhante. E eu, realmente tinha, me tornado uma cópia do mestre. Era como se aquela sala tivesse som estereofônico – dois violoncelos produzindo juntos (Delbanco, 1985, p. 50).

Entretanto, como esse alto grau de imitação foi adquirido, Casals fez algo surpreendente:

> E, em certo momento, quando eu havia conseguido, ele disse, "Certo, agora sente aí. Coloque seu violoncelo no chão e escute a Suíte em Ré Menor". Então, ele tocou a suite e mudou *todo* o posicionamento dos dedos, *todo* o movimento do arco e *toda* a ênfase na frase. Fiquei sentado lá, de boca aberta, ouvindo a uma execução que era celestial, absolutamente linda. Quando ele terminou, virou-se para mim com um grande sorriso na cara e disse, "Agora

você aprendeu como improvisar em Bach. De agora em diante, você estuda Bach assim" (Delbanco, 1985, p. 51).

A tarefa de imitação ao pé-da-letra havia sido, na idéia de Casals, uma preparação para "improvisação em Bach".

Com o decorrer das lições, até o ponto em que Greenhouse as descreve, Casals baseou-se na demonstração (Greenhouse não nos diz como as reminiscências de Casals ou as discussões de técnica musical podem ter estado relacionadas com a primeira hora de trabalho sobre a execução). Sentado a um metro do mestre, o estudante deveria reproduzir todos os detalhes da execução, produzindo cópias exatas dos sons do mestre por meio da imitação de todos os seus gestos e procedimentos. Então, uma vez que Greenhouse houvesse aprendido perfeitamente como construir *uma* execução, com seus posicionamentos de dedos, movimentos de arco, frases e ênfases, Casals apresentava-lhe uma execução completamente diferente, mas "absolutamente linda".

Aqui, novamente, Casals deu uma demonstração. Dessa vez, entretanto, ele não esperava que Greenhouse a reproduzisse. A segunda execução seria tomada, em justaposição com a primeira, como objeto da lição de improvisação. E o sorriso de Casals sugeria que ele havia pregado uma peça em seu aluno, como se dissesse, "Pensou que estava aprendendo a tocar como eu, não é? Mas, na verdade, você aprendeu algo bem diferente!".

Para que não haja qualquer dúvida sobre a questão, Casals *diz* a Greenhouse o que ele aprendeu: "Agora você aprendeu como improvisar em Bach!". E acrescenta que a improvisação desse tipo é o tipo preferencial de prática: "De agora em diante, você estuda Bach assim!".

Poderíamos perguntar-nos, e nem Casals nem Greenhouse nos dizem, como a esmerada imitação de uma execução e a imitação repentina de uma outra, completamente diferente, comunicam a lição de improvisação. Podemos imaginar a seguinte explicação.

A "lição" tinha duas partes. Na primeira, Greenhouse descobre, por imitação, como a execução de Casals é construída em cada frase, através de detalhes precisos de movimento do arco, posição dos dedos, fraseado e ênfase. Na segunda parte, Greenhouse vê e ouve como uma configuração de dedos, arco, fraseado e ênfase inteiramente diferente, mas com a mesma precisão, produz um alternativa igualmente bonita à primeira execução. A lição não é de que há duas maneiras corretas de tocar a peça, mas que há tantas quantas o músico poderá produzir e inventar, cada uma a ser realizada, frase a frase, através de uma coordenação precisa de meios técnicos e efeitos musicais a serem obtidos com uma meticulosa experimentação. Casals abriu as possibilidades que ele pretende que Greenhouse explore, de agora em diante, através de sua própria reflexão-na-ação.

Em um sentido mais profundo, a lição como um todo consiste em demonstração e imitação. Nesse sentido, porém, a imitação que Casals espera de seu aluno é de uma ordem diferente, já que Greenhouse só pode reproduzir apropriadamente a demonstração como um todo se criar suas próprias execuções. E, com uma sensação de paradoxo – este é talvez o significado mais profundo da peça pregada por Casals –, ele *manda* que o estudante o faça. Tudo isso me faz lembrar da história de um rabino hassídico cujos seguidores o repreenderam porque ele não seguia o exemplo de seu ilustre pai. "Eu sou exatamente como meu pai", ele respondeu, "ele não imitava, e eu não imito".

Voltemo-nos agora para um tipo diferente de instrução e aprendizagem. Alguns verões atrás, tive a oportunidade de assistir a uma famosa professora de violino trabalhar com um grupo de jovens músicos excelentes. Cada aluno apresentou uma peça que havia preparado, enquanto a professora, que eu chamarei de Rosemary, ficava sentada, impassível, escutando. Após cada estudante tocar, às vezes por até 20 minutos, Rosemary começava dizendo algo do tipo "Foi maravilhoso, querido". Em seguida, contudo, suas respostas eram destinadas ao estudante que estava na sua frente. Às vezes, ela falava sobre afinação (ela tinha um diapasão eletrônico para esses casos). Às vezes, concentrava-se em detalhes de posição dos dedos e movimento do arco. Uma vez, no caso de um estudante alemão que costumava inclinar-se para o lado, ela falou sobre postura. A única vez em que ela falou sobre questões especificamente musicais foi para uma jovem chilena que havia escolhido não um exercício experimental, mas o primeiro movimento de uma sonata de Brahms, que ela tocara com grande musicalidade. Rosemary pediu que ela identificasse seus temas principais. A aluna obedeceu, tocando primeiro um, depois outro e depois mais um outro. Para Rosemary, o terceiro pareceu ser uma variação do primeiro. Ela perguntou à aluna se não havia algo "em trânsito". Ela encontrou, tocou e concordou que era, de fato, um terceiro tema.

Rosemary perguntou-lhe como ela descreveria as qualidades daqueles temas. A estudante pensou por um momento e, então, sugeriu, que o primeiro era vivaz, o segundo era tempestuoso e o terceiro, reflexivo. Rosemary disse:

Suponhamos que quiséssemos acentuar a vivacidade do primeiro. O que faríamos?

Rosemary colocou a cabeça entre as mãos, pensando sobre o problema. Então:

Há uma batida forte que vai para uma pausa. Talvez você pudesse realmente *saltar* dessa e cair na próxima – ta-*dum*!

A estudante tentou, produziu o efeito e gostou. Então:

E a terceira, como você a faria realmente reflexiva?

A estudante parecia desorientada. Depois de um tempo, ela tentou um posicionamento de dedos e um movimento de arco que deram uma execução muito suave à figura. Rosemary disse, "É, dá para fazer isso. Ou você poderia também restringir o arco", e gesticulou, representando o que queria dizer. A estudante experimentou aquilo. É, isso também daria.

Qual deles você acha que vai usar?

A estudante parecia normalmente desorientada:

Não sei, vou ter que pensar.

Rosemary sentou-se, nitidamente satisfeita.

Assim como Dani, o instrutor do ateliê de arquitetura que perguntou à sua aluna Michal, "Como você quer que a escola de campo seja?", Rosemary perguntou à sua aluna, "Como você gostaria que estes temas soassem?". Em ambos os casos, os instrutores tornaram legítimo para as estudantes a possibilidade de gostarem ou não de algo e, em ambos, eles convidaram-nas para refletir sobre as qualidades de que gostavam ou não. Então, essas descrições foram tomadas como materiais de um problema: Como produzir o que se queria? Instrutor e estudante ficaram lado a lado, de frente para o mesmo problema. O instrutor sugeriu maneiras de produzir as qualidades pretendidas, convidando a estudante para juntar-se a ele em um processo de experimentação, ensinando, através da demonstração, a idéia de prática como experimento. E o relacionamento construído não era de executor e crítico, mas de parceiros em uma investigação.

Um compositor e professor de piano falou-me de um exercício que, às vezes, ele pede que seus alunos façam, um tipo de experimentação semelhante, em alguns aspectos, à de Rosemary, mas diferente em outros:

> É uma coisa pequena e sensível... mostro a eles a partitura de um estudo de Chopin. Em seguida, peço que anotem a intensidade de cada conjunto de sóis agudos e digo: "Classifiquem-nos de 1 a 5. Não me perguntem se a intensidade refere-se a volume, textura ou função central da nota. Apenas façam!". Eles fazem. Alguns dão intensidades diferentes para cada sol, outros, a mesma para todos. Então peço-lhes que toquem a peça e prestem atenção às intensidades que realmente dão àquelas notas. Naturalmente, as intensidades que eles tocam quase nunca são as que haviam escrito. Quero que eles confrontem suas anotações com as descrições realmente construídas em sua execução. Quero que escutem "o que já sabem". Aí eu lhes pergunto: "O que você acha do que fez?". É claro, o exercício funciona apenas quando duas condições são cumpridas: os alunos realmente sabem bastante, como revelado em sua execução, e sabem apenas parcialmente, ou incorretamente, descrever o que sabem. Quero ajudá-los a fazer uma descrição que os capacite a tomar consciência do que já sabem e, então, criticá-lo, contrastando-o com outras descrições possíveis.

Assim como Rosemary, o compositor convida seus alunos para fazerem considerações sobre o que gostam. Porém, o julgamento de "gostar" é realizado em um contexto diferente. Pede-se aos estudantes que digam se gostaram do que fizeram e comparem-no com as idéias implícitas em suas anotações anteriores. Pede-se a eles que reflitam sobre suas descrições, bem como sobre suas execuções, e comparem-nas uma com a outra. No exercício "pequeno e sensível", os estudantes são ajudados, como nos exemplos de Casals e Rosemary, a conscientizarem-se de novas possibilidades, mas, ao mesmo tempo, das escolhas implícitas que eles já sabem como fazer.

Em cada um desses três exemplos, um instrutor ajuda um estudante a conscientizar-se das diferenças em efeitos musicais e métodos de produção que fornecem um espaço para experimentação. Há *esta* maneira de tocar a suíte para violoncelo de Bach, com todos os seus posicionamentos de dedos, movimentos de arco e ênfases coordenados e, então, há *esta* outra maneira. Há esta maneira de intensificar a qualidade do que você quer que esse tema tenha e há, também, esta outra maneira. Há este padrão de intensidade construído sobre sua classificação de sóis agudos no estudo de Chopin e há este outro padrão de intensidades produzido em sua execução e há, finalmente, o padrão de que você gosta, uma vez que esteja consciente das possibilidades.

Em cada exemplo, o estudante aprende a expandir sua atenção para incluir efeitos musicais diferentes, possíveis de serem adquiridos através de diferentes meios técnicos, e aprende a considerar, avaliar e escolher as alternativas possíveis de ação. Ele ou ela experimenta a prática no modo de experimentação, no qual cada experimento revela uma nova conexão entre meios técnicos e resultado musical. O estudante é convidado, mais cedo ou mais tarde, para prestar atenção a suas próprias preferências e a tomá-las não como autoridade externa, mas como um critério pelo qual regular suas ações. E em cada um desses três exemplos, ainda que de formas muito diferentes, o instrutor abre métodos e materiais possíveis para a experimentação.

Esses exemplos representam variações de uma forma de lidar com a tripla tarefa da instrução: estabelecer e resolver os problemas substantivos da execução, moldando a descrição e a demonstração às necessidades particulares do estudante e criando um relacionamento que conduza à aprendizagem.

UMA *MASTER CLASS* EM PIANO

No caso que agora descreverei mais completamente, o mestre é um pianista mundialmente famoso a quem chamarei de Franz, e o estudante, um garoto israelense que chamarei de Amnon. Amnon, com 16 anos de idade à época da lição, era um dos vários estudantes reunidos no Jerusalem Music Center para *master classes* com Franz.

Eu não estava presente na lição, mas observei uma gravação dela em vídeo, durante uma oficina sobre a *master class* em música da qual participei com outras pessoas, músicos, psicólogos, teóricos de música. Seus comentários e as discussões que tivemos ajudaram-me a chegar à seguinte descrição da lição.

Franz e Amnon sentaram lado a lado, cada um em seu piano. À sua frente, sem que pudéssemos vê-los quando assistíamos à fita, estão o operador de câmera e, ao lado, uma pequena platéia, que inclui a mãe de Amnon e seu professor. Nessas condições, Franz já deu várias *master classes*, cada uma para um estudante diferente, tocando uma peça diferente. Amnon deveria tocar a *Fantasia do Viajante*, de Schubert, Opus 15, uma peça para piano cujo segundo movimento baseia-se em uma frase da canção de Schubert *O Viajante*, uma adaptação musical de um poema de Von Luhbeck (Schubert, 1822).

No piano de Franz há uma cópia da partitura; no de Amnon, não há nada. Entretanto, mesmo sem uma partitura, Amnon parece ser capaz de começar em qualquer ponto da peça e tocar de memória.

A lição começa com a execução de Amnon nos dois primeiros movimentos. Ele toca fluentemente, com um ar triunfante, de uma maneira bonita, mas que também é, pelo menos em comparação com a maneira que tocará mais tarde, na mesma lição, um pouco monótona, indiferente, não muito emocionante ou interessante. Franz observa e escuta, os olhos ora fixos nas mãos de Amnon, ora na partitura. O rosto de Franz tem uma aparência de meia-idade, sábia.

Quando Amnon termina, há um aplauso entusiástico. Franz aplaude rapidamente e faz uma transição cuidadosa para o assunto em questão:

> Muito bom, lindo! Gostaria de ouvi-lo continuar, mas não se pode ter tudo. Então, se fôssemos discutir sua execução um pouco... é muito, muito boa... Minha principal crítica, eu diria, é que me parece um pouco suave demais...

E, então, talvez como reação à decepção no rosto de Amnon:

> Suave demais, acredite ou não, para esta peça. Meio igual, você está fazendo-a um pouco unificada demais. A mesma coisa sobre alto e baixo. Pode ser, sabe como é, esta peça, uma espécie de expressão de desespero.

Ele usa "desespero" com uma ênfase particularmente teatral. Então, começa falar sobre a música.

> Você conhece a história de *O Viajante* e a música *O Viajante*. Essa busca desesperada pela felicidade que está em algum outro lugar, sabe como é. As últimas linhas de *O Viajante* dizem "Lá, onde você não está, lá está sua felicidade, onde você não está".

E, rapidamente, aproveitando o clímax que se cria enquanto fala:

É claro que não é necessário tocar a peça inteira assim, mas uma parte dela tem aquele... desespero tremendamente infinito! Você a faz um pouco monótona demais. Eu sei, você está provavelmente com receio de produzir sons feios e lembre-se da última peça (tocada na *master class*) quando dissemos, "Não importa o quanto ela fique dramática, mantenha-a bonita". Nesta peça, a coisa é um pouco diferente. Se você exagerar com seu som de vez em quando, não se preocupe. É aquele tipo de peça, especialmente no último movimento, que ainda não tocamos, mas você pode deixar acontecer... e já no início.

E, com isso, ele começa a tocar os primeiros compassos:

Sua interpretação dessa passagem transmite, realmente, uma mensagem de desespero. Os dois primeiros compassos são bastante contidos. O ritmo repetido mantém a melodia no mesmo lugar, acumulando uma energia que finalmente explode em 16 notas e leva até um acorde final.

Este é o primeiro tema da fantasia. Franz irá concentrar-se nela por um longo tempo, considerando ora um aspecto dela, ora outro. Então, ele mudará para um *subito piano*,

no qual Schubert interrompe a frase, como se voltasse, para então continuá-la e rolar para uma conclusão que termina a exposição do primeiro tema. A seguir, haverá uma seção em desenvolvimento,

que leva a um segundo tema:

Franz não faz referências explícitas ao que os analistas musicais chamariam de "estrutura" da peça. Ele não usa termos como *primeiro tema, desenvolvimento, segundo tema*. Contudo, em sua seleção das partes da partitura às quais ele presta especial atenção, concentrando-se sempre nos problemas de execução, ressalta a estrutura através da análise-na-ação.

Quando Franz completou os primeiros compassos, ele parou para fazer comentários sobre o que havia feito.

> Não é lindíssimo, o que eu fiz, não é lindíssimo, mas eu não acho que tenha que ser. Você faz de um jeito meio triunfante (toca um pouco, "triunfante-mente"). Não é triunfante. É desesperado, sabe o que eu quero dizer.

Amnon pergunta, agora, "Posso tentar?", e Franz responde, "É claro". Amnon toca os mesmos compassos, enquanto Franz canta para acompanhar:

♩ ♫ ♩ ♫ ♩ ... ♫ ♩ ♩
Yam-ba-ba-bum   ba-ba-bum   ba-ba-bum bum

Então:

É isso, muito bom. Muito melhor. Porém, ao mesmo tempo, *fraseie*!

E ele toca as duas primeiras frases de novo, cantando:

Ya-ramp-pa-pa   ya-ta-ta ramp-pa-pa   ra-pa-pum-pum!

Amnon continua na segunda frase agora, e Franz ainda está cantando com ele:

Espere! Espere! Não venha tão rápido!

Então, Franz toca novamente:

...pum-pum

Sua pausa ("Três, quatro"), conecta as duas frases da resposta:

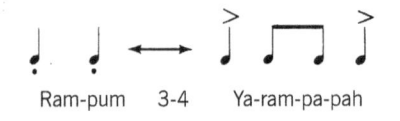

Ram-pum   3-4   Ya-ram-pa-pah

Suas mão hesitam nas teclas. Nesse "três, quatro!", ele faz um gesto envolvente que articula a pausa, descendo vagarosamente pelas teclas, "pre-enchendo" o silêncio entre as duas frases da resposta. Apesar do silêncio, as duas frases conectam-se. Quando Amnon as repete, sua pausa, de alguma forma, não consegue estabelecer tal conexão.

Franz não se demora nesse ponto, mas traz a atenção para outro aspecto dos primeiros compassos:

> Escute, não exagere em fazer o que eu disse. Eu disse que não precisa ser bonito... a propósito (para a audiência) espero que todos vocês relativizem isso. Não quero dizer que deveria ser desequilibrado. Nunca, deveria ser:

Ram-pum – três quatro! – um ...

...pum-pum

Na primeira vez que toca, ele demonstra desequilíbrio de ênfase nas notas mais altas e mais baixas dos acordes. Não precisa ser "bonito", mas deve ser "equilibrado". E agora ele fala o que quer dizer com equilíbrio e como, tecnicamente, alcançá-lo:

Deveria estar ainda em cima e menos polegar.

Isto é, o dedo mínimo da mão direita, na parte de cima do acorde, deveria bater em sua tecla com mais força, e o polegar, na parte de baixo do acorde, deveria bater na tecla mais suavemente.

As mesmas regras que estivemos discutindo o tempo todo aplicam-se às de equilíbrio de som. Tudo o que eu queria dizer era não toque suavemente. Mas o mesmo equilíbrio.

Franz toca os acordes mais uma vez e escuta, enquanto Amnon os toca.

É isso aí!

E, então, ele continua tocando os próximos compassos:

Ram-pa-pa-pah   ta-ramp-pa-pa-pum.

Veja bem, sempre dizemos, não importa se uma coisa está muito alta, *pianissimo, mezzo forte, fortissimo,* o fraseado é sempre o mesmo, seja – (alto)

Tim-ta-ta-tim   da-da-ta-ta-tim

Ou (suave)

Wam-da-pa-pi   da-dam-da-da-di

Franz está ilustrando e tentando esclarecer o que ele quer dizer com fraseado. Quer as figuras sejam tocadas alto, quer sejam tocadas suave, deve-se entender e comunicar a estrutura que é a base da frase, como as notas são agrupadas, como elas têm uma direção em seu movimento, no sentido de um objetivo, como elas estão moldadas.

Assim, em seu tratamento dos primeiros compassos da peça, Franz começou a criticar a interpretação de Amnon: está suave demais, homogêneo, unificado, a mesma coisa quando está alto ou suave, deve ser "desesperado". Sua primeira execução, "não é lindíssima", mas demonstra "desespero". Entretanto quando Amnon imita a interpretação de Franz desses primeiros compassos, Franz muda sua atenção para outro aspecto da execução. Ele insiste em que Amnon também "fraseie". E indica, através de uma variedade de meios e métodos, o que isso significa. Primeiro, toca os compassos mais uma vez. Também canta enquanto toca, como em

yla-ramp-pa-pa   ya-ta-ta   ramp-pa-pa   ra-pa-pum-<u>pum</u>!

As sílabas que Franz canta estão agrupadas em conjuntos, com um número diferente de batidas em cada uma, exemplificando os agrupamentos e níveis de agrupamentos na frase, como é mostrado acima. Mais tarde, quando Franz quer mostrar o que quer dizer com "manter a frase constante enquanto varia a dinâmica" ("se uma coisa está muito alta, *pianissimo, mezzo forte, fortissimo...*"), ele usa sílabas diferentes ("Tim-ta-ta-tim" *versus* "Wam-da-pa-pi"), para mostrar as mudanças de caráter, enquanto o fraseado continua o mesmo. Ele também usa gestos combinados com tocar a música e cantá-la para indicar a direção de uma figura musical, o impulso no último "*pum*", que também *continua*, como é mostrado por seu gesto. Com esta combinação de tocar, cantar e gesticular, Franz, na verdade, constrói o *design* da frase.

Então, à medida que Amnon tenta reproduzir o que Franz fez, este o corrige e muda a atenção mais uma vez, porque Amnon deveria ter "esperado" entre as duas primeiras frases, como Franz demonstra agora ao contar, tocar e gesticular para fazer com que a pausa pareça um respiro que, ao mesmo tempo, separa e conecta as duas frases. Finalmente, em uma última mudança de atenção, Franz corrige a "superimitação" que Amnon faz do som que "não é lindíssimo". O acorde final da frase ainda deve ser "equilibrado". Franz toca os acordes, cita as regras de equilíbrio de som e dá uma instrução específica sobre a produção do som equilibrado: "mais em cima e menos polegar".

Dessa forma, em seu tratamento dessas primeiras duas frases da peça, em torno de seis compassos, ao todo, Franz executou quatro mudanças de atenção. Ele começa com a qualidade sensitiva do desespero, voltando-se então para o fraseado, ordem métrica, para a tão importante pausa e, finalmente, o equilíbrio de som. Em cada caso, sua resposta improvisada à interpretação de Amnon vai além do contéudo manifesto da partitura de Schubert para seus significados mais avançados. Por meio da descrição qualitativa, da instrução técnica e da demonstração, ele mostra a Amnon como fazer mais a partir do que está lá.

Partindo das duas frases que anunciam o tema, Franz continua até os próximos compassos, que vão construindo-se firmemente, até chegar a um clímax, interrompido, entretanto, por um *piano tremolo*,

durante o qual Franz exclama,

Um fantástico...(*subito piano*)!

Franz toca o *subito piano* novamente e, então, novamente, enfatiza a mudança repentina para o suave *piano tremolo*. Ele toca mais uma vez, cantando, como se acompanhasse:

Adoro isso!

Amnon toca a passagem, fazendo o contraste súbito que Franz havia feito, e ele exclama:

Isso!

No entanto, à medida que Amnon continua, Franz interrompe:

Não, não toque mais rápido, mais rápido não.

Não há necessidade de tocar mais rápido, porque neste momento Schubert passa de uma seqüência de 16 notas a 8 notas que levam inexoravelmente a um clímax, uma progressão que não deve ser apressada. Franz toca a passagem novamente, cantando:

Ta-ta-ta-ta-ta-ta-ta-tum-<u>tum</u>!

Mais alto, o último!

E, conforme o faz, Franz estica os dois últimos acordes. Amnon o toca, enquanto Franz diz, de forma seca:

Sem pena, sem pena!

E, então, quando Amnon toca mais uma vez:

É isso!

Nesse momento, Amnon faz uma pergunta, a primeira que é possível de escutar na fita:

Amnon: Talvez eu queira ouvir forte e aí quero imediatamente *piano*...
Franz: Imediatamente *piano*.
Amnon: Então, o que eu posso fazer, já que o pedal...?

E ele toca mais uma vez a passagem, mostrando de que forma o som deste *forte* sangra para o *subito piano*. E Franz diz:

Dependendo da acústica. Esta sala é um excelente lugar para isso, de modo que...

E toca o *subito piano* de novo, várias vezes.

É assim, como tudo na vida, algo tem que ser dado, algo você tem que sacrificar. Em uma acústica viva, com um pouco de eco, se você quiser um *piano* imediato e não quiser esperar ou, ainda, se você quiser aquilo em um *piano* imediato, tem que escolher entre ter o som completamente limpo, tendo que esperar, ou não esperar, e não ter o som completamente limpo. Não se pode ter os dois. Não há truque no pedal ou qualquer coisa que lhe faça ter os dois. Ou você tem um pouco de projeção ou espera. E isso é você que tem que decidir.

Diferentemente do "Espere!" de antes, que marcou uma respiração entre as primeiras duas frases da peça, este "Espere!" marca uma quebra limpa entre o *forte* e o *piano tremolo*.

Franz toca o *subito* mais duas vezes, cantando:

Ra-pa-pi   Ra-pa-pi

Ele parece estar escutando a si próprio, como se perguntasse, "Qual desses eu faço?". Então:

É claro que eu sei qual *eu* gostaria!

Amnon toca, esperando momentaneamente pelo *piano tremolo*.

Franz: Isso, exatamente.

Amnon continua a tocar os próximos compassos, mas Franz o interrompe imediatamente:

Sem acentuar, sem acentuar!

Ele toca os compassos, demonstrando sua progressão deliberada, sem acentuar, e Amnon repete-os:

Ra-pa-pa-pa-pa-pa-pa-pa-<u>pim</u>

Franz: É isso!

Ele continua até a próxima frase,

e, ao tocá-la, ele diz:

Faça a coisa toda como um eco.

Esses compassos, *pianissimo*, são o eco da primeira frase que Schubert havia introduzido *fortissimo*.

Amnon toca esses compassos, enquanto Franz acompanha:

Tenha coragem, tenha coragem, nada, nada, é claro, é claro! Agora...

Ele continua tocando:

Nós discutimos isso ontem, isso é técnica, técnica. Ser capaz de tocar essas sete notas *pianissimo* e exatamente juntas.

E, enquanto Amnon as toca:

Isso, isso. Isso é tão difícil e tão importante de ser praticado como...(toca arpejos) Sabe como é, sempre pensamos que a técnica é apenas, na maioria, oitavas e escalas rápidas e saltos. Ela é tudo!

Amnon toca mais uma vez a passagem, enquanto Franz canta (usando as mesmas sílabas que havia usado antes para descrever o primeiro tema *pianissimo*):

Ya-wa-pa-pim   wa-pa-pim

Posteriormente, quando Amnon continua até o "próximo ponto", Franz mais uma vez exige que ele "fraseie!":

Cantabile, fortissimo, mas *cantabile.*

Vários compassos adiante, Franz retorna mais uma vez à idéia de constância no fraseado:

Porém, não se esqueça do que dissemos antes, sempre o mesmo fraseado, seja alto, seja suave, seja no fundo ou venha à tona, no fundo de um buraquinho ou no topo... Veja, não é suficiente trazer a melodia, você tem que trazê-la fraseadamente.

Com isso, ele retorna ao segundo tema da peça:

Agora temos um pouco do que tínhamos em uma sonata em Lá maior, como duas coisas acontecendo. Música sentimental em cima...

A-na-na-na-na-na-ti-di-di...

Mais uma vez, ele começa com o *caráter* do tema ("música sentimental", aqui, da mesma forma que o primeiro tema havia sido "desesperado") e continua a mostrar como intensificá-lo. Primeiramente, ele toca o tema, inclinando sua cabeça no início do ritmo da mão esquerda contra a música sentimental da mão direita, "por cima". Então, ele muda, depois de Amnon tentar, para os meios técnicos de produção (como havia feito com o "equilíbrio de som"):

Mais mão direita, perto das teclas – mais acima, mais acima.

Finalmente, ele volta-se para a intensificação do "sentimentalismo":

Não está sentimental o suficiente, quer dizer, sentimental no bom sentido, cheio de sentimento...

Ya-ramp-pam-pi   yum-pum-ra-da-di

E, continuando,

Di-ra-di-di

Ele toca a passagem completa, acrescentando, como se ouvisse sua própria execução novamente:

Mesmo se aparecer um pequeno *rubato*, não se preocupe.

Agora, como no primeiro tema, Franz começa a analisar o musical, não por meio da análise teórico-musical, mas por uma análise-em-ação que mostra a Amnon como produzir e intensificar a estrutura essencial do tema. Ao tocar a passagem novamente, por exemplo, ele canta,

Venha para o Lá...

indicando a direção e o objetivo da frase. E acrescenta:

Isso, e mão esquerda, um pouco mais disso...

Yam-pa-di-di   di-da-di-da-di-di

Mais uma vez, ele faz um sinal com a cabeça para a esquerda, para indicar a resposta da mão esquerda à música sentimental da direita:

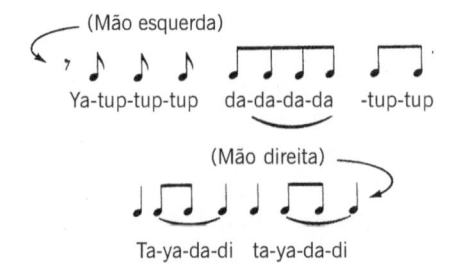

(Mão esquerda)
Ya-tup-tup-tup   da-da-da-da   -tup-tup

(Mão direita)
Ta-ya-da-di   ta-ya-da-di

E, em uma frase, ele soma o caráter da figura da mão direita:

Como se fosse uma outra pessoa tocando.

Enquanto Amnon continua, Franz muda para o problema técnico de produzir a música sentimental da mão direita.

Mantenha-o *legato* em cima. Ponha o dedo, você tem que pôr o dedo... Apenas pôr o dedo não é suficiente. Você tem que pôr o dedo e tocar *legato*.

Ou seja, você deve tocar as oitavas da mão direita de forma a dar uma sensação de um som leve, *legato*, e também usar o quarto e o quinto dedos da mão direita para ajudar a conectar as notas uma à outra. O efeito musical deve ser, como coloca Franz:

Seco não, nem um pouco seco.

Como que para ilustrar essas palavras, ele toca a melodia de uma outra peça de Schubert, a *Serenata*:

Da-da-da-dim da-da-da-da-dim da-dim da-da-da-da-dim

Então, sem comentar sobre a semelhança sutil das duas melodias, ele oferece uma observação geral sobre a música de Schubert:

A coisa mais difícil em Schubert é manter o equilíbrio, manter-se em movimento e, mesmo assim, conseguir isso de forma prazerosa...

Amnon vai para o próximo ponto transitório da *Fantasia*,

e Franz pede:

Cor, agora, cor, cor.

Aqui, Amnon pára para fazer uma pergunta, ininteligível na fita e, em resposta, Franz diz:

Bem, o que gosto de pensar é que a chuva está começando. Sabe, na chuva de Schubert, a gente se molha. É assim. Vemos isso mais uma vez no segundo movimento, mas aqui já é uma amostra. E não faça isso sem "ta-ka-ta-ka-ta" (tocando).

Quando Amnon toca a mesma passagem, Franz observa:

Está um pouco preso – eu toco um pouco mais, uh, arrítmico. Coloque um pouco daquele balanço!

E, então, quando Amnon toca novamente:

É isso, certo, certo, absolutamente – e não esqueça, esta é a harmonia nova. Um pedal novo, porque é a nova harmonia. Estava muito suave, antes, quando você tocou.

Agora, algo novo começa. Enquanto Amnon toca, Franz diz:

[partitura musical]

Somente agora... somente agora que se torna uma tempestade – é, exatamente.

Mais tarde, Franz pára para fazer uma pergunta a Amnon:

Franz: Você acha difícil?
Amnon: Não é bem o meu jeito.
Franz: Também não é o meu. Você tem que... eu achava difícil aquele ponto. Vai ficar mais fácil com a idade.

Posteriormente, quando Amnon toca uma nova passagem, Franz comenta sobre seu caráter:

Aqui eu sugeriria, porque é aquele tipo de tonalidade, fazer cheio e vitorioso. É, ter uma mudança.

Finalmente, quando Amnon toca os últimos compassos do movimento, Franz o previne:

Sim, ainda alto, a tempestade ainda está lá, não acalmou, ainda está lá. Você pode fazê-lo?

Ele toca a passagem, Amnon a repete e Franz diz:

Não, *subito, subito*.

Ele toca, para mostrar o que quer dizer,

[partitura musical]

e comenta:

Um *vibrato* entre eles, um toque de pedal, finalize com o polegar e escorregue – um pouco de pedal nisso.

O QUE ACONTECE NA LIÇÃO

Na instrução de Franz, as três partes da tarefa estão distribuídas de forma equilibrada. Na lição como um todo, e em cada um de seus componentes locais, Franz interliga o *design* da execução, a resposta a dificuldades particulares do aluno e a contribuição para um relacionamento que conduza à aprendizagem.

Design da Execução. A abordagem de Franz à tarefa substantiva de executar a *Fantasia* torna-se inicialmente evidente em sua crítica global à execução de Amnon. Ele contrasta a execução "suave demais... leve... unificada" de Amnon com sua própria imagem da "busca *desesperada* do Viajante, da felicidade que está em *outro* lugar". Na seqüência, todas as intervenções de Franz servem para elaborar sua crítica inicial e implementar seu programa de correções. Ele começa concebendo o problema da execução em termos da imagem do Viajante que vai de um lugar para outro, contrastando estados de clima, meteorológico e pessoal, indo sempre adiante para o próximo lugar, levado pelo que pode estar lá, lá onde ele não está. Franz desenvolve essa imagem em termos de lugares no piano e lugares na peça, à medida que o músico movimenta-se através de tonalidades diferentes e contrastantes, idéias temáticas e zonas de caráter musical contrastante. As intervenções de Franz seguem a jornada do Viajante, de sua figura inicial desesperada até o *subito*, o resumo do clima "sem pena", a música sentimental do segundo tema pontuada pelo comentário irônico da mão esquerda, os inícios da tempestade, a "grande surpresa" da tempestade, sua permanência e sua conclusão final com *vibrato*. Em cada estágio da jornada, Franz está preocupado, em primeiro lugar, em apreciar o caráter *daquele ponto*, em contraste com seus arredores, e então produzir uma intensificação de suas qualidades musicais distintivas. Porém, sua preocupação com os movimentos do Viajante/músico através de lugares de caráter musical contrastante encontra-se em tensão com sua ênfase no equilíbrio de som e na constância do fraseado. Por meio de variações na qualidade de som e na dinâmica, o equilíbrio de som deve ser mantido. E de variações em tempo, dinâmica, harmonia e caráter, a estrutura das frases deve ser preservada.

Franz usa suas referências de enredo, qualidades musicais, operações técnicas e contextos associados para descrever e tornar operacional uma imagem da *Fantasia* de Schubert claramente definida e bem-estabelecida. Ele sabe, não apenas em termos gerais, mas também em detalhes concretos, como quer que a peça soe. A execução que tem em mente é uma cujo *design* ele já produziu. No contexto dessa lição, no entanto, Franz reflete sobre ela e a recria para o benefício de Amnon.

Particularizando a Descrição e a Demonstração. Franz ajuda Amnon a produzir efeitos musicais contrastantes enquanto preserva equilíbrio de som e constância no fraseado, improvisando respostas imediatas a efeitos particulares que encontra na execução de Amnon. Ele inventa seu plano global de lição para contra-atacar a leveza e a suavidade da primeira execução de Amnon como um todo. Então, em cada contexto local, ele responde às tentativas de imitação de Amnon com descrições e demonstrações adaptadas às suas dificuldades (como Franz as percebe). Nesse tratamento dos primeiros compassos, como já vimos, ele muda o foco de sua atenção quatro vezes, respondendo, em cada caso, aos problemas da imitação recém-completada de Amnon. Ele inventa instruções para ajudá-lo a adquirir o efeito *legato* do segundo tema. E, em um exemplo claro de experimentação conjunta, no *subito piano*, ele diz a Amnon a escolha que deve fazer e estrutura um experimento para ajudá-lo a fazê-la. Em todas essas instâncias, Franz reflete-em-ação sobre os pontos fracos que ele encontra na execução de Amnon, deixando seus pontos fortes intocados ou meramente apreciados. Um estudante diferente, com um quadro diferente de pontos fortes e fracos, poderia ter provocado respostas muito diferentes.

Conforme conduz Amnon através da *Fantasia*, ele serve-se de um repertório extraordinariamente variado de meios e linguagem, utilizando-o em cada nova passagem, tanto para abrir novas possibilidades para a execução como para adequar suas descrições às dificuldades particulares reveladas pela interpretação de Amnon.

A linguagem de execução *falada/tocada* de Franz é muito similar à linguagem do *design* desenhada/falada de Quist. Às vezes, Franz fala enquanto ele mesmo toca – "Tenha coragem, tenha coragem", ao tocar uma passagem *pianissimo* durante o desenvolvimento, ou "Adoro isso!", enquanto toca o *subito piano*. Às vezes, ele fala ou canta enquanto Amnon toca, como em "Isso, lindo", "Venha para o Lá", "Isso, e mão esquerda, um pouco mais disso". Ele movimenta-se tão suavemente do ponto em que fala em sua própria interpretação ao que fala na de Amnon, que fica difícil dizer, apenas a partir da fita, o que está acontecendo. Poderíamos dizer que sua fala de acompanhamento descreve seletivamente aspectos de sua interpretação, ou, ao contrário, que sua interpretação vivencia sua fala.

Muito da fala de Franz, falada ou cantada, consiste em sílabas cujos sons, seqüência e estrutura de ênfase comunicam qualidades musicais. Desse modo, Franz apresenta os primeiros compassos da peça:

Ya-ramp-pa-pa   ya-ta-ta   ramp-pa-pa   ra-pa-pum-<u>pum!</u>

Aqui, cada nova combinação de sílabas marca um agrupamento de notas que constitui uma frase. Os agrupamentos de sílabas superam os limites métricos, marcando as figuras musicais. E, dentro dos agrupamentos, cada sílaba denota uma função particular, nem sempre em uma correspondência uma a uma com as notas. O primeiro "Ya" é um tipo de mensagem para "ramp", a primeira batida forte. No segundo "ramp-pa-pa", "ramp" corresponde às primeiras duas das 16 notas que levam à quarta nota acentuada ("pa"). Sílabas destacadas indicam a estrutura de ênfase dos grupos de notas, como em:

ra-pa-pum-<u>pum!</u>

E tipos diferentes de sílabas evocam versões qualitativamente diferentes da mesma figura musical. Assim, a figura denotada abaixo por "ya-ta-ta" mais tarde se torna

wa-pa-pim   wa-pa-pim

quando tocada *pianissimo, staccato* e exatamente constante. E a passagem no segundo tema, "duas coisas acontecendo", é

A-na-na-na-na-na-ti-di-di

Ela tem o mesmo ritmo do primeiro tema, mas as sílabas diferentes transmitem seu caráter diferente e sentimental.

Além de sua linguagem tocada/falada, Franz também faz livre uso do gesto. Em sua interpretação dos primeiros compassos, por exemplo, ele toca e canta:

Ya-ramp-pa-pa   ya-ta-ta ramp-pa-pa   ra-pa-pum-pum!

Ele leva sua mão direita bem para a direita até o *pum*, para mostrar a figura movendo-se adiante, para o que vem depois. Então, suspende ambas as mãos e deixa que elas caiam lentamente nas teclas, de forma a medir a respiração ("Três, quatro!") entre a primeira e a segunda frases.

As intervenções de Franz são execuções multimídia, nas quais ele coordena tocar, gesticular, falar e cantar (sílabas ou palavras) para comunicar características musicais de passagens específicas e concretizar termos abstratos, como *fraseado*. Nessas execuções, ele emprega vários níveis e tipos de descrição, dependendo dos aspectos de seu *design* geral que venham a salientar-se para ele no momento.

Franz usa uma linguagem sensível para descrever o que quer do caráter de uma passagem em particular, por exemplo, "Seco não, nem um pouco seco" ou "*fortissimo*, mas *cantabile*". Ele chama o *subito piano* de "fantástico" e exclama, "Adoro isso!", enquanto o toca. Quando a peça começa novamente, desenrolando-se para um clímax, ele proclama, "Sem pena, sem pena!". Os primeiros compassos devem ser "desesperados, desesperados", não "triunfantes", mas no final do movimento há uma passagem que deveria ser "cheia... vitoriosa... ter uma mudança". O segundo tema deveria ser tocado de um forma que fosse "sentimental no bom sentido, cheia de sentimento".

Franz também transmite efeitos musicais desejados através de referências à qualidade de tom ("Agora cor, cor"), tempo ("Não muito rápido!"), dinâmica ("Ainda muito alto... nada, nada") e instrumentação (em uma passagem que não citei, em que ele fala de escolher ou trazer à tona a qualidade de tom de "violino" ou "viola").

Entretanto, quando diz a Amnon como produzir qualidades particulares de som, ele refere-se principalmente às mãos e às suas ações no teclado:

- "Ainda em cima e menos polegar", para tocar acordes "equilibrados" (movimentos rápidos para "as notas mais altas, tocadas pelo dedo mínimo, mais volume e as notas mais baixas, tocadas pelo polegar, mais suaves").
- O "espere" antes do *subito piano*, para adquirir uma parada "completamente limpa".
- Os acordes *pianissimo* de sete notas, que devem ser tocados "exatamente juntos".
- As passagens de oitava, nas quais Amnon deve "colocar os dedos e tocar *legato*".
- A música sentimental do segundo tema, que deve ser tocada com "mais mão direita, perto das teclas".

Franz não faz referência explícita à estrutura das frases ou à estrutura musical da peça como um todo, como faria um teórico musical. Contudo, por suas escolhas dos momentos nos quais concentra atenção, suas formas de ligar meios técnicos com qualidades de som, estilo ou caráter, ele revela o esqueleto da estrutura através de uma análise-em-ação que se concentra exclusivamente nas questões da execução. Assim, suas sílabas vocalizadas, sua interpretação e seus gestos indicam os agrupamentos, a direção e as estruturas de ênfase das frases. Quando se trata de marcar as transições na estrutura como um todo, Franz recomenda uma mudança de pedal (porque há "uma nova harmonia") ou um "som cheio e vitorioso" (porque há uma mudança de tonalidade). Seu tratamento extenso do *subito piano* de Schubert ressalta a interrupção e a extensão de Schubert do movimento à frente da passagem. Franz nunca introduz o termo *segundo tema*, mas marca o tema com imagens evocativas como "música sentimental" ou "uma outra pessoa tocando" e alusões a contextos de fora da peça, como a Sonata em Lá maior de Schubert ou o universo da música de Schubert. E, na parte de desenvolvimento tumultuado que segue a música sentimental, as melodias que Franz exige que Amnon "traga fraseadamente" são variações sobre o primeiro e o segundo temas. Ainda que Franz nunca mencione "temas e variações" ou "desenvolvimento", se assim quisermos, ele sinaliza a ambos através de sua atenção seletiva às características da execução.

Franz descreve a estrutura da peça ainda de uma outra maneira, referindo-se a seu enredo. Há o início da chuva, "a chuva de Schubert", na qual "nos molhamos", e a tempestade que permanece, evoluindo em *vibrato* até um fechamento. Sobretudo, há a história da peça como um todo: o Viajante, com sua busca desesperada de felicidade que está "em outro lugar, você sabe... lá, onde você não está".

Franz manipula esses vários níveis e tipos de descrição para comunicar a Amnon um tipo específico de processo de *design* para a execução da peça. No padrão dominante de seu discurso, começa declarando o caráter musical que ele quer que a passagem tenha, o "desespero" da primeira aparição do primeiro tema, o eco de sua segunda aparição e, então, diz a Amnon como produzir a qualidade desejada, moldando suas instruções e demonstrações aos defeitos específicos que acabara de descobrir na interpretação de Amnon.

O fim da lição é, nesse aspecto, como foi o seu começo. Franz faz alusão ao "vibrato" da tempestade aquietando-se e, então diz a Amnon como produzi-lo:

> Um toque de pedal, finalize com o polegar e escorregue – um pouco de pedal nisso.

Construindo um Relacionamento. Os vários participantes da oficina expressaram avaliações muito diferentes do impacto da instrução de Franz e da qualidade de seu relacionamento com Amnon.

Eles concordaram que os dois músicos iniciaram com opiniões extremamente diferentes sobre a peça. Os participantes também compartilhavam de uma simpatia pela vulnerabilidade de Amnon, no momento em que ele cumpria o papel do aluno em uma lição pública que parecia ter tanto a ver com um espetáculo comercial quanto com educação. Mesmo assim, formaram visões e sensações muito contrastantes sobre o processo que estavam observando.

Muitos observadores consideraram a diferença entre Amnon e Franz como impossível de ser solucionada. Um deles, um estudante de desenvolvimento artístico, viu em Amnon "um jovem orgulhoso, parecendo com... um jovem guerreiro" e em Franz "um velho sábio, conhecedor, com toda a *Weltschmerz* que acompanha". Franz, pensou, estava "tentando transformar o jovem guerreiro nele mesmo", e ele "sentia pena do jovem guerreiro por pedirem que ele abrisse mão de seu material de guerreiro em função do mundo descompromissado e sensível do velho. Porém, como é que o garoto pode fazê-lo?".

Outros também viram Amnon sendo frustrado por Franz e irremediavelmente distante dele. Eles não aprovavam a instrução de Franz, porque ela parecia basear-se no simples princípio de "Siga-me!". Para esses observadores, Franz parecia não ter qualquer interesse em entender a concepção de Amnon sobre a peça ou em ajudá-lo a desenvolvê-la. Ao contrário, parecia estar insistindo em que *ele* tinha a única interpretação certa, a qual Amnon deveria "seguir".

Outros – quer dizer, alguns, mas não todos, dos músicos presentes à oficina e eu – viram Franz e Amnon engajados em um diálogo de crescente intimidade e eficácia e ficaram impressionados com sua reciprocidade. Em nossa visão, Franz respondia continuamente aos esforços de Amnon, ainda que à luz de sua própria imagem predileta de execução. Franz parecia-nos ter concebido o problema da execução em resposta à sua apreciação e crítica da interpretação de Amnon, e ficamos impressionados com a plasticidade das respostas de Amnon, à medida que ele procurava reproduzir, em sua interpretação, aquilo que Franz havia descrito e demonstrado há pouco. Mais importante de tudo, talvez, ouvimos a interpretação de Amnon mudar, no decorrer da lição, de uma execução que, ainda que fluente, consistente e triunfante, era um pouco vazia para uma outra, muito mais diferenciada, interessante, coerente e vívida.

O "siga-me" de Franz não nos incomodava, independentemente do quanto reconheçamos seu padrão de demonstração e imitação, porque entendemos que a lição era sobre algo além da execução da peça em questão. Para nós, Franz demonstrava e descrevia uma forma particular de *design* coerente da execução *desta* peça para comunicar a Amnon como seria produzir o *design* de uma execução coerente de outras peças, tentando, através dessa experiência bem-sucedida, ajudar Amnon a construir sua capacidade posterior para o *design*.

CONCLUSÃO

Como essas ilustrações de instrução e aprendizagem em *master classes* musicais podem ser comparadas com nossas observações do ateliê de projetos arquitetônicos? O que elas nos dizem, em termos mais gerais, sobre a criação e a condução de um ensino prático reflexivo?

Elas confirmam nosso argumento do *design*, ainda que com importantes diferenças. Elas revelam o caráter de *design* da execução musical e a forte semelhança que as *master classes* em execução musical têm com os ateliês arquitetônicos. Porém, as *master classes* também diferem dos ateliês nos meios e nos conteúdos das duas práticas.

Produzindo o Design *da Execução, Produzindo a Execução do* Design. Quando os estudantes são iniciados no talento artístico da execução musical, eles aprendem um tipo particular de processo de *design*. Simplificando, aprendem a ajustar meios técnicos a efeitos musicais desejados. No caso do compositor cujo exercício "pequeno e sensível" eu descrevi no início deste capítulo, os estudantes são ajudados a distinguir os efeitos que eles *dizem* que produzem daqueles que eles realmente produzem na execução, como se disséssemos, "aprenda o que você já sabe fazer, para que possa escolher o que irá querer fazer". Em três de nossas ilustrações (Casals, Rosemary e Franz) encontramos instrutores tentando ajudar estudantes a aprenderem a "improvisar" sobre uma partitura musical. Através de métodos bastante diferentes, eles buscavam comunicar a idéia de que não há uma única forma correta de tocar uma peça, mas muitas formas corretas, cada uma delas precisando ser trabalhada tanto em sua estrutura global como nos detalhes mais concretos de sua produção. Em todos os casos, eles tentavam ajudar o estudante a visualizar e a produzir efeitos musicais locais. O caso de Franz, especialmente, ilustrou um processo análogo à experimentação de Quist, em que ele reapresentava a concepção do problema: o significado global imposto à partitura de uma peça completa e, a partir daí, elaborada em suas implicações para as qualidades musicais e os meios apropriados a cada passagem local.

Assim como no ateliê de projetos arquitetônicos, os estudantes aprendem fazendo, com a ajuda da instrução. Eles preparam e tocam uma peça ou uma parte dela, o instrutor escuta e depois responde com críticas, perguntas, conselhos e demonstrações; e instrutor e estudante engajam-se em um diálogo de discurso verbal e execução musical. Nessas ilustrações, por termos muito pouca informação sobre os pensamentos e os sentimentos do estudante, não há base para decidirmos se o paradoxo e o dilema da aprendizagem de *design* são tão permeáveis no ensino prático musical como no arquitetônico.

Diferenças crucialmente importantes nas práticas de execução musical e de *design* arquitetônico aparecem nos diálogos entre instrutor e estudante, mas as semelhanças também são evidentes.

Os conteúdos e os meios completamente diferentes das duas práticas refletem-se em domínios de discurso muito diferentes dos quais os instrutores se servem e nas linguagem com as quais eles conduzem os diálogos, a linguagem desenhada/falada do projeto e a linguagem tocada/falada da execução musical. Nos dois casos, entretanto, os instrutores empregam uma linguagem de meios múltiplos para descrição e demonstração e analisam a prática em termos de ações cujas conseqüências e implicações perpassam domínios diferentes.

Músicos trabalham a partir de uma partitura. É impressionante, contudo, o grau de liberdade que um músico tem ao explorar e testar formas alternativas de construir o *design* de uma execução. Na verdade, muito da instrução em nossas *master classes* parece dirigido a abrir possibilidades para interpretação que os estudantes ainda não tenham imaginado. E, em arquitetura, o local e o programa dados, bem como os precedentes e o protótipo nos quais os *designers* irão basear-se, cumprem algumas das funções da partitura musical. Em nenhum dos casos há liberdade ilimitada ou um grau de limite que demande "uma única forma correta".

Nossos exemplos de *master classes* musicais diferem dos ateliês na intimidade com a qual o instrutor e o estudante *apresentam suas execuções* um para o outro. Nos diálogos dos ateliês arquitetônicos que citamos, estudante e instrutor discutem um *design* que o estudante produziu por conta própria. Apenas o instrutor produz seu *design* de imediato, fazendo um esboço para mostrar de que forma ficará o *design* real. À luz de suas reações a esse encontro, o estudante voltará a trabalhar por conta própria. Nas *master classes*, ao contrário, Greenhouse, Amnon e a aluna chilena de Rosemary respondem às intervenções de seus instrutores desempenhando suas execuções na ação presente. O jogo entre instrutor e estudante tem caráter direto e imediato, tanto que Rosemary tem condições de dizer, naquele exato momento, o que sua aluna faz com o segundo tema da sonata de Brahms, e Franz e Amnon podem passar rapidamente através de ciclos interativos de demonstração e imitação.

Essa diferença de "imediatismo recíproco" talvez possa ser atribuída diretamente ao meio diferente que é empregado: em geral, é mais demorado executar uma fase do *design* arquitetônico do que executar uma passagem musical. Todavia, parte da diferença parece ser devida aos hábitos tradicionais do ensino prático. Estudantes de arquitetura poderão ser encorajados (e às vezes o são) a executar alguma parte de uma tarefa de *design* na presença do instrutor e, depois de uma *master class*, estudantes de música geralmente retornam à privacidade de suas próprias salas de prática para continuar a refazer o *design* de suas *execuções* de uma peça.

Essas observações sobre as características distintivas da educação para a execução musical levantam uma questão mais geral sobre a idéia de um ensino prático reflexivo: a execução é limitada ao que geralmente chamamos de "artes de execução", ou ela é também central a outros – talvez todos – tipos de prática profissional?

Nossa resposta obviamente dependerá do sentido de "execução" que temos em mente. Nem toda prática profissional consiste em execução pública, na frente de uma platéia, ainda que muitas consistam. Precisamos considerar apenas a aparição de um advogado de julgamento diante de um juiz e um júri, a atuação de um professor em uma sala de aula, as falas públicas de um administrador a seus empregados ou clientes, as apresentações de um planejador urbano, os grandes momentos de um médico. Em campos como esses, um número razoável de profissionais especializa-se no *design* e na apresentação de execuções públicas especializadas e até falam sobre si mesmos, em momentos descontraídos, em termos de execução. Entretanto, para muitos outros membros dessas profissões e para a maioria das práticas em campos como engenharia, odontologia, enfermagem e psicoterapia, a execução pública ocupa um lugar menos importante no mapa da prática.

Se, no entanto, usarmos *execução* como a execução de qualquer *processo* em que estejam envolvidas habilidades, seja ele público ou privado, então ficará claro que todas as práticas profissionais envolvem execução. Contudo, na maioria das vezes, não utilizamos execução nesse sentido, nem a distinguimos da aquisição de resultados profissionais desejados. Tendemos a avaliar os profissionais por seus resultados, em alguns casos, por seus produtos tangíveis. Tendemos a chamar os advogados de bons, por exemplo, quando eles vencem os casos, protegem os clientes de riscos legais, ou escrevem acordos que passam no teste do tempo. Tendemos a chamar os arquitetos de bons quando eles fazem bons prédios, os médicos, quando eles produzem diagnósticos precisos ou tratamentos efetivos. Tomamos a execução naquele sentido mais amplo apenas quando assumimos uma visão mais desprendida e estática da prática, admirando o elegante trabalho de detetive de uma médica, por exemplo, ou a habilidade de um administrador de chegar imediatamente ao coração de um problema organizacional. Porém, uma médica que faz regularmente diagnósticos precisos ou um advogado que regularmente vence casos têm uma forma característica de passar pelo processo de diagnóstico ou pelo processo judicial. É nessas execuçãos profissionais que reside seu conhecimento-em-ação específico.

O *design* arquitetônico e a execução musical podem servir como modelos para duas formas diferentes de ver a prática. Ao mesmo tempo em que temos a tendência de pensar na arquitetura em termos de seus produtos (desenhos, plantas, prédios), avaliamos os músicos em termos de seus processos (deixando de lado o fato de que estes são, às vezes, capturados em discos ou fitas). No entanto, como já observamos, um músico como Franz constrói o *design* de sua execução, e um *designer* arquitetônico como Quist, uma *execução* do processo que resulta em seu *design*.

Como também já vimos, é precisamente no contexto de aprender o talento artístico da prática que esses relacionamentos entre o *design* e a execução tornam-se crucialmente importantes. Quist apresenta sua execução para Petra porque quer que ela veja como passar pelo tipo particular de processo de *design* que proporciona um *layout* global de prédios no local. Ele quer que ela aprenda não apenas a reconhecer um bom *design* ao vê-lo, mas também a reconhecer e apresentar uma boa maneira de produzir um *design*, e sua aula com ela trata muito do processo de *design* envolvido na própria produção de um *design*. Franz, ao contrário, tenta ajudar Amnon a melhorar sua execução da *Fantasia* de Schubert, ajudando-o a entender de que forma tal execução é construída. É, mostrando-lhe o que pode estar envolvido na Fantasia de Schubert, ele também abre questões e processos cruciais para o *design* de qualquer peça de Schubert ou, em certos aspectos fundamentais, toda e qualquer peça.

É útil justapor práticas que tendemos a ver principalmente como produtos àquelas que tendemos a ver principalmente como processos, de forma a podermos ver a execução mais facilmente nas primeiras e os produtos nas segundas. Isso ocorre porque se, em um ensino prático reflexivo, é importante ver o profissional como um produtor de objetos, é igualmente importante vê-lo como um executor de uma execução cujo conhecimento-em-ação inclui, como um elemento essencial, a capacidade de construir o *design* de sua execução.

Modelos de Instrução. Algumas das situações descritas neste capítulo são muito similares àquelas dos diálogos de ateliê apresentadas na Parte 2. O diálogo entre Rosemary e sua aluna chilena deveria ser levado em conta juntamente com o diálogo entre Dani e Michal; e a *master class* de Franz com Amnon, juntamente com Quist e Petra. As duas comparações sugerem modelos de instrução que transcendem os estilos de instrutores particulares e ultrapassam as divisões comuns entre campos da prática.

Cada um dos dois modelos a serem examinados – "experimentação conjunta" e "Siga-me" – é uma forma diferente de preencher a tripla tarefa de instrução. Cada um deles é apropriado a diferentes contextos e demanda competências diferentes do instrutor e do estudante.

Assim como Dani, Rosemary convida sua aluna para escolher as qualidades musicais que gostaria de ouvir nos temas do primeiro movimento da sonata de Brahms. Rosemary deixa a escolha dos efeitos musicais desejados para a aluna, mas junta-se a ela em um experimento destinado a intensificar tais efeitos. Como Dani, Rosemary é uma relativista, quando se trata de efeitos, e uma objetivista, quando o assunto é meios.

À medida que a estudante chilena vai tentando formas diferentes de produzir a serenidade do segundo tema, por exemplo, Rosemary ajuda-a a ver que ela pode julgar seus resultados pela evidência de seus próprios sentidos; ela não precisa depender da opinião de quem quer que seja ou da autoridade do instrutor.

É crucial, para o modelo de instrução de Rosemary, bem como para o de Dani, que a estudante imagine mais de uma forma de produzir as qualidades que deseja. Implicitamente, Rosemary comunica a idéia de que a técnica não é uma questão de seguir regras, mas de experimentar e avaliar métodos alternativos de produção. Assim, quando ela instrui dessa maneira (e é importante lembrarmo-nos de que ela também instrui outros estudantes de outras maneiras), em primeiro lugar, ajuda a estudante a identificar diferentes temas cujas qualidades são importantes; então, pergunta-lhes que qualidades ela escuta neles, gesticula (exatamente como Dani havia esboçado) formas diferentes de intensificar essas qualidades e, finalmente, pede à estudante que decida sobre o método que prefere.

Nesse processo, Rosemary demonstra uma maneira de decompor o todo da execução em problemas unitários, cada um deles podendo ser resolvido através de experimento. Ela trata o *design* de uma execução como uma série de experimentos na produção de efeitos musicais desejados, assim como Dani havia feito com as qualidades de unidade com a natureza, o encorajamento da interação social e a estimulação dos sentidos de Michal.

Rosemary e Dani particularizam sua abordagem da tarefa da execução concentrando-se nas intenções e nas dificuldades *desta* estudante, dando-lhe, em seguida, a liberdade de escolher a opção que prefere. E, do ponto de vista do relacionamento, eles forjam uma aliança com a estudante, dizendo-lhe:

> Aqui está o problema que *você* escolheu. Vamos colocá-lo lá e ver, juntos, de que forma ele pode ser resolvido.

Eles assumem uma posição próxima à da estudante, sentando-se com ela, lado a lado, diante do problema comum.

Para que a experimentação conjunta seja apropriada e factível, várias condições devem estar presentes. Deve haver uma maneira de dividir a tarefa geral em problemas instrumentais administráveis. A estudante deve ser capaz de dizer que efeitos gostaria de produzir, deve saber o que quer. E, finalmente, o instrutor deve querer manter objetivos de instrução, dentro dos limites do modelo. A experimentação conjunta pode ser usada para ajudar uma estudante a ver que é livre para estabelecer seus próprios objetivos. Ela pode abrir muitas formas de atingir um efeito desejado, introduzir a idéia de construir o *design* de uma execução através de uma série de experimentos locais e ajudar uma estudante a refinar suas percepções das qualidades de seus resultados. Contudo, a experimentação conjunta não é apropriada quando um instrutor deseja comunicar uma maneira de trabalhar, ou uma concepção de execução, que vá além de qualquer coisa que a estudante seja capaz de descrever no momento.

"Siga-me" presta-se exatamente para tais circunstâncias. Seu padrão dominante é a demonstração e a imitação, sua mensagem é "faça como eu estou fazendo", quer ela seja comunicada explicitamente, como Casals, ou implicitamente, como Franz e Quist. O convite à imitação é, além disso, um convite ao experimento, já que para "seguir" a estudante deve construir, em sua própria execução, o que ela considera as características essenciais da demonstração do instrutor.

Tanto no ateliê como na *master class*, vimos variações de Siga-me! As ações de Casals demonstram diretamente sua maneira de tocar a suíte de Bach. Ele espera que Greenhouse siga-o nos mínimos detalhes. Quist, primeiramente, pergunta a Petra quais os problemas que ela já encontrou e só então demonstra uma maneira de proceder, na qual a concepção de seus problemas é reapresentada e eles são resolvidos. Franz começa com uma crítica geral da interpretação de Amnon; apresenta, em contraste, sua própria imagem da execução e continua a demonstrar, em cada passagem, a forma pela qual a nova imagem pode ser compreendida.

Há diferenças na maneira como cada instrutor adapta sua instrução ao estudante que tem diante de si. Casals, pelo que podemos entender com a história de Greenhouse (e há evidência independente de outros ex-alunos), ensinava *genericamente* através da demonstração e da imitação. Ele parece não ter feito qualquer esforço para levar em conta a individualidade de Greenhouse. Franz, contudo, respondeu continuamente aos pontos fortes e fracos específicos das tentativas de imitação de Amnon, movimentando-se reciprocamente entre ciclos de demonstração, imitação e crítica. Quist tomou o problema específico de Petra como o ponto de partida para sua demonstração, mas, uma vez tendo-se lançado a ela, fez muito pouco para provocar ou responder às dificuldades particulares de Petra.

Na questão da construção de relacionamento, Quist, Franz e Casals presumem basicamente que é sua tarefa mostrar o caminho, e a tarefa do aluno, segui-los. Apesar desse pressuposto básico comum, seus estilos são diferentes. Em sua demanda direta por uma imitação ao pé-da-letra, Casals parece peremptório e inflexível. Franz parece mais afetivo e mais íntimo em sua interação com Amnon do que Quist com Petra.

Franz e Quist parecem sentir, de vez em quando, o perigo de provocar as defesas de seus alunos e tentam aliviar o impacto. Franz faz sua primeira crítica à interpretação de Amnon de forma bastante suave:

> Muito bom, lindo! Gostaria de ouvi-lo continuar, mas não se pode ter tudo. Então, se fôssemos discutir sua execução um pouco... é muito, muito boa... Minha principal crítica, eu diria, é que me parece um pouco suave demais – suave demais, acredite ou não, para esta peça.

E Quist termina seu diálogo com Petra, dizendo:

> Continue, você vai conseguir.

Essas táticas suavizantes e compensadoras são compreensíveis (sejam elas eficazes ou não), dado que Siga-me! tem um potencial especial para desencadear as defesas do estudante. Siga-me! demanda que o instrutor critique a execução do estudante, mais do que juntar-se a ele em uma tarefa colaborativa de solucionar problemas, e é necessário evocar quaisquer vulnerabilidades e ambivalências especiais que o estudante possa sentir durante o ato de imitação deliberada.

Apesar de tudo, Siga-me! é fundamental para um ensino prático reflexivo. Sua necessidade baseia-se no paradoxo de aprender a desempenhar uma tarefa com caráter de *design*. Às vezes, especialmente nas primeiras etapas do ensino prático, a estudante terá de seguir seu instrutor, mesmo quando não estiver muito segura (na verdade, exatamente por isso) do que ela descobrirá seguindo-o. Mesmo a experimentação conjunta é, em um certo sentido, uma versão de Siga-me!, já que Rosemary e Dani realmente demonstram, e esperam que suas alunas imitem, uma maneira nova e crucialmente importante de desenvolver sua prática e de realizar suas execuções.

Capítulo 9

Aprendendo o Talento Artístico da Prática Psicanalítica

O *design* é, como já vimos, uma atividade essencialmente construtiva. Um *designer* dá coerência a uma situação mais ou menos indeterminada, testando sua concepção através de uma teia de ações, conseqüências e implicações. Às vezes, ele apreende as conseqüências de suas ações na forma de uma resposta que pede uma nova etapa de experimentação. Ele desenvolve uma conversação reflexiva com materiais que lembram a história de Edmund Carpenter sobre o escultor esquimó esculpindo um osso de rena e, ao final, exclamando, "Ah, foca!".

É, na verdade, um passo bem pequeno, desde o processo de *design* de Quist até o *design* de Franz de uma execução musical. Levando-se em conta as diferenças significativas entre os dois tipos de meio e linguagem, podemos prontamente ver o *design* de Quist da geometria dos prédios em um local e o *design* de Franz de uma execução da *Fantasia* de Schubert como exemplos de experimentação sobre a concepção que pertencem à mesma família.

É um passo muito maior – na verdade, um salto – ver pessoas que exercem profissões que não são artes propriamente ditas como *designers*. Para que vejamos a advocacia, a administração, o ensino ou a medicina clínica como experimentação – às vezes, como conversação reflexiva com os materiais da situação – devemos adotar um ponto de vista construcionista sobre a situação.

O que torna isso difícil, ou estranho, é que tendemos a pensar que os artistas criam coisas e que quem exerce outras profissões lida com as coisas como elas são. De acordo com a visão objetivista de competência profissional como especialização técnica, os profissionais especializados têm modelos precisos de seus objetos especiais e técnicas poderosas para sua manipulação, de forma a atingir finalidades sancionadas profissionalmente. Contudo, a visão construcionista de uma profissão leva-nos a ver seus profissionais como detentores de uma visão de mundo cujos apetrechos os fazem vislumbrar a coerência e as ferramentas com as quais impor suas imagens em situações de suas práticas. Um profissional é, nesta visão, assim como o artista, um construtor de coisas.

Com a mudança de uma visão da prática objetivista para uma construcionista, termos criticamente importantes como *verdade* e *efetividade* tornam-se problemáticos. Ainda podemos falar sobre enunciados verdadeiros e ações efetivas, mas somente dentro de uma *concepção*, da mesma forma como podemos falar operacionalmente sobre a verdade e a efetividade dos experimentos locais realizados por Franz e Quist. Contudo, ao pensarmos em verdade e efetividade *através* de concepções, as coisas tornam-se muito mais difíceis.

Quando representantes de profissões diferentes assumem visões conflitantes de uma mesma situação, como em nosso exemplo de desnutrição (Capítulo 1), é pouco provável que resolvam sua disputa fazendo referência a fatos ou julgamentos da eficácia relativa das ações. Com suas diferentes maneiras de conceber a situação, eles tendem a prestar atenção a conjuntos diferentes de fatos, ver "os mesmos fatos" de formas diferentes e fazer julgamentos de eficácia baseados em tipos diferentes de critérios. No entanto, se quiserem chegar a um acordo, eles devem tentar penetrar cada um no ponto de vista do outro. Eles devem tentar descobrir quais modelos e sistemas apreciativos fazem que cada um concentre-se preferencialmente em um grupo de fatos ou critérios, explicite para si próprio as estratégias cognitivas tácitas e descubra como entende a concepção do outro acerca da situação. Sua habilidade de chegar a um acordo substantivo dependerá de sua capacidade de *refletir sobre concepções*.

Visões conflitantes sustentadas por representantes de diferentes escolas de pensamento dentro de uma profissão também tendem a basear-se em conflitos de concepção impossíveis de serem resolvidos, exceto através da reflexão sobre as concepções, como nas disputas entre profissionais e pessoas leigas.

Em uma aula prática reflexiva, estudante e instrutor estão, inicialmente, em um estado de conflito de concepções. A confusão e o mistério reinam, e os significados sustentados por instrutor e estudante tendem a ser incongruentes. A linguagem do instrutor refere-se a coisas e relações em um tipo particular de universo, familiar a ele, mas ainda estranho ao estudante. Como o estudante ainda não experimentou aquele universo e não pode experimentar até que aprenda a construí-lo, as coisas e as relações daquele universo ainda não são *dele*.

Todavia, o conflito de concepções entre estudante e instrutor é diferente de outros tipos, no sentido de que os dois vêm juntos com a intenção manifesta de resolver seu conflito. Espera-se que os estudantes tentem entrar na visão de mundo do instrutor e que este os ajude a fazê-lo. Assim, seu diálogo pode ser visto como uma reflexão sobre a concepção – no sentido unidirecional, pelo menos, e recíproco, quando o instrutor e estudante tentam fazê-la.

Neste capítulo, darei um salto do *design* arquitetônico e nas artes para o *design* em outros tipos de prática profissional. Descreverei, como tendo um caráter de *design*, um tipo de prática que geralmente não consideramos como uma profissão de *design* nem como uma das belas artes e tratarei sua forma tradicional de educação como um ensino prático reflexivo, na qual a reflexão sobre as concepções cumpre um papel crucial.

A psicanálise é, do ponto de vista dessas idéias, uma profissão excepcionalmente interessante.

Em primeiro lugar, ela é uma prática, um ramo da medicina, um gênero específico de psicoterapia. Contudo, também é uma teoria geral da psicologia, psicopatologia e desenvolvimento humanos. Quando estudamos como uma pessoa aprende a tornar-se um psicanalista, estudamos como ela aprende a prática à luz dessa teoria geral.

Em segundo lugar, é de comum acordo que a prática da psicanálise envolve um núcleo de talento artístico. Como já disse Erik Erikson, cada paciente deve ser visto como um "universo único". O analista só pode aprender a entender o padrão único de experiência de um paciente aprendendo a escutar de uma forma especial, "com atenção suspensa", os pensamentos e os sentimentos livremente verbalizados do paciente (Erikson, 1959). Ele deve aprender a tratar esse relacionamento em evolução com seu paciente como um campo de experiência e experimentação no qual o paciente recria a dinâmica básica dos mais importantes relacionamentos com outros e aprende, com a ajuda do analista, a descobri-los.

As tradições da educação para a psicanálise refletem tanto sua base teórica como seu talento artístico. Os estudantes vêm para a psicanálise, geralmente na residência, depois de quatro anos de faculdade de medicina e um ou mais de estágio. Espera-se que eles sejam instruídos em teoria da psicanálise. Sendo sua capacidade de refletir sobre suas próprias motivações inconscientes considerada essencial para a eficácia terapêutica, eles mesmo devem passar pela psicanálise. E espera-se que aprendam o talento artístico da prática psicanalítica, praticando sob a supervisão de um analista experiente.

O campo da psicanálise tem sido tomado, por algum tempo, pela controvérsia de sua epistemologia da prática, uma controvérsia entre aqueles que conceberiam a psicanálise em termos objetivistas, com sua própria forma de racionalidade técnica, e aqueles que assumem uma visão explicitamente construcionista dela. A controvérsia tem implicações importantes para o treinamento em psicanálise.

Os objetivistas, que querem colocar a psicanálise firmemente dentro da medicina, baseiam-se em teorias sobre doença, etiologias, histórias clínicas, diagnósticos e cura. Seus oponentes negam que a psicanálise seja um ramo da medicina e vêem-na, ao invés disso, como uma arte propedêutica ou terapêutica cujas pretensões de validez e efetividade são *sui generis*. Um proponente notável dessa visão é Donald P. Spence, cujo *Narrative Truth and Historical Truth* (1982) apresenta uma visão construcionista e com caráter de *design* da prática psicanalítica.

Finalmente, a psicanálise é de especial interesse porque compartilha com outras práticas – ensino, administração e serviço social, por exemplo – um forte componente interpessoal. Em função da prática de um psicanalista consistir em interações com outras pessoas, um ensino prático psicanalítico tem paralelos com sua prática. Não se pode evitar uma sala de espelhos em que os estudantes leiam mensagens sobre uma prática psicanalítica no comportamento de um supervisor, quer ele pretenda ou não transmiti-las, e supervisores leiam, no comportamento de seus estudantes, mensagens sobre a forma de fazer terapia desses estudantes. A efetividade da supervisão psicanalítica depende significativamente do grau no qual o estudante e o instrutor reconhecem e exploram tais reflexos, de forma a conduzir sua aula prática reflexiva nesse sentido adicional.

Começarei este capítulo contrastando a visão construcionista de Spence sobre a psicanálise com o ensaio tradicionalmente freudiano e de orientação médica de Erik Erikson sobre evidência e inferência. Então, retornarei aos exemplos de supervisão psicanalítica que progridem com a escada da reflexão, culminando com um caso que revela como, no contexto especial da sala de espelhos, um estudante e um instrutor podem movimentar-se de um conflito de concepções para a reflexão sobre as concepções.

AS VISÕES CONSTRUCIONISTA E OBJETIVISTA DA PSICANÁLISE

Consideremos estas duas descrições do processo psicanalítico:

(O clínico) pode basear-se na capacidade do paciente de produzir, durante uma série de encontros terapêuticos, uma seqüência de temas, pensamentos e afetos (livremente associados) que buscam sua concordância própria... Essa tendência básica sintetizante no próprio material clínico... permite ao clínico observar com atenção livre... e esperar, mais cedo ou mais tarde, uma confluência da busca do paciente por esclarecimento curativo com sua própria tentativa de reconhecer significado e relevância (Erikson, 1959, p. 86).

Atenção livre, então, poderia ser caracterizada como uma escuta construtiva a serviço da compreensão. Essa compreensão é compartilhada entre analista e paciente; interpretações inconscientes que facilitam uma escuta inicial do analista levam a interpretações que fornecem continuidade ao paciente... (Atenção livre) não é o decodificador automático da livre associação... Uma interpretação (vista como um produto artístico) adquire seu efeito através de algo que é análogo à bem conhecida suspensão da descrença (Spence, 1982, p. 279-280, 281, 289).

As duas passagens representam duas visões muito diferentes de saber implícitas no trabalho clínico de um analista. Na primeira, o analista é um investigador clínico que se empenha através da subjetividade disciplinada em atingir a verdade objetiva; na segunda, um artista não apenas na maneira ou no tempo certo, mas na própria substância da interpretação e da intervenção.

Não é coincidência que as duas passagens tenham sido escritas com uma distância de mais ou menos 25 anos. O livro *Nature of Clinical Evidence in Psychoanalysis*, de Erikson, foi publicado em 1959; *Narrative Truth and Historical Truth*, de Donald Spence, em 1982. Suas visões diferentes refletem um movimento muito mais amplo do pensamento do século XX do objetivismo para o construcionismo.

Na visão objetivista, a verdade das crenças pode ser testada em sua conformidade com a realidade, independentemente da maneira de qualquer pessoa vê-la; desacordos sobre a verdade empírica podem ser resolvidos, pelo menos em princípio, com referência nos fatos e podem provar-se as ações como sendo objetivamente efetivas ou não-efetivas. Na visão construcionista, as percepções e as crenças estão enraizadas em mundos construídos por nós mesmos, que aceitamos como realidade. Aquele que conhece está, nas palavras de John Dewey, em transação com aquilo que é conhecido, ele é, de forma relativamente literal, um construtor das coisas que sabe; e noções familiares como crença verdadeira, ação efetiva e conhecimento comunicável e generalizável tornam-se todas problemáticas (Dewey e Bentley, 1949). Como uma parábola do movimento que leva do objetivismo ao construcionismo, gosto da história de Karl Weick (1979) dos três árbitros de beisebol: "Chamo eles do jeito que eles *é!*"; o segundo, "Chamo eles do jeito que eu *vê* eles!", e o terceiro, "Não tem nada lá enquanto eu não chamar eles!".

A racionalidade técnica, uma epistemologia objetivista da prática, está na base do surgimento da universidade moderna, voltada para a pesquisa, no final do século XIX e no início do século XX. A prática era vista como a solução instrumental de problemas, profissional quando baseada em conhecimento sistemático, de preferência científico. E, de acordo com a barganha das profissões com as universidades, as escolas de ensino superior forneceram um conhecimento baseado em pesquisa a escolas inferiores das profissões. O talento artístico não era mais do que um estilo, enxertado na substância do conhecimento profissional.

Na visão construcionista, a intuição do profissional para os materiais, os julgamentos imediatos e as improvisações – as formas de sua reflexão-na-ação – são essenciais para a competência profissional. As artes, os ofícios e as profissões com caráter de *design* são paradigmáticas do talento artístico profissional. Na verdade, quando desaparece o objetivismo, a ciência, a arte e a prática parecem estar em barcos epistemológicos similares, se não idênticos.

Erikson, que escreveu esse ensaio quando a racionalidade técnica ainda estava em ascensão, trata a investigação psicanalítica dentro da estrutura da medicina clínica e faz um grande esforço para mostrar de que forma a subjetividade na psicanálise pode ser disciplinada para adquirir conhecimento objetivo. Spence, que escreve durante o florescimento do movimento construcionista, apresenta uma crítica construcionista do modelo freudiano de Erikson.

A história de Erikson começa com o relato de um sonho:

> Um jovem de vinte e poucos anos vem à sua seção de terapia e relata que teve o sonho mais perturbador de sua vida... (um sonho que) vividamente relembra seu estado de pânico na época de um "colapso nervoso" que fez com que ele entrasse em tratamento um ano e meio antes... ele receia que isso seja o fim de sua sanidade.
> O sonho: "Havia um rosto grande, sentado em uma carruagem, daquelas do tempo do cavalo e da carruagem. A cara era completamente vazia, e havia uns pêlos viscosos, horríveis, do tipo de cobra, em volta dela. Não tenho certeza de que não era minha mãe". O próprio relato do sonho, feito com palavras queixosas, é, como de costume, seguido por uma variedade de relatos incidentais, protestos e exclamações que, em um certo momento, dão lugar a uma narrativa mais coerente do relacionamento do paciente com seu finado avô, um pároco rural. Aqui, a disposição do paciente muda para uma admissão profundamente emocionada e emocionante de saudade desesperada de valores culturais e pessoais que haviam sido uma vez recebidos e observados (Erikson, 1959, p. 79).

Erikson escutou o relato do sonho com atenção livre que "volta-se para dentro, para as ruminações do observador, ao mesmo tempo em que volta-se para o exterior, para o campo de observações e que, longe de concentrar-se em qualquer item intencionalmente, espera para ser impressionada por temas recorrentes" (1959, p. 80). Habilidosamente, ele reconstrói o mundo da interpretação pelo qual localizou o relato do sonho dentro de contextos múltiplos, conhecidos do analista e do paciente através de sua longa e íntima associação.

O primeiro destes contextos é a própria situação psicanalítica, na qual o relato de sonho representa uma "crise": seria o sinal de um colapso iminente... ou (ele estaria) tentando transmitir a mim uma importante mensagem, que eu deveria tentar entender e responder?" Erikson decide pelo segundo e, subseqüentemente, explica por quê:

> (Durante a consulta do dia seguinte) o paciente havia confessado um bem-estar crescente no trabalho e no amor e havia expressado confiança em mim, até mesmo algo próximo do afeto. Isso, paradoxalmente, seu inconsciente não havia sido capaz de tolerar. O paradoxo resolve-se se considerarmos que a cura significa a perda do direito de depender da terapia... o relato de sonho comunica, protestando um pouco alto, que o paciente ainda está doente. Precisamos chegar à conclusão de que este sonho foi mais doente do que ele realmente estava, ainda que seu tratamento não estivesse nem próximo da conclusão (1959, p. 89).

Tal fato mostrará ser um elemento decisivo na leitura que Erikson faz do relato do sonho, uma leitura que ele compara com a observação de uma radiografia ("um sonho, muitas vezes, está nu nos fatos puros internos"), mas ele faz alusão a outros contextos interpretativos. Por exemplo, a imagem imóvel de um rosto sem rosto sugere o próprio rosto do analista (meu cabelo branco, freqüentemente desarrumado, em torno de um rosto avermelhado, muitas vezes entra nas produções imaginativas de meus pacientes"). Erikson conclui que "o rosto vazio tinha algo a ver com uma certa inconsistência em nossa relação, e essa mensagem do sonho pode ser algo como: 'se eu nunca sei se e quando você pensa sobre si mesmo, ao invés de prestar atenção em mim, ou quando você estará ausente, talvez morrer, como posso ter ou ganhar o que mais preciso – uma personalidade coerente, uma identidade, um rosto?'" (p. 83). De passagem, Erikson liga essa preocupação aos estudos que fazia, na época, sobre "crise de identidade" com alguns jovens. Então, menciona o fracasso do paciente, ao freqüentar um seminário protestante (no qual, incidentalmente, seus sintomas desenvolvem-se), de conseguir, através da oração, estar face a face com Deus. Ele descreve o carinho e a saudade desesperada do paciente de um avô falecido que o havia "levado pela mão para que ele conhecesse a tecnologia de uma velha fazenda em Minnesota", um evento descrito com "emoção genuinamente positiva", mas também com "lágrimas estranhamente perversas, quase estranguladas pela raiva, como se estivesse dizendo: 'não se pode prometer tal certeza a uma criança e, então, desapontá-la'". E, finalmente, Erikson conjura o "rosto amoroso, bonito, suave" da mãe do paciente "desde a mais remota infância... desagradável na memória e na imaginação do paciente, em momentos em que parecia absorvida e distorcida por emoções fortes e dolorosas", as quais o paciente atribuía às suas próprias teimosias e rebelião (p. 87-88).

A partir de tudo isso, Erikson constrói sua formulação de um tema central:

> Não importa quando eu comece a ter fé na força e no amor de alguém, pois alguma emoção raivosa e vazia invade o relacionamento, e acabo desconfiado, vazio e uma vítima da raiva e do desespero (p. 88).

Durante sua reconstrução desse trabalho interpretativo, Erikson reconhece que "algum outro clínico poderia ter tido uma outra visão do relato de sonho". No entanto, defende sua interpretação baseado no fato de que ela responde a critérios distintivos de inferência psicanalítica. Essa reconstrução dos significados inconscientes do paciente é abrangente e engloba todo o material clínico relevante. Ela tem uma continuidade em termos de evidência, devendo sua clareza "ao fato de que responde a questões anteriores e complementa meias-respostas anteriores". Ela coloca-se na intersecção estratégica de várias "tangentes" de interpretação que formam "o núcleo central que engloba a 'evidência'" (p. 80). Ela está consoante com as concepções gerais da teoria psicanalítica. E, finalmente, ela prova ser terapeuticamente efetiva.

Quando Erikson chega aos sinais internos de uma interpretação correta – parecia certo; prometia, quando verbalizado apropriadamente, estar certo para o paciente e ele sentiu-se obrigado a falar –, ele:

> revi com o paciente, em breves palavras, muito do que expus a você. Fui capaz de dizer a ele, sem raiva, mas não sem indignação, que minha resposta a essa narrativa havia incluído um certo sentimento de raiva. Expliquei que ele tinha me preocupado e feito sentir pena, tinha me emocionado com suas memórias e tinha me feito sentir pesado, com a prova – tudo isso de uma vez só – da bondade das mães, da imortalidade dos avós, de minha própria perfeição e a graça de Deus (p. 92).

Erikson conta-nos que o paciente adorou e que deixou a seção com um grande sorriso e com evidente encorajamento. O analista havia mostrado que "a imagem (sonho) era, na verdade... uma comunicação e um desafio condensados e altamente significativos", havia "respondido", sem hesitação, aceitando as transferências do paciente como sendo significativas, ao mesmo tempo em que se recusava a ser levada para dentro delas e havia restaurado, em conseqüência disso, "um sentido de mutualidade e realidade". Erikson considera isso como um "conjunto de evidências" para sua interpretação, sem ser atrapalhado pelo problema de desenredar a verdade de sua efetividade como uma intervenção.

Onde, nessa narrativa excelente e parcimoniosa, está o talento do analista? Ela está na livre atenção, em sua maneira de tecer as linhas do significado contextual no tempo certo e na produção de suas respostas à mensagem latente do sonho do paciente. Porém todo esse talento artístico pertence ao contexto da descoberta (Reichenbach, 1951). No contexto da justificação, Erikson apresenta sua interpretação como sendo uma inferência objetivamente verdadeira aos fatos interiores do paciente, testáveis por sua integralidade, sua consonância com a teoria psicanalítica e sua utilidade terapêutica.

Donald Spence trataria como problemático exatamente o que Erikson aceita mais prontamente: a validade dos relatos de sonho do paciente, as memórias antigas e as associações livres. Contrário à imagem de Freud, que vê o paciente que faz a livre associação como um viajante sentado próximo a uma janela de um vagão de trem, um observador passivo de sua própria paisagem mutante de pensamento, Spence argumenta que um paciente deve continuamente traduzir "da linguagem privada da experiência (especialmente a experiência visual) para a linguagem comum da fala" (1982, p. 83). "A livre associação raramente é livre, e o paciente raramente é passivo" (p. 83), nem pode ser, se quiser fazer-se entender na conversação analítica.

Da mesma forma, Spence vê a livre atenção do analista como uma escuta ativa. Assim como um paciente que segue a regra básica produz frases desconexas, livres dos limites da conversação com significados, um analista deve construir sua coerência. A convergência de significado ocorre apenas quando as duas partes fazem um esforço ativo para atingir uma compreensão negociada.

Como evidência para interpretação, Erikson usa as reconstruções do passado, como as histórias do paciente sobre seu avô. Já Spence as considera como construções negociadas, inseparáveis das interpretações inconscientes e das modificações sutis de significado que permeiam a conversação analítica. Ele as vê como sendo influenciadas pelas preocupações privadas do analista, como a "crise de identidade" de Erikson, e por efeitos de transferência e contratransferência – "perniciosos por carregarem extrema convicção... e serem freqüentemente percebidos como fato dado" (p. 133).

Spence vê as interpretações formais pelas quais os analistas acabam compreendendo os "fatos" como atos criativos que funcionam quando têm *verdade narrativa*: contam uma história coerente sobre outras partes das vidas passada e presente do paciente, estão de acordo com a teoria psicanalítica e levam a novas descobertas terapêuticas. Contudo, elas são inerentemente infalsificáveis. "A busca por significado é especialmente insidiosa, porque sempre é bem-sucedida", diz Spence. Isso acontece, em primeiro lugar, porque "o espaço de busca pode ser expandido infinitamente, até que a resposta seja descoberta" e, segundo, "porque não há qualquer possibilidade de... decidir que a busca fracassou" (p. 143). Por exemplo, uma analista preocupada com o fato de que sairá de férias em duas semanas poderá quase que certamente encontrar uma confirmação da preocupação presumida do paciente com essa questão em alguma parte das produções do paciente durante aquele período de duas semanas; ela pode até tomar a ausência de evidência, ou a relutância do paciente em admitir tal preocupação, como uma confirmação negativa.

Da mesma forma, a afirmação de que "uma experiência específica anterior é real, é algo como dizer que você perdeu uma agulha num palheiro... se eu procurar a agulha e não encontrá-la, você sempre poderá dizer que eu não procurei bem o suficiente" (Spence, 1982, p. 142). Assim como as "intersecções estratégicas de evidência" de Erikson, Spence observa que "quase sempre se pode descobrir que dois temas complexos têm *algo* em comum" (p. 145). E o sentido de inevitabilidade que Erikson menciona como um sinal de correção interpretativa, Spence considera que cega o analista para outras maneiras de ver o material clínico.

Um observador de fora, que possua competência normativa psicanalítica e possa ver o material clínico de forma diferente, não pode servir para conferir os julgamentos do analista que está tratando, porque ele não tem a competência privilegiada daquele indivíduo. Essa competência "pertence ao analista, em um tempo e lugar particulares, em uma análise em particular" (Spence, 1982, p. 216), mas também é vulnerável, de forma peculiar, às leituras erradas, derivadas das associações privadas do analista. O impassse na evidência poderá ser desenredado, segundo Spence, somente pela "naturalização do texto de uma seção analítica: o analista teria que anotar toda declaração para tornar acessível essa competência privilegiada a um leitor normativamente competente" (p. 216). Não acontecendo isso, as inferências clínicas são impossíveis de negar. Leituras diferentes nunca são tentadas ou confrontadas, porque nunca são vistas; elas são engolidas pelo que acaba parecendo óbvio tanto ao analista quanto ao paciente. Porém, os critérios para a completa naturalização do texto são extraordinariamente fortes, e toda ou quase toda a literatura analítica fica aquém deles.

Como, então, Spence finalmente considera as afirmações de conhecimento de uma interpretação psicanalítica? Ele vê a interpretação, acima de tudo, como uma "experiência estética, reivindicando *verdade artística*" (p. 268). As interpretações são essencialmente criativas; não importa quantas forem diferentes, igualmente coerentes e completas, podem ser fornecidas por qualquer evento clínico em particular. Contudo, as interpretações corretas também devem ter um poder de persuadir, baseado em seu apelo estético, devido ao fato de também poderem adquirir *utilidade pragmática* como "meios para um fim, ditas na expectativa de que levarão a um material clínico esclarecedor adicional" (p. 271). Nas palavras de Freud (1937/1976), podemos produzir no paciente "uma suposta convicção da verdade da construção, a qual adquire o mesmo efeito terapêutico de uma memória recapturada" (Spence, 1982, p. 274).

Essas verdades com relação ao futuro, aquelas que são "verdadeiras" à luz de seu provável efeito futuro no paciente, são sempre contingentes das circunstâncias únicas de sua geração. E seu valor estético e pragmático é inseparável do talento artístico de sua formulação e apresentação. Nas palavras de Goodman, "a distinção entre convenção e conteúdo, entre o que é dito e como é dito, definha" (1978, p.125).

O debate entre objetivistas e construtivistas cai rapidamente em um círculo vicioso centrado na "verdade" da interpretação psicanalítica, na "eficácia" da intervenção, na habilidade de generalizar e na comunicabilidade da experiência psicanalítica. Tal debate somente poderia ser resolvido com referência a experiências clínicas específicas. Por exemplo, os analistas que se alinham com Erikson devem fazê-lo porque estão convencidos de que, em sua experiência clínica, atingiram objetivamente a correta compreensão do material de seus pacientes. No entanto, como esses analistas poderiam algum dia convencer seus oponentes disso, a não ser que pudessem transmitir-lhes a essência da experiência clínica que forma a base de suas próprias opiniões? E é justamente essa capacidade de transmitir e comunicar da experiência psicanalítica que seus oponentes recusam-se a aceitar.

Todavia, um ponto de vista construcionista não precisa levar ao relativismo e ao abandono de toda a afirmação de conhecimento. Uma visão construcionista da psicanálise permite verdades específicas. Ao tratarmos a prática psicanalítica como tendo caráter de *design*, vemos o analista como aquele que constrói os fatos de uma situação psicanalítica. Ainda assim, dentro do universo que ele ajuda a criar, os fatos são resistentes à mera opinião e não podem ser afastados pelo simples desejo. Dentro de um universo criado em particular, é possível para um analista, como para um arquiteto, descobrir as conseqüências de suas ações, fazer inferências que pode falsificar através do experimento e, de fato, estabelecer pelo experimento se sua maneira de conceber a situação é apropriada.

Não obstante, duas pessoas com visões de mundo psicanalíticas, debatendo uma com a outra, provavelmente não acertariam suas diferenças fazendo referências aos "fatos". Estes seriam diferentes em seus respectivos universos. E elas não poderiam resolver um debate sobre a eficácia da intervenção através de um experimento, porque cada uma iria conceber e interpretar seus resultados de forma diferente. Para chegar a um acordo, cada uma delas teria que tentar entrar no universo da outra, para descobrir as coisas que a outra designou e construiu ali, e apreciar o tipo de coerência criada pela outra. Cada uma teria de tentar entender o significado de seus próprios termos no universo da outra e identificar, em seu próprio, os elementos e as relações (talvez estranhos e inesperados) que correspondem aos termos da outra. Nesse processo de reflexão sobre a concepção, cada uma poderá descobrir de que forma os argumentos que a compeliam pareciam totalmente não-conclusivos à outra.

O ponto de vista construcionista transforma a comunicabilidade das verdades em um quebra-cabeças e faz a própria comunicação problemática, de um modo que corresponde à nossa experiência real. Se cada *designer* e psicanalista construísse em cada nova situação prática seu próprio universo, no qual ele formulasse e testasse suas próprias verdades, específicas desse universo, como é que ele tornaria suas idéias compreensíveis a qualquer outra pessoa? Nessa visão, teríamos a expectativa de encontrar o próprio "balbuciar das vozes" que Leston Havens (1973) descreveu em seu estudo sobre as escolas de psiquiatria e que muitos críticos acadêmicos encontram na arquitetura contemporânea. A pergunta seria se dois profissionais poderiam sair desses pontos de partida divergentes e atingir uma compreensão convergente.

De um ponto de vista objetivista, ao contrário, é a nossa experiência de *des*entendimento mútuo que requer explicação. E, para tal propósito, o objetivismo precisa de uma teoria do erro. Os fatos, a verdade, o estado real das coisas presumem-se estar lá fora, à disposição; se não concordamos a respeito deles, alguma ilusão ou cegueira deve estar impedindo-nos de fazê-lo. A convergência de significado, entretanto, não requer qualquer explicação especial; ela é exatamente o que esperaríamos.

A vantagem do ponto de vista construcionista é que ele é adequado à nossa experiência de desentendimento mútuo, pois ajuda-nos a entender o fato de que, muitas vezes, quanto mais trabalhamos na tentativa de entender uns aos outros, mais profundamente experimentamos as diferenças entre nossas maneiras de ver as coisas. E a imagem da entrada no universo do outro, através da reflexão sobre a concepção, sugere a experiência (muito menos freqüente) de passar do desentendimento ao entendimento mútuo.

A supervisão na psicanálise também é compreensível, de forma útil, como um exercício de comunicação entre universos divergentes. Quando um residente de psiquiatria assume a tarefa de aprender a tornar-se um psicanalista, ele deve tentar entrar em um universo que muitas vezes parece, inicialmente, estranho, opaco e incoerente. E, para ajudá-lo, o supervisor deve encontrar uma forma de conectar-se ao universo do residente. Quando o processo de aprendizagem e instrução tem sucesso, isto é, quando um residente começa, em sua visão e na de seu supervisor, a pensar e a agir como um analista, há a qualidade de reflexão recíproca sobre a concepção.

Contudo, na psicanálise, diferentemente do *design* arquitetônico, o processo é complicado pelo fato de que a prática a ser aprendida é, além de tudo, um processo de entrar no universo de uma outra pessoa. Assim, o processo de aprendizagem e instrução da supervisão psicanalítica tem uma profunda semelhança com a prática psicanalítica, e o talento artístico da supervisão, com o da análise. Instrutor e estudante encontram-se em uma sala de espelhos que, por um lado, apresenta-lhes fontes especiais de confusão e, por outro, dá-lhes ferramentas especiais para a reflexão sobre suas concepções.

Esses são os fenômenos que exploraremos nos dois casos de supervisão psicanalítica relatados a seguir.

RESIDENTE E SUPERVISOR

Voltemo-nos ao protocolo de uma sessão de supervisão.[1]

O terapeuta, um residente do terceiro ano de psiquiatria, tem uma de suas sessões semanais de meia hora com seu supervisor (ele tem, em média, uma sessão para cada sete ou oito sessões com seus paciente). Em função de problemas na relação com seu supervisor, ele concordou em gravar a sessão para discutir posteriormente com os pesquisadores.

Ele começa com a notícia de que sua paciente, uma jovem, retornou à terapia depois de vários meses de afastamento.

Residente: Ela havia decidido que não estava indo a lugar algum com a terapia e eu concordei, de certa forma, que as mesmas questões estavam vindo à tona o tempo todo – e, basicamente, o fato de seu relacionamento com o homem com quem estava há quatro ou cinco anos ter estacionado, e os avanços que ela fazia eram respondidos com retraimento e vice-versa.

O supervisor escuta. Vendo a paciente apenas por meio das histórias do residente, ele não escuta da maneira livre do analista, que espera por interpretações que surjam, mas pergunta imediatamente:

De que forma ela estacionou com você? Da mesma forma como estacionou no relacionamento?

Concentrando-se na conexão entre "estacionou no relacionamento" e "estacionou com você", ele concebe um quebra-cabeças em termos da transferência do paciente: como a transação entre paciente e terapeuta espelha seu relacionamento com o namorado?

R: Ela tendia a sentir que quaisquer *insights* levavam a muito pouca mudança, e nós dois notamos que, vendo o padrão de seu relacionamento fora da terapia, isso não produziu muitas mudanças positivas em sua vida e foi difícil para ela envolver-se emocionalmente na própria terapia, já que estava (pausa) bastante resguardada sobre falar de suas tristezas passadas e suas decepções com elas.

O supervisor pergunta se aquilo também era um problema no relacionamento dela com o namorado.

R: Sim, ela tendia a restringir os sentimentos que tinha naquele relacionamento, especialmente os de afeição e os de tristeza.

Resumindo, o supervisor observa:

Então, aqui, ela traz bastante rapidamente o fato de que está tendo problemas e não consegue expressar seus sentimentos – está trancada e sente, de alguma forma, baixa auto-estima porque está estacionada.

Então, ele refere-se diretamente ao uso possível da transferência:

Você disse-lhe, em algum momento, que não é surpreendente que ela esteja experimentando com você o que experimenta em outros relacionamentos e que você tem a vantagem de olhar para a forma como ela fica trancada e tentar resolver junto...?

O residente responde, indiferente:

Sim, isso era parte do trabalho...

E continua a descrever a volta da paciente, as negociações de preços e os horários de atendimento. Ele começa a refletir sobre as primeiras seções:

R: Durante as primeiras sessões, ela repetiu muito do padrão em terapia com o qual tinha vindo originalmente em termos de sentir-se (pausa) muito trancada.
S: (Interrompendo) o que ela quer dizer com "trancada"? Qual a sua experiência?

Essa pergunta estimula o residente a produzir um exemplo longo, que o supervisor testa depois com perguntas:

R: Bem, há um padrão muito comum de ela vir e contar-me uma briga que teve, em geral por causa de algum tipo de mal-entendido. Por exemplo, em torno da terceira sessão, ela estava dizendo que eles voltaram ao seu velho refúgio... Durante a visita, ele perguntou se uma certa mulher havia ligado para ela. Essa mulher era uma amiga em comum deles, principalmente dele... e a paciente pensou que essa mulher houvesse estado com seu namorado. Na verdade, ela sabia que eles haviam estado juntos.
S: (Interrompendo) O que você quer dizer com "juntos"?
R: Que eles haviam apenas se visitado – ela tinha algumas suspeitas.(Pausa) E ela disse que eles brigaram o resto do tempo, principalmente por causa das suspeitas que ela tinha, o que tem sido uma constante entre eles. Ele sai com outras mulheres, e ela não agüenta isso. E ele não está querendo parar. Ela não está querendo deixar claro o que irá ou não aceitar. E, assim, ela se sente magoada, furiosa e desconfiada quando ele está com outra mulher. Ao mesmo tempo, ele não gosta nem um pouco quando ela sai com outros homens.
S: Ela sai com outros homens?
R: Ela não sai, não. Mas naquela noite, em especial, eles brigaram a noite toda. Ele a levou a um restaurante e ela disse, "Ele sabe que eu não gosto de lagosta". Ele pediu o prato para ela, que era lagosta.
S: Como assim, ele pediu para ela? Você quer dizer, ela estava sentada lá e não disse nada?
R: É, quer dizer que ele assume o controle em muitas situações.
S: Você perguntou a ela de que forma isso acontece? Se você não gosta de lagosta, você poderia dar um jeito de, enquanto estava sentada na mesa, pedir uma outra coisa você mesma?
R: Bem, ela já tinha dito que, se discutisse com ele, haveria uma briga. E é muito doloroso. Ela tem que concordar com ele, e não há uma briga, ou ela argumenta, discorda, e eles brigam. E ela sente que perde de qualquer das formas. Se acontece uma briga, ela invariavelmente perde a briga.
S: E como ela perde a briga?
R: Bem, parece que, na maioria das vezes, ela se sente muito mal quando a briga acaba. Ele a ataca, na briga, de muitas maneiras que ele acha que ela não é como deveria... Ela se sente pior. E o outro aspecto é que ela não está querendo arriscar um corte total do relacionamento. Já houve algumas vezes em que ela disse que nunca ligaria para ele de novo e que não queria que ele ligasse, mas geralmente, depois de um mês, ela cede.

As questões do supervisor parecem ter um *design* feito para evocar histórias que possam iluminar o fato de que a paciente está estacionada. O incidente em que o namorado pede sua refeição contribui para um quadro emergente de sua passividade e dependência. "Como isso acontece?" leva o residente a explicar como ela acha que perde, seja quando concorda com as demandas do namorado, ou quando resiste a elas. "Como ela perde a briga?" induz o residente a descrever o medo dela de sentir-se muito mal depois das brigas, seu receio de ser abandonada e sua sensação de não ser como deveria.

O questionamento do supervisor sugere um repertório de padrões psicodinâmicos acessíveis a ele (mas, aparentemente, não ao residente). Ele utiliza-os para dar vida às histórias do residente até que elas pareçam prontas para a interpretação, ponto no qual ele muda abruptamente para uma busca de explicações:

> Bem, qual é a sua opinião sobre o porquê disso ser desse jeito? Você tem alguma sensação de por que os conflitos acontecem?

Com isso, ele indica uma direção de busca: o impasse no relacionamento da paciente com seu namorado sugere um dilema enraizado em conflitos internos.

Quando o residente continua contando mais histórias, o supervisor puxa-o de volta para a busca de interpretação:

> Sabe como é, você não tem uma sensação do que a coisa é apenas vendo a paciente. Como você caracterizaria os problemas dela em sua própria mente, psicodinamicamente?

O residente tenta narrar a dificuldade dela de envolver-se emocionalmente, "especialmente com homens". O supervisor deixa isso de lado. Ele tem uma explicação própria:

> S: Você pode ter razão, você a conhece melhor do que eu. Teríamos que esperar e ver. Minha sensação é de que ela está muito perturbada com sua própria agressão. Que ela não consegue segurar-se... Ela não consegue nem mesmo enviar uma carta por conta própria. Sabe, ela torna-se dependente e, quando você diz "Por que você faz isso assim e acaba comendo lagosta se você não gosta?", ela diz, "O que eu posso fazer?". Então, ela diz, "Se isso provoca uma briga, eu me sinto culpada". E ela é culpada, e parte da sua culpa é aceitar como reais todas as críticas que seu namorado dirige a ela.

Ele pede que o residente use esta hipótese na terapia:

> Eu tentaria deixá-la curiosa sobre o caso. Diga, "Olhe, você parece capaz de se virar e consegue o que quer (no momento em que o residente, tentando qualificar a hipótese do supervisor, havia dito que a paciente se saía bem na escola e no trabalho), mas nessa área particular você parece estar parada". Porém, acho que o medo que ela tem de ser agressiva e se virar é, pelo menos em parte, baseado em seu medo de separação, que é... que ela será deixada... e que ela não consegue, de alguma forma, cuidar de si mesma.

O residente começa agora uma nova história sobre o relacionamento da paciente com um pai alcoólatra, sua raiva de sua mãe por mandar seu pai embora, seu reconhecimento de que se relaciona com o atual namorado da mesma maneira como costumava relacionar-se com seu pai, seu casamento anterior, que era "tranqüilo, de certa forma, mas sem graça".

> R: Este é o outro tema, o fato de que ela se sente um pouco morta. Ela sente-se sem vida, sem conflito. Algo tem que estar acontecendo entre ela e alguma outra pessoa de uma forma conflituosa.
> S: É, eu não estou... pode ser que ela se sinta morta. Ainda não sei.

O supervisor recusa-se a entrar na viagem do residente dentro da história da paciente e evita comprometer-se com sua nova hipótese. Ele volta, ao invés disso, à história do relacionamento da paciente com seu namorado (iluminado, talvez, pela comparação com seu casamento "sem graça") e oferece uma nova interpretação:

O homem que é gentil não lhe interessa. Para ser interessante, o homem tem que ser um pouco cafajeste.

Isso leva o residente a especular que, de fato, a paciente pode ter deixado a terapia da primeira vez, porque ele "era um cara muito legal". Quando ela quis retornar, ele começou a "jogar mais duro", exigindo que ela pagasse mais, talvez, como disse o supervisor, "tornando-se o cafajeste de que ela gosta e que espera que você seja":

> Ou que você pode transformar-se nele, às vezes, ou que você pode estar confuso e ineficaz. Eu procuraria sinais de um ou de outro desenvolvendo-se no relacionamento. Contudo, você tem que se perguntar, "Será que tudo isso é uma maneira de ela não estar satisfeita porque se sentiria muito culpada com isso?".

À medida que o supervisor desenvolve sua alternativa, ele demonstra uma forma particular de produzir interpretações a partir das informações das histórias:

> Ela não consegue nem mesmo enviar uma carta por conta própria. Sabe, ela torna-se dependente e, quando você diz, "Por que você faz assim e acaba comendo lagosta se você não gosta?", ela diz, "O que eu posso fazer?". Então, ela diz, "Se isso provoca uma briga, eu me sinto culpada". E ela é culpada, e parte de sua culpa é aceitar como reais todas as críticas que seu namorado dirige a ela.

Partindo do fato de que a paciente permite que o namorado envie suas cartas e peça suas refeições, conclui-se que ela não é capaz de decidir: ela é dependente. Dada a sua dependência, uma discussão com o namorado faz com que ela sinta-se culpada (e não simplesmente "horrível", como o residente havia colocado antes). Agora, o supervisor vinculou, sua dependência aos sentimentos de inadequação e culpa, e estes, à sua tendência a aceitar todas as críticas de seu namorado como reais. Ele juntou pedaços de informações, baseando cada interpretação parcial na evidência retirada das história do residente. Em contraste, o residente salta para interpretações como "as fronteiras incertas do eu", "o sentimento de estar morta" e "o sentimento de responsabilidade pelo fato de o pai ter ido embora". A cada um desses saltos interpretativos, o supervisor responde, "ainda não sei, teremos que esperar para ver".

A cadeia de inferências do supervisor continua: "O homem gentil não interessa a ela", "Para que o homem seja interessante, ele tem que ser meio cafajeste" e, então, "ela mantém-se constantemente frustrada". Contudo, a autofrustração constante demanda uma explicação. Ele sugere duas alternativas: estar apaixonada pela frustração ou sentir culpa. As duas podem estar juntas, diz o residente, e o supervisor concorda: "Se ela sente-se culpada, ela quer punição", o que ela acha gratificante, então. Mas punição pelo quê? Mais uma vez, há duas possibilidades: "pensamentos agressivos furiosos" ou "desejos sexuais". Para decidir entre eles, o supervisor pergunta se as brigas punitivas interferem na vida sexual da paciente. Não, às vezes, elas a estimulam. O supervisor conclui que a punição é uma resposta a desejos sexuais:

> Se ela é punida, então ela pode ter prazer, ou se ela tem prazer, então ela deve ser punida, ou algo assim. Eu a veria como uma mulher que, na verdade, sente-se realmente culpada – sobre o quê ainda teremos que decidir – e realmente tem, sem saber, constantemente frustrado sua capacidade de estar satisfeita. É aí que ela está estacionada.

O "realmente" repetido sugere uma parada, como se o supervisor estivesse agora satisfeito em ter respondido sua pergunta inicial.

Tendo construído uma interpretação para explicar por que uma paciente está paralisada em um relacionamento com seu namorado, ele continua, mostrando como isso também explica por que ela está paralisada na terapia. Ele convida o residente para refletir sobre a maneira como ele está tornando-se a pessoa de que sua paciente precisa e quer que ele seja. O residente deveria observar como está sendo carregado para dentro da transferência da paciente e, mais do que conspirar com ela, deveria sugerir-lhe:

> que o que ela experimenta em seus relacionamentos é experimentado com você e que aqui você tem a vantagem de olhar para a forma como ela fica paralisada com você e de tentar resolver junto.

Ele deveria fazer com que a paciente adquirisse interesse no quebra-cabeças de sua autofrustração e provocar sua curiosidade sobre como, nessa área específica, ela está "paralisada". Isso serviria para testar a utilidade da interpretação cuja plausibilidade o supervisor acaba de estabelecer e envolveria a paciente em uma investigação semelhante à que o supervisor e o residente engajaram-se, ajudando-a, assim, a descobrir de que forma ela recria, na terapia, o padrão de sua vida fora dela.

Quando o residente salta para mais uma explicação da culpa do paciente, o supervisor avisa-o, "Bem, ainda não sabemos, é muito cedo para saber todas essas coisas". Ele retorna, ao invés disso, à observação geral com a qual sua cadeia de inferência havia começado:

> Acho que podemos entender um pouco da frustração desta mulher e da forma como ela continua a frustrar-se...

O que ele quer dizer é manter sua solução para o quebra-cabeças em aberto.

Na sessão de meia hora gravada nesse protocolo, o supervisor demonstrou um experimento psicanalítico. Inicialmente, ele reconstruiu a concepção sobre o problema da paciente como um quebra-cabeças, localizado exatamente em sua transferência. A seguir, ligou as histórias contadas pelo residente sobre a vida dela, dentro e fora da terapia, acumulando-as, testando-as e desenvolvendo-as até que o princípio de uma interpretação estivesse pronto para formar-se. A partir de observações próximas à linguagem das próprias histórias, ele construiu gradualmente uma explicação que conecta o dilema recorrente dela a seus conflitos internos: ela não pode estar satisfeita, porque sente-se culpada por isso, e busca o homem que é meio cafajeste, porque quer ser punida. Então, com essa questão do efeito das brigas com o namorado em sua vida sexual, ele conduz um experimento para decidir a causa da punição: "se for punida, então ela pode desfrutar..." E, finalmente, propõe uma intervenção para testar sua interpretação e, ao mesmo tempo, ajudar a paciente: fazê-la interessar-se em usar a transferência para explorar o quebra-cabeças de sua autofrustração contínua.

O que o residente faz com tal demonstração? Depois de ouvir a gravação, reclama que o supervisor não estava dizendo o que ele queria ouvir; depois de pensar, acrescenta que ele próprio não estava dizendo o que queria saber. Ele coloca em dúvida o fato de o supervisor ser um modelo no qual ele poderia espelhar-se. Ele quer mais ajuda do que está tendo, mas fica irritado quando pede por ela. Ele sente que o supervisor formou, mas nunca expressou, um julgamento negativo a respeito dele e expressa-o em termos de sua abordagem diferente sobre a psicoterapia: "Ele é mais psicanalítico, enquanto eu lido mais com os fenômenos conscientes". Mesmo assim, no protocolo, ele revela um ansiedade em juntar-se, na verdade competir com, à estratégia do supervisor para a solução do quebra-cabeças.

Claramente, o residente quer a aprovação do supervisor. Ele tenta obtê-la, apresentando longas histórias que giram em torno da linha principal de investigação do supervisor, propondo, então, saltos interpretativos próprios, junta-se à direção de interpretação do supervisor, melhorando-a. Porém, o supervisor ignora suas digressões e põe de lado suas propostas com um simples "Você a conhece melhor do que eu" ou "Teríamos que esperar e ver". E, ainda que o residente tente, finalmente, juntar-se à linha de raciocínio do supervisor, ele parece nunca entendê-la completamente. O que o confunde é o sistema de pensamento que está por trás dela.

O supervisor, abastecendo-se em um momento anterior do diálogo em uma questão que informa toda a sua investigação, nunca permite que o residente o desvie dela. Ele interrompe freqüentemente para voltar à linha principal, toda vez que sente que o residente saiu dela. Ele pede a solução do residente para o quebra-cabeças, mas rejeita-a com indiferença, para propor e desenvolver a sua própria. Mesmo assim, ele nunca explica por que abandona a proposta do residente, nunca descreve os tipos e padrões de história que guiam sua busca por interpretação e nunca revela os pensamentos e sentimentos que estão na base de suas mudanças de uma fase da investigação à próxima.

O residente não sabe se o supervisor não quer ou não consegue descrever seu próprio raciocínio. O supervisor não ofereceu, e o residente não pediu. Como ele observa melancolicamente:

> Não sou explícito sobre o que quero do supervisor, e ele não é explícito sobre o que dá; então, a coisa apenas acontece.

O supervisor também não tentou descobrir o que o residente entende a partir de sua demonstração. Sua abordagem à instrução consiste em demonstrar e defender a investigação psicanalítica, ao mesmo tempo em que evita ou rechaça os desvios do residente dessa investigação. Ele exibe sua maestria do material e mantém suas fontes em mistério.

A abordagem de aprendizagem do residente também é de mistério e maestria (passiva). Ele não expressa sua insatisfação e frustração, nem questiona as fontes ocultas da demonstração do supervisor, nem diz o que quer aprender.

O diálogo do residente e do supervisor lembra o de Judith e Northover. As duas duplas estão imobilizadas em compreensões mutuamente incongruentes do material substantivo de sua própria interação. Contudo, é impressionante que esses dois terapeutas não escolham subir a escada da reflexão para refletir sobre o impasse na aprendizagem em que eles próprios estão envolvidos.

Em uma de suas entrevistas com os pesquisadores, o residente descobre esse aspecto. Ele mostra entusiasticamente como seu relacionamento com o supervisor lembra o relacionamento da paciente com ele. Como sua paciente, ele sente-se imobilizado com as pessoas que deveriam ajudá-lo, quer mais do que acha estar recebendo e está zangado consigo mesmo por querê-lo. Essa analogia, entretanto, não surgiu para a discussão na supervisão. Se tivesse surgido, os limites da reflexão poderiam ser ampliados para incluir o diálogo entre instrutor e estudante, o supervisor poderia ter refletido em voz alta sobre sua execução e o residente poderia ter visto suas fontes misteriosas.

UMA ABORDAGEM DE SUPERVISÃO DO TIPO "ESTUDO DE CASO"

Em dois artigos publicados na metade dos anos 70, David Sachs e Stanley Shapiro apresentaram uma abordagem à supervisão psicanalítica cujo princípio central descreveram como "paralelismo" entre terapia e educação.

Trabalhando com um grupo misto de residentes de terceiro ano em psiquiatria adulta e residentes de segundo ano em psiquiatria infantil, os autores usaram o estudo de caso para ensinar terapia psicanalítica com adolescentes. Enquanto um estudante apresentava um caso, os outros eram encorajados a reagir ao material como se fossem o terapeuta, interrompendo a apresentação sempre que desejassem. O supervisor explorava as respostas dos participantes. Eles buscavam compreensões comuns, implícitas, aplicando "o mesmo método que se usa em terapia, ao seguir a tendência das associações de um paciente" (Sachs e Shapiro, 1976, p. 395). Eles descobriram que os estudantes de terapia *reproduziam*, na discussão do estudo de caso, aquilo que havia dado errado no tratamento: eles assumiram os papéis de seus pacientes e colocaram o grupo em uma posição semelhante à que eles próprios tinham. Os supervisores, então, tomaram como tarefa principal exatamente o tipo de reflexão sobre o processo de supervisão que o residente do exemplo anterior havia deixado passar em sua própria supervisão.

No artigo de 1974, Sachs e Shapiro descrevem um caso incrivelmente parecido com o do residente. A paciente, de 16 anos, "relatou a seu terapeuta que havia perguntado a seu namorado se estaria tudo bem se ela saísse com outra pessoa. Ela não estava ansiosa para aceitar o encontro, mas achava que não poderia recusá-lo sem magoar o jovem. Seu namorado foi lacônico em sua resposta, mas tornou-se mal-humorado e incomodado por vários dias depois do encontro. Ela estava descontente e confusa com a reação dele, achando que havia feito a coisa certa ao perguntar de antemão" (p. 53).

Pediu-se aos residentes que analisassem a situação e propusessem respostas. Alguns deles consideraram a garota "sacana" e achavam que o terapeuta devia dizer isso a ela, fazendo-a ver que havia aborrecido seu namorado. Eles queriam impedi-la de fazer aquilo de novo. Outros consideravam que ela havia tentado ser "legal" e que merecia apoio em sua luta para opor-se a seu namorado de atitude ruim. Como se poderia decidir a questão?

Os supervisores observaram que "ambos os grupos haviam produzido uma intervenção depois de um julgamento de valor sobre o comportamento da paciente" (Sachs e Shapiro, 1974, p. 54). As duas posições colocariam o terapeuta em uma posição de adversário em relação à paciente, apontavam eles, reproduzindo, assim, sua relação de adversária em relação a seus pais. Eles sugeriram que ela deveria ser ajudada a ver que não havia atingido seu objetivo de não magoar ninguém. Ela precisava ver que estava em uma situação em que não havia vitória possível, provavelmente o resultado de um conflito interno "no qual há motivos e desejos contrários e... apenas um lado do conflito pode estar consciente e acessível" (p. 55). Não importava qual linha de ação seguisse, ela magoaria alguém, da mesma forma que havia engravidado uma vez, magoando a si própria por uma inabilidade de dizer não por medo de magoar uma outra pessoa.

Uma vez que esse padrão estivesse estabelecido, o estudante-terapeuta ofereceria evidência adicional. Ele relatou que a paciente havia começado a mostrar alguma resistência, na forma de pausas em "olhares que dirigia ao terapeuta na busca de alguma resposta" (p. 58). Ela também mostrava descontentamento por ter que agüentar a conversa pesada com o namorado e sentia-se pressionada por suas demandas de relações sexuais. Ela descreveu uma viagem de férias, na qual "ela, primeiramente, não conseguiu dormir com ele por causa de uma queimadura de sol que doía muito e foi para seu próprio quarto, mas não conseguiu agüentar e voltou mais tarde para passar a noite" (p. 59). O terapeuta relatou ao grupo que sentia a necessidade de fazer algo para evitar uma crise.

Embora o grupo concordasse que algo deveria ser feito, não havia sugestões específicas. Ficou claro que eles queriam que seus supervisores fornecessem a atitude certa a ser tomada. Ao invés de obrigá-los, Sachs e Shapiro voltaram sua atenção ao estudo de caso. Eles apontaram o fato de que os residentes tinham a expectativa de que eles, como especialistas, soubessem o que fazer e pareciam sentir-se justificados, como iniciantes, em suas expectativas de receber a resposta certa. Eles observaram que pacientes e residentes tinham a mesma visão de terapia. A paciente acreditava que somente estaria curada se pudesse descobrir alguma verdade básica. Os residentes acreditavam que deveriam saber o que estava errado, evocando a resposta certa da paciente ao fazer-lhe as perguntas certas. O terapeuta, nesse caso, estava muito desconfortável, porque realmente não sabia o que fazer ou dizer. Cada vez mais frustrado, ele voltou-se para o grupo, pedindo ajuda. "Essencialmente, então, ele estava repetindo com o grupo aquilo que a paciente estava fazendo com ele" (p. 61). Tanto sua paciente como ele próprio esperavam por uma ajuda mágica, vinda de outros, na forma de respostas certas. E o grupo conscientizou-se de que, à medida que esperava para receber a resposta certa, experimentava no grupo o mesmo que o paciente experimentava na terapia.

A tarefa real era, tanto para o terapeuta como para a paciente, examinar as suposições através das quais eles se encontravam subordinados a um suposto especialista, a quem haviam atribuído essa onisciência" (p. 64). Sachs e Shapiro propuseram que o terapeuta ajudasse a paciente a examinar seus próprios processos mentais, de forma a "detectar a ação de tendências inconscientes" (p. 67), tornando-se, assim, um modelo para ela. Ele poderia ajudá-la a identificar-se, pelo menos temporariamente, com sua maneira de ver suas ações, como se fossem sinais de transferência que iluminassem seus conflitos internos. Ele poderia ajudá-la a ver, por exemplo, como suas reclamações sobre o silêncio de seu namorado poderiam referir-se a sentimentos não-expressos com relação ao silêncio de seu terapeuta, ajudando, assim, a explicar seu desapontamento na terapia. Ela poderia ser encorajada a "explorar e articular exatamente o que ela queria do terapeuta" (p. 69). Isso faria vir à tona sua visão incorreta dele como onisciente e daria a ela uma oportunidade de examinar uma auto-imagem fraca que a levava a superestimar outras pessoas – em particular, os homens.

Em um artigo posterior (Sachs e Shapiro, 1976), os autores descreveram outro exemplo de instrução baseado na exploração dos paralelismos entre grupo de estudo de caso e terapia. Aqui, o paciente era um garoto de 14 anos que sofria de incontinência urinária e dislexia, cujas dificuldades e façanhas sexuais, trapaça nos esportes e provocações davam a seu comportamento uma "qualidade de delinqüente" (p. 397). O estudante-terapeuta havia desenvolvido um relacionamento tranqüilo e confortável com o garoto, limitando-se a ouvir e a perguntar ocasionalmente, enquanto o garoto comunicava um fluxo contínuo de material. No grupo, os relatos do terapeuta capturavam o sabor da linguagem de rua do garoto de uma forma divertida. Porém, o terapeuta seguidamente ocultava do garoto suas idéias sobre os possíveis significados do material que ele trazia.

Os supervisores observaram que, na atitude de "lavar as mãos" que prevaleceu durante as discussões no grupo de estudos sobre o caso e na apreciação geral da divertida apresentação do material do paciente, "o grupo estava em um dilema, de modo que fazia um paralelo com o dilema do terapeuta com seu paciente divertido" (Sachs e Shapiro, 1976, p. 399). Assim como o terapeuta, o grupo estava relutante em perturbar a execução com sugestões ou perguntas desafiadoras. Ao invés de informar o grupo sobre a terapia, o terapeuta estava inconscientemente reproduzindo-a, colocando-se na posição do paciente, da mesma forma como colocava o grupo na posição de terapeuta. Os supervisores argumentaram que "o que fizemos no grupo demonstrou o que o terapeuta deveria ter feito com seu paciente" (p. 400): se ele não quisesse colocar em teste sua aliança com o paciente, a terapia continuaria em um impasse.

Em uma sessão posterior do grupo de estudos, o terapeuta relatou que seu paciente havia faltado a duas sessões consecutivas, sem cancelá-las de antemão. Mesmo tendo visto o paciente naquela manhã, ele informou que havia muito pouco a ser discutido e propôs que eles fossem adiante com os outros casos. O grupo não colocou objeções, mas os supervisores quiseram saber o que tinha acontecido na sessão da manhã. O residente, então, descreveu o que aconteceu:

> O paciente explicou que não apenas havia esquecido... sua mãe também esquecera. Era uma daquelas coisas que acontecem. Ele continuou, dizendo que estavam acontecendo muitas coisas em casa. Sua irmã tinha voltado do hospital e descobriu-se que ela tinha uma infecção sob o gesso. Ele comentou sobre o mau atendimento que ela recebera daqueles médicos. Então, reclamou de algo que sua mãe não havia feito por ele. A seguir, o jovem perguntou ao terapeuta, diretamente, o que poderia ser feito a respeito de espinhas no rosto... por que não havia nada a ser feito? Logo após, continuou comentando como tinha começado exercícios com pesos para ganhar musculatura (p. 401).

Quando se perguntou ao terapeuta o que ele havia pensado ao ouvir essas coisas, ele demonstrou alguma frustração. Ele tinha fortes suspeitas de que uma resistência estava operando e esperava descobrir mais através de perguntas. Foi lembrado a ele que o paciente já havia respondido às perguntas do residente sem saber: a referência à sua irmã pode ser uma referência velada à sua própria terapia; a acne facial do terapeuta pode ter levado o paciente a pensar como poderia ser ajudado por alguém que tinha problemas semelhantes aos dele e a decepção do paciente com a terapia, juntamente com seu programa de exercícios autoprescrito, podem ser uma forma de dizer, "Se você não vai me ajudar, terei que fazer isso por conta própria".

Os supervisores chamaram a atenção para o fato de que o paciente pode não estar querendo liberar-se indefinidamente, sem receber mais do que amizade em troca. Decepcionado com a terapia, ele estava representando seus sentimentos, ao invés de discuti-los diretamente. Logo após, eles descreveram o que achavam que estava acontecendo no grupo de estudos. O terapeuta havia sugerido seguir adiante para outro caso, e ninguém no grupo o havia desafiado. A aceitação passiva do grupo refletia a postura do terapeuta em relação ao seu paciente. E o terapeuta, assim como o paciente, perdera o interesse.

Em resposta a tais comentários, o residente admitiu que havia desejado evitar uma apresentação naquele dia em função de sua decepção com o grupo de estudos, já que estava em um impasse com seu paciente e não estava sendo ajudado. Os supervisores observaram que o grupo havia concordado com a atitude do terapeuta, motivado por uma preocupação exagerada com seus sentimentos, da mesma forma como ele havia evitado magoar seu paciente. "O impasse no grupo foi quebrado por nossa intervenção, que não permitiu que o caso fosse abandonado... o que precisava ser dito ao paciente é que ele estava decepcionado com o tratamento e estava demonstrando isso ao faltar" (Sachs e Shapiro, 1976, p. 405).

O que produz tais paralelismos entre a terapia e o grupo de estudo de caso? Os autores sugerem uma resposta complexa. Em primeiro lugar, sugerem a idéia de Freud da compulsão a repetir: a tendência dos pacientes a representarem aquilo que eles reprimiram. A isso, eles acrescentam a idéia de "reprodução identificatória": o terapeuta identifica-se com o paciente, enquanto este assume as atitudes e o comportamento de seu objeto infantil. Assim, acreditam os autores, seus estudantes adquirem uma compulsão por reproduzirem o processo, esquecido e reprimido, através do qual se tornam identificados com seus pacientes. A base para essas identificações são as experiências de vulnerabilidade sobrepostas: as do paciente, em relação a seus próprios problemas; as do terapeuta iniciante, em relação a seu paciente. O "perfeccionismo não-analisado" do terapeuta – sua expectativa de que deveria saber o que fazer – significa uma necessidade não-resolvida de onipotência, semelhante à necessidade do paciente, "criar a identificação... reproduzida no grupo de estudos, na forma de paralelismo" (Sachs e Shapiro, 1976, p. 408).

Os autores tentam desfazer a identificação do terapeuta com seu paciente. Eles recusam-se a corresponder às suas expectativas por "respostas corretas". Elas serviriam apenas para reforçar a necessidade e a crença na onipotência que está por trás de sua identificação com o paciente e dar apoio à crença incorreta de que a psicoterapia pode ser-lhe ensinada, quando, na verdade, ele pode apenas ser "ajudado a aprender como fazê-la". Além disso, a crença em uma expectativa de obter respostas corretas "coloca os estudantes... em competição, tanto um com o outro como com o instrutor, para ver quem 'tem razão'. Ela desvia a atenção dos residentes do exame minucioso de sua própria maneira de processar a informação clínica através da qual eles podem começar a examinar seus próprios pressupostos. No momento em que 'a resposta' é dada pelo 'especialista', há uma tendência natural por parte dos residentes de desistirem de seus próprios esforços. Quando isso acontece, a aprendizagem pára" (Sachs e Shapiro, 1974, p. 73).

A abordagem dos autores da supervisão, ao contrário, concentra-se em "espelhar, refletir, duplicar" (Sachs e Shapiro, 1976, p. 401) meios pelos quais os residentes reproduzem inconscientemente sua experiência do paciente em terapia. Sachs e Shapiro buscaram "apontar o paralelismo e identificar sua fonte no paciente, em um esforço para desfazer a identificação. O objetivo é fornecer ao terapeuta os meios para desvendar a identificação, de forma que ele possa entender os sentimentos e os pensamentos do paciente" (1976, p. 414). Eles tentam tornar-se "professores como eles (os estudantes) nunca viram antes, ajudando-os a examinar seus próprios processos mentais e detectar a operação das tendências inconscientes" (1974, p. 67). Ao modelar esse tipo de ensino, os autores tentam ajudar seus alunos a praticá-lo com seus pacientes. A partir daí, eles muitas vezes admitem suas incertezas, deixam claro quando não sabem o que fazer e revelam os raciocínios e os sentimentos através dos quais, às vezes, tateiam até as respostas.

Eles têm expectativas e encontram resistência. A ansiedade e a vulnerabilidade fazem com que os estudantes retenham seus pensamentos e sentimentos. Os estudantes relutam em abrir mão de suas crenças na especialização e tornam-se ansiosos quando convidados a examinar suas próprias respostas. Em um momento anterior do processo de supervisão, os autores tentam lidar com as fontes da resistência dos estudantes, expressando sua visão do paralelismo entre tratamento e supervisão. Eles apontam para o fato de que a identificação não é inevitável, mas necessária ao tratamento (Sachs e Shapiro, 1976, p. 412) e que "as próprias respostas empáticas do terapeuta podem ser usadas como uma fonte de informação para entender o paciente" (1976, p. 412). Quando surgem exemplos da resistência dos estudantes, os autores tratam-nos como "formas de comunicação que indicam problemas na habilidade dos estudantes de terem uma postura mais aberta" (1974, p. 72). Eles chamam a atenção para tais exemplos e convidam os estudantes a refletirem sobre eles, da mesma forma como gostariam que eles respondessem à resistência de seus pacientes.

CONCLUSÃO

Descrevemos vários exemplos de investigação com caráter de *design* em psicanálise: a resposta de Erikson ao sonho de seu paciente, a elaboração do supervisor a partir do quebra-cabeças da jovem estacionada na terapia, assim como estava estacionada em sua reflexão com seu namorado, e as discussões de Sachs e Shapiro sobre pacientes adolescentes. Todos esses exemplos têm uma semelhança um com o outro. Em todos eles, a investigação começa com uma teoria geral, mas não a aplica de forma mecânica. Os analistas conduzem experimentos com suas concepções, de acordo com um esquema de investigação amplamente compartilhado – por exemplo, as reflexões sobre as manifestações de transferência do paciente –, e desenvolvem variações sobre temas como culpa, identificação, desejos reprimidos e conflitos internos. Os analistas constroem o significado do material recolhido em sua forma especial de ouvir seu paciente, produzem novas compreensões e testam suas interpretações de várias maneiras – em última análise, pela eficácia de suas intervenções. Em seu uso da teoria psicanalítica, eles agem mais como artistas do que como técnicos.

Os estudantes em supervisão psicanalítica experimentam versões do paradoxo e do dilema inerentes a aprender o *design*. A psicanálise não lhes pode ser ensinada, como apontam Sachs e Shapiro, mas pode-se apenas ajudá-los a aprendê-la por conta própria. Seus sentimentos de incerteza, confusão e mistério lembram os sentimentos dos estudantes de arquitetura, como Judith e Lauda. O residente, por exemplo, considera as palavras de seu supervisor totalmente impenetráveis, e seu diálogo com o supervisor sugere um impasse na aprendizagem não menos impressionante do que aquele de Judith e Northover. Sachs e Shapiro enfatizam, em sua abordagem da supervisão, a importância central da vulnerabilidade e da ansiedade do terapeuta iniciante.

No entanto, a supervisão psicanalítica difere do ateliê de arquitetura em seu diálogo característico. Sendo a primeira uma sala de espelhos, ela contém potenciais para a reflexão sobre as concepções que vão além daqueles disponíveis no ateliê.

Tanto o supervisor quanto Sachs e Shapiro tentam fazer com que seus alunos reconstruam suas concepções sobre o problema do paciente e o papel do analista. Porém, suas formas diferentes de fazê-lo ressaltam a diferença entre a instrução que ignora os paralelismos entre supervisão em terapia e a que os explora.

O supervisor demonstra o que significa pensar como um psicanalista. Ele reconstrói sua concepção do material da paciente em um quebra-cabeças que se concentra na transferência da paciente. Ele mostra como raciocinar a partir de dois fluxos de informação (o relato do residente sobre a terapia e suas histórias sobre a vida da paciente) até uma interpretação plausível, consoante com a teoria psicanalítica. E também mostra como testar sua interpretação, envolvendo a paciente em uma reflexão comum sobre sua autofrustração, mas faz isso de forma a ilustrar a teoria da ação contrária à que ele defende.

Na sua postura em relação ao residente, o supervisor transmite uma mensagem secundária:

- Eu sei o que você precisa aprender.
- Eu o mostrarei a você.
- Eu agirei como se estivesse fazendo algo diferente para poupar seus sentimentos.
- Eu refletirei sobre sua interação com a paciente e pedirei que você faça o mesmo, mas manterei nossas próprias interações fora de discussão.

Se o residente escolhesse essa mensagem secundária e usasse-a para guiar seu comportamento com o paciente, ele seria incapaz de seguir o conselho explícito do supervisor. Ao contrário, mostraria à sua paciente o que ela precisa aprender, mas manteria a interação terapêutica fora de discussão toda vez que sentisse que sua discussão poderia descontentá-la.

Como o supervisor, Sachs e Shapiro concebem a função do analista como sendo a de ajudar o paciente a ver como ele traz para a terapia as atitudes, os sentimentos e as premissas que dão forma a seus relacionamentos no mundo exterior. Contudo, também ajudam seus estudantes a ver como eles trazem para a *supervisão* as atitudes, os sentimentos e as premissas que dão forma a suas interações com seus pacientes. A mensagem secundária do comportamento do supervisor é algo assim:

- Nós o ajudaremos a ver como você está fazendo conosco o que seu paciente está fazendo com você.
- Nós faremos com você o que você também pode fazer com seu paciente.
- E tornaremos os dois processos passíveis de discussão.

Na interação entre supervisor e residente, a incongruência indiscutível entre as mensagens primária e secundária do supervisor alimenta a confusão e a sensação de desamparo do residente. Nos grupos de estudo de caso, Sachs e Shapiro refletem em voz alta sobre a terapia e sobre o grupo em si, movimentando-se deliberadamente de um para o outro. Eles usam a insatisfação e a frustração de seus alunos na supervisão para iluminar tanto a supervisão como a terapia. Eles chamam a atenção para a relação entre o comportamento que recomendam para a terapia e o comportamento que exibem a seus alunos, servindo-se do imediatismo do segundo para iluminar a prática terapêutica. E as várias formas nas quais fazem essas coisas ilustram como os reflexos de uma sala de espelhos podem contribuir para a reflexão sobre concepções.

Na transferência, o paciente faz ao terapeuta aquilo que já fez a outros. No paralelismo, o terapeuta faz ao seu supervisor (ou ao seu grupo de estudos de caso), o que o paciente fez a ele. Os dois processos são modos de imitação inconsciente em que uma pessoa reproduz com outra um tipo de visão de mundo para o qual ela contribuiu em algum outro lugar – transformando o outro em parte de um drama que ele já encenou antes – e fornece ao outro, assim, uma evidência diretamente verificável de sua *forma* de ver o mundo.

O paralelismo entre terapia e supervisão pode ser analisado em dois componentes distintos.

No "paralelismo do diagnóstico", o terapeuta reproduz com seu supervisor o universo de sua interação com o paciente. No caso da garota de 16 anos, o terapeuta e os outros membros do grupo impõem ao supervisor uma expectativa mágica de respostas corretas, como a expectativa mágica da garota em relação a seu terapeuta; e, da mesma maneira que ela, eles tratam os supervisores como especialistas. À medida que os supervisores refletem sobre sua experiência de estar na posição em que o terapeuta os colocou, eles entendem melhor a experiência do terapeuta de estar na posição em que a paciente o colocou.

No "paralelismo da intervenção", o paralelismo do diagnóstico é revertido. A partir de sua posição como "terapeuta", o supervisor vivencia com o residente o tipo de intervenção que gostaria de que o residente buscasse com sua paciente. Sachs e Shapiro fazem isso através da reflexão pública sobre o paralelismo do diagnóstico. Eles apontam para o fato de que a expectativa do terapeuta de especialização reflete a crença da jovem em alguma verdade básica que irá curá-la. Eles convidam o terapeuta para refletir sobre sua reprodução da situação terapêutica e pedem a ele que observe o perfeccionismo inconsciente e a necessidade de onipotência que o induziram a aceitar a demanda da garota de que ele dissesse a ela o que fazer. Através de exemplo e conselho explícitos, eles sugerem ao terapeuta que abra mão da especialização em favor de uma maneira psicanalítica de pensar e fazer, ajudando a paciente a refletir sobre conflitos internos revelados pelas manifestações de sua transferência. Seu conselho é semelhante ao do supervisor, mas, no caso deles, descreve uma intervenção como aquela recém-desenvolvida por eles com o residente.

Nem todas as formas de reflexão sobre a concepção dependem de paralelismos de uma sala de espelhos. Quando o diálogo entre estudante e instrutor toma a forma de Siga-me!, o estudante pode tentar entrar na maneira de ver e fazer do instrutor. Ele pode descobrir como é seguir as instruções de um instrutor, ou fazer como ele fez. E um instrutor pode agir de forma recíproca, refletindo sobre as tentativas dos estudantes de entrarem em sua visão. Em uma sala de espelhos, entretanto, há possibilidades adicionais para a reflexão sobre concepções.

Em primeiro lugar, um instrutor pode ajudar uma estudante a descobrir como ela concebeu uma função ou problema, na prática, mostrando de que forma ela os recriou na aula prática. A estudante pode agora ver em outros, olhando de fora, o que já havia experimentado do lado de dentro. Assim, a concepção da situação pela estudante pode tornar-se *visível* a ela como um objeto para a reflexão pública e privada. Sua consciência de modo como já concebeu uma função ou problema prepara-a para a tarefa de entrar em uma nova maneira de fazê-lo.

Em segundo lugar, ao fazer à estudante o que ela poderá fazer com seu paciente ou cliente, o instrutor pode capacitá-la não apenas para observar o tipo de ação que ela pode desenvolver (como em Siga-me!), mas também para experimentar como é estar na posição de receber esse tipo de ação.

Tais formas de reflexão sobre concepções fazem uso de visões internas e externas da ação – a ação como é sentida e a ação como é observada. Elas exploram semelhanças percebidas entre as interações de uma aula prática e as de um mundo prático. Elas agem assim, retrospectivamente, em relação a eventos que já aconteceram e, prospectivamente, em relação àqueles que poderão acontecer.

A Figura 9.1 mostra combinações possíveis destas dimensões: interna e externa, ensino prático e prática, passado e futuro.

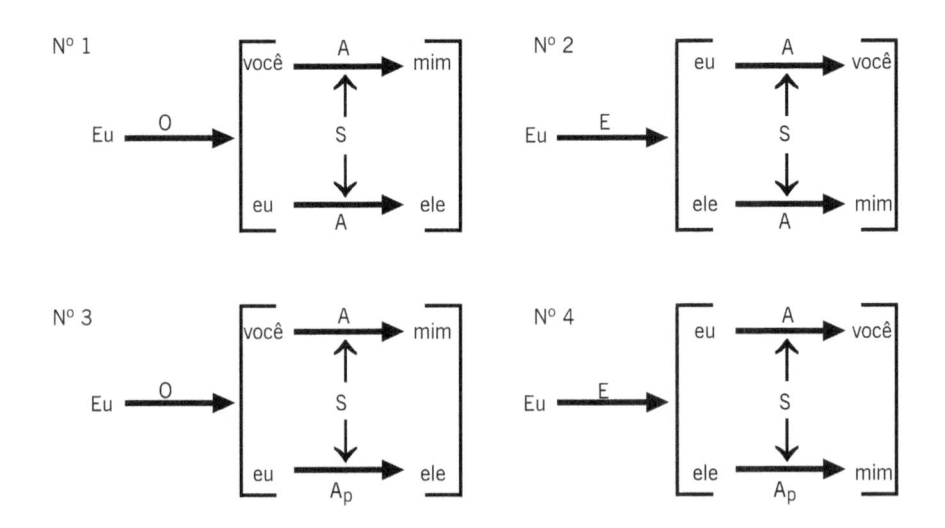

O = observar
E = experimentar
A = agir sobre
A$_p$ = poder agir sobre
S = semelhante a

Figura 9.1 Algumas formas de reflexão sobre concepções possíveis em uma aula prática do tipo sala de espelhos.

No primeiro esquema, eu (o estudante) observo você (os outros estudantes) agindo em relação a mim como eu agi em relação a ele (meu paciente ou cliente). No segundo, experimento como é agir em relação a você como ele agiu em relação a mim. No terceiro, observo você (o instrutor), agindo em relação a mim como eu poderia agir em relação a ele. E, no quarto, experimento a sua ação (do instrutor) sobre mim, como ele poderia experimentar minha ação sobre ele.

Como minha ação anterior torna-se visível a mim em sua ação presente em relação a mim; e a experiência anterior de meu cliente torna-se acessível a mim em minha experiência atual de interação com você. Observo, em sua atual ação, como eu poderia agir com meu cliente e experimento agora aquilo que ele poderá experimentar comigo posteriormente. Meus esforços de reflexão sobre a concepção são realçados à medida que aciono as mudanças no paralelismo disponíveis em uma sala de espelhos, integrando as visões interiores e exteriores de minha prática anterior e a nova prática que busco aprender.

NOTA

1. O protocolo discutido nesta seção foi o primeiro gravado por dois estudantes-pesquisadores no decorrer de um seminário sobre educação profissional coordenado por mim em 1978. Os dois estudantes, Bari Stauber e Mike Corbett, trabalharam com o residente em psiquiatria para coletar o protocolo e o material de entrevista. Cada um escreveu uma monografia sobre o protocolo. Apesar de minha análise diferir da deles em vários aspectos, devo-lhes muito pelo protocolo e pelas idéias.

# Capítulo 10

UMA AULA PRÁTICA REFLEXIVA EM HABILIDADES DE ACONSELHAMENTO E CONSULTORIA

Durante os últimos 15 anos, Chris Argyris e eu trabalhamos juntos, em nossa atividades de ensino e pesquisa, para desenvolver uma teoria da prática interpessoal competente e um ensino prático para a aquisição de suas habilidades. Nosso trabalho tem estado centrado nas práticas de consultoria organizacional e aconselhamento pessoal e na dimensão interpessoal de profissões como administração de empresas, administração pública e ensino. Nossos estudantes têm vindo de escolas de educação, administração, planejamento e políticas públicas, entre outras; participantes de nossas atividades de pesquisa têm incluído gerentes, administradores escolares, advogados e pesquisadores acadêmicos – na verdade, representantes de profissões muito reconhecidas.

Propusemos (Argyris e Schön, 1974, 1978) que os seres humanos, em sua interação com o outro, constroem um *design* de seu comportamento e dispõem de teorias para fazê-lo. Essas teorias de ação, como as chamamos, incluem os valores, as estratégias e os pressupostos básicos que informam os padrões de comportamento interpessoal dos indivíduos. Distinguimos dois níveis nos quais operam as teorias da ação: há teorias que usamos para explicar ou justificar nosso comportamento. Os administradores, por exemplo, freqüentemente adotam a abertura e a liberdade de expressão, especialmente quando se trata de informação negativa, como em "Minha porta está sempre aberta" ou "Não quero 'homens-sim' por aqui; nesta empresa, espera-se dos gerentes que digam o que pensam". E há, também, teorias-em-uso em nossos padrões de comportamento espontâneo com os outros. Assim como outros tipos de processos de conhecer-na-ação, eles são geralmente tácitos. Muitas vezes, não somos capazes de descrevê-los e ficamos surpresos ao descobrir, quando os construímos através da reflexão sobre a informação diretamente observável de nossa prática interpessoal real, que eles são incongruentes com as teorias-em-ação que nós adotamos. Por exemplo, um administrador que adote uma postura aberta poderá, mesmo assim, reter ou amenizar a expressão de qualquer informação que considere que as outras pessoas provavelmente tratarão como negativa.

Argyris e eu construímos um modelo bastante geral para descrever o comportamento interpessoal, especialmente em situações de dificuldade ou estresse. Os valores (ou variáveis dominantes), as estratégias e os pressupostos deste modelo, que chamamos de "Modelo I", estão listados na Tabela 10.1. Seus valores são "Adquirir o objeto como o vejo", "Lutar para vencer e evitar a derrota", "Evitar sentimentos negativos" e "Ser racional" (no sentido de utilizar a "razão moderada" para persuadir os outros). Suas estratégias incluem controle unilateral do ambiente de trabalho e proteção unilateral de si mesmo e dos outros.

Exemplos de comportamento de Modelo I foram descritos em capítulos anteriores: as estratégias de Northover e Judith, de mistério e maestria, para mencionar um exemplo, e a recusa camuflada das idéias do residente pelo supervisor, para mencionar outro. Estratégias de Modelo I baseiam-se em pressupostos através dos quais eles parecem ser meios plausíveis de adquirir valores de Modelo I, por exemplo, "Interações interpessoais são jogos de vitória ou derrota" e "As outras pessoas não irão detectar minhas estratégias de controle unilateral". As teorias-em-uso de Modelo I contribuem para a criação de universos comportamentais que são do tipo vitória/derrota, fechados e defensivos. É difícil, em universos de Modelo I, revelarem-se os dilemas privados de alguém, ou testarem-se seus principais pressupostos. Como conseqüência, a aprendizagem tende a estar limitada ao tipo que Argyris e eu chamamos de "circuito único": aprender sobre estratégias e táticas para conquistar os próprios objetivos. Em universos de Modelo I, há pouca ou nenhuma aprendizagem de "circuito duplo" sobre os valores e os pressupostos que motivam nosso próprio comportamento ou o de outra pessoa. Um consultor de Modelo I pode aprender, por exemplo, a manter um cliente concentrado em uma agenda estabelecida previamente, mas provavelmente não irá examinar o preço pago por esforços de exercer controle unilateral sobre o cliente.

Tabela 10.1 Características do Modelo I

Variáveis Dominantes para a Ação	*Estratégias de Ação para o Ator*	*Conseqüências para o Ator e Seus Associados*	*Conseqüências para a Aprendizagem*	*Eficácia*
1. Atingir os propósitos da forma como os percebo	Construir o *design* e administrar o ambiente de modo que o ator esteja no controle de fatores que são relevantes para mim	Ator visto como defensivo	Auto-isolador	
2. Maximizar a vitória e minimizar a derrota	Conquistar e controlar a tarefa	Relacionamentos interpessoais e de grupos defensivos	Aprendizagem de circuito único	Diminuída
3. Minimizar a evocação de sentimentos negativos	Autoproteger-se unilateralmente	Normas defensivas	Pouco teste público de teorias	
4. Ser racional e minimizar a emocionalidade	Proteger unilateralmente os outros de ferirem-se	Baixo nível de liberdade de escolha, compromisso interno e disposição de correr riscos		

Fonte: Adaptada de Argyris e Schön, 1974, p. 68-69.

Argyris e eu defendemos um modelo diferente de teorias-em-uso, o qual chamamos de "Modelo II" (ver Tabela 10.2). Suas variáveis dominantes são a informação válida, o compromisso interno e a escolha livre e informada. O Modelo II destina-se a criar um universo comportamental no qual as pessoas possam intercambiar informações válidas, mesmo a respeito de questões sensíveis e difíceis, sujeitar dilemas privados à investigação comum e fazer testes públicos de atribuições negativas que o Modelo I mantém privadas e inacessíveis à discussão. Por exemplo, um consultor de Modelo II pode testar publicamente a disposição de um cliente de expressar decepção com sua execução. Ele pode testar até que ponto pode ir na tentativa de colocar em discussão as questões de dúvida e desconfiança que, freqüentemente, surgem entre clientes e consultores.

Em um universo comportamental de Modelo II, a aprendizagem não precisa limitar-se a uma aprendizagem de circuito único, pois ela também poderá incluir aprendizagem sobre as variáveis dominantes que estão por trás das estratégias dominantes. Por exemplo, um gerente e seu subordinado podem explorar como têm conspirado para não discutir questões que podem tê-los trazido ao confronto aberto.

Desde o início da década de 70, Argyris e eu temos trabalhado com pessoas interessadas em examinar suas teorias-em-uso reais e explorar a transição de um comportamento de Modelo I para um de Modelo II. Começamos com participantes de um programa para superintendentes escolares (Argyris e Shön, 1974) e continuamos, juntos e individualmente, com administradores de empresas (Argyris, 1976), administradores de pesquisa e desenvolvimento (Argyris e Schön, 1978) e consultores de estratégias empresariais (Argyris, 1982), entre outros.

Tabela 10.2 Características do Modelo II

Variáveis Dominantes Para a Ação	Estratégias de Ação para o Ator	Conseqüências para o Ator e Seus Associados	Conseqüências para a Aprendizagem	Eficácia
1. Informação válida	Situações ou encontros nos quais os participantes podem ser originais e experimentar alta relevância pessoal	Ator visto como minimamente defensivo	Processos testáveis	
2. Escolha livre e informada	A tarefa é controlada conjuntamente	Relações interpessoais e dinâmicas de grupo minimamente defensivas	Aprendizagem de circuito duplo	Aumentada
3. Compromisso interno com a escolha e monitoramento constante da implementação	A autoproteção é um empreendimento conjunto, orientado no sentido do crescimento	Normas orientadas à aprendizagem	Freqüente teste público das teorias	
	4. Proteção bilateral dos outros	Alto nível de liberdade de expressão, compromisso interno e disposição para correr riscos		

A partir de 1977, começamos uma série de seminários para estudantes de pós-graduação em nossos respectivos programas na Universidade de Harvard e no Instituto de Tecnologia de Massachusetts (M.I.T). Depois de um primeiro curso coordenado no outono por Argyris, coordenamos conjuntamente um seminário para um grupo de 15 a 20 estudantes que haviam completado o curso de outono e desejavam continuar desenvolvendo habilidades do Modelo II. A maioria desses estudantes estava matriculada no Programa de Aconselhamento e Consultoria da Escola de Pós-Graduação em Educação da Universidade de Harvard ou no Departamento de Estudos Urbanos e Planejamento do M.I.T., embora muitos dos participantes viessem de outras escolas de administração, relações sociais, políticas públicas ou planejamento na região de Boston.

O primeiro seminário aconteceu em 1977, o segundo em 1978 e o terceiro em 1983. Desenvolvi um quarto, individualmente, em 1984, enquanto Argyris estava de licença.

A seguir, descreverei, em ordem mais ou menos cronológica, algumas das questões e dos experimentos que foram mais importantes para nossos alunos e para nós mesmos. Sua seqüência sugerirá um quadro em evolução da aprendizagem de nossos alunos e da maneira como tentamos ajudá-los.

Para Argyris e para mim, os seminários foram situações de pesquisa nas quais desenvolvemos nossas investigações em tópicos como a natureza das teorias-em-uso interpessoais, as condições e os impedimentos para a transição do Modelo I para o Modelo II e os tipos de ajuda mais úteis para aqueles que desejam fazer essa transição. Em tudo isso, tentamos, como poderá ser visto, envolver nossos alunos não na condição de aprendizes, mas na condição de co-pesquisadores.

Vistos da perspectiva deste livro, os seminários da teoria-da-ação têm uma relação com a idéia mais geral de um ensino prático reflexivo. Eles fornecem exemplos de ciclos de longo prazo de aprendizagem e não-aprendizagem e sugerem como os instrutores podem aprender a partir da reflexão sobre sua própria experiência acumulada. Talvez mais importante do que isso, eles sugerem de que forma as teorias-em-uso dos instrutores e dos estudantes afetam seu potencial para a reflexão sobre suas concepções. Os experimentos descritos neste capítulo ilustram uma abordagem de condições favoráveis ao sucesso de qualquer aula prática reflexiva.

O PARADOXO E O DILEMA DO ENSINO E DA APRENDIZAGEM DO COMPORTAMENTO DE MODELO II

Em geral, os estudantes vêm aos nossos seminários depois de uma cadeira com Argyris, na qual se familiarizam com nossos dois modelos, estudam exemplos de comportamento de Modelo I e tentam inventar e produzir intervenções no sentido de criticar e corrigir tal comportamento. Quase sempre, suas intervenções reproduzem características das teorias-em-uso que eles criticaram.

Argyris desenvolveu um breve caso baseado no manuscrito de uma interação entre um supervisor, Y, e seu subordinado, X. Pediu-se a Y "que ajudasse X a mudar suas atitudes e comportamentos para que pudesse melhorar seu desempenho". Também foi dito a Y que, mesmo que a organização estivesse realmente interessada em manter X, X provavelmente teria de ser demitido se seu desempenho execução não melhorasse. Estes, então, foram os comentários de Y para X:

1. X, seu desempenho não está à altura dos padrões (e, além disso...).
2. Você parece estar carregando um peso nos ombros.
3. Parece-me que isso afetou seu desempenho de várias formas. Já ouvi palavras como *letárgico, descompromissado* e *desinteressado*, usadas por outros para descrever seu desempenho.
4. Nossos profissionais mais graduados não podem ter tais características.
5. Discutamos o que você acha de seu desempenho.
6. X, agora você quer discutir as injustiças que crê que tenham sido cometidas contra você no passado. O problema é que eu não conheço as especificidades desses problemas. Não quero gastar muito tempo discutindo coisas que aconteceram muitos anos atrás. Nada de construtivo sairá disso. Já passou.
7. Quero falar sobre você hoje e sobre seu futuro em nosso sistema.

Pede-se, então, a cada estudante do curso que responda a três questões:

1. Qual é sua reação ou diagnóstico da maneira como Y ajudou X?
2. Qual o conselho, se houver algum, que você daria a Y para melhorar seu desempenho ao ajudar indivíduos como X?
3. Suponha que Y se encontrasse com você no corredor e perguntasse, "O que você achou do jeito como lidei com X?". Como você responderia? Por favor, escreva sua resposta em forma de um roteiro, no lado direito de uma página. No lado esquerdo, anote quaisquer pensamentos ou sentimentos que você possa ter tido durante a conversação, mas que você não comunicaria a Y por qualquer razão.

Toda a vez que o caso é apresentado, há quase um consenso de que as intervenções de Y não ajudaram X. Os processos de raciocínio usados para construir o diagnóstico envolvem inferências em vários graus de distância da informação relativamente passível de observação direta (as seqüências citadas acima). Alguns comentários requerem uma breve escada de inferência (alguns degraus, da informação diretamente observável até inferências sobre a informação), por exemplo, "Y reprimiu X", "Y criticou a atitude de X" e "Y citou outros para ilustrar seus argumentos". Esses comentários poderiam ser facilmente ilustrados, referenciando-se no manuscrito. Subindo a escada da inferência, há declarações como "Y foi muito grosseiro", "Y não deu a X uma oportunidade de defender-se" e "Y prejulgou X". Essas inferências podem estar corretas, mas não são auto-evidentes. Por exemplo, Y pode achar que não foi muito grosseiro, que deu a oportunidade de X defender-se e que não o prejulgou. Y ainda pode dizer que foi muito grosseiro para ser honesto, que não deu a X a oportunidade de defender-se porque não queria abrir o passado e expressou uma opinião da gerência geral, da qual X já estava ciente.

Nessas sentenças, os estudantes fazem inferências sobre os significados que Y produziu ao "ajudar" X. Um terceiro e mais alto nível de inferência é ilustrado pelas sentenças que vão além dos significados e dos motivos atribuídos a Y, presumivelmente para explicar suas ações, por exemplo, "Y não estava interessado em saber a verdade", "Y foi agressivo, frio e desligado" e "Y não estava interessado em entender X".

A maioria dos diagnósticos contém atribuições e valorações que requerem raciocínio complexo sobre as sentenças de Y. Muito poucos ilustraram suas inferências; a maioria parece saltar da informação diretamente observável para um nível mais alto de inferência. Embutida em seus diagnósticos, está uma teoria microcausal de interação entre X e Y. Por exemplo:

> Se Y é grosseiro e negativo, julgador e ofensivo, ameaçador e insensível, não tem interesse de entender X e é dominador de X,
>
> então X irá sentir-se rejeitado, prejulgado, tratado injustamente e defensivo.
>
> Se o dito acima é verdade, então: haverá pouca aprendizagem entre X e Y, e X não será ajudado.

Se os estudantes comunicam seus diagnósticos a Y, eles provavelmente criarão as mesmas condições pelas quais condenam Y, por criá-las para X. Se disserem a Y que ele é "grosseiro", "frio" e "insensível", por exemplo, Y provavelmente *os* considerará grosseiros, frios e insensíveis. A análise causal dos estudantes sobre o impacto de Y em X depende de raciocínios que, se comunicados a Y, muito provavelmente criariam as mesmas condições que eles deploram.

Quando essa análise foi dada aos estudantes, a maioria deles negou-a, inicialmente, e tentou provar que a lógica do instrutor era inválida. Todavia, à medida que a discussão progrediu, muitos começaram a concordar com Argyris. Um número crescente deles viu que, em suas reações a Argyris e aos outros do grupo, apresentavam o mesmo tipo de raciocínio que haviam usado com Y. Eles também notaram que, quando Argyris fez atribuições e valorações sobre suas ações, ele a ilustrou e testou publicamente.

Quando Argyris pediu aos membros do grupo que dissessem o que estavam pensando e sentindo, a maioria usou palavras como *choque, surpresa* e *descrença*. Independentemente do quanto houvesse estudado e adotado o Modelo II, a maioria chocou-se com a discrepância entre suas expectativas iniciais sobre seu comportamento e a teoria-em-uso de Modelo I que eles haviam descoberto em si mesmos.

Os estudantes reagem de várias formas a essa descoberta chocante. Alguns abandonam o curso. Outros continuam, de maneira passiva e defensiva. Porém, um número substancial, aqueles que continuam a participar dos seminários de teoria-em-uso dos quais trata este capítulo, são estimulados a explorar e a reestruturar suas teorias-em-uso.

Esses estudantes têm, agora, um dilema em comum. Eles sabem como é o Modelo II, no abstrato e, na sua maioria, acreditam que o entendem e concordam com ele. Ainda que possam, às vezes, reconhecer exemplos de comportamentos de Modelo II, sabem que em geral são incapazes de detectar seus raciocínios ocultos de Modelo I, ou de inventar e produzir respostas de Modelo II para situações interpessoais difíceis. No entanto, eles detectam prontamente características de Modelo I nas respostas de seus colegas e, com a ajuda de outros, em suas próprias. Seu dilema é do tipo:

- Eles sabem como gostariam de mudar seu comportamento.
- Eles reconhecem o comportamento desejado em outros, quando o vêem.
- Eles reconhecem, com ajuda, quando não o estão produzindo.
- Eles não sabem aonde ir a partir daqui.

À medida que trabalhamos com esses estudantes, Argyris e eu enfrentamos um dilema que é complementar ao deles. Somos capazes de oferecer modelos conceituais, criticar suas produções e demonstrar o tipo de comportamento que eles gostariam de produzir. Contudo, não podemos aprender por eles, e muito da ajuda que temos a oferecer é inadequada ou incompleta.

Por exemplo, nós propusemos uma heurística de Modelo II, como:

- Conecte a defesa de sua posição com uma investigação sobre as crenças do outro.
- Declare a atribuição que está fazendo, diga como chegou a ela e peça a confirmação, ou não, do outro.
- Se experimentar um dilema, expresse-o publicamente.

Entretanto, situações novas sugerem continuamente novas heurísticas, iguais em importância àquelas já disponíveis. Além disso, quando o Modelo II e as regras aceitas associadas a ele são tomadas juntas, eles parecem internamente inconsistentes. Fazer uma atribuição pública, por exemplo, pode entrar em conflito com os esforços para entender os sentimentos e os pensamentos de uma pessoa. Uma tentativa de trazer à superfície um dilema público pode parecer, em um contexto específico, como uma tentativa de controle unilateral.

Finalmente, mesmo que as proposições de Modelo II sejam generalizações, as intervenções desse Modelo são sempre específicas para um caso em questão. Uma pessoa que seja especialista em comportamento de Modelo II exibe em suas intervenções um talento artístico intermediário que não é parte do Modelo II em si. Os estudantes que tentam "aplicar o modelo" descobrem que devem adquirir suas próprias versões desse talento artístico, um processo muito pessoal que os leva a reavaliarem a si próprios no mundo à sua volta.

UM CICLO DE INSUCESSOS

No seminário de 1977, pela primeira vez nos tornamos cientes de um ciclo de insucessos cuja estrutura analisamos a seguir.

Quando os estudantes sentiam-se vulneráveis à ameaça, eles produziam "interceptações automáticas". Sentimentos negativos como raiva, ressentimento, medo ou impaciência desencadeavam respostas automáticas de Modelo I, como "explodir", retrair-se, reter informações consideradas perigosas ou projetar raiva sobre a outra pessoa. Em geral, um estudante não estaria ciente, em princípio, do sentimento que desencadeou sua ação, ainda que conhecesse a ação em si e seus resultados geralmente improdutivos. Ao tentar construir um *design* de intervenções de Modelo II e produzi-las, o estudante experimenta o insucesso psicológico.

Um estudante, a quem chamarei de Arthur, escreveu seu trabalho de conclusão sobre essa experiência. Na ação descrita por seu caso e mesmo ao escrevê-lo, ele não havia estado ciente de sua raiva em relação a um subordinado:

> Examinando a informação do caso em si, o único sentimento negativo que eu experimentava era o medo ("apavora-me quando você diz que *acha* que as preparações para uma reunião estão prontas") e a única referência que fiz sobre raiva foi sobre a raiva de Joe ("Joe, parece-me que você está ficando zangado"

e "Ele está mesmo zangado, agora")... Eu estava extremamente preocupado em parecer incompetente e fora de controle ("experimentar aquele sentimento de desamparo... é muito assustador para mim"), ainda assim não tenho preocupações em lidar com a raiva, mesmo que o caso que relatei tenha sido difícil e a raiva tenha cumprido um papel importante... parece justo concluir que, pelo menos inicialmente, se experimentei alguma raiva, relatei-a como uma emoção diferente, por exemplo, desamparo, descontrole ou medo, e posso muito bem ter projetado meus próprios sentimentos de raiva em outros, em Joe, por exemplo, no meu caso.

Uma posterior análise cuidadosa do fato, geralmente em combinação com a discussão no grupo, levou alguns estudantes a formularem o raciocínio associado a suas interceptações automáticas. Neste trabalho de conclusão, Arthur descreveu a aula na qual havia entendido pela primeira vez a importância crucial de sua raiva não-expressada:

Comecei a sessão aparentemente sem saber que estava sentindo-me zangado. Na metade da sessão, havia evidência de que reconheci minha raiva, mas não estava certo de que deveria expressá-la. Finalmente, parece que reconheci que deveria ter expressado a raiva para tornar-me mais eficaz. O que aconteceu durante a sessão que me levou a reconhecer que estava zangado com Joe e que deveria expressar tal fato? Três aspectos da discussão na sala de aula parecem-me importantes. Em primeiro lugar, a aula, com ajuda (do autor), manteve a atenção na raiva, uma atenção que eu não teria mantido por conta própria. Em segundo lugar, a classe legitimou minha raiva... Finalmente, a classe analisou meu comportamento, através da dramatização, indicando que eu havia de fato expressado raiva, tivesse eu sentido ou não... expressando medo de uma forma que transmitia raiva. Em essência, a classe concentrou-se na informação, fez conexões e análises e criou significados que eu era incapaz de fazer por conta própria. Mesmo assim, esses eram exatamente os dados, as conexões e as análises de que eu precisava para tornar-me mais eficaz na situação.

Posteriormente, Arthur reconheceu que sua raiva em relação a Joe era também dirigida a ele próprio. Ele não tinha estado ciente dessa conexão, mas a reconheceu quando foi expressa, inicialmente por um estudante e depois por Argyris.

Ao pensar em colocar tais descobertas em uso em uma intervenção, Arthur entendeu um dilema adicional. Se ele não conseguisse expressar sua raiva para com Joe, ele iria tornar-se cada vez mais zangado consigo mesmo e, conseqüentemente, ineficaz. Porém, como a raiva "explodir" poderia ajudá-lo a lidar com Joe? Mais tarde, Argyris sugeriu a seguinte intervenção:

Tenho dois sentimentos. Primeiro, estou morrendo de medo de que, quando os professores estiverem aqui, as mesas não estarão prontas e, se eu me encontrar nessa posição, ficarei zangado com você e comigo por não acompanhar você.

A reação de Arthur foi de dizer, "acho que isso é... o que eu estava mesmo sentindo". Mas notou que *ele* havia sido incapaz de produzir uma intervenção concisa que incorporasse os vários elementos de seu dilema.

Quando os estudantes conscientizaram-se das interceptações automáticas que desencadearam seus ciclos de insucessos, os sentimentos e os raciocínios escondidos em suas respostas automáticas e os dilemas inerentes ao processo de construção de um *design* de intervenções de Modelo II, eles entenderam que não poderiam lidar com a complexidade do diagnóstico e construir o *design* sem ajuda externa. De que forma, então, poderiam lidar com tais processos seqüenciais em situações de estresse e velocidade? Argyris e eu nos perguntamos como, nesse estágio de sua aprendizagem, eles poderiam esperar fazê-lo? Mesmo assim, ficava claro, a partir de suas expressões de frustração e desencorajamento, que eles não apenas esperavam produzir intervenções completas que incorporassem tudo o que haviam descoberto através da análise, mas também esperavam acertar na primeira tentativa. Suas aspirações exageradamente altas reforçavam seus sentimentos de incompetência, aumentavam seu sentimento de vulnerabilidade ao fracasso e produziam um nível de estresse que dificultava a reflexão seqüencial.

COISAS QUE TENTAMOS

Quando Argyris e eu chegamos a esse diagnóstico do ciclo de insucessos, apresentamos o mesmo ao grupo para observar suas reações. Mesmo que a maioria deles concordasse com nossa análise e afirmasse considerá-la iluminadora, muitos ainda queriam um procedimento que proporcionasse intervenções corretas de Modelo II. Argyris e eu sabíamos que não poderíamos planejar tal programa. Pensamos que, nesse momento do seminário, nossos estudantes já deveriam saber mais do que apenas ter fome de procedimentos especializados. Perguntamo-nos que sentimentos eles poderiam estar tentando controlar ou evitar dessa forma. Talvez, pensamos, devêssemos convidá-los a descreverem seus medos.

Pedimos a eles que escrevessem um trabalho curto sobre dificuldades, preocupações e medos que experimentaram quando tentaram funcionar como interventores e distribuímos o conjunto dos textos para cada um deles.

Os principais temas dos vinte e poucos trabalhos foram o medo de ser ou de parecer incompetente (o significado de incompetência variou com o tipo de situação que aquele que escreveu considerava mais ameaçadora) e o medo associado de sentir-se desamparado ou impotente. Por exemplo:

- Situações que eu tento evitar: chegar a um impasse em minha interação com o cliente, sem que o sentido de direção esteja claro... A pergunta "Você já fez este tipo de projeto antes?" sempre me paralisou.
- (Tenho medo que) os clientes façam-me perguntas... de uma forma que indique que eles esperam que eu tenha uma resposta, mas para as quais eu não tenho... clientes irão perguntar-me de uma forma hostil, ou me considerarão fraco, desinteressante, ineficaz e amador... Tenho medo dessas situações, mas, além disso, muitas vezes não reconheço tais situações como elas são, quando ocorrem.
- Acho que tenho mais medo, como um interventor, de parecer incompetente, de não saber o que fazer ou dizer em reposta a uma solicitação razoável.

Os trabalhos dos estudantes revelaram um tema secundário de preocupação com o exercício unilateral do controle, o assumir responsabilidades e uma sobrecarga de defesa de pontos de vista, todos voltados a proteger-se do sentimento de impotência. Eles escreveram, por exemplo, sobre seu medo de ser descobertos por um cliente quando disseram saber o que na realidade não sabem, ser controlados pela raiva de um cliente quando eles levantarem questões ameaçadoras, ou não entender muito do que está acontecendo porque eles colocam muita energia em "manter o roteiro de consultoria".

Ao lerem os trabalhos uns dos outros, os estudantes expressavam alívio ao descobrir o quão semelhantes eram os medos que cada um acreditava ser unicamente seu. Além disso, eles compartilhavam um sentido de que, como expressou um estudante, "Eu não reconheço conscientemente estes sentimentos quando eles ocorrem". O próprio ato de descrevê-los parecia aberto à possibilidade de reflexão de forma a impedir as respostas automáticas que eles geralmente desencadeiam.

Aproximando-se do final do curso, quando pedimos aos estudantes que descrevessem a trajetória de sua aprendizagem do semestre, vários deles disseram que o trabalho sobre os medos foi um momento crucial.

Mais ou menos ao mesmo tempo em que solicitamos o trabalho, falamos com o grupo sobre nossa sensação da necessidade de mudar a direção do seminário. Reconhecemos nossa incerteza sobre como proceder e assumir o caráter experimental de nossa pedagogia, algo que havíamos apontado bem no início, mas – de acordo com toda a evidência disponível – não havia sido ouvido com seriedade. Também propusemos, pelo menos temporariamente, assumir uma função mais ativa na organização das experiências do seminário.

Desde o início, havíamos apresentado nossos estudantes ao "método da decomposição". Sabíamos que a transição das teorias-em-uso de Modelo I para Modelo II iria requerer que os estudantes aprendessem a *descobrir* o significado de situações interpessoais de uma maneira nova, a *inventar* estratégias de ação e a *produzir* e *avaliar* as estratégias que haviam inventado. Assim, dada uma descrição de caso de uma intervenção difícil, pedimos aos estudantes que descrevessem, em primeiro lugar, o significado da situação; em segundo, a estratégia que haviam inventado para lidar com ela e, finalmente, o que eles realmente iriam fazer ou dizer.

À medida que os estudantes tentavam desenvolver essa tarefa, ficava claro, para eles e para nós, que suas dificuldades muitas vezes começavam com os significados que eles haviam construído. Por exemplo, um estudante que definiu seu problema como sendo o de fazer com que um grupo mais amplo visse o que ele já havia visto intuitivamente pode estar desenhando a situação, desde o início, de uma forma que torne uma resposta de Modelo II improvável. Sua própria definição da tarefa iria fazer com que ele tentasse vencer, atingindo um objetivo que já havia estabelecido unilateralmente. Porém, aqueles que foram capazes de construir um significado consistente com as variáveis dominantes do Modelo II não foram necessariamente capazes de inventar uma estratégia consistente com seus significados. E, muitas vezes, aqueles que haviam inventado tal estratégia foram incapazes de produzi-la.

Por exemplo, um estudante propôs a seguinte estratégia para responder às críticas do programa de treinamento de professores que ele havia projetado:

> Minimizar a dependência de generalizações e abstrações, maximizar a informação válida através do uso, ou pelo menos reconhecimento, de dados diretamente observáveis para sustentar suas conclusões.

Contudo, a intervenção que ele realmente produziu, durante uma dramatização, foi:

John, que evidência você tem para sustentar a crença de que os professores não conseguiriam dar conta?

Refletindo sobre a intervenção, após tê-la feito, o estudante concordou que ela provavelmente produziria defensividade, ou criaria uma situação de vitória ou derrota; na verdade, soava para ele como uma sabatina. Ele surpreendeu-se com seu pressuposto implícito de que "John não está sustentando sua (crítica) com... dados". Para ele, bem como para outros estudantes, o método de decomposição levou à consciência do raciocínio que está por trás de suas respostas espontâneas.

Depois dessa dramatização, faríamos uma pausa para avaliar o que havia sido feito, reapreciar o significado da situação, construir o *design* da próxima intervenção e produzi-la. Diminuímos deliberadamente a velocidade do processo e convidamos os estudantes a fazerem o mesmo toda vez que qualquer um deles desejasse.

Em um caso, lidamos com a situação de um administrador que havia expressado sua insatisfação com o resultado de sua reunião com um subordinado. Procurando ajuda, o administrador havia preparado um manuscrito da reunião que gravou em fita e chamou um consultor. Um dos estudantes (Tom) fez o papel do consultor, e o outro (Larry), do administrador. Tom encontrava-se em dificuldades, chegando muito rápido à sensação de que seu cliente recebera o melhor dele. Sua reformulação da tarefa de consultoria foi como segue:

Mostre a Larry que ele foi ineficaz, peça para ser confrontado e seja forte!

No entanto, "forte", da maneira como ele traduziu isso em ação, tomou a forma de intervenções que a classe considerou agressivas e supercarregadas.

Argyris, então, reformulou o problema inicial, como segue:

Qual a melhor maneira de criar uma alternativa sobre como proceder – sua iniciativa ou a minha? – sem tirar a responsabilidade dele.

Argyris transformou isso na seguinte intervenção:

Alguns clientes dizem que gostariam de começar, outros pedem que eu comece. Qual você prefere?
Larry: Pensei que você deveria saber o que fazer.

Argyris reformulou apropriadamente o novo problema:

Ele desafia minha competência, o que requer sua defesa, mas sem defendê-la e sem especificidades.

Argyris diz então:

Eu sei o que fazer, que é dar a você tanta escolha quanta você queria ter.
Larry: Bem, eu gostaria de ouvir o que você tem a dizer.

A próxima formulação de Argyris do problema e da estratégia:

Aceite-o como ele é, vá adiante, mas esteja aberto para sua contribuição. Não quero que ele se veja enfrentando uma nova escolha; ele já está defensivo o suficiente.
Argyris: Eu gostaria de pegar o parágrafo 1 (em seu caso) e explorar outras formas de lidar com ele, que não as que você usou aqui, e gostaria de convidá-lo a questionar quaisquer sugestões que eu faça.

Nas discussões dessa dramatização, surgiram questões que provaram ser importantes para o restante do seminário. Parecia, antes de mais nada, que Argyris não tinha um programa fixo. Na verdade, um programa fixo, como apontou um estudante, iria colocá-lo em uma posição de tentar manter controle unilateral. Ao contrário, ele parecia ter um repertório de maneiras de conceber e responder a situações que surgem em resposta à sua intervenção inicial. Ter acesso a um repertório, mais do que a um programa, proporcionava-lhe a liberdade de escutar as respostas do cliente e construir novas estratégias em respostas aos significados que ele encontrava nas declarações do cliente.

Não havia uma intervenção única, carregada de todos os significados que Argyris construiu para a situação. Ele poderia agir sobre um desses significados (por exemplo, o desejo de dar ao cliente uma escolha sobre a forma de proceder), enquanto reservava para intervenções posteriores outros significados, como o desejo de ser forte (no sentido de defender suas crenças), e ainda assim evitar contribuir para a defensividade do cliente.

Para nossa surpresa, foi uma idéia nova para muitos estudantes a de que, nesse sentido, a maioria das intervenções *tinha* de ser incompleta. Depois dessa dramatização, formulamos o "teorema da incompletude" que descrevemos como segue:

- Não tente ser completo ou perfeito.
- Não tenha medo de ser imediatamente corretivo, corrigindo o que você tem de dizer depois de pensar sobre o assunto.
- Identifique os principais significados que você infere a partir do que a pessoa está dizendo e expressando através de linguagem não-verbal. Se você acredita que suas inferências representam validamente os significados do outro, vá em frente e responda.
- Defenda sua posição o melhor que puder e combine-a com um convite para o desafio e a correção.
- Não hesite em ser incompleto, no sentido de expressar apenas uma de várias posições possíveis.
- Se você for incompleto, pode dizer e/ou assumir isso mais tarde.

Ao aproximar-se o final do semestre, quando pedimos aos estudantes que escrevessem pequenos trabalhos nos quais descreveriam o que lhes pareciam ser pontos principais em seu processo de aprendizagem, a maioria falou sobre nossa decisão de reduzir a velocidade das atividades e o nosso teorema da incompletude. Arthur, no trabalho final citado anteriormente, observou o quão crucial foi, para ele, aprender a trabalhar melhor suas descobertas, estratégias e produções, mesmo que isso custasse mais tempo. Ele descreveu seus esforços para "entender as conexões que explicam porque estou zangado e fazê-lo publicamente", um processo que era, para ele, "tedioso, demorado e cheio de erros" em comparação com a análise imediata, rápida e eficiente de Argyris. Ele também refletiu sobre o poder do teorema da incompletude, referindo-se à aula na qual os instrutores o haviam proposto como "uma aula-catarse, na qual a classe estava dizendo 'enfim, temos uma explicação para os sentimentos de frustração, tensão e fracasso que temos experimentado nas últimas semanas'". Contudo, ele continuou observando que a heurística não tem seu "efeito poderoso e catártico, até que seu significado tenha sido elaborado e aplicado de maneira significativa ao 'universo' dos membros da classe".

No final dos semestre, Argyris e eu, e a maioria dos estudantes, sentíamos que o ritmo e a qualidade da aprendizagem havia mudado para melhor. Conscientizamo-nos da freqüência de "intervenções híbridas". Os estudantes produziram intervenções com qualidades reconhecíveis de Modelo II, exceto por algum elemento, preso no final, que revertia a Modelo I. Um estudante poderia dizer a alguém que estivesse tentando ajudar, "Você poderia fornecer-me os dados que o levaram a fazer essa atribuição?", mas, a seguir, acrescentar, "Senti que você estava tentando atingir Steve" (sem indicar o que na outra declaração o havia levado a tal atribuição). Ou um estudante dramatizando um diálogo com seu chefe, podia declarar uma necessidade de ajuda e uma intenção de buscá-la, mas punir automaticamente seu chefe por *sua própria* defensividade (pegando o chefe antes que o chefe possa pegá-lo). Além disso, descobrimos que, muitas vezes, os estudantes conseguem produzir uma intervenção de Modelo II apenas para descobrir quando a outra pessoa vem com uma resposta ameaçadora e inesperada, com a qual não podem seguir adiante.

À medida que tentávamos explicar essas observações, parecia que nossos estudantes estavam tentando agir segundo as regras do Modelo II, sem que houvessem aprendido a criar significados de Modelo II. Quando uma regra do Modelo II levava-os a abandonarem suas estratégias defensivas, eles começavam a fornecer informações que negavam suas atribuições, a expressar sentimentos que normalmente teriam retido e a trazer às tona dilemas que normalmente teriam mantido apenas para si mesmos. Entretanto, eles continuavam, inicialmente, a criar significados de Modelo I (do tipo "Pegue-o antes que ele pegue você!") que é acompanhado por sentimentos que desencadeiam interceptações do Modelo I.

A dificuldade que esses estudantes experimentaram em produzir intervenções de Modelo II, cada uma sendo uma resposta improvisada às reações de outra pessoa, parecia refletir seus significados de Modelo I. Por exemplo, a "força" que eles queriam mostrar continuava tomando a forma de controle unilateral sobre a outra pessoa, e o "apoio" consistia em um reforço simpático da fraqueza já reconhecida do outro. Dada a complexidade de uma situação de intervenção, os estudantes pareciam incapazes de formar uma apreciação holística em termos de Modelo II.

PROTECIONISMO

Argyris e eu realizamos nosso seminário novamente na primavera de 1978 e em 1983. Nesses seminários, reconhecemos muitas das mesmas questões que havíamos encontrado nos seminários anteriores e observamos uma dinâmica geral do processo de aprendizagem que era semelhante à descrita acima. Em 1983, entretanto, identificamos um fenômeno novo – ou identificamos novamente um fenômeno antigo – e tentamos uma linha de experimentação que não havíamos tentado antes.

Mais ou menos na metade do período letivo, notamos que, embora os níveis de frustração e desânimo não parecessem muito altos, um clima de passividade e aversão ao risco havia se estabelecido no grupo. Com três ou quatro exceções, os estudantes selecionavam e escreviam sobre os casos de modo a minimizar os riscos para si próprios. Eles retinham as reações negativas a outros membros do grupos, ou revelavam-nas apenas seguindo uma observação de um professor. E, quando se aventuravam a uma crítica, tendiam a disfarçá-la na forma de uma pergunta ("Fico pensando, será que você não...?"). Eles demonstravam uma tal preocupação em evitar magoar alguém, que ignoravam ações pelas quais alguém podia ser responsabilizado. E, com apenas uma exceção, eles nunca nos confrontavam como nós os havíamos confrontado.

Os indivíduos pareciam estar aprendendo sobre eles mesmos e sobre os outros, sendo que o progresso variava de indivíduo para indivíduo. A dinâmica de competição e de vitória ou derrota havia sido moderada no início do seminário e tinha decrescido desde então. Além disso, a tendência predominante de aprendizagem tinha sido minimizar os riscos.

Tudo isso parecia mostrar-nos um clima de grupo cujas normas dominantes eram a autoproteção e a proteção de outros – às vezes, na verdade, uma barganha tácita de autoproteção recíproca. Nessa situação, pensamos, a teoria em uso era adequada à teoria escolhida. Em termos do que foi escolhido, os estudantes defendiam a necessidade de preocuparem-se e serem cuidadosos com os outros e consigo mesmos. No âmbito da teoria-em-uso, eles tendiam evitar o risco, as explorações de questões em profundidade e o conflito uns com os outros, e estavam muito dispostos, ao mesmo tempo, a admitir o erro, a culpa ou a fraqueza. Nesse clima, os estudantes poderiam aprender novas habilidades, mas sua aprendizagem seria limitada.

Solicitamos a eles que escrevessem trabalhos curtos, nos quais descreveriam as habilidades que particularmente gostariam de aprender. Nesses trabalhos, assim como na participação nos seminários, os estudantes caíram em três padrões bastantes claros. O primeiro, e de longe o mais comum, chamaremos de Padrão A. Esses estudantes concentraram-se nos medos, nas características contraprodutivas da teoria-em-uso e no sentimento de não estar no controle. Eles perguntavam, "O que está tornando tão difícil, para mim, fazer isso? Porque estou preocupado? O que me faz fazer o que não gosto?". Eles eram honestos em assumir suas fraquezas e ficavam aquém do desejado no que fazer a respeito delas. Assim, pareciam mais pessimistas. No segundo padrão, o Padrão B, havia não mais do que três ou quatro pessoas, concentrando-se em sua aprendizagem anterior sobre defesas de Modelo I. Tentavam formular programas de aprendizagem nos quais estabelecessem as questões a serem respondidas. Inventavam estratégias a serem seguidas e estados finais a serem atingidos e pareciam mais otimistas. Sua atitude era do tipo "Vejamos se conseguimos aprender!". Um terceiro grupo, o Padrão C, composto por apenas dois estudantes, combinava características de A e B: eles observavam algumas de suas defesas, definiam objetivos para começar a reduzi-las e buscavam formas de experimentar tais objetivos.

As respostas de Padrão A contribuíram para o clima de protecionismo que evoluiu no grupo e foram reforçadas por esse clima. O pessoal do Padrão B, com sua maior disposição de conduzir experimentos em que corressem riscos, usava mais do que sua parcela proporcional de tempo no grupo, mas seu exemplo não afetou o clima geral. O protecionismo no grupo parecia ser tacitamente aceito, não discutido, talvez porque não fosse publicamente reconhecido.

Decidimos dedicar uma sessão inteira à discussão dos três padrões de comportamento estudantil e do protecionismo do grupo como um todo. A sessão provocou reações confusas de concordância e discordância. Ela também fez que os membros do grupo relembrassem sessões anteriores, nas quais, na visão deles, haviam corrido riscos significativos e haviam sido punidos por fazê-lo. Por exemplo, um estudante que havia sugerido fortemente redirecionar a discussão para o processo grupal havia sido confrontado por um outro estudante por causa de seu estilo "controlador" e recuara para uma certeza menos visível. Outros estudantes falaram de sentimentos de ameaça que eles experimentaram na aula, dizendo, por exemplo, "Não me sinto confortável pensando em voz alta aqui".

Nossa intervenção teve o efeito de abrir um pouco o protecionismo do grupo. Vários membros que haviam estado virtualmente silenciosos deram seus primeiros passos no sentido da participação. Vários estudantes fizeram tentativas de crítica aos instrutores. E havia um aumento considerável na disposição dos estudantes de arriscarem intervenções mais complexas e ousadas.

IMITAÇÃO

Nesse clima, de certa forma mais receptivo, Argyris e eu discutimos a possibilidade de tentar um novo experimento. Sabíamos que, como de costume, os estudantes eram capazes de passar uma aula inteira analisando um ponto em particular sobre a intervenção em um caso. Tais exercícios eram, muitas vezes, produtivos, mas também tinham o efeito de impedir os estudantes de tentarem uma seqüência mais longa de passos, em cada um dos quais eles tentassem produzir respostas de Modelo II. Uma dificuldade extra era de que, nas raras ocasiões em que os estudantes fizeram tentativas desse tipo, eles pareciam não ter um sentido de como era a forma, ou o esquema, de tal processo.

No início de abril, propusemos um experimento em imitação. Dramatizaríamos um diálogo inteiro e o converteríamos em um roteiro. Um estudante, então, leria o roteiro do diálogo, com outro estudante no papel de parceiro. Os estudantes poderiam colocar as coisas em seus próprios termos, mas teriam de manter-se nas linhas gerais do roteiro. Os participantes, e o seminário como um todo, refletiriam juntos sobre aquela experiência, após a qual construiríamos um esquema do diálogo para ser concretizado e adaptado a outras situações similares à dramatização.

Tomamos o cuidado de apresentar esse programa como um experimento. Ainda que não tivéssemos certeza de seus resultados (e propusemos alternativas a ele), dissemos as razões pelas quais pensamos que poderia ser uma boa idéia. Alguns estudantes preferiam não fazer comentários, ou concordaram sem entusiasmo, como se dissessem "Tudo bem, nós aceitamos se vocês pensam assim", e alguns confirmaram que se sentiram frustrados por não poderem experimentar uma interação de Modelo II completa. Contudo, outros estudantes expressaram aversão em relação à própria idéia de imitação, que lhes parecia ser um insulto ou até algo degradante. Uma estudante, Karen, escreveu seu trabalho de conclusão sobre o episódio.

Ela observou, para começar, que eu havia apresentado duas formas de ajudar os estudantes a articularem habilidades isoladas de Modelo II: o uso de um mapa geral de ação, "articulado o suficiente para fornecer orientação para... toda uma seqüência de ações", e um convite aos estudantes para "imitarem uma seqüência que parecia a nós e a vocês como o tipo de coisa que você gostaria de fazer, desde que pudesse fazê-la ser sua". Sobre o segundo, eu havia dito, "Sentimo-nos envergonhados porque – bem, é degradante? Mas assim é como nós o propomos". Karen registrou os pensamentos não-ditos com os quais ela havia recebido este convite: "Bem, vocês deveriam sentir-se envergonhados. O que eles pensam que somos? Um monte de ovelhas ou patos, imitando nossos pais?" E mais tarde, na aula, ela disse em voz alta:

> Sinto muito receio sobre o que estamos fazendo. Talvez seja porque estamos chamando de imitação. Parece-me ofensivo porque é coisa de macaco.

E, para si, pensou:

> Aprender imitando é o que eu fiz quando era criança e é por isso que estou envolvida no Modelo I.

Contudo, ela finalmente havia se oferecido para "fazer uma tentativa". E alguns dos outros estudantes haviam acrescentado seu apoio para a idéia:

> Aqueles que aprendem mais rápido são os melhores imitadores, como quando se aprende ginástica.
> Estou intrigado pelo fato de que vocês possam tentar isso e experimentar quaisquer sentimentos que venham junto.

Karen escreveu que estava "impressionada com o fato de que o grupo estava disposto a conformar-se tão prontamente", mesmo que ela própria houvesse expressado sua disposição de tentar. Ela continuou a escrever:

> Um indivíduo que está aprendendo através da imitação de uma pessoa bem-sucedida, que age em Modelo II, está sendo encorajado a estar dentro do sistema daquela pessoa e a *experimentá-lo* nela mesma. Estando dentro do sistema de outra pessoa, esse indivíduo é incapaz de apartar-se e buscar as informações que possam modificar o sistema. Em essência, está imitando um exemplo de circuito duplo, mas fazendo-o através de uma habilidade de circuito único.

Em nossa primeira tentativa nesse experimento, Argyris encenou uma consulta com um dos estudantes, Ted, que havia discutido com uma jovem por causa de um trabalho que eles haviam feito juntos. Outro estudante dramatizara uma consulta com Ted e, no decorrer dela, Ted havia expressado sua satisfação com a ajuda dele. Agora, Argyris começou questionando as bases para sua satisfação.

> *Argyris*: Ted, ao ouvir você e a sua consultora, fica difícil, para mim, entender qual ajuda ela está lhe dando...

A interação continuou por cinco ou 10 minutos. Quando ela havia acabado, os estudantes, entre eles Ted, consideraram que a intervenção de Argyris havia sido útil e, na verdade, um exemplo de intervenção de Modelo II. Solicitamos, então, que eles imitassem, em dramatização com Ted, a intervenção que tinham ouvido.

Depois de um silêncio prolongado, um estudante ofereceu-se como voluntário. Ele imitou a intervenção de Argyris de uma forma que pareceu ao resto do grupo, e a ele, como ele próprio admitiu mais tarde, como um deboche do exercício. Além disso, os estudantes, que haviam feito poucas anotações durante a intervenção, não conseguiam lembrar muito bem o que realmente havia acontecido.

Para o próximo encontro, pedimos a eles que preparassem, a partir das gravações em fita que estavam fazendo, um roteiro para ser usado em uma segunda tentativa de imitação.

Um estudante, Ben, ofereceu-se como voluntário para produzir sua versão do roteiro, do qual ele deu uma cópia a Ted. Quando havia terminado, estes foram alguns dos comentários:

Paul: No começo, não achei que ele estava *pensando* quando dizia as palavras.
Karen: Soavam como frases enlatadas, técnicas.
Susan: Mesmo assim, é um artifício útil para a aprendizagem.
Karen: O que precisamos é de um "esqueleto de imitação" que deixe espaço para que eu faça as coisas do meu jeito. Preciso disso se quiser aprender a partir da imitação.
Ben: Eu senti algo como "Estas não são palavras minhas. Não consigo entender direito".
Emily: O que precisamos é praticar *ser* a outra pessoa – nem Chris (Argyris) nem Ben, mas uma outra pessoa.

Paul e Jeanne experimentaram a dramatização, trabalhando no roteiro de Paul. Isto fez com que Karen dissesse:

Deveria ser imitação, e não personificação.

Outro estudante deu o exemplo de ter aprendido a jogar tênis imitando seu instrutor, mas acrescentou que modificara sua execução detectando e corrigindo erros ao observar *os efeitos* das situações.

Paul e Jeanne tentaram o exercício novamente, desta vez baseando-se literalmente no roteiro. Os estudantes pareciam sentir que a ação tinha ganhado vida. Ambos tinham realmente assumido seus papéis. Paul disse:

Senti um pouco do pânico, mas também um pouco da estrutura. Senti que poderia pelo menos confiar em que poderia explicar meu ponto de vista.

Logo após, Karen entrevistou Paul sobre suas reações à experiência:

Bem, li meu roteiro, que era, em muito, uma cópia literal do de Chris... foi engraçado. Eu tinha uma sensação de segurança de que estava tudo lá, sabendo que iria fazer algo correto e que seria produtivo, mesmo que eu estivesse claramente fingindo.

Ela também entrevistou um outro estudante, que disse:

A imitação deveria dar-me uma sensação de como seria uma intervenção bem-sucedida. Não o senti porque não era a minha intervenção, eu não tinha chegado às conclusões e não estava pensando.

Na segunda parte de seu trabalho, Karen refletiu sobre sua aversão inicial ao exercício:

- Comecei a dar-me conta de que as demandas colocadas para mim pela imitação eram criação minha... comecei a ver como , freqüentemente, enxergo apenas os fragmentos do presente, porque olho o presente através das lentes do passado, que o distorcem. As limitações da imitação são as limitações que eu coloco nela.
- O processo de inverter minha perspectiva é, ao mesmo tempo, libertador e assustador... meu ataque contra a imitação é uma defesa que tenta manter o medo, e minha responsabilidade por ele, longe de minha consciência... sou mais feliz ao prever o quanto a imitação será prejudicial e, então, sendo feliz por ela realmente ser, do que arriscando-me em ir além de onde estou agora, em minha aprendizagem.

- ...De modo que, através da imitação, podem-se perder liberdades, mas podem-se também gerar novas questões e encontrar uma nova voz... experimentando a visão de outra pessoa, não estou apenas visitando... hesito em entrar no mundo de outra pessoa por medo de ser engolida, mas se eu for engolida, é minha ilusão ver as coisas dessa forma.

A conclusão de Karen lembra o sentimento de Johanna de que poderia entrar no universo de Quist para ver as coisas como ele as via, sem medo de ser dominada. "Sinto que mesmo se alguém é muito dominante neste momento... sempre poderei desfazê-lo depois".

SIGNIFICADOS E SENTIMENTOS

Na primavera de 1984, com Argyris de licença, conduzi um seminário para 15 estudantes, sendo que todos haviam feito o curso de outono. Dois participantes também haviam participado do seminário de 1983, descrito anteriormente.

Comecei convidando os estudantes para construírem o *design* de seus próprios experimentos de aprendizagem, concentrando-se nas habilidades de Modelo II com os quais estavam tendo dificuldades especificamente. Com essa atitude, tinha esperança de fazê-los assumir uma parcela maior de responsabilidade por sua própria aprendizagem e, ao mesmo tempo, fazer do seminário um espaço para a reflexão sobre a aprendizagem de habilidades de Modelo II.

Os estudantes consideraram difícil, em princípio, entender o que eu queria dizer com "experimentos de aprendizagem". Eles haviam experimentado o *design* e a discussão de cenários de intervenção, mas não conseguiam ver o que, além disso, um experimento de aprendizagem poderia acarretar. Concordaram, mesmo assim, em tentar. Em seus primeiros trabalhos, curtos, a maioria deles descrevia um problema que havia experimentado nas primeiras discussões sobre seus casos, no curso de outono, ou em um dos pequenos grupos que eles próprios criavam a cada semestre. Contudo, tinham dificuldades em passar de um problema para um curso de ação experimental. Seus planos de ação tendiam a ser vagos e gerais, por exemplo, "Buscar uma linha de investigação, defendendo minha posição e estando aberto à dos outros", ou "Examinar os processos e dinâmicas de nosso grupo, em relação aos comportamentos de Modelo I ou Modelo II".

Desde o início, no entanto, eles convergiam em um problema particular. Ao começarmos a discutir seus casos novos e eles refazerem o *design* dos experimentos de aprendizagem que gostariam de desenvolver, eles lutavam, mais diretamente do que eu poderia lembrar que estudantes tivessem feito em seminários anteriores, com a dificuldade de tentar mudar significados e sensações. Se este é o significado que eu realmente crio, perguntavam eles, e este é o sentimento que eu realmente experimento, então de que maneira eu poderei sentir e criar significado, autenticamente, de uma outra forma?

Uma estudante que havia se conscientizado das estratégias que usa para obter a aprovação dos outros para suas tentativas de intervenção e que via a aprovação como um sinal de "cuidar", perguntou, "O que há de errado em buscar aprovação?". Quando lhe perguntei se ela buscava aprovação para *qualquer coisa* que fazia e quando os outros a ajudavam a ver a diferença entre aprovação acrítica e investigação de Modelo II, ela perguntou, "Mas o que você faz, de verdade, se sente uma necessidade de aprovação? Como mudar um sentimento profundo como esse?". Ela continuou, dizendo, "Não estou certa de que você pode mudar apenas exigindo de você mesma que seja disciplinada".

Outra estudante havia se dado conta de seu medo do fracasso e tentara redefinir "sucesso" como o reconhecimento e a admissão do erro, mas descobriu, então, que havia dado a ela mesma "pouco incentivo para melhorar minha execução". Atingida pela força negativa de sua auto-avaliação, ela expressou um desejo de "escapar do poder de minhas sensações sobre a minha própria pessoa".

Um terceiro estudante, em sua análise de uma das primeiras aulas, apresentou uma descrição que debochava dele próprio a respeito de toda a situação em aula, como sendo uma competição com os outros para "parecer mais inteligente":

> Tenho algumas perguntas e idéias sobre o que Don (Schön) está fazendo. Sinto-me competindo por sua aprovação. Também estou zangado com ele por fazer surgir tais sensações. Ele está confundindo-me, de modo que serei tão crítico quanto possível. Vou ficar quieto; não tenho certeza de que é valido examinar seu comportamento. Assim, suprima esses pensamentos infantis e seja o mais maduro que puder (pode até mesmo render-lhe alguma aprovação... droga! Olha eu de novo!).

Sua competitividade, que ele via como infantil e queria mudar, levou-o a apresentar suas visões das intervenções de outros de uma forma que eles (e ele) percebiam como sendo agressiva. Ele também gostaria de ter mudado isso, mas não conseguia ver como poderia fazê-lo.

À medida que o seminário avançava, mantinha-se o foco nos significados e nos sentimentos. Esse tópico era o assunto da discussão geral, bem como o trabalho sobre os cenários dos estudantes. É claro, estava embutido na dinâmica deste grupo, o qual, ao avançar, revelava semelhanças e diferenças com grupos anteriores. Desde o início, por exemplo, alguns estudantes assumiram funções de liderança. Eles recebiam atenção especial devido à sua disposição de estabelecer comunicação e de sua maior competência.

A dinâmica de grupo também era diferente, porque eu conduzi esse seminário sozinho. Para cerca de dois terços do grupo, já familiarizados com o estilo de ensino de Argyris, eu era desconhecido, em princípio. Nas duas primeiras sessões, ao ouvirem minha análise de seus *designs* experimentais, muitos deles expressaram frustração. Minha análise apontava para muitas camadas de complexidade e dificuldade. Poderiam eles desenvolver tais análises por conta própria? Alguns expressavam uma sensação de estar "de volta ao começo". Meu estilo era visto como inferior, menos desafiador, menos dado a demonstrações contínuas do que o de Argyris.

Decorrido em torno de um terço do período letivo, Argyris fez uma visita ao grupo. Ele fez o que alguns membros do grupo viram como um desafio muito mais contundente do que já havíamos experimentado antes. Argyris decidiu, depois daquela sessão, abster-se de mais participação. Ele sentia que o padrão do grupo já havia sido estabelecido e não queria perturbá-lo nem, naquele momento, trabalhar as demandas emocionais que acompanhariam sua participação. Na próxima sessão, discutimos o diálogo contundentemente definido da semana anterior. Uma estudante, a que havia expressado anteriormente uma necessidade de aprovação, contrastou aquele diálogo com o "desperdício de tempo" anterior. Os estudantes tinham percepções diferentes sobre a sessão anterior e de suas expectativas sobre o coordenador do seminário. Propus que tentássemos compartilhar, entre nós, o estilo mais ativo e mais confrontador de Argyris.

Gradualmente, evoluiu um padrão de trabalho de grupo, no qual os estudantes dramatizaram suas tentativas de refazer o *design* de seus casos. Conflitos irrompiam de tempos em tempos. Havia correntes informais de competição por atenção no grupo. Mais próximo do fim do período letivo, entretanto, o nível de competição e defensividade havia diminuído claramente. Os estudantes mostraram grande disposição de diminuir o ritmo de suas interações e trabalhar sobre o difícil processo de testar suas idéias e significados um com o outro, cada um mais pronto a ver, nas dificuldades do outro, as suas próprias, menos ciumento, portanto, do tempo e da atenção devotados àqueles outros. No último encontro, à medida que refletíamos sobre as experiências do semestre, a questão de minha liderança foi sendo revista. Alguns estudantes expressaram desafios que vinham retendo há muito tempo e questionaram, em voz alta, por qual razão, desde os primeiros encontros, tão pouco desafio havia sido colocado para mim.

Quatro diferentes subprocessos parecem ter sido importantes nos esforços dos estudantes de lutarem com o problema de significados e sensações.

Em primeiro lugar, todos eles descobriram constelações de significados, raciocínios e estratégias de ação associadas aos sentimentos que consideravam mais problemáticos. Suas descobertas não progrediram de forma linear. Foi como se eles retornassem periodicamente às mesmas questões, em diferentes níveis de dificuldade, através de reflexões sobre as discussões em aula ou de seus esforços para conduzir experimentos que agora podiam identificar mais claramente.

Eles sujeitaram suas constelações de significados, raciocínios e sensações à crítica consciente, à luz de valores de Modelo II. Talvez fosse mais preciso dizer que a linguagem abstrata do Modelo II assumiu novo significado para eles, à medida que a aplicavam às suas próprias constelações recém-descobertas. Alguns estudantes pareciam perguntar-se, de modo mais realista do que haviam feito antes, "Quero realmente mudar?". Ao mesmo tempo, começaram a ver o Modelo II menos como um método para a ação interpessoal efetiva, nos limites de seu trabalho profissional, e mais como uma maneira de entender a si mesmos, moldando suas relações com os outros e vivendo suas vidas.

Alguns estudantes concentraram-se na busca da heurística. Ao monitorarem as sensações que haviam aprendido a reconhecer, eles refletiam sobre quais questões deveriam perguntar-se e quais estratégias de comportamento deveriam adotar. Em alguns casos, expressavam a crença de que novos padrões de comportamento, se os pudessem descrever e adotar, possibilitariam as sensações e os significados que eles desejavam criar.

Alguns deles colocaram uma nova ênfase em reconhecer sensações e significados que haviam passado a ver como negativos. Tentavam, paradoxalmente, como afirmou um deles, aceitar suas sensações para que pudessem mudá-las. Freqüentemente, foi através de novas camadas de análise que eles conseguiam reconhecer suas próprias sensações negativas.

Podemos ver como esses processos foram combinados, de formas variadas na análise retrospectiva que uma estudante fez do seminário.

Jane trouxe um caso para o seminário, uma conversa com um amigo, que parecia ilustrar, para ela, um ciclo de autoproteção. Ela havia tentado, ao apresentar seu caso, fazer que se pudesse discutir sua autoproteção. Porém, a análise feita pelo grupo do caso de um outro estudante sugeriu que ela havia, na verdade, "controlado a situação, de modo a tornar possível discuti-la apenas em meus próprios termos":

> Ao predefinir o objetivo da discussão, para poder provar meu ponto de vista, tornou-se impossível adquirir o controle conjunto. Para provar meu ponto de vista, eu tinha que controlar a conversa unilateralmente e fui frustrada pela falta de compreensão/aceitação (por parte de meu amigo) do ponto de vista que eu tentava defender.

Ela viu como, ao usar abstrações como "ciclo protetor" e ao reter a "coluna da esquerda", os pensamentos silenciosos que acompanhavam suas declarações, reforçava seu controle unilateral.

Em seu caso, o amigo de Jane a havia acusado de ser uma "pessoa reservada". Em um encontro posterior do seminário, como parte de uma discussão mais geral, apliquei a imagem da "caixa-preta" a Jane:

> Somos todos caixas-pretas, uns para os outros, mais ou menos. Por exemplo, Jane, você é uma caixa-preta para mim 90% do tempo. Não tenho a menor idéia do que está passando pela sua cabeça, ou sobre o que você está pensando, praticamente o tempo todo... e pergunto-me se também pareço assim a você, ou se outros parecem assim a você.

Em seus pensamentos, não expressados naquele momento, Jane sentiu-se desorientada. Ela ficou constrangida por ser escolhida e incomodada porque outro estudante respondeu antes que ela tivesse uma chance. Contudo, ela escreveu:

> Achei muito forte a metáfora da caixa-preta. Também encontro nela um paralelo com a "pessoa reservada". E descobri que o comportamento em sala de aula não era muito diferente da situação um a um.

Ela diagnosticou sua estratégia comportamental da seguinte forma:

Quando creio que alguém tem uma posição crítica a meu respeito e sinto-me ameaçada:
- Acredito que essa pessoa pode estar certa ou... errada, já que, de qualquer modo, não posso mudar o que sente ou pensa.
- Não investigo a validade do que estou ouvindo ou defendo a maneira como experimento minha posição.
- Fico magoada, confusa, sinto-me incompreendida.
- Escondo os sentimentos, a confusão, etc.
- Testo privadamente se essa pessoa está certa ou errada.
- Fico quieta, ou levo a conversa para um terreno no qual me sinta mais no controle.

Ela propôs esta intervenção alternativa:

- Estar consciente de minha reação à crítica e trazê-la à tona.
- Responder ao que ouço; questionar minhas compreensões do que ouço, recolocando de forma a testar se entendo.
- Estar consciente de meu hábito e não tentar fazer um curto-circuito da discussão por meio da troca de assunto.

- Não me sentir obrigada a ter uma resposta e ser capaz de deixar o assunto em aberto.

Um amigo perguntou-lhe, no pequeno grupo que funcionava paralelo ao seminário, a quais variáveis dominantes ela considerava que suas estratégias serviam. Em torno de duas semanas depois, ela produziu esta formulação:

- A incerteza e a confusão fazem-me sentir incompetente, o que me deixa irritada comigo mesma, já que quero ser competente o tempo todo (isto é, vencer).
- Parto do princípio de que posso controlar situações para proteger-me do risco de parecer incompetente e, dessa forma, evitar a "derrota" para outros que veriam minha incompetência.

Ela formulou o valor subjacente na forma de "Não jogue se não puder vencer", o qual ela considerava que havia feito com que ficasse quieta em aula, evitando, assim, praticar o suficiente para construir confiança em habilidades de Modelo II.

Ela via-se, agora, envolvida no seguinte dilema:

Por um lado, perguntava-me como poderia conscientizar-me da discrepância entre a forma como ajo e aquilo em que acredito. Por outro lado, não via uma maneira de resolver a discrepância sem ter que abrir mão de algo completamente, rejeitando tanto um compromisso no sentido de avançar para habilidades de Modelo II quanto idéias e valores tidos por muito tempo, cuja perda parecia-me inclusive mais ameaçadora.

Posteriormente, em seu pequeno grupo, ela trabalhou com esse dilema:

Laura: Você diz que está em conflito sobre a mudança?
Jane: Não estou em conflito sobre querer mudar, mas não sei que mudança quero, de maneira que é um pouco ameaçador...
Carol: O paradoxo que eu vejo é que a manutenção do silêncio lhe dá menos controle sobre aquilo que acontece, e não mais.
Jane: O que você disse ontem à noite sobre ter que assumir os sentimentos antes de ser capaz de relatá-los, acho que tentei não assumi-los, o que impede de relatá-los. O quanto tenho negado meus sentimentos é uma coisa difícil de conscientizar.

Em uma síntese dessas experiências, Jane escreveu:

Senti-me ameaçada por alguém estar chegando tão perto de coisas das quais eu mesma estava muito insegura: meus sentimentos de incompetência, inadequação e indelicadeza. Minhas estratégias serviram para impedir que eu descobrisse uma realidade mais objetiva, que só se pode discernir através de outras pessoas. Ao mesmo tempo em que pode haver um ciclo protetor na maneira como estou lidando com outras pessoas, seu aspecto mais destrutivo, para mim, é a forma como me impede de aprender a lidar com meus processos internos. Aprender a reconhecer os sentimentos que dão início ao ciclo é um passo importante na liberação desses processos... Enquanto eu estiver fechada, mantendo meus "segredos", será impossível nos movermos no sentido do controle mútuo. Percebo meu trabalho neste semestre como um progresso no sentido de trazer às claras aqueles segredos e tornar possível, com a ajuda de outros, conscientizar-me do impasse protecionista e começar a lidar mais abertamente com seus efeitos.

No caso de Jane, aprender a assumir os "segredos" que ela negou até aqui está em sintonia com repensar seu desejo subjacente de controle e autoproteção. Ela registra um tipo de trabalho que inclui o monitoramento de sentimentos negativos, a descoberta de constelações subjacentes e a invenção de novas estratégias de comportamento. Ela enfatiza o processo através do qual reconhece e refaz sua concepção de significados, sentimentos e raciocínios.

Os trabalhos de outros estudantes revelaram tipos semelhantes de reflexão. Uma delas falou de "uma crescente tolerância com sentimentos, em mim e nos outros, que não está adequada com meus valores". Seu caso havia tratado da ansiedade de um de seus alunos a quem ela havia tentado ajudar. Depois do grupo tê-lo discutido, ela viu que se sentia "responsável pela ansiedade (do aluno)" e havia projetado sobre ele seu próprio "medo do fracasso", do qual ela tinha vergonha. Essa auto-avaliação negativa levou-a à sua aceitação da responsabilidade pela ansiedade do aluno e impediu-a de ajudá-lo a examinar sua própria responsabilidade.

"Em última análise", observa ela, "quanto mais eu vier a reconhecer meus sentimentos negativos sobre os outros como um sentimento negativo sobre mim mesma, mais poderei criar empatia com eles e aceitar as fraquezas humanas em mim e neles."

CONCLUSÃO

Esse relato dos seminários conduzidos por Argyris e eu durante sete anos contém vários temas relevantes ao desenvolvimento da idéia geral de um ensino prático reflexivo:

- Versões do paradoxo inerente à aprendizagem de uma prática com caráter de *design* aparecem em seminários sobre a teoria-da-ação e dão surgimento, ali, a um ciclo de insucessos que pode ser característico de um tipo importante de atividades de ensino prático.
- Em nossa resposta ao ciclo de insucessos, Argyris e eu tratamos nossa instrução como material para a experimentação reflexiva e tentamos envolver nosso alunos na condição de co-experimentadores, criando uma variante da sala de espelhos que abre possibilidades para uso em outras situações de instrução.
- Em estágios diferentes dos vários seminários, conscientizamo-nos de uma variedade de bloqueios à aprendizagem e planejamos experimentos para lidar com eles. Tanto os bloqueios quanto os experimentos podem ser pertinentes a outros tipos de ensino prático.
- Os três modelos de instrução discutidos em capítulos anteriores deste livro estão presentes nos seminários da teoria-da-ação. Sua adequação a diferentes contextos de aprendizagem pode agora ser explorada.
- O Modelo II foi o assunto principal dos seminários da teoria-da-ação, mas sua utilidade para o trabalho comunicativo de qualquer ensino prático reflexivo pode agora ser examinada.

O Ciclo de Insucessos e a Capacidade de Generalizá-lo. Os estudantes que participaram dos seminários sobre a teoria da ação tiveram a experiência de um ciclo de insucessos, em parte por causa das características que o comportamento de Modelo II têm em comum com todas as práticas com caráter de *design* e, em parte, porque o comportamento de Modelo II é um *tipo* específico de prática com caráter de *design*.

Ao começar o seminário da primavera, nossos estudantes haviam ficado chocados pela consciência da distância entre as teorias que defendem e as teorias-em-uso que realmente demonstraram em exercícios, como o caso de X/Y. Eles viram que Argyris pode desenvolver princípios de Modelo II de imediato, sob pressão, mas eles não o conseguem. Esperam agora aprender a fazer como o viram fazer e estão preparados para acreditar que ele pode ajudá-los.

Contudo, em seguida, descobrem que os princípios que lhes damos, a descrição formal do Modelo II e a heurística associada a ele, não são suficientes para capacitá-los a assumirem comportamentos de Modelo II. Eles aprendem que há, além disso, um tipo de talento artístico pelo qual tais princípios são convertidos em ações concretas e que, não importando quantos princípios eles absorvam, o talento essencial ao modelo ainda os confunde.

Eles descobrem que ainda não aprenderam a reconhecer, em suas próprias ações, as qualidades distintivas de significados, objetivos e resultados de Modelo II.

Essas descobertas pertencem, como já vimos em capítulos anteriores, a características de qualquer prática com caráter de *design* e seriam suficientes, por si sós, para demonstrar a experiência inicial de insucesso dos estudantes. Contudo, os estudantes descobrem a força da teoria de seu Modelo I tácito. Mesmo quando já estão conscientes de um erro de Modelo I – por exemplo, sua tendência a fazer atribuições negativas a outras pessoas sem ilustrá-las –, eles descobrem que, sob pressão, não podem evitar a repetição desse tipo de erro. Eles aprendem a identificar fontes de erros em sentimentos negativos, como raiva e vergonha, que surgem em condições de ameaça, permanecem no limiar da consciência focal e desencadeiam interceptações automáticas de Modelo I.

Essa camada adicional de dificuldade pode não surgir na aprendizagem de *toda* a prática com caráter de *design*, mas não é exclusiva da aprendizagem do Modelo II. Ela manifesta-se toda a vez que a aprendizagem de uma competência nova exige desaprender teorias em uso assentadas profundamente, ou quando, em situações de incerteza, sentimentos de vulnerabilidade ligados às expectativas de Modelo I, de "estar no controle" e "saber o que fazer", evocam defesas automáticas em estágios médicos, por exemplo, quando os estudantes são ajudados a reconhecer problemas clínicos para os quais não há conhecimento prontamente disponível, ou quando os professores são encorajados a ouvir seus alunos para descobrir quais as idéias escondidas que podem estar por trás de suas respostas "erradas" ou "loucas".

Sob tais condições, não seria surpreendente descobrir que os estudantes experimentam uma versão do ciclo de insucessos cujo desenvolvimento afeta as visões que têm de si mesmos, suas atitudes em relação a seus instrutores e as dinâmicas de grupo que evoluem a partir do insucesso experimentado individualmente.

Na sua maior parte, assim como os residentes nas reuniões do grupo de estudos de caso de Sachs e Shapiro, os estudantes têm expectativas altas demais de seus desempenhos. Uma vez que tenham ficado cientes de seus erros, acreditam que deveriam ser capazes de produzir intervenções completas e perfeitas. Eles vêem o erro como insucesso e, quando repetem seus erros, experimentam um golpe em sua auto-estima. Eles ainda não têm idéia de um processo de aprendizagem no qual ações imperfeitas são modificadas continuamente através de reflexão-na-ação. Por isso, sua consciência cada vez maior da complexidade e dos dilemas leva-os a desencorajarem-se e mesmo a desesperarem-se.

Eles são ambivalentes em relação a seus instrutores. Sentem que atuam sob observação e estão ansiosos para competir um com o outro pela aprovação do instrutor (reproduzindo, dessa forma, a idéia familiar de "escola"). Tendem a esconder seus sentimentos de incerteza e as críticas, muitas vezes, torna-os defensivos. Ao mesmo tempo, podem admirar a competência do instrutor, o que o distancia mais ainda deles e amplifica o tamanho aparente da tarefa de aprendizagem.

Tais sentimentos podem despertar novamente a ambivalência dos estudantes em relação à prática que estão tentando aprender. Eles realmente querem aprendê-la, se *isto* é o que ela acarreta? Como os residentes de Sachs e Shapiro, os estudantes, às vezes, respondem com demandas por técnicas eficazes. Eles poderão ler a falta de condições de um instrutor em dar-lhes o que querem como um sinal de incompetência. A ênfase no talento artístico pode aumentar seu desânimo e provocar sua raiva.

O desânimo e a frustração podem espalhar-se de forma contagiosa. A competitividade e a luta dos estudantes por "tempo de atenção" pode levá-los a aumentar o ritmo da discussão e a desviar-se de confusões, contribuindo, assim, para mais erros. Quando os indivíduos respondem a essas experiências retraindo-se, correndo menos riscos e evitando confrontos na esperança de reduzir confrontos com eles mesmos, o clima de grupo transforma-se em protecionismo.

Respostas ao Ciclo de Insucessos. Ao conscientizarmo-nos do ciclo de insucessos dos estudantes e começarmos a fazer experimentos com respostas a ele, inventamos estratégias de instrução amplamente relevantes a qualquer ensino prático no qual uma versão do ciclo de insucesso apareça. Na verdade, pode ser que tenhamos reinventado o que alguns instrutores já sabiam.

Quando pedimos aos estudantes que escrevessem pequenos trabalhos sobre seus medos, o efeito foi catártico. Foi-lhes útil ver que tinham os mesmos medos de insucesso, incompetência e perda de controle. Foi um alívio para eles conscientizarem-se de suas expectativas, fora da realidade, acerca de seu próprio desempenho. O teorema da incompletude ajudou-os a baixarem suas expectativas e a verem a incompletude, corrigida em sequência, como um concomitante necessário da prática efetiva. Nossa decisão de diminuir o ritmo do trabalho no seminário e decompor a aprendizagem em reflexão sobre descoberta, invenção e produção, ajudou os estudantes a lidarem com as complexidades que estavam começando a perceber. Também nos ajudou a formular e testar versões mais precisas das dificuldades que nossos estudantes estavam experimentando.

Tentamos manter-nos sobre a linha divisória entre a ênfase na aprendizagem individual e a atenção ao clima de grupo que evoluía. Concentrarmo-nos apenas no primeiro faria ignorarmos um contexto criticamente importante do processo de ensino e aprendizagem. Porém, se prestássemos atenção demais ao segundo, o envolvimento na dinâmica de grupo poderia impedir a tarefa básica de aprendizado. Nossa abordagem consistia em apresentar esse dilema nos seminários, iniciando a reflexão sobre o processo de grupo apenas quando nos parecesse que o clima no grupo houvesse se tornado um impedimento crítico à aprendizagem. Posteriormente, durante os períodos mais prolongados de reflexão que tendiam a acontecer nos últimos meses do seminário, os próprios estudantes conseguiam mais facilmente distribuir atenção entre aprendizagem de grupo e individual.

Nossos experimentos ajudaram os estudantes a perceberem a intervenção arriscada e o erro resultante como uma fonte de sucesso psicológico e reflexão estimulada sobre os padrões correntes de raciocínio. Também ajudaram a fragmentar sua tarefa de aprendizagem.

Notamos que aqueles estudantes que, ocasionalmente, conseguiam fazer uma intervenção breve e eficaz eram, muitas vezes, capazes de sustentar uma intervenção mais longa e complexa, especialmente quando suas primeiras ações levavam a reações para as quais eles não estavam preparados. Isto estava ligado à nossa consciência cada vez maior das estratégias de comportamento que vinham de constelações inteiras de significados, razão e sentimento.

Nossa resposta a tal consciência era de dois tipos e, em ambos os aspectos, incompleta.

Ao convidarmos nossos estudantes a imitarem o roteiro completo de uma intervenção complexa, alguns deles usaram-no para sentir o esquema que estava por trás de toda uma seqüência de ações. Outros, porém, reagiram negativamente à *idéia* de imitação deliberada, ainda que estivessem bastante dispostos a fazê-la, contanto que pudessem ignorar que a estavam fazendo. Na verdade, o "Siga-me" tende, muitas vezes, a evocar reações negativas tanto no instrutor como no estudante, sempre que se torna explícito. Mesmo assim, a imitação é essencial à aprendizagem e pode ser um ato criativo de considerável complexidade.

Paradoxalmente, é a imitação cega, mais do que a imitação como tal, que mais ameaça a autonomia dos estudantes; e é a imitação cega que estudantes e instrutores estimulam quando mantém a imitação tácita. Para estimular a imitação reflexiva, os instrutores podem precisar convidar os estudantes a refletirem sobre suas reações negativas à imitação, como fez Karen em seu trabalho de conclusão.

Nosso foco nas constelações de significados, sentimentos e raciocínio trouxe à tona um dilema de autenticidade e controle: se a prática habilidosa acontece a partir de significados e sentimentos que não estão sobre meu controle direto, como posso aprender a criá-los? No seminário de 1984, alguns estudantes lutavam explicitamente com seu dilema. Eles tentavam reconhecer e articular os sentimentos e os significados que os impediam de atingir uma prática autêntica, refletiam sobre os sentimentos não-familiares que experimentavam, às vezes, ao fazer experiências com comportamentos novos e, talvez mais importante, agiam como se estivessem tentando aprender não somente uma técnica, mas um novo sistema apreciativo e uma nova forma de viver, que cada indivíduo haveria de desenvolver à sua maneira.

Nossa Versão da Sala de Espelhos. Quando Argyris e eu demo-nos conta pela primeira vez do ciclo de insucessos de nossos alunos, também enxergamos nosso dilema como uma versão do deles e tentamos envolvê-los conosco, em uma reflexão conjunta do empreendimento de aprendizagem/instrução. Soubemos que, em alguns aspectos cruciais, conhecíamos mais do que eles, mas soubemos também os limites de nossa capacidade de descrever nossa prática e conscientizamo-nos de nossas incertezas sobre o ato de instruir.

Como Sachs e Shapiro, reconhecíamos nossas incertezas sobre intervenções particulares. Contudo também tomamos uma postura experimental em relação ao conjunto do seminário. Ao descrevermos o ciclo de insucesso dos estudantes, reconhecemos nossa incerteza sobre como lidar com ele e nossa necessidade de fazer experimentos para que obtivéssemos formas eficazes. Se isso aumentou a ansiedade de alguns estudantes, também diminuiu a raiva e o desânimo de muitos outros. Através da comunicação de que eles e nós estávamos, pelo menos em um sentido importante, no mesmo "barco", diminuímos a distância psicológica entre nós.

Daí por diante, tentamos ser explícitos sobre os raciocínios que nos levaram a propor experimentos – ao decompor tarefas, introduzir a idéia de incompletude, diminuir o ritmo, confrontar o protecionismo, promover a imitação deliberada – e a tentar fazer com que os estudantes se interessassem pela participação nesses experimentos, tanto como sujeitos quanto como *designers*.

O paradoxo de nossa aspiração era, é claro, que ele dependia dos significados e das habilidades que os estudantes ainda não haviam adquirido. No entanto, observamos que alguns de nossos alunos foram claramente mais bem-sucedidos ao juntar-se à nossa experimentação reflexiva. Esses estudantes pareciam distinguir-se por três qualidades. Eram altamente racionais, não no sentido da razão moderada do Modelo I, mas em sua habilidade de reconhecer inconsistências lógicas quando essas eram apontadas, sua aversão à inconsistência e à incongruência e sua prontidão para testar suas suposições através do recurso à informação diretamente observável. Eram altamente reflexivos, como ficou evidenciado por sua prontidão para analisar seus erros, tentar na prática experimentos pensados e examinar criticamente seus próprios raciocínios. E tinham uma inclinação para riscos cognitivos: mais desafiados do que assustados pela perspectiva de aprender algo novo, mais prontos a ver seus erros como enigmas a serem resolvidos do que fontes de desânimo.

Essas capacidades, por si sós, não garantem avanço no sentido de uma prática com caráter de *design*, mas capacitam os estudantes a juntarem-se aos instrutores em uma experimentação reflexiva. Na verdade, uma predisposição para a racionalidade, a reflexividade e o risco cognitivo parece essencial, tanto para estudantes quanto para instrutores, quando uma aula prática toma a forma de pesquisa-ação em um processo de ensino-aprendizagem.

Muitos estudantes continuaram, depois de nossos seminários terem sido formalmente encerrados, em seus esforços para aprender competências e compreensões de Modelo II. E, ao relatarem-nos suas experiências de aprendizagem, enfatizavam o tipo de *investigação* com o qual o seminário os havia ajudado a familiarizar-se. Eles falavam, por exemplo, de seus esforços bem-sucedidos para conectar experiências do seminário com suas vidas pessoais e profissionais. Eles mencionavam "luzes" quando, em contato com outros de fora do seminário, reconheciam padrões de comportamento semelhantes àqueles que já haviam analisado. Eles continuaram o hábito adquirido da reflexão seqüencial, análise e reconstrução do *design* de seu comportamento.

Dessa forma, nossos seminários pareciam ter sido uma sala de espelhos. A investigação reflexiva sobre aprendizagem e instrução na qual tentamos engajar nossos alunos funcionou, pelo menos para alguns deles, como um exemplo do tipo de investigação reflexiva que tentam recriar no contexto de suas vidas cotidianas.

Três Modelos de Instrução Comparados. Nos seminários da teoria-da-ação, Argyris e eu nos juntávamos a nossos alunos, de tempos em tempos, em experimentos colaborados, com o objetivos de ajudá-los a realizar intenções de Modelo II. Muitas vezes os convidamos, implícita ou explicitamente, a imitarem os padrões de intervenção que demonstramos. E, como já observamos, tentamos criar sistematicamente uma sala de espelhos baseada nos processos paralelos de investigação reflexiva.

Assim, baseamo-nos em todas as abordagens de instrução – experimentação conjunta, Siga-me! e sala de espelhos – ilustradas nos capítulos anteriores. No diálogo entre instrutor e estudante, cada uma dessas abordagens sugere um tipo diferente de improvisação, apresenta diferentes ordens de dificuldade e presta-se a condições contextuais diferenciadas.

Ao usar a experimentação conjunta, a habilidade do instrutor serve, em primeiro lugar, para ajudar a estudante a formular as qualidades que quer atingir e, através da demonstração da descrição, explorar diferentes maneiras de produzi-las. Levando a estudante através de uma busca de meios adequados de atingir um objetivo desejado, o instrutor pode mostrar-lhe o que é necessário, de acordo com as leis dos fenômenos com os quais está lidando.

De sua parte, o talento artístico da estudante consiste em sua habilidade e na disposição para entrar na situação. Ela arrisca-se ao declarar os efeitos que deseja produzir e ao experimentar com um tipo de experimentação que lhe é estranho.

O instrutor trabalha na criação e na sustentação de um projeto de investigação colaborada. Paradoxalmente, quanto mais ele sabe sobre o problema, mais difícil fica para ele conduzir essa investigação. Ele deve resistir à tentação de dizer à estudante como resolver o problema ou de resolvê-lo por ela, mas não deve fingir saber menos do que sabe, porque, ao enganá-la, ele arrisca minar o compromisso da estudante com seu projeto de colaboração. Uma forma de resolver esse dilema é, para o instrutor, colocar seu conhecimento superior a trabalhar para gerar uma variedade de soluções para o problema, deixando a estudante livre para escolher e produzir novas possibilidades de ação.

Entretanto, o talento artístico da experimentação conjunta só tem sucesso quando a estudante pode dizer o que quer produzir. Isto está fadado a não dar certo quando ela não pode dizer, ou quando o instrutor quer que ela entenda uma maneira nova de ver e fazer as coisas, que transcende as fronteiras de um efeito local específico.

Em Siga-me!, o talento artístico do instrutor consiste em sua capacidade de improvisar toda uma execução com caráter de *design* e, dentro dela, executar unidades locais de reflexão-na-ação. Assim, as relações entre o todo de uma execução e suas partes, entre o todo e *aspectos* do todo, são cruciais. Começando com uma imagem holística da execução, um instrutor habilidoso dispõe de várias maneiras de quebrá-la em partes e de desmembrar seus vários aspectos, cada um dos quais ele tratará a sua vez, como Franz tratou os primeiros compassos da *Fantasia*, repetindo muitas vezes, em análise-em-ação, ou como Argyris e eu levamos os estudantes através da análise das múltiplas dimensões de uma intervenção de Modelo II. Então, o instrutor reconstrói uma imagem do todo, remontando em execução os vários pedaços e camadas que ele separou na análise.

Aqui, nas demonstrações e nas respostas do instrutor às tentativas da estudante de imitá-lo, há um grande potencial para ambigüidade e confusão.

De modo que uma parte importante do talento artístico de um instrutor consiste em sua habilidade de servir-se de um vasto repertório de meios, linguagens e métodos de descrição para representar suas idéias de muitas maneiras diferentes, buscando as imagens que irão "clicar" com esta estudante em particular. E o talento da estudante consiste na habilidade de manter vivos vários significados possíveis em sua mente, colocando suas intenções e objetivos em suspensão temporária à medida que observa o instrutor e tenta segui-lo. Ela faz como o viu fazer, reproduzindo as operações dele para descobrir os significados que elas têm. Ela decifra suas respostas, testando, com palavras e ações, como os significados que construiu são semelhantes ou diferentes das dele.

Na sala de espelhos, estudante e instrutor trocam continuamente de perspectiva. Eles vêem sua interação, em um determinado momento, como uma reprodução de algum aspecto da prática da estudante; em outro momento, como um diálogo sobre ela e, ainda em outro, como um modelamento de seu novo *design*. Nesse processo, eles devem considerar continuamente os dois lados de sua interação, vendo-a em seus próprios termos e como um possível espelho da interação que a estudante trouxe para a aula prática, para estudo. Nesse processo, há uma recompensa na habilidade do instrutor de fazer virem à tona suas próprias confusões. Até o ponto em que consiga fazê-lo automaticamente, ele modela para a estudante uma nova forma de ver o erro e o "insucesso" como uma oportunidade para a aprendizagem.

Contudo, uma sala de espelhos pode ser criada apenas com base nos paralelismos entre prática e ensino prático, quando a instrução lembra a prática interpessoal a ser aprendida, quando os estudantes recriam, na interação com o instrutor ou com outros estudantes, os padrões de seu mundo prático, ou quando (como nos seminários da teoria-da-ação) o tipo de investigação estabelecido na prática lembra a investigação que os estudantes buscam exemplificar em sua prática.

É importante lembrar que as três abordagens de instrução são tipos ideais. Um instrutor pode mudar de uma para outra, como fez Rosemary em resposta a vários estudantes em *master classes*, adaptando-se às necessidades e às dificuldades de cada estudante que tinha em sua frente. Além disso, as várias abordagens podem ser combinadas. Franz incluiu breves episódios de experimentação conjunta em uma lição estruturada, principalmente como Siga-me! Argyris e eu combinamos experimentação conjunta na sala de espelhos ao aplicarmos a "diminuição do ritmo" das tentativas de nossos estudantes de descobrir, inventar e produzir intervenções de Modelo II. E, em um sentido fundamental, seja como for que um instrutor possa variar ou combinar as três abordagens, ele sempre usa Siga-me! para comunicar a prática de seu ensino prático, porque demonstra e espera que os estudantes imitem os tipos específicos de aprendizagem dos quais o ensino prático depende.

Uso de Comportamento de Modelo II em uma Aula Prática Reflexiva. À medida que um estudante desenvolve uma aula prática, ele freqüentemente se pergunta o que deve ser aprendido, qual a melhor maneira de aprendê-lo e se aquela atividade representa adequadamente a realidade da prática. Em geral, ele não resolve tais questões de uma vez por todas em uma explosão de clareza, mas gradualmente vê as coisas de uma nova forma e entende-as de uma nova maneira. Ele dá forma à sua aprendizagem futura pela maneira como desenvolve a pergunta "O que estou aprendendo?".

Os instrutores também se perguntam o que os seus alunos estão aprendendo, em que ponto não conseguem avançar, como entendem a "ajuda" que recebem e usam as respostas a essas perguntas para avaliar e guiar sua instrução futura.

Qualquer que seja o nível em que uma estudante aprenda – seja executar uma atividade em particular, ou um tipo de execução, ou uma maneira de construir o *design* de uma *peformance* ou da aprendizagem –, sua prática em evolução depende significativamente de como ela avalia sua própria aprendizagem. E a evolução da prática de um instrutor também depende de sua habilidade de avaliar a sua aprendizagem e a de sua aluna.

Assim, instrutor e estudante, quando desempenham bem suas funções, funcionam não apenas como executores de uma prática, mas como pesquisadores permanentes, cada um deles investigando, mais ou menos conscientemente, suas próprias opiniões e as do outro, ambas em processo de mudança. Porém, eles investigam em condições difíceis. O universo comportamental do ensino prático é variável, complexo e resistente ao controle. Em um dado momento, processos simultâneos estão em andamento, cada um podendo causar uma mudança de idéias. E alguns dos mais importantes tipos de aprendizagem são de fundo, revelando-se apenas quando a estudante sai da aula prática e ingressa em uma outra situação. Muitas vezes, portanto, é impossível distinguir sinais fortes daquilo que é normal ou atribuir uma mudança visível em comportamento às intervenções que o causaram.

Em suas investigações respectivas sobre aprendizagem, instrutor e estudante dependem da consciência da outra parte sobre sua experiência, sua habilidade de descrevê-la e sua disposição de colocá-la para a discussão, condições estas que não são facilmente cumpridas.

Os estudantes, muitas vezes, não estão cientes do que já sabem e do que precisam saber. Os instrutores comportam-se da mesma forma sobre o conhecimento-em-ação que informa suas próprias execuções habilidosas ou fracassadas. Ambas as partes são suscetíveis a mitos de aprendizagem que anuviam sua consciência da experiência e confundem suas tentativas de auto-avaliação. Assim sendo, estudantes que participaram dos seminários da teoria-da-ação e dos estudos de caso tinham a crença, sem bases, de que deveriam ser capazes de apresentar intervenções completas e perfeitas e desanimavam quando não o conseguiam. Alguns estudantes esperavam que fosse lhes dito o que fazer em cada estágio de sua jornada e entravam em pânico ou ficavam irritados quando um instrutor não correspondia às suas expectativas. Alguns estudantes e instrutores pensam sobre os aprendizes como sendo seres autônomos que deveriam ser inteiramente livres para escolher o que querem aprender e como aprendê-lo, andando em uma linha reta das "necessidades de aprendizagem", às quais eles têm acesso privilegiado, através de marcos de progresso visíveis de antemão. Quando tais crenças são muito fortes, elas distorcem os relatos da experiência real de aprendizagem.

Relatos retrospectivos não são, necessariamente, mais confiáveis do que os atuais. Quando um instrutor ou um estudante olha para trás, ele tende a tornar-se um revisionista histórico, reestruturando o passado para adequá-lo a suas crenças presentes. Para preservar um quadro de progresso suave e ordenado, por exemplo, ele pode varrer da cena as experiências anteriores de ansiedade e dor.

Em um relacionamento de adversários, estudante e instrutor tendem a manter privados os pensamentos e os sentimentos, protegendo-se um do outro. Mesmo quando seu relacionamento não é de adversários, eles podem ter trazido, de experiências anteriores na escola ou no mundo como um todo, uma predisposição para duvidar da utilidade de quaisquer esforços de comunicação, com base em suposições como "Ele não está pronto para ouvir isto" ou "Isto iria apenas confundi-lo".

Não obstante, instrutor e estudante devem, de alguma forma, responder às suas questões sobre aprendizagem, e as várias maneiras pelas quais eles o fazem ajudam a dar rumo a seu aprendizado.

Eles podem pôr um fim à investigação, trocando a dúvida pela crença cega. Um instrutor pode dizer, por exemplo, "Apenas anos mais tarde, quando eles estiverem no local de trabalho, é que entenderão o valor do que aprenderam aqui" ou "O importante é tomar uma posição sobre o que você pensa que eles precisam aprender e manter-se nela". Por serem tais crenças difíceis de testar, e ser raro um instrutor que tente testá-las, elas prontamente se tornam ideologias. Da mesma forma, os estudantes podem reagir às suas dúvidas sobre um ensino prático, superaprendendo suas lições. Nos seminários da teoria-da-ação, por exemplo, um estudante introduziu o termo *pecador* para definir aqueles que pareciam aceitar sem questionar os méritos do Modelo II e, por serem geralmente incapazes de produzi-lo, acusavam a si próprios de erro. Ou os estudantes podem revoltar-se contra as lições de uma aula prática, criando uma imagem no espelho de crença verdadeira.

Em ambas as suas formas polares, a troca de crença por dúvida torna as crenças fechadas em si e protege o estudante e o instrutor da confusão produtiva.

Mistério e maestria é um tipo diferente de resposta à dúvida. Nesse caso, instrutor e estudante interpretam privadamente e testam os significados das ações um do outro. Nenhum revela os resultados de sua investigação privada, exceto pela evidência indireta de seu comportamento publicamente observável.

Quando a investigação sobre a aprendizagem permanece privada, é provável que também permaneça tácita. Livre da necessidade de explicitar nossas idéias para outros, é menos provável que as explicitemos a nós mesmos. Na verdade, a ideologia do mistério e da maestria geralmente inclui uma defesa do que é tácito, como quando um instrutor diz "Quando eles finalmente entendem, você sabe" ou "Se você tem que perguntar, nunca saberá!".

Apesar de tudo isso, o caráter tácito pode ser funcional. Os estudantes aprendem a navegar nas águas do mistério e da maestria e adquirem, em aulas práticas normais, pelo menos ocasionalmente, um pouco do talento artístico de uma prática nova. E alguns adeptos do mistério e da maestria aprendem a tornar-se instrutores habilidosos. Se eles aprendem essas coisas, apesar das normas dominantes do caráter tácito ou por causa delas, é difícil de dizer. Pouco sabemos sobre as funções possíveis daquilo que é tácito.

Tivemos oportunidade, no entanto, de observar os limites da postura de mistério e da maestria em áreas nas quais os significados da execução publicamente observável permanecem fortemente ambíguos, quando o conteúdo da aprendizagem de um estudante está em questão, por exemplo, ou quando ocorrem impasses na aprendizagem. E também observamos casos (Dani e Michal, as discussões para estudo de caso, os seminários da teoria-da-ação) em que um instrutor ajudou os estudantes, evocando deles uma descrição de suas dificuldades e confusões, reconhecendo suas próprias incertezas ou descrevendo seu quadro da experiência dinâmica da aula prática.

Em um ambiente de mistério e maestria, as dificuldades de discutir e descrever reforçam-se uma à outra. Continuamos ignorantes sobre o que já sabemos, porque geralmente ficamos longe de situações nas quais somos chamados a descrever. Descrevemos de forma pobre porque temos pouca prática, o que reforça nossa disposição de mantê-lo fora de discussão.

Todavia, as conexões inerentes a esse círculo vicioso podem ser usadas para dar apoio a um círculo virtuoso de reflexão sobre idéias privadas. Quando um instrutor reflete em voz alta sobre seu próprio conhecimento-na-ação e encoraja seus alunos a refletirem em voz alta sobre os deles, provavelmente ambas as partes irão tornar-se cientes das distâncias em suas descrições e compreensões. Esse instrutor tem mais probabilidades de testar a utilidade de mais reflexão. E, ao descobrir o valor de abrir-se aos desafios, ele terá mais probabilidade de correr os riscos novamente. Finalmente (e, nesse aspecto, todas as atividades de ensino prático envolvem Siga-me!), ele demonstra um modo de investigação no qual os estudantes podem espelhar-se, ao juntarem-se a ele no diálogo reflexivo.

Naturalmente, nem todo o conhecimento-na-ação pode ser descrito verbalmente, nem é sempre útil tentar. Contudo, a aprendizagem de um estudante é potencializada quando ele *pode* falar sobre suas confusões, descrever elementos do que já sabe ou dizer o que já produz a partir do que o instrutor diz e mostra. E o talento artístico de um instrutor é potencializado quando ele constrói sua capacidade de negociar a escada da reflexão. Os potenciais de consciência e descritibilidade são mantidos escondidos, impossíveis de serem testados, tanto pelo instrutor quanto pelo estudante, quando limitados por uma mistura não-analisada de defensividade e falta de competência prática.

Por essas razões, as habilidades necessárias para a construção de um universo comportamental de Modelo II são de importância crucial para um ensino prático reflexivo. Quando instrutor e estudante são capazes de correr publicamente o risco de testar atribuições privadas, trazendo à tona julgamentos negativos e revelando confusões e dilemas, é mais provável que venham a expandir sua capacidade para a reflexão na ação e sobre ela e, dessa forma, é mais provável que dêem e recebam evidência das idéias em processo de mudança das quais depende a reflexão recíproca.

PARTE 4
Implicações para o Aperfeiçoamento da Educação Profissional

Nesta última parte, retornarei à crise da educação profissional com a qual nossas discussões começaram.

No Capítulo 1, descrevi o dilema entre rigor e relevância naquilo que ele afeta as escolas profissionais. Os educadores, observei, estão cada vez mais cientes das zonas de indeterminação na prática que demandam um talento artístico, mas estão limitadas por compromissos institucionais com um currículo profissional normativo e uma separação entre pesquisa e prática que não deixa qualquer espaço para esse talento. A partir daí, argumentamos em favor da necessidade de levar a sério o talento artístico. Propus uma epistemologia da prática que lhe abra espaço, baseada no conhecimento-na-ação e na reflexão-na-ação, e examinei algumas das tradições divergentes na educação, a maioria das artes, das quais podemos aprender sobre educação para o talento artístico. Desses estudos vem a idéia de um ensino prático reflexivo. Suas principais características são o aprender fazendo, a instrução ao invés de ensino e um diálogo de reflexão-na-ação recíproca entre instrutor e estudante. Ilustrei essa idéia primeiramente no *design* arquitetônico, que tomei como protótipo de um ensino prático reflexivo, e depois em outros campos cada vez mais distantes do ateliê de arquitetura.

Considerei as seguintes questões:

- Quais são as dinâmicas características de um ensino prático reflexivo?
- Como elas se assemelham ou diferem de um campo da prática para outro?
- Quais as principais questões, processos e competências envolvidos em fazer bem o trabalho de um ensino prático reflexivo?

Ao abordar tais questões, descrevi o paradoxo e os dilemas inerentes a aprender uma prática com caráter de *design*, o diálogo característico entre instrutor e estudante, as condições sob as quais esse diálogo pode assumir uma condição de reflexão-na-ação recíproca, a tripla tarefa de instruir e os modelos de instrução – Siga-me!, experimentação conjunta e sala de espelhos – que podem ser usados para estruturar o mundo comunicativo do ensino prático.

Agora, eu gostaria de localizar essas idéias no contexto das escolas profissionais.

No Capítulo 11, abordarei a introdução de um ensino prático reflexivo como sendo um elemento de reconstrução do *design* da educação profissional e colocarei esse problema em termos do dilema institucional das escolas.

O Capítulo 12 partirá de um experimento em reforma de currículo, no Programa de Mestrado em Planejamento Urbano do Instituto de Tecnologia de Massachusetts (M.I.T.), para propor algumas perspectivas sobre a tarefa de refazer o *design* da educação profissional.

Capítulo 11

Como um Ensino Prático Reflexivo pode Conectar os Mundos da Universidade e da Prática

REFAZENDO O *DESIGN* DA EDUCAÇÃO PROFISSIONAL

Quando avaliamos a introdução de um ensino prático reflexivo nos contextos intelectuais, institucionais e políticos complexos da escolas profissionais contemporâneas, enfrentamos um problema de *design*. As questões a serem consideradas poderão tomar várias formas nos diversos contextos das escolas, mas algumas são genéricas e relativamente diretas:

- Que forma deve ter um ensino prático reflexivo? O que deveria contar como "projeto"? Como deveriam ser usados os projetos? Que tipos e níveis de reflexão devem ser encorajados?
- Em que pontos no currículo – ou, mais genericamente, no ciclo da vida do desenvolvimento profissional – deve ser introduzido um ensino prático?
- Qual deve ser a relação entre um ensino prático reflexivo, em seqüência e conteúdo, com as cadeiras em que se ensinam as disciplinas?
- Quem deve desenvolver o ensino prático?
- Que tipos de pesquisa e pesquisadores são essenciais para seu desenvolvimento?

Tais questões levantam uma série de outras, secundárias, que têm a ver com a possível interação entre um ensino prático reflexivo e os sistemas existentes na escola profissional. Ao introduzir-se um ensino prático reflexivo de uma maneira específica, em algum ponto de um currículo, como devem ser as mudanças no resto do currículo para que haja uma acomodação? Dada a posição privilegiada de um instrutor em uma aula prática reflexiva, que mudanças seriam necessárias nos critérios já existentes na escola, em termos de contratação, promoção e recompensa de membros do corpo docente? Como as formas de pesquisa que são essenciais a um ensino prático reflexivo irão adequar-se ao sistema de pesquisa existente na escola?

As respostas para essas perguntas irão variar entre campos profissionais e entre escolas diferentes no mesmo campo. Mas há, também, certas constantes, condições institucionais, amplamente compartilhadas por escolas profissionais, que funcionam a favor ou contra a introdução de um ensino prático reflexivo e devem entrar em nossa concepção do problema de *design*.

Inerente à situação problemática da escola profissional está um relacionamento em dois níveis, com os mundos da prática e da universidade como um todo – um relacionamento que se espelha no relacionamento de componentes da escola orientados pela disciplina e componentes orientados pela prática, como mostra a Figura 11.1.

Nessa relação com a universidade, uma escola profissional deve enfrentar sua herança vebleniana: a disposição das faculdades em departamentos centrais, bem como nas próprias escolas profissionais, para ver a escola profissional como uma "escola inferior", totalmente devotadas à aplicação de pesquisa vinda da "escola superior", das disciplinas. Em sua relação com o mundo da prática, a escola profissional preocupa-se com o significado de preparar estudantes adequadamente para a vida nas profissões, tal como a vida é entendida por aqueles que a vivem. Em uma escola profissional, há aqueles que são mais sensíveis às demandas das disciplinas e os que dão mais atenção às do mundo da prática, sendo que os dois grupos tendem a estar isolados ou em guerra um com o outro.

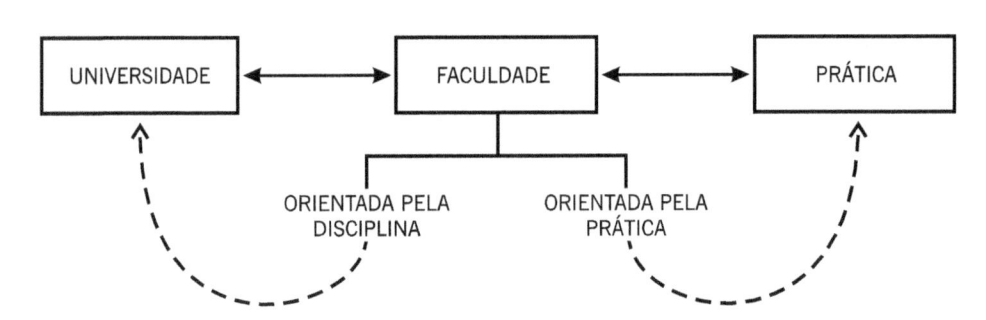

Figura 11.1 Orientação dual da escola profissional.

Herbert Simon introduziu essa forma de descrever a situação problemática das escolas em seu conhecido capítulo "The Business School: A Problem in Organizational Design" (Simon, 1969). O autor escreveu sobre as escolas de administração, sendo, na época, diretor da Faculdade de Administração de Carnegie-Mellon, mas seu argumento pode ser aplicado a qualquer faculdade de administração e, de fato, em *The Sciences on the Artificial* (Simon, 1976), ele aplicou-o ao campo da educação profissional como um todo. Será instrutivo, em nome de sua semelhança e contraste com a minha própria visão, analisar sua maneira de conceber o problema do *design* em uma escola profissional.

A principal preocupação de Simon, a "história de terror" que ele vislumbra, é a divisão da escola profissional em dois mundos habitados, respectivamente, por grupos de professores orientados pela disciplina ou pela profissão, "o sistema social dos profissionais, por um lado, e o sistema social dos cientistas das disciplinas relevantes, por outro" (1969, p. 337). Ele acredita que uma escola profissional não precisa esquecer-se da pesquisa fundamental. Ao contrário:

> A escola de administração *pode* ser um ambiente extremamente produtivo e desafiador para pesquisadores fundamentais que entendem e podem explorar as vantagens de ter acesso ao "mundo real" como gerador de problemas de pesquisa básica e uma fonte de informação (1969, p. 341).

E acrescenta que uma escola de administração deve tornar-se um ambiente desse tipo, já que, do contrário:

> O segmento "prático" entre os docentes torna-se dependente do mundo da administração como sua única fonte de conhecimento. Ao invés de inovador, torna-se um fornecedor um pouco desatualizado da prática comum de administração (1969, p. 350).

O que as escolas profissionais devem temer, de acordo com Simon, é um "estado de equilíbrio morto", no qual os docentes que se orientam pela prática e os que se orientam pela disciplina separam-se uns dos outros. Para evitar esse caminho, as faculdades devem evitar os departamentos e cultivar a comunicação entre suas duas alas. Mais importante, e Simon aprofunda esta proposta em seu último livro, eles devem construir uma ciência da prática profissional na qual possam basear sua pesquisa e seu ensino:

> Conseqüentemente, uma solução integral do problema organizacional das escolas profissionais depende da perspectiva de desenvolver uma *teoria* dos processos de síntese e *design*, que seja explícita, abstrata e intelectual, uma teoria que possa ser analisada e ensinada da mesma forma como se podem ensinar as leis da química, fisiologia e economia (1969, p. 354).

Assim sendo, ele propõe costurar os submundos orientados para a universidade e para a prática.

Contudo, a maneira como Simon concebe o *design* das escolas profissionais baseia-se nos pressupostos que eu questionei. Em primeiro lugar, ele aceita – na verdade, defende – a racionalidade técnica. Ele aceita a formulação de Veblen da antiga hierarquia de conhecimento fundamental e aplicado e acredita que as escolas profissionais deveriam ensinar a aplicação da ciência fundamental, acusando-as principalmente de não fazê-lo. Ele não se preocupa com a incerteza, a singularidade ou o conflito, presumivelmente porque considera sua proposta de ciência de *design* aplicável, pelo menos em princípio, ao conjunto da topografia da prática profissional.

Minha formulação da situação de *design* das escolas profissionais é, em certos aspectos, semelhante à de Simon. Como ele, dou um lugar central às distâncias entre escola e universidade, escola e prática e componentes da escola orientados pela disciplina e aqueles orientados pela profissão. Porém, diferentemente dele, estou preocupado com uma outra dicotomia: a separação entre o mundo tecnicamente racional das disciplinas, por um lado, e, por outro, a reflexão-na-ação dos profissionais competentes e a reflexão sobre a reflexão-na-ação dos pesquisadores que buscam desenvolver uma fenomenologia da prática.

Preocupo-me menos com a divisão entre grupos de professores orientados pela disciplina e os orientados pela prática do que com a possível concretização da visão de Simon: uma profissão procedimentalizada na qual a racionalidade técnica desloca integralmente o talento artístico, e uma escola organizada em torno de uma ciência que desloca integralmente a educação para o talento artístico.

Contrastando com a imagem de Simon, meu *design* para uma escola profissional coerente localiza, no centro, um ensino prático reflexivo, como uma ponte entre os mundos da universidade e da prática. As especificações para esse *design* dependem de forças institucionais nas escolas e em seus ambientes institucionais, que irei descrever em duas etapas: em primeiro lugar, o antigo impasse relacionado ao dilema entre rigor e relevância e, em segundo, um fenômeno de origem mais recente que chamarei de "jogo de pressão".

O Dilema Institucionalizado entre Rigor ou Relevância. O currículo normativo das escolas baseia-se, como já vimos, em uma visão de conhecimento profissional como aplicação da ciência a problemas instrumentais. Ele começa com a ciência relevante e segue com um ensino prático em suas aplicações, separando a ciência que produz novo conhecimento da prática que o aplica. Não há espaço, aqui, para a pesquisa *na* prática, ou, como prefiro dizer, para a reflexão sobre a reflexão-na-ação pela qual os profissionais, às vezes, adquirem nova compreensão de situações indeterminadas e vislumbram novas estratégias de ação. As tarefas do ensino prático reflexivo estão fora do lugar no currículo normativo das escolas profissionais.

A visão que as escolas têm do conhecimento profissional é uma visão tradicional de conhecimento como informação privilegiada ou especialização. Elas vêem o ensino como transferência de informação e a aprendizagem, como o recebimento, a armazenagem e a digestão de informações. O "saber que" tende a assumir prioridade em relação ao "saber como", e o "saber como", quando aparece, toma a forma de técnica baseada na ciência.

O conhecimento privilegiado da universidade voltada para a pesquisa é quebrado em unidades territoriais. Cada campo de disciplinas é a esfera de ação de um departamento e, dentro de cada departamento, o conhecimento é dividido novamente em cursos, nas esferas de cada professor, individualmente.

As universidades tendem a ver as tarefas ou os problemas através das lentes de suas cadeiras ou cursos. Quando uma questão perpassa as esferas dos departamentos ou das profissões, ela requer tratamento "interdisciplinar". Todavia, por serem as esferas acadêmicas também territórios políticos, os projetos interdisciplinares são rapidamente politizados, e a política da academia é um campo lendário, fértil para satiristas, de Aristófanes a Alison Lurie.

Talvez porque a academia esteja familiarizada com sua política, ela tenha desenvolvido um universo comportamental baseado na separação de esferas de influência e uma cordialidade superficial dos relacionamentos. O conflito aberto tende a ser minimizado, deixando para cada professor o gerenciamento de sua própria cadeira ou curso; e, para evitar a confrontação entre membros do corpo docente, a crítica pública tende a ser suprimida.

Além disso, há, no universo comportamental da universidade, especialmente nas principais universidades voltadas à pesquisa, uma norma poderosa de individualismo e competitividade. Os professores tendem a considerar-se livres agentes do empreendimento intelectual. A colaboração em grupos de mais do que dois é rara. O prestígio tende a estar associado a movimentos além dos limites de um departamento, em direção a outros ambientes acadêmicos ou práticos no mundo. Como resultado disso, é extremamente difícil, em um ambiente universitário, alcançar continuidade de atenção e compromisso para trabalhar sobre os problemas intelectuais e institucionais de uma escola.

À luz dessas características institucionais das faculdades profissionais dentro de universidades, que mudanças um ensino prático reflexivo poderia produzir? Como ela poderia perturbar a vida de uma escola?

Em primeiro lugar, sua introdução viria a reverter o relacionamento geralmente de figura/fundo entre os cursos acadêmicos e o ensino prático. No currículo normativo, um ensino prático vem em último lugar, quase como uma reflexão posterior. Sua função é prover uma oportunidade para a prática na aplicação de teorias e técnicas ensinadas nos cursos que perfazem o currículo central. Contudo, um ensino prático reflexivo traria a aprendizagem através do fazer para dentro desse núcleo.

Para que possa aceitar um ensino prático reflexivo, uma escola profissional teria que abrir-lhe espaço. O programa tradicional das escolas é dividido em cadeiras com duração de um semestre, e espera-se que os estudantes cursem quatro ou cinco delas por semestre. Entretanto, um ensino prático reflexivo demanda intensidade e duração que vão muito além das exigências normais de uma cadeira. Um ateliê de arquitetura, uma supervisão psicanalítica ou um aprendizado musical estão mais perto do que Erving Goffman chamou de uma instituição total. Os estudantes não apenas assistem a esses eventos, mas vivem neles. E o trabalho de um ensino prático reflexivo leva muito tempo. Na verdade, nada é tão indicador da aquisição de talento artístico por um estudante do que sua descoberta do *tempo* que ele requer – tempo para viver os choques iniciais de confusão e mistério, desaprender expectativas iniciais e começar a maestria de uma prática do ensino prático; tempo para viver os ciclos de aprendizagem envolvidos em qualquer tarefa com caráter de *design* e tempo para movimentar-se repetidamente entre a reflexão-na-ação e a reflexão sobre a ação. É uma marca de progresso em um ensino prático reflexivo o fato de estudantes aprenderem a ver o processo de aprendizagem como, nos termos de John Dewey, "o trabalho prático... de modificação, de mudança, de reconstrução continuada, sem fim" (1974. p. 7).

Em um ensino prático reflexivo, o papel e o *status* de um instrutor precedem os de um professor, da forma como estes geralmente são entendidos. A legitimidade do instrutor não depende de suas relações acadêmicas ou de sua proficiência como palestrante, mas sim do talento artístico de sua prática de instrução. Para que uma escola profissional dê lugar central para a instrução, ela deve moldar seus incentivos e planos de carreira, seus critérios para a promoção, salário e cargos acadêmicos, a fim de oferecer apoio institucional para a função de instrução.

Um ensino prático reflexivo deve estabelecer suas próprias tradições, não apenas aquelas associadas a formatos, meios, ferramentas, materiais e tipos de projetos, mas também aquelas que incorporam expectativas para as interações entre instrutor e estudante. Suas tradições devem incluir sua linguagem característica, seu repertório de precedentes e exemplos e seu sistema apreciativo distintivo. E este último, se o argumento da parte anterior estiver correto, deve incluir valores e normas que conduzam a reflexões públicas e recíprocas sobre compreensões e sentimentos que, geralmente, são mantidos privados e tácitos.

Da mesma forma que um ensino prático reflexivo pode conseguir criar um mundo próprio, ele arrisca tornar-se uma ilha isolada tanto do mundo da prática a que se refere quanto do mundo das disciplinas acadêmicas nas quais reside. Se quiser evitar esse caminho, ele deve cultivar atividades que conectem o conhecimento e a reflexão-na-ação dos profissionais competentes com as teorias e técnicas ensinadas como conhecimento profissional nas disciplinas acadêmicas. Uma dessas atividades é um tipo de pesquisa que estude os processo pelos quais os indivíduos adquirem (ou não conseguem adquirir) talento artístico prático e os processos que tornam a instrução mais eficaz.

John Dewey descreveu um tipo de pesquisa apropriada a um ensino prático reflexivo nos seguintes termos:

> Uma série de relatos cuidadosos, em constante multiplicação, em condições que a experiência mostrou, em casos reais, serem favoráveis e desfavoráveis à aprendizagem, viria a revolucionar toda a questão do método. O problema é complexo e difícil. Aprender envolve... pelo menos três fatores: conhecimento, habilidade e caráter. Cada um destes deve ser estudado. Julgamento e arte são necessários para selecionar, a partir das circunstâncias totais de um caso, quais elementos são condições causais da aprendizagem, quais são influentes e quais são secundários ou irrelevantes. Imparcialidade e sinceridade são necessárias para manter-se ciente dos insucessos da mesma forma que os sucessos e para fazer estimativas dos graus relativos de sucesso obtido. Observação treinada e aguda é necessária para detectar as indicações de progresso na aprendizagem e, mais ainda, identificar suas causas, um tipo de observação muito mais habilidoso do que é preciso para observar o resultado de testes mecanicamente aplicados. E o progresso da ciência da educação depende da acumulação sistemática desse tipo de material (1974, p.181).

Mesmo sendo a descrição de Dewey destinada a caracterizar a pesquisa sobre métodos de ensino, ela é aplicável, de modo geral, a vários tipos de pesquisa apropriados ao ensino prático reflexivo. E, para qualquer pessoa familiarizada com o clima de faculdades profissionais baseadas em universidades, a lista de características de Dewey implica uma lista correspondente de resistências. Os pressupostos dominantes que as escolas têm sobre conhecimento, sua divisão política e estrutural em departamentos e cursos, a prioridade dada ao ensino em lugar da instrução e a concepção majoritária de pesquisa científica, todas militam contra a aceitação das condições essenciais à criação de uma base de pesquisa adequada a um ensino prático reflexivo e, mais do que isso, militam contra a sua própria criação.

Deveríamos acrescentar a tais fontes de resistência o clima atual de ênfase no treinamento vocacional e consumismo entre os estudantes de escolas profissionais, traduzido tão facilmente em uma sede de "habilidades rígidas" incorporadas em técnicas sofisticadas. Esse clima provavelmente também fará que os estudantes resistam às demandas de qualquer reflexão sobre a prática que não traga a promessa de uma utilidade prática imediata.

No entanto, também existem forças favoráveis à introdução de um ensino prático reflexivo. Há a agitação nas escolas, estimulada pelas mudanças nas percepções acerca das demandas da prática e pelas crescentes dúvidas sobre a eficácia dos modos tradicionais de educação para ela. Há, no campo da filosofia da ciência e em várias ciências sociais, um movimento palpável no sentido de novas formas de pensar sobre a pesquisa e sobre a prática, as quais enfatizam os méritos da descrição qualitativa completa dos fenômenos e a utilidade de casos de intervenção bem trabalhados, mesmo quando sua tradução em regras gerais é problemática. E há evidência de que um número grande e talvez crescente de estudantes está tentando criar suas próprias versões do ensino prático reflexivo que as escolas até agora não foram capazes de oferecer (Schön, 1973).

Fica bastante claro, ao considerarmos essas forças favoráveis ou hostis à introdução de um ensino prático reflexivo, que o *design* de sua introdução engaja a escola profissional como um todo: seu currículo, sua vida intelectual e política e suas relações com os mundos da universidade e da prática.

O Jogo de Pressão. Sobreposta a nosso quadro básico do dilema entre rigor e relevância, está uma complicação mais recente: um ressurgimento desigual, mas mesmo assim significativo, da racionalidade técnica e uma limitação cada vez mais rápida da autonomia profissional que se combinam para pressionar e excluir a própria idéia da educação para a perspicácia ou para o talento artístico. E isso está acontecendo ao mesmo tempo em que alguns departamentos, em algumas faculdades, começam a concientizar-se da necessidade de algo como um ensino prático reflexivo. Em sua forma mais dramática, esse jogo de pressão ameaça a própria existência das profissões especializadas e da educação profissional, pelo menos como as conhecemos.

A racionalidade técnica não está, de maneira alguma, morta; ao contrário, está em ascensão, ou, melhor dizendo, parece estar em ascensão em alguns lugares e em declínio em outros. Em um número razoável de faculdades de medicina, há uma divisão entre aqueles que perseguem o conhecimento estritamente biotécnico e aqueles que enfatizam as dimensões psicossociais da doença e a importância clínica de situações incertas, quando não existe uma "resposta certa" biotécnica.

Nas ciências sociais, há uma reação contrária aos modelos de pesquisa social do tipo da ciência física que floresceram depois da Segunda Guerra Mundial. Nos últimos 20 anos, houve um movimento perceptível no sentido de abordagens abrangentes, como a teoria crítica, a hermenêutica e a fenomenologia. Mesmo assim, certos departamentos de sociologia negam cargos para professores que não assumem uma abordagem matemática da disciplina e, na psicologia cognitiva, o movimento no sentido da ciência cognitiva, tendo em mente seus modelos de inteligência artificial e processamento de informações, é atualmente predominante.

Algumas escolas lutam pela escolha da direção, ou dividem-se em campos separados, mais ou menos isolados. Algumas escolas inclinam-se em uma ou outra direção. Alguns *campos* fazem o mesmo. No *design* urbano, na arquitetura e no planejamento urbano, por exemplo, o auge do modelo analítico parece ter chegado ao fim, ao menos pelo próximo período. As escolas de educação, tradicionalmente fracas em modelos quantitativos e analíticos, às vezes assumem uma racionalidade técnica, adotando técnicas e estruturas que parecem mais precisas do que são.

A segunda metade do jogo de pressão consiste de uma erosão percebida da autonomia profissional: quem exerce uma profissão sente-se menos livre para pensar e agir como profissional e educador e para ensinar aquilo em que acredita. Na medicina, por exemplo, a crise, agora comum, dos processos por erro médico leva os médicos, especialmente em campos como cirurgia e obstetrícia, a praticarem a "medicina defensiva", e as liberdades de corresponder a padrões profissionais de assistência são ameaçadas, de um lado, pelos critérios de pagamento da previdência social e, por outro, pelos incentivos e sanções empregados pelas empresas de assistência médica cada vez mais poderosas que trabalham em busca de lucro. A realidade de tais ameaças à autonomia médica pode ser questionada, mas a *percepção* da ameaça, da parte de médicos e educadores, é inegável.

Como as duas metades do jogo de pressão reforçam uma à outra?

Um exemplo interessante, sugestivo do caso geral, é o dilema da pesquisa clínica em medicina. Esse modo de pesquisa médica, tradicionalmente dependente da interação face a face entre médico e paciente, está sujeito agora às pressões da ciência biomédica, como a genética molecular, e à relutância cada vez maior de administradores de hospitais e de práticas de grupo em permitir que os médicos combinem a pesquisa com a prática clínica. Orçamentos reduzidos, devidos à regulamentação de pagamentos a terceiros, multiplicação de serviços privados e regulamentações mais complexas e exigentes da assistência médica restringem as liberdades dos médicos de conduzir projetos de pesquisa clínica de menor escala em conjunto com a prática cotidiana. Ao mesmo tempo, algumas vozes da comunidade da ciência médica fundamental afirmam ser capazes de prescindir totalmente da pesquisa clínica.

A forma mais geral do jogo de pressão é esta: o poder cada vez maior da racionalidade técnica, onde ela *está* crescendo, reduz a disposição das escolas profissionais de educar os estudantes para o talento artístico na prática e aumenta sua disposição para treiná-los como técnicos. E a limitação percebida da autonomia profissional faz com que os profissionais sintam-se menos livres para exercitar suas capacidades para a reflexão-na-ação.

Embora as duas tendências tenham origens muito diferentes, elas reforçam-se mutuamente. A diminuição da autonomia profissional reduz a inclinação do profissional para praticar a pesquisa e a reflexão seqüencial, e aqueles que defendem a racionalidade técnica afirmam que a substituição pela técnica procedimentalizada e baseada na ciência tornará dispensáveis aquela pesquisa e aquela reflexão. Sob essas circunstâncias, o dilema entre o rigor e a relevância assume significados novos e mais urgentes.

Nos três exemplos que seguem, cada um deles uma colagem feita de características de escolas que observei de perto, descreverei algumas variações do jogo de pressão.

Uma Faculdade de Educação em uma Grande Universidade Ocidental. Esta escola de grande porte, com cerca de 200 professores, educa professores e administradores para todo um Estado. Ela está presa ao conflito com o legislativo estadual, que tem feito campanhas, nos últimos anos, para reduzir custos de educação, aliviar os contribuintes e voltar às "habilidades básicas". O método do legislativo tem sido o aumento do controle, através do "teste de competência" dos professores, a especificação de currículos e as restrições de orçamento.

Como pano de fundo, facções politicamente conservadoras culpam a permissividade das escolas por um declínio nos padrões de moralidade e religião. Elas consideram os professores universitários segunda classe. Ela luta por *status* dentro de um ambiente universitário como intelectuais, liberais, condescendentes e ineficazes demais e buscam obrigar a faculdade de educação a agir da forma que consideram adequada ou extingui-la de uma vez por todas.

A faculdade de educação está especialmente isolada do resto da universidade, com poucos vínculos com disciplinas principais, como ciências humanas, ciências sociais e artes. Por ser bastante ligada a poderes de Estado, ela tem algum poder; porém, se comparada com disciplinas de alto *status*, é considerada de segunda classe. Ela luta por *status* dentro de um ambiente universitário dominado pela costumeira epistemologia da prática, com as dificuldades políticas de sempre.

Internamente, a escola é balcanizada. A psicologia educacional, o treinamento de professores, a ciência da educação, a administração escolar e a psicologia de aconselhamento funcionam em territórios separados. Todos esses campos mantêm uma relação cordial baseada na separação de esferas de influência, mas quando a ocasião surge (como na escolha de um novo diretor ou ao fazer o *design* de um programa interdisciplinar) eles lutam um com o outro por posições, segurança e controle. A maioria dessas batalhas termina em algum acordo político que dá a cada uma das unidades uma parte da ação.

A faculdade valoriza o conhecimento teórico generalizado e os métodos formais de análise. Por exemplo, um novo programa de treinamento de professores faz com que os estudantes passem por dois anos de instrução geral e teórica em assuntos como pedagogia (com muita ênfase em controle de sala de aula), desenvolvimento infantil e competência em conteúdos. Atividades de ensino prático são distribuídas durante o programa, em unidades de duração crescente, com a explícita intenção de proporcionar uma oportunidade para a prática na aplicação de teoria e técnica. Mesmo que membros do corpo docente que aplicam esse programa pareçam, na discussão, não estar muito convencidos de sua adequação, eles simplesmente não conseguem imaginar uma outra alternativa.

São muitos, entre estudantes e professores, os que buscam novas formas de pensar a prática educacional. Por exemplo, um grupo conduz pesquisa sobre "educação reflexiva", destinada a ajudar os estudantes a conscientizarem-se do conhecimento que já têm e assumirem maiores responsabilidades por sua própria aprendizagem. Muitos membros do corpo docente simpatizam com a idéia de que os professores deveriam aprender um talento artístico que vá além do controle de sala de aula e da adesão fiel a um plano de aula. Um número razoável de professores, em suas próprias cadeiras, tenta ajudar os estudantes a entusiasmarem-se com a idéia de descobrir coisas por conta própria. E alguns doutorandos estudam a prática de profissionais competentes para aprender como sua competência demonstrada pode influenciar a educação de professores e administradores.

Entretanto, é muito difícil traduzir esses interesses em atividades de larga escala ou em programas institucionais. Na verdade, certos professores consideram sua autonomia profissional mais ameaçada pelo sistema institucional criado por eles mesmo do que pelo legislativo estadual.

Uma Faculdade de Administração. Esta grande escola tem uma tradição de ensino baseado no estudo de caso e na pesquisa de orientação prática. Durante muitos anos, ela descreveu-se como um local onde os estudantes aprendiam a solucionar problemas e desenvolviam habilidades de administração geral, através de análise repetida de centenas de casos a respeito de negócios. Seus professores são dedicados ao estudo de caso, e ela investiu pesadamente no desenvolvimento desse tipo de atividade.

Nos últimos anos, no entanto, sob pressão da direção da universidade, a faculdade recrutou recém-graduados brilhantes de áreas como economia, história, matemática aplicada e psicologia social. Agora, à medida que eles amadurecem e estão aptos a promoções, o diretor e os professores mais antigos questionam-se se como irão integrá-los à tradição da escola de ensino e pesquisa baseados no estudo de caso. Eles temem que os jovens, de orientação disciplinar, possam usar os casos apenas para ilustrar princípios teóricos, e não para desenvolver habilidades para a solução de problemas.

Conforme os professores mais velhos aproximam-se da idade de aposentadoria, eles vêem as modificações na população da escola refletir-se em uma mudança preocupante no conteúdo das cadeiras. Por exemplo, o professor de uma cadeira introdutória de Política de Administração, excelente professor e consultor de administração, usava a cadeira para ajudar os estudantes a integrarem conhecimento funcional especializado em *marketing* ou finanças em decisões de gerenciamento que requerem perspicácia ou talento artístico. Recentemente, o novo professor que assumiu a cadeira tem-na usado para treiná-los para um modelo microeconômico de estratégia de negócios. Seu modelo ganhou muita aceitação na comunidade de negócios internacional, onde existe uma sede de técnicas de análise estratégica, mas os professores mais velhos lamentam a perda da função integradora exercida pela cadeira e sua ênfase em perspicácia gerencial.

Preocupações sobre os futuros rumos da pesquisa na escola levaram o diretor a nomear, recentemente, um comitê de pesquisa. Entre suas principais descobertas está a de que professores mais jovens, aptos para promoções, estão sujeitos a um duplo impasse. Durante décadas, a pesquisa na escola têm sido bimodal. Um número relativamente pequeno de professores desenvolveu modelos quantitativos e analíticos de fenômenos empresariais (o comitê considera essa pesquisa "reducionista"), enquanto um número maior de professores tem desenvolvido a tradição de estudos de gerenciamento e fenômenos empresariais qualitativos e empíricos (que o comitê chama de "pesquisa de campo"). A faculdade está dividida em departamentos funcionais amplos – *marketing*, produção, finanças, administração geral – e, em cada um destes, a decisão e as promoções tendem a estar baseadas primeiramente nas publicações acadêmicas, em geral avaliadas por outros professores. Porém, tais publicações estão, cada vez mais, limitadas a artigos do tipo reducionista. Assim sendo, um jovem professor que queira associar-se à tradição de pesquisa de campo da escola deve estar preparado para ser julgado por critérios reducionistas.

Essas experiências e outras relacionadas a elas contribuem para a agitação interna. Os docentes estão bastante conscientes da necessidade de integrar a pesquisa de campo e a reducionista, o ensino orientado por estudos de caso e o ensino orientado por disciplina, mas ainda não sabem como fazê-lo.

Uma Faculdade de Engenharia. Esta instituição de elite é dominada pelo etos da ciência de engenharia que varreu as escolas de ciência da engenharia nos Estados Unidos, na onda da Segunda Guerra Mundial e do Sputnik, no final dos anos 50 e início dos 60. Ela fornece engenheiros altamente treinados, em níveis de graduação e pós-graduação, para que trabalhem para o governo e para a indústria. Nos últimos anos, tem sido dominada pelo dramático crescimento dos atrativos da engenharia elétrica, na qual mais de um terço dos alunos de graduação matricula-se.

O diretor da faculdade de engenharia, juntamente com vários outros administradores escolares, tem duas preocupações principais em relação ao futuro da escola. Em primeiro lugar, a ciência de engenharia tem descartado grande quantidade de cadeiras sobre *design* de engenharia e, como conseqüência, os empregadores tendem a considerar os alunos formados na escola deficientes na habilidade do *design*. Mais recentemente, com o crescimento das preocupações com a competitividade internacional e com o *design* de engenharia tendo-se tornado uma questão de política nacional, o diretor da escola e alguns de seus mais antigos colegas começaram a tentar fortalecer a educação para o *design* em campos como a engenharia mecânica, a programação de computadores e os componentes eletrônicos.

Uma segunda área de preocupações é a que o diretor chama de "humanização dos engenheiros". Está não é, de forma alguma, uma idéia nova. Por mais de 20 anos, a universidade tem-se mantido fiel à idéia de engenheiros com uma educação liberal, de pensamentos amplos, equipados com a capacidade de pensar profundamente sobre as dimensões sociais e éticas das mudanças tecnológicas e tem feito experiências com disciplinas nas áreas humanas e de artes para os engenheiros. Contudo, elas tendem a tornar-se partes secundárias do currículo principal da engenharia e são consideradas, de modo geral, de um impacto limitado. Atualmente, mais uma vez, a administração da universidade manifestou sua intenção de revitalizar o ensino de artes e disciplinas humanas e buscar sua integração aos principais blocos da educação para a engenharia.

No entanto, há limites importantes na capacidade da escola de tomar essas iniciativas. Existe, para começar, uma tendência cada vez maior entre empregadores industriais de engenheiros de especificar seus requisitos de uma forma que remete ao movimento "de volta ao básico" em educação pública. "Dê a eles as disciplinas básicas em cálculo, física e termodinâmica; uma vez que eles tenham isso, nós lhes daremos o resto!". Há também um poder bastante considerável dos campos específicos de engenharia que tendem a conspirar contra as reformas radicais de currículo. Tais campos, como a engenharia elétrica e a ciência dos materiais, mais e mais sobrecarregados pela quantidade de material a ser ensinado em seus campos, lutam para proteger e aumentar seus territórios intelectuais e resguardam cuidadosamente suas prerrogativas de ensino. A soma de seus requisitos preenche facilmente o espaço livre que os estudantes têm disponível, forçando conteúdos centrais como *design*, artes e ciências humanas para a periferia do currículo. Além disso, os departamentos são feudos poderosos, não sendo prontamente forçados ou seduzidos a uma mudança de direção que eles percebam como contrária a seus interesses.

Finalmente, há uma disposição dos próprios estudantes de pensarem em termos vocacionais. Muitos deles estão de olho em empregos, ou prestando atenção aos níveis iniciais de salário, e planejam seus programas para maximizar empregos e oportunidades salariais. Apenas uma minoria entre os estudantes, assim como entre os professores, expressa qualquer preocupação real com o *design* ou com a humanização dos engenheiros.

A porta de entrada que leva à reforma do currículo é estreita, mas há alguns indivíduos nos níveis mais altos da administração escolar que desejam intensamente passar por ela.

REFORMULANDO A TAREFA DO *DESIGN*

O jogo de pressão ilustrado nesses três casos dá-nos razões para repensarmos a tarefa de refazer o *design* das escolas profissionais. Sua mensagem intensifica o dilema institucional entre o rigor e a relevância, colocando na ordem do dia o problema do talento artístico na prática e a educação para o talento nas escolas. O que a restrição da autonomia profissional torna improvável, os proponentes da racionalidade técnica afirmam tornar dispensável. Assim, a visão de Herbert Simon sobre a escola ameaça transformar-se em realidade.

Mais do que isso, o jogo de pressão sugere uma necessidade de reconsiderar o contexto institucional das escolas, com suas conexões tênues com os mundos da universidade e da prática – a situação problemática na qual o dilema entre o rigor e a relevância está embutido. Ela sugere os seguintes critérios:

- O dilema dos profissionais sujeitos às limitações da liberdade de ação em seus ambientes organizacionais deveria ser trazido para dentro do currículo profissional.
- Agora, é mais urgente do que nunca desenvolver conexões entre a ciência aplicada e a reflexão-na-ação.
- Há uma necessidade de criar ou revitalizar uma fenomenologia da prática que inclua, como componente central, uma reflexão sobre a reflexão-na-ação dos profissionais em seus ambientes organizacionais. E sua fenomenologia da prática deve estar substancialmente conectada às disciplinas tradicionais ou arrisca-se (em um sentido diferente daquele que Simon tinha em mente) uma bifurcação das escolas.

Em minha visão, esses requisitos podem ser melhor atingidos conferindo um lugar central ao ensino prático reflexivo como um ambiente para a criação de pontes entre a escola e os mundos da universidade e da prática.

Para que se construam pontes entre a ciência aplicada e a reflexão-na-ação, a aula prática deveria tornar-se um lugar onde os profissionais aprendem a refletir sobre suas próprias teorias tácitas a respeito dos fenômenos da prática, na presença de representantes daquelas disciplinas cujas teorias formais são comparáveis às teorias tácitas desses profissionais. Os dois tipos de teorias deveriam ser trabalhados juntos, não apenas (como propõe Simon) para ajudar os acadêmicos a explorarem a prática como material para a pesquisa básica, mas também para encorajar os pesquisadores, na academia e na prática, a aprenderem uns com os outros.

As disciplinas tradicionais deveriam ser ensinadas de modo a tornar visíveis os seus métodos de investigação. Porque é verdade, paradoxalmente, que mesmo que a pesquisa científica normal não possa ser conduzida na prática, a experiência em seus métodos pode ser uma preparação magnífica para a reflexão-na-ação. Um profissional reflexivo deve estar atento aos padrões de fenômenos, ser capaz de descrever o que observa, estar inclinado a propôr modelos ousados e, às vezes, radicalmente simplificados de experiência e ser engenhoso ao propor formas de testá-los que sejam compatíveis com os limites de um ambiente de ação. A educação em uma disciplina pode aproximar os indivíduos de formas de investigação que não são literalmente aplicáveis à prática em si, a partir das quais poderão ser improvisadas as formas de investigação que *podem* funcionar na prática.

Um ensino prático reflexivo deveria incluir maneiras nas quais os profissionais competentes funcionam dentro dos limites de seus ambientes organizacionais. A fenomenologia da prática – a reflexão sobre a reflexão-na-ação da prática – deveria entrar no ensino prático por meio do estudo da vida organizacional dos profissionais. Aqui, a perspectiva construcionista é de importância crucial, já que os fenômenos da prática em organizações são determinados, principalmente, pelos tipos de realidades que os indivíduos criam para eles próprios, as formas com que concebem e dão forma a seus mundos – e o que acontece quando pessoas com maneiras diversas de conceber a realidade entram em rota de colisão.

Gostaria de esboçar como essas funções de ligação podem ser desenvolvidas através de um ensino prático reflexivo em escolas como as três que descrevi na parte anterior.

Consideremos uma aula prática para professores em uma faculdade de educação. Suponhamos que seus alunos tenham tido alguma experiência de trabalho e estejam envolvidos, durante essa atividade, em outra prática de ensino que lhes coloque em exposição direta a estudantes em sala de aula. Tal prática poderia começar – como o *Teacher Project,* coordenado por Jeanne Bamberger e Eleanor Duckworth no M.I.T. (Bamberger e Duckworth, 1979) – pelo engajamento dos professores em tarefas nas quais eles podem explorar sua própria aprendizagem. Os professores podem trabalhar com problemas de matemática, estudar os movimentos dos pêndulos, construir peças musicais usando sinos de Montessori (que parecem os mesmos, mas têm afinações diferentes), ou estudar os "hábitos da lua" (para usar a frase de Duckworth). À medida que fizessem tais coisas, eles refletiriam sobre seus próprios processos de investigação, examinariam as mudanças em suas próprias idéias e comparariam suas experiências de aprendizagem real com as teorias formais de aprendizagem construídas em pedagogias-padrão. Eles poderiam ser ajudados, nesse processo, pela exposição posterior a experimentos e teorias de desenvolvimento cognitivo. Mais tarde, ainda, eles poderiam mudar sua atenção para as salas de aula nas quais interagem com crianças. Lá, eles prestariam atenção às formas nas quais a aprendizagem das crianças é semelhante ou diferente dos tipos de aprendizagem que detectaram em si mesmos. Também seriam encorajados a pensar sobre sua atividade de ensino como um processo de experimentação reflexiva, no qual tentam entender coisas, às vezes aparentemente confusas, que as crianças dizem e fazem, perguntando-se, "De que forma as crianças devem estar pensando sobre este assunto para que venham a fazer tais perguntas ou dar tais respostas?".

A vida de uma escola estaria incluída no sistema burocrático, à medida que os professores começassem a experimentar as dificuldades de (por exemplo) escutar seriamente o que dizem as crianças em uma sala de aula real. Os professores seriam encorajados a refletir sobre as formas pelas quais eles concebem sua própria prática de ensino em um ambiente que pode, muitas vezes, ser hostil à reflexão-na-ação, para que pudessem observar e explicar como outros professores e administradores comportam-se no sistema da escola. Eles seriam ajudados a imaginar e a fazer experimentos com intervenções destinadas a ampliar suas liberdades, dentro da escola, de usar novas abordagens de ensino e aprendizagem. Seriam, ainda, encorajados a pensar em adaptar-se ou conviver com a vida da escola como sendo um componente de sua prática igual, em importância, ao seu trabalho com as crianças.

Em uma faculdade de administração, uma aula prática pode centrar-se na elaboração de ensino sobre o estudo de caso. Professores com tal habilidade já sabem como usar os casos de várias formas. Eles colocam os estudantes em um modo de atenção operativa, pedindo-lhes que não apenas analisem uma situação ou digam o que os outros deveriam fazer, mas também que digam (em caso de informação assumidamente inadequada) o que fariam no caso analisado por *eles*. Eles também sabem como utilizar os casos como uma maneira de ajudar os estudantes a aprenderem uma arte de aplicar princípios conhecidos de gerenciamento. Um caso pode ser usado, por exemplo, como um contexto no qual os estudantes podem descobrir como a análise da relação custo/benefício pode ser usada para determinar se é ou não adequado para uma empresa tomar determinada medida. Essa maneira de ensinar pode demonstrar, e ajudar os estudantes a descobrirem por conta própria, tipos de raciocínio através dos quais seja possível determinar quais questões e princípios serão mais úteis se tomados como centrais na análise de um caso dado.

Alguns professores que utilizam o estudo de caso são capazes de ir mais além, ajudando os estudantes a entenderem um caso problemático no qual nenhum princípio conhecido esteja envolvido. Nesse caso, o estudante é ajudado a desempenhar um tipo de experimento com sua concepção, a tentar aplicar, na "bagunça" de uma situação de ação concreta, uma maneira de conceber o problema que faça sentido, uma estratégia de investigação pela qual se possa testar se o problema pode ser resolvido dentro de limites reais e uma abertura a respostas inesperadas que sugiram como o problema pode precisar ser refeito.

Alguns professores de estudo de caso muito bons já sabem como fazer todas essas coisas, e esse tipo de ensino merece ser chamado de ensino prático reflexivo. Além disso, no entanto, os estudantes-executores também podem ser encorajados a ver o caso como um espaço onde eles tentam tornar explícitas as teorias tácitas que trazem quando propõem concepções e soluções para problemas. Um professor de estudo de caso poderá envolvê-las em tal processo, em primeiro lugar, perguntando, como de costume, "O que você faria?". A partir daí, ele poderá coletar e comparar algumas propostas de ação e convidar os estudantes para tentarem construir valores, estratégias de ação e modelos de fenômenos que façam com que tais propostas de ação pareçam plausíveis a seus proponentes. Quando administradores profissionais encontram-se envolvidos nesse tipo de tarefa, sua exposição a *múltiplas* teorias de ação faz, muitas vezes, com que se conscientizem do quanto sua própria prática está tomada pela teoria; tal fato sugere a surpreendente possibilidade de teorias de ação que são alternativas às suas próprias e cria interesse no problema de testar, sintetizar e escolher opções teóricas igualmente plausíveis.

Quando casos usados dessa forma são conectados a disciplinas como teoria organizacional, psicologia social, psicologia da motivação ou teorias de comportamento de mercado interno ou externo, os estudantes adquirem uma nova maneira de olhar para as ofertas que lhes fazem as disciplinas. Eles tendem a pensar de forma diferente sobre as teorias oferecidas pelos pesquisadores quando se dão conta de que têm suas próprias teorias tácitas, comparáveis àquelas.

Mais uma vez, ao desenvolver uma consciência mais vívida de sua própria capacidade de pensar produtivamente em situações de ação organizacional, eles têm mais probabilidades de interessar-se por intervenções pelas quais podem tornar sua reflexão-na-ação eficaz em um cenário organizacional. O ensino de estudo de caso pode expandir-se para incluir a reflexão sobre a prática organizacional. A questão, para o estudante, não é apenas "O que você faria nesta situação?", mas sim, "Quais intervenções, especificamente, você experimentaria para fazer com que as ações que recomenda sejam eficazes nesta organização?".

Em uma faculdade de engenharia, um ensino prático reflexivo pode focalizar, em um sentido bastante amplo, o *design* de engenharia. Os estudantes assumiriam projetos de *design* (como fazem em alguns cursos de *design* existentes). Porém o uso de tais projetos poderia ser estendido de várias formas. Para começar, pode-se pedir aos estudantes que reflitam e descrevam sua maneira de abordar uma tarefa do *design*. Eles podem ser ajudados neste sentido, pela exposição a outras formas de *design*, – exercícios de *design* de arquitetura, por exemplo – aos quais os engenheiros têm pouco ou nenhum acesso. Alguns projetos de *design* poderão ser assumidos em grupos nos quais indivíduos cumpram papéis técnicos especializados, e a reflexão poderá, então, concentrar-se nos processos grupais, nas divisões de trabalho formas de tomada de decisão pelas quais o grupo leva adiante o seu trabalho. As teorias sobre o processo de *design* e funcionamento do grupo podem ser introduzidas para a discussão,à medida que os estudantes conscientizam-se de suas próprias teorias tácitas sobre o *design* e a *performance* de grupo.

Especial atenção pode ser prestada às concepções sobre situações de *design*. Se um dado problema de *design* é, ao mesmo tempo, rico em detalhes e vago em definição (uma ocorrência que não é rara em organizações reais), os estudantes terão que impor seus próprios limites e imagens de coerência à situação. E, à medida que o fazem, podem ser encorajados a refletir sobre os valores profissionais, organizacionais e sociais conflitantes que estejam em jogo ao conceber o problema do *design*. Nesse caso, a exposição às ciências humanas, com exemplos tirados da literatura e da crítica literária, da história ou da filosofia, pode ser trazida a uma conjunção frutífera com a tarefa do *design*. Ao tomarem consciência das concepções e dos sistemas apreciativos conflitantes, os estudantes adquirem uma nova base para interesse em estudos que revelam como os seres humanos experienciam e enfrentam os tipos de dilemas que surgem quando as concepções entram em conflito.

O simples esboço dessas variações sobre a idéia de um ensino prático reflexivo dá uma boa idéia da dificuldade de trazê-las à realidade.

Profissionais, instrutores e professores das disciplinas serão chamados a desenvolver vários níveis de reflexão que transcendem a prática educacional normal. Os profissionais terão de aprender a refletir sobre suas próprias teorias tácitas; os professores das disciplinas, sobre os métodos de investigação; os instrutores, sobre as teorias e os processos que eles trazem para sua própria reflexão-na-ação.

Esse tipo de reflexão demandará uma pesquisa do tipo que já afirmei ser necessária para o apoio de um ensino prático reflexivo, pois, para cumprir os papéis que descrevi, os profissionais, os instrutores e os pesquisadores terão que estudar sua própria prática.

A partir disso tudo, várias questões apresentam-se a eles:

Que tipo de pessoa estará disposto, individual e coletivamente, a engajar-se nesse tipo de reflexão? Que formas irá assumir sua colaboração? Que compensações eles poderão receber por sua dedicação, para compensar a perda de alguns dos benefícios da vida acadêmica normal?

O que acontecerá aos estudantes que participarem desse tipo de aula prática? Eles poderão participar sem que já tenham tido uma grande experiência prática?

Quais os tipos de processos compatíveis com o mundo de uma escola profissional real, através dos quais esse ensino prático pode vir a existir?

Essas questões serão avaliadas no próximo capítulo, que conta a história de uma experiência em reforma de currículo em uma escola profissional – reforma esta não tão ambiciosa como aquela sugerida acima, mas não totalmente diferente dela. O processo pelo qual essa experiência veio a existir, seus resultados e os dilemas que ela trouxe à tona irão sugerir como pode ser a implementação do tipo de reconstrução do *design* da educação profissional que foi proposta neste capítulo.

Capítulo 12

Uma Experiência em Reforma de Currículo

Nas "escolas das profissões secundárias" de Nathan Glazer (as quais, como já observei, suas escolas "principais", de administração, medicina e direito cada vez mais nos lembram), há um alto grau de ambigüidade e instabilidade naquilo que é valorizado como conhecimento profissional. Muitas vezes, são importadas disciplinas para aumentar o prestígio da escola, cada professor tende a defender sua disciplina como base para o conhecimento profissional e o currículo tende a modificar-se com a mudança nas idéias aceitas no campo profissional mais amplo. Os professores que se colocam em lados opostos do dilema entre o rigor e a relevância – os que habitam o plano alto e os que vivem no pântano – tendem a discordar sobre o curso adequado da educação profissional. E, nesse contexto, conflitos inerentes à cultura universitária, às vezes, atingem um estado de crise aberta, favorável à reforma educacional.

Essa descrição aplica-se a escolas de planejamento urbano nas universidades, como o Departamento de Estudos Urbanos e Planejamento do M.I.T., onde tenho trabalhado como professor nos últimos 14 anos.

Nosso departamento tem passado por mudanças freqüentes no currículo, mais ou menos coincidentes com as mudanças no clima nacional da prática em planejamento urbano, iniciando algumas mudanças na prática e no currículo que se espalharam para outras escolas universitárias. Desde 1972, tenho sido parte dessas mudanças. Meus interesses na prática e na educação profissional levaram-me a estudar o que o departamento estava fazendo e, cada vez mais, a assumir um papel ativo na montagem de seu currículo.

A história que quero contar é sobre um esforço, assumido por um pequeno grupo de docentes entre 1981 e 1984, para reestruturar o currículo central do primeiro semestre obrigatório para todos os estudantes do Programa de Mestrado em Planejamento Urbano (MPU).

A questão de um currículo central para a obtenção do grau de mestre em planejamento profissional havia acompanhado o departamento desde suas origens. Até o início dos anos 60, os requisitos refletiam uma matéria claramente definida – planejamento para a cidade física – em torno da qual o departamento havia conquistado sua independência da Faculdade de Arquitetura. Porém, com a emergência de uma "crise urbana" e da agitação dos movimentos de direitos civis, dos jovens e pela paz, nas administrações Kennedy e Johnson, houve uma explosão nos campos do planejamento. O currículo central anterior fora descartado por uma nova geração de professores desencantados com a obsolescência de certas cadeiras e desencorajados pelo desafio de produzir um currículo central a partir de novos temas – economia, sociologia, psicologia, antropologia, direito – que haviam começado a proliferar no departamento. Os estudantes estavam felizes por ver o velho currículo partir, não admitindo, naqueles tempos de tanta agitação, qualquer restrição à sua liberdade de escolha.

No início dos anos 70, entretanto, a liberdade de escolha havia começado a ser vista como anarquia. Havia uma tendência, como disse o novo diretor do departamento, a "colocar a casa em ordem". Sob a rubrica geral de conhecimento útil à prática de planejamento, quatro conteúdos principais foram identificados – economia, métodos estatísticos, processo de planejamento e análise institucional – e cada um deles transformou-se em um foco de debate. Eles foram apresentados, como disse um professor, para representar "a visão que o departamento tinha a respeito de conhecimento útil ao planejamento". As cadeiras tornaram-se obrigatórias, e os estudantes cursaram-nas, sempre com algum ressentimento e insatisfação.

Em 1978, quando um novo diretor assumiu o departamento, o perfil dos estudantes e dos professores do MPU estava razoavelmente bem-estabelecido. Um número significativo de estudantes – em torno de 40 entrando a cada ano – estava preocupado com questões que haviam sido importantes nos anos 60: justiça social, especialmente para as minorias raciais, mulheres e pobres. Mais ou menos a metade dos estudantes eram mulheres. Muitos estudantes tinham vindo de carreiras em advocacia e desenvolvimento comunitário. O departamento desenvolveu esforços corajosos, ainda que cada vez tivesse menos sucesso, para recrutar membros das minorias étnicas. E muitos estudantes que estavam interessados em questões de justiça social também se preocupavam com suas perspectivas de emprego, o que costumavam traduzir em um interesse em aprender "habilidades mais rígidas", como análise financeira, estatística e programação de computadores.

O corpo docente possuía em torno de 30 membros com dedicação exclusiva, muitos dos quais haviam sido estudantes do departamento. Alguns tinham ligações com as tradições da arquitetura e do *design* ambiental, outros tinham experiência como planejadores e outros, ainda, eram cientistas sociais que haviam entrado no departamento na explosão dos anos 60 e início dos 70. Como outros professores em uma universidade dedicada à pesquisa, eles tinham a tendência a prezar muito sua liberdade de desenvolvê-la, juntamente com a prática nas áreas de sua escolha. Muitos se identificavam com suas disciplinas originais, ou com suas especialidades práticas, mais do que com "planejamento". Dava-se grande valor à pesquisa e à prática. O ensino era levado muito a sério, mas estava em segundo plano em relação a elas. E a administração tendia a ser considerada uma tarefa custosa, mas inevitável.

Quando o novo diretor do departamento tomou posse, em 1978, ele assumiu a tarefa de coordenar as cadeiras que formavam o novo currículo central. No entanto, os estudantes continuavam a ter resistência em relação a algumas disciplinas obrigatórias e, já em 1980, haviam começado a expressar sua insatisfação mais abertamente. A maioria deles aceitava a idéia de que deveria haver um corpo de conhecimento obrigatório, mas fazia objeções ao currículo central da forma como que ele estava constituído. Eles consideravam-no fragmentado e divorciado de um contexto compreensível. Reclamavam de seu isolamento dos professores, sentiam falta de uma ênfase em questões de justiça em políticas públicas (expressas, minimamente, em questões como "raça, classe e sexo) e sentiam-se tratados, naquelas cadeiras, como se não tivessem nenhum conhecimento ou experiência anterior.

Os protestos dos estudantes levaram o comitê do MPU a formar o Comitê de Revisão do Currículo Central, composto de três professores, entre os quais eu me encontrava, na condição de presidente, e sete estudantes de primeiro ano do MPU.

A atmosfera da revisão era contenciosa e, como bem colocou um estudante, "meio assustadora". Contudo, ela também gerava muita energia.

Na primavera de 1981, o comitê desenvolvia seu trabalho de uma forma bastante pública, submetendo os resultados continuamente à avaliação do grupo de estudantes e professores como um todo, como "o processo de planejamento dos velhos tempos", como dizia um membros do comitê:

> Todo mundo estava lá. Havia um número extraordinário de pessoas. Foi impressionantemente minucioso, um processo democrático, que fazia um esforço real para o debate... de estudantes e professores.

O comitê funcionava através do esboço de cenários amplos de direções futuras possíveis para o currículo central. Os debates centravam-se nas concepções conflitantes da profissão de planejamento, os conteúdos e níveis de matéria que seriam úteis para os profissionais e o relacionamento entre as disciplinas acadêmicas e a prática. Uma importante divisão de opinião surgiu entre aqueles que eram a favor de um "currículo central conceitual" – uma maneira de "ensiná-lo a pensar", como disse um estudante – e aqueles que queriam dar prioridade às habilidades técnicas. Um *designer* ambiental no comitê propôs que o novo currículo deveria estar organizado em torno de um ensino prático:

> Em algum momento, a idéia de um ateliê, ou um estudo de caso, emergiu como... um contexto comum. Ela apareceu, em parte, em função de minha experiência de trabalhar com grupos diversos... Nós todos decidimos que iríamos falar línguas diferentes e que uma das coisas que deveríamos fazer seria ter algumas partes em comum às quais pudéssemos olhar. E a conversa tornou-se mais interessante. Decidimos, "É disso que precisamos!".
> Imbuímos as pessoas da idéia de brincar, desenhar, pensar em voz alta, através de extremos... do tipo, "E se a gente fizesse isso?". E isso nos ensina muito sobre um processo de pensamento, uma forma de atacar problemas.

O relatório final do comitê propôs um cenário "ideal" que incluía uma abordagem "conceitual" do conteúdo das cadeiras, suplementada por seqüências destinadas à construção de habilidades, um certo acordo em questões de "coerência *versus* flexibilidade", contextos nos quais os estudantes tinham maior acesso aos professores, "tempo para reflexão" em grupos menores, notas baseadas em aprovação/reprovação e uma recomendação de que as "questões polêmicas" fossem incluídas como prioridade número um.

Naquele momento, várias coisas tinham acontecido, as quais podem ser vistas, em retrospecto, como tendo estabelecido as condições para o período de um ano e meio de planejamento que se seguiria. Duas jovens estudantes haviam emergido como participantes do comitê – nas palavras de um professor, eram "pessoas muito especiais que tinham muita energia, imaginação e consistência". Eu havia pedido a uma delas que continuasse a dedicar tempo ao processo, argumentando que ela deveria considerá-lo como o tipo de papel de liderança que gostaria de exercer no futuro.

Um dos professores mais admirados pelos estudantes, o *designer* ambiental que havia proposto a idéia do "ateliê", concordou em assumir a liderança do comitê, contando, como ele disse, com o fato de que os outros membros do grupo estavam preparados para "dar conta de sua parte".

No verão de 1981, estabelecemos um grupo de estudos que incluía os três professores anteriormente envolvidos, as duas estudantes e dois novos professores que deveriam ministrar aulas com o novo currículo. Nosso grupo incluía um *designer* ambiental, um economista institucional, um defensor do planejamento e dois dos instrutores da cadeira já existente de métodos quantitativos.

Criamos três cadeiras básicas, em torno de um projeto central, semelhante a um ateliê. As três eram versões do conjunto anterior. "Economia" tornou-se "Economia Política para Planejadores", combinando história econômica institucional com unidades em microeconomia, economia urbana e de bem-estar. "Métodos Quantitativos" transformou-se em "Raciocínio Quantitativo", organizada em torno de análise de informações, estimativa, construção de modelos e *design* experimental. As cadeiras anteriores de "Processos de Planejamento" e "Análise Institucional" foram combinados em uma, "Processos Institucionais de Planejamento", que examinava algumas das principais tradições em teoria e prática de planejamento urbano, colocando os programas e os métodos nos contextos institucionais de sua aplicação. O projeto do ateliê acabou por concentrar-se nos problemas de uma região de Boston, um corredor que começava em Copley Square, onde um enorme projeto de desenvolvimento estava começando, e continuava pela avenida Blue Hill, um bairro pobre, habitado, em sua maioria, por negros e hispânicos.

À medida que continuavam nosso encontros, durante o próximo ano acadêmico, desenvolvemos nossas próprias "tradições" de planejamento. Trabalhamos na escuta uns dos outros. Por minha sugestão, diminuímos o ritmo do processo, sempre que era necessário, para possibilitar a escuta. Tentamos tornar nossas discordâncias as mais claras e explícitas possíveis. Prestamos atenção ao processo pelo qual tentamos trazer à tona e resolver nossas idéias conflitantes e, com o passar do tempo, cada vez mais nos considerávamos engajados em uma experiência de investigação coletiva.

O processo era, na descrição de um participante, "pesado e estressante", mas excitante. O professor de economia política descreveu-o, mais tarde, da seguinte forma:

> Eu soube que alguma coisa estava acontecendo no momento em que não estávamos mais usando-o como um fórum para nossas próprias posições, mas começamos a escutar uns aos outros... A sensação de ser parte de algo maior era muito estimulante. Mais tarde, certamente Don e eu sabíamos, porque falamos sobre isso, que essa atividade iria transformar o programa profissional no

centro do departamento e que isso era bom... fizemos algumas brincadeiras sobre o fato de Don fazer experiências em termos de processos grupais, tentando coisas diferentes. Estávamos todos fazendo aquilo, experimentando uns com os outros, tentando ensinar um ao outro o que fizemos. Aquele fato, em si, já era muito estimulante.

Uma professora de redação, que havia trabalhado durante alguns anos no departamento, veio juntar-se ao grupo de planejamento. Ela observou:

Como foi empolgante ver pessoas sentadas em torno de uma mesa, realmente questionando a forma como poderiam ensinar melhor.

E um dos estudantes achava que tínhamos feito "progressos incríveis":

Ter começado um processo basicamente como uma questão estudantil e tê-lo tornado legítimo e contínuo, algo em que havia um compromisso da escola. E tê-lo tornado um modelo de processo para que eles façam outras coisas.

Entretanto, nem todos compartilhavam de seu entusiasmo. Um professor antigo, um veterano que estava há uns 25 anos no departamento, expressava seu ceticismo sobre a própria idéia de cadeiras que fossem obrigatórias. Em sua visão, não importando com quanto entusiasmo elas começassem, a tendência era de que acabassem secas e sem inspiração, inadequadas aos interesses dos estudantes, que estavam sempre mudando. E o diretor do departamento, que havia coordenado o currículo anterior, ainda que estivesse impressionado com a energia e o compromisso dedicados ao novo empreendimento, colocava em dúvida o fato de que "uma experiência gigante... fizesse qualquer sentido". Porém, decidiu, como ele mesmo disse:

Bem, vocês querem fazer de um jeito diferente? Pois, então, vocês devem fazê-lo.

LIÇÕES DA EXPERIÊNCIA

O novo currículo central entrou em vigor no outono de 1982 e, na primavera de 1983, nós o avaliamos através de entrevistas com professores e estudantes que haviam participado dele.

Algumas de nossas intenções com aquele novo currículo estavam bastante claras. Tentamos alcançar algumas, mas não todas, das características do currículo ideal coerente descrito no capítulo anterior.

Tentamos construir o *design* de nossos três cursos de forma a deixar suas bases conceituais mais claras do que antes e a fazê-los mais claramente conectáveis um com o outro e com o projeto Copley/Avenida Blue Hill. Como parte desse esforço de integração, havíamos concordado em participar das aulas uns dos outros.

Havíamos tentado, nas cadeiras de "Economia Política" e "Raciocínio Quantitativo", fazer uma síntese de conteúdos conceituais, materiais e técnicos bastante amplos com os quais se pudesse trabalhar. Queríamos estimular a reflexão intelectualmente interessante e pessoalmente significativa sobre valores importantes para a prática de planejamento, especialmente aqueles relacionados com as "questões polêmicas" de raça, classe e sexo.

Queríamos ajudar os estudantes a desenvolver "competências genéricas", algumas das quais descrevemos da seguinte forma:

- Tomar dados brutos e produzir algo sensível.
- Escrever claramente sobre questões complicadas.
- Lidar com pessoas que vêem o mundo de forma muito diferente e fazer com que algo aconteça.
- Ser capaz de passar por questões interpessoais e políticas difíceis e manter-se fiel a idéias importantes.
- Ser capaz de lidar com pessoas que discordam de você de uma forma produtiva.

Queríamos que nossa prática, semelhante a um ateliê, servisse para várias funções. Queríamos usá-la como um prisma através do qual se pudessem ver as idéias e os métodos apresentados nas cadeiras. Queríamos que fosse, além disso, um veículo para a reflexão de professores e estudantes sobre o processo de concepção de problemas em situações de conflito e confusão, tiradas da prática real de planejamento, um cenário no qual os estudantes refletiriam sobre as teorias tácitas que trouxeram para seus projetos de solução e experimentassem seus métodos de descrição e análise quantitativa recém-adquiridos. Não obstante, não havíamos tentado utilizar a prática como um espaço para a demonstração e reflexão pública dos instrutores sobre sua própria prática de planejamento. Não havíamos, de uma forma significativa, tentado trazer para o ensino prático as experiências organizacionais dos profissionais de planejamento. Não havíamos tentado ensinar nossas disciplinas de modo a revelar métodos de pesquisa que os estudantes pudessem usar como protótipos da reflexão-na-ação.

Algumas de nossas intenções realizaram-se completamente; outras, de forma marginal ou não, não se realizaram em nível algum.

Descobrimos conexões conceituais interessantes entre disciplinas que anteriormente eram tratadas como ilhas. Por exemplo, o professor de Raciocínio Quantitativo, que estivera, em princípio, cético em relação aos benefícios de um professor assistir às aulas de outro, expressou mais tarde "verdadeira decepção, em certos momentos do final do semestre, quando os professores não estavam lá, em alguns dias". Ele deu um exemplo do tipo de *insight* sobre conexões conceituais que se tornou possível quando outros professores participaram de sua aula.

> Pensando sobre Raciocínio Quantitativo, uma das aulas mais extraordinárias... aconteceu no início, quando eu tentava explicar a diferença entre um estudo de caso e uma variável; tinha em torno de 30 páginas de anotações, mas consegui dar conta de uma página e meia. E isso foi... naquele momento, muito frustrante para mim. Por ser uma exposição que levou a muitos comentários da parte de Don, muitos comentários de (outros professores), e muitos comentários de muitos estudantes sobre diferentes maneiras de abordar a questão da pesquisa sobre um problema em particular e, depois daquilo, eu me senti muito frustrado e tive uma longa conversa com Don sobre o assunto. E ele convenceu-me de que o fato de que aquela conversa aconteceu era muito importante e, na verdade, aquilo acabou tornando-se um modelo para o que é possível quando se tem vários professores presentes ao mesmo tempo. Mais do que uma coisa custosa... Mas é interessante como nossas impressões imediatas são diferentes de nossas impressões de longo prazo.

No encontro a que se refere, ele havia perguntado aos alunos quais "casos" e "variáveis" escolheriam para um estudo quantitativo, se tivessem de escolher moradias em deterioração em uma favela no centro de uma cidade. Um professor propôs estudar quadras inteiras de moradias, por sua importância para o *design* ambiental e pelo "contágio" da falta de manutenção. O economista político afirmou que seria essencial estudarem-se os padrões de *propriedade*. Um profissional de planejamento argumentou que a escolha dos casos e variáveis deveria refletir os tipos de *ações* que poderiam ser tomadas como resultado da análise. Ficou claro até que ponto a escolha das coisas a contar – que é o ponto exato onde começa o raciocínio quantitativo – depende de perspectivas disciplinares e político-econômicas.

Ficou claro, tanto para os estudantes como para os professores, que a discussão de raça, classe e sexo havia sido "estilizada demais", muito dominada pela visão de instrutores brancos e homens, inadequada no que diz respeito a seu tratamento das mulheres no planejamento e insuficiente no tocante à problemática questão de raça na história do planejamento em Boston. Muitos dos estudantes sentiam que essas questões, que eles consideravam como centrais à profissão do planejamento, não se haviam integrado ao currículo.

Os professores de "Economia Política" e "Raciocínio Quantitativo" sentiam-se limitados pelo tempo disponível a eles para os componentes tecnicamente desafiadores de suas cadeiras.

Com relação ao ensino prático, o projeto Copley/Avenida Blue Hill levantou questões ligadas às disciplinas do currículo e baseou-se em métodos de análise, levantamento de informações e *design* relacionados a essas disciplinas. Contudo, os professores consideravam difícil definir um nível de realismo que fosse adequado ao tempo alocado ao trabalho no projeto. Alguns deles descreveram os pequenos grupos como "um tremendo gasto de energia" que "talvez não valha a pena". Consideravam que os pequenos grupos lhes davam a oportunidade de conhecer bem alguns estudantes, mas também se sentiam sobrecarregados pelos objetivos múltiplos e inadequadamente definidos do exercício, como ensino prático, tempo para a reflexão e um espaço para a discussão das "questões polêmicas". Como disse o *designer* ambiental, "Não se pode fazer um ateliê com três horas por semana". E acrescentou:

> A ironia é que dedicamos tanto tempo a isso quanto a qualquer outra parte do currículo e, em vários aspectos, é o que tem os piores resultados.

Alguns estudantes falaram positivamente sobre a experiência de trabalhar com outros estudantes para atingir uma compreensão comum de uma situação complexa e vagamente definida. Eles gostaram da idéia de trabalhar com outros estudantes que tinham uma história e uma origem diferentes para produzir um produto em uma quantidade limitada de tempo. Como disse um deles:

> Você tinha que descobrir pessoalmente algumas coisas: trabalhar em grupo, lutar com a forma de definir algo. Estas são coisas que realmente não se podem ensinar a alguém. Há muita ansiedade. Como podemos pensar que somos capazes de decidir a forma de abordar este problema? Não foi fácil, foi bom. Esses são dilemas que você tem que experimentar.

Entretanto, outros reagiram negativamente a essas mesmas características da experiência. Eles acharam frustrante tentar produzir uma visão comum acerca de um problema sobre o qual todos tinham idéias diferentes e não aceitavam a indefinição da tarefa. Alguns achavam que tinham vindo para esse trabalho com experiência, idéias e ferramentas inadequadas. Não sabiam dizer, como colocou um deles, se "estávamos no campo, fazendo uma grande jogada ou... na arquibancada".

Independentemene da questão de realizarmos nossos objetivos, conscientizamo-nos de uma série de conseqüências imprevistas. Elas pareciam *mais* importantes do que alguns de nossos objetivos.

Um ensino prático mais próximo da experiência descrita nos capítulos anteriores deste livro, e muito mais bem-sucedido do que os pequenos grupos, foi o *design* do próprio currículo central. O pequeno grupo de professores e estudantes que criticou o currículo velho, planejou o novo e colocou-o em prática pela primeira vez estava conscientemente engajado em um processo de *design*. Durante um período de três anos, em que se familiarizavam com as pesquisas e práticas uns dos outros, eles aprenderam, na prática, a construir um currículo novo. Criaram um ambiente para o debate intelectual sobre o ensino e, nesse processo, criaram também uma comunidade intelectual, descobrindo, dessa forma, o quanto eles tinham sentido falta de pertencer a tal comunidade. Havia um lado sério em seu reconhecimento ocasional e um tom de piada de que aquele currículo central significava mais para eles do que para os estudantes aos quais se destinava!

Além disso, como revelam seus comentários, os membros do comitê de currículo central estavam conscientes de algumas características do processo pelo qual haviam construído seu próprio ensino prático reflexivo. O "processo de planejamento dos velhos tempos, no qual todos participavam", de longo prazo e as pressões geradas pelas insatisfações e expectativas dos estudantes ajudaram a criar um ambiente de alta energia e envolvimento. Pouco a pouco, os membros do grupo tornaram-se capazes de testar os compromissos uns dos outros com a séria tarefa do *design*. A competição e a polêmica características do planejamento normal de currículo dissipou-se gradualmente, à medida que os indivíduos aprenderam a ouvir uns aos outros com mais atenção e apreciação crítica. Normas para a discussão e formas de resolver conflitos estabeleceram-se, com rapidez surpreendente, como "tradições".

Aqueles que deram aulas nas disciplinas do currículo central consideraram muito pesado permanecer na disciplinas uns dos outros e participar na direção de pequenos grupos. Eles colocavam em dúvida o fato de que um envolvimento tão intenso pudesse ser mantido. Contudo, também encontraram recompensas extraordinárias na experiência de ensinar juntos. Um dos professores mais jovens observou:

> Eu gostava muito de ter outros professores na sala. Com certeza, houve ocasiões em que eu estava nervoso ou pensei duas vezes sobre o que faria, mas aí me dava conta de que era muito bom... os estudantes deviam ver-nos criticando uns aos outros.

Outro professor falou sobre os benefícios da responsabilidade mútua:

> Se algo dá errado, todo mundo sabe rapidamente. É preciso lidar com o problema, não se pode afastá-lo. Só o fato de ter que prestar contas um para o outro já produzia um alto grau de disciplina.
> (Você se vê) em uma situação em que seu próprio sucesso pessoal depende do sucesso do grupo. É nesse momento que você transcende sua competitividade individual e vai adiante, em busca de algo mais. E isso nos aconteceu há muito tempo, muito antes da primeira aula. Realmente aconteceu, e nós nos divertimos!

Entretanto, o próprio sucesso da experiência de aprendizagem prática reflexiva do comitê de currículo – sua coesão e entusiasmo – deu origem a problemas.

Alguns desses problemas haviam sido previstos por professores que se opunham ao novo currículo. O "grupo interno" do Comitê de Currículo ajudou a criar um "grupo externo", e este olhavam o novo currículo com desinteresse e suspeita. Depois dos primeiros três anos, à medida que os padrões normais de descontinuidade de professores confirmavam-se, ficou difícil sustentar um clima de envolvimento intenso e coletivo. Ainda assim, provou ser possível atrair novos professores para ensinar no novo currículo central, especialmente nos pequenos grupos. Em sua maior parte, os novos professores consideravam o clima do currículo central arejado e contribuíam com novas habilidades e pontos de vista. A cada ano, mais estudantes matriculados nas cadeiras do currículo central participavam nas do ano seguinte, dando-lhe uma sensação da tradição dos anos anteriores. E alguns membros do grupo original sustentavam seu compromisso com o empreendimento. Por isso, a descontinuidade da participação dos professores era prejudicial, mas não fatal.

Havia um dilema mais significativo, inesperado e difícil, inerente à própria idéia do currículo central: o *design* de currículo criado pela atividade de aprendizagem prática reflexiva vivida pelos professores mostrou uma forte tendência a alijar a reflexão dos estudantes.

Não era o caso de que nossos estudantes não tivessem uma *capacidade* significativa para a reflexão sobre sua experiência. Na verdade, um estudo feito por mim no início dos anos 70 (Schön, 1973) sugeria que os estudantes de planejamento urbano do M.I.T. tinham uma habilidade considerável para a reflexão-na-ação sobre sua própria educação profissional. Em certo momento de suas carreiras, muitos deles aprenderam como estabelecer um diálogo entre seu campo e as experiências de sala-de-aula e utilizaram essa descoberta para dirigir e controlar sua própria aprendizagem. Enxergando seus cursos como partes de um quebra-cabeças educacional mais amplo, eles usavam seu movimento entre sala de aula e campo para construir um sentido das competências práticas que queriam adquirir. Eles apossavam-se do que queriam aprender e pesavam o valor, para a prática profissional, do conhecimento que estavam recebendo na escola. Da mesma forma, usavam seu movimento entre sala de aula e campo para testar seus objetivos de carreira e suas visões a respeito da prática que estavam prestes a adentrar. Em suas descobertas das possibilidades inerentes ao diálogo entre as carreiras de campo e a acadêmica – limitadas, para ser exato, pelas idéias que tinham de ambas –, eles criavam suas próprias atividades de ensino prático. E, de acordo com minhas observações informais sobre os estudantes, por mais de uma década, havia sempre alguns que continuavam a fazer tal descoberta.

No entanto, apesar das capacidades dos estudantes para a reflexão e do fato de que o currículo era uma atividade de aprendizagem prática reflexiva para aqueles que construíram seu *design*, a experiência de *assumir* o currículo central levou muitos estudantes a sentirem-se como receptores passivos dos conhecimentos de outros. Um estudante reclamou de não ter:

> tempo algum para pensar... apenas tempo para preparar projetos, manter em dia a leitura e ir à aula, tentando não pegar no sono. O ritmo quase me matava.

Outro mostrava:

> Pequenos *slides* da minha vida: muitas horas gastas na sala de leitura, noites em claro para datilografar... muito mal-estar físico por não dormir e não comer...

não posso acreditar no tempo que as pessoas gastaram fazendo todo aquele trabalho.

E um professor descreveu a experiência estudantil como uma "maratona", acrescentando:

> Tem que haver espaços nas quais as pessoas possam apenas ir para algum lugar e pensar.

Para alguns estudantes, o currículo central parecia tomar conta de suas vidas, transformando-se em todo o seu mundo. Eles estavam preocupados em absorver informação, em pensar nos problemas e em passar nos exames. Alguns sentiam que estavam sendo levados a opiniões, independentemente do que pensavam. A experiência de estar continuamente recebendo informação fazia com que se sentissem "como uma platéia".

Outros estudantes negavam que a totalidade da experiência do currículo houvesse trazido um pensamento reflexivo. Eles falavam sobre seu entusiasmo em:

> fazer algo prático... sentar com um grupo de pessoas para produzir a solução de um problema... e mostrar que funcionava.

Alguns descobriam, ao continuar as disciplinas do semestre seguinte, que "nós realmente sintetizamos algumas coisas e estamos usando-as agora". Eles queriam "ver os efeitos do que aprendemos". Outros falavam sobre sua descoberta de que:

> Não importam quantos modelos você construa, terá mesmo que lidar com cada dia de forma diferente, porque muitas coisas inesperadas acontecem.

Quase todos os estudantes e vários professores mencionaram uma forte sensação de intimidade e de coesão que os estudantes pareciam sentir uns com os outros. Um professor fez um comentário sobre:

> como era impressionante que um grupo de 40 pessoas, colocadas juntas aleatoriamente, tinha desenvolvido (no início do semestre) aquele tipo de coesão, respeito mútuo e afeto uns pelos outros. Como essa sensação foi criada, como poderia ser criada novamente, é um completo mistério para mim.

Todavia, a solidariedade também tinha seus aspectos negativos. A sensação de pertencer a uma comunidade poderia se vista com uma armadilha. Como foi dito por um dos estudantes:

> Estávamos em um ambiente que era como uma bolha dentro da universidade.

CONCLUSÃO

Quando evidências da capacidade dos estudantes de administrar sua própria educação são justapostas à sua experiência com o currículo, em que muitos deles sentiram-se sufocados pela completude de seu *design*, uma importante questão vem à tona: é possível combinar um currículo profissional coerente com as condições essenciais a um ensino prático reflexivo? Porque, quanto mais nós integramos, em um currículo, o conhecimento e as habilidades que os estudantes, em nosso julgamento, precisam aprender, mais fica difícil que eles funcionem como *designers* reflexivos de sua própria educação.

Em parte, esse dilema tem a ver com tempo ou com a percepção de tempo. O currículo central denso não deixou tempo suficiente para o ensino prático que tentamos construir nele, um ensino que poderia ter dado aos estudantes a oportunidade de explorar questões de competência, aprendizagem, confiança e identidade que estão na base das movimentações autônomas anteriores dos estudantes, entre carreiras acadêmicas e de campo. Porém, o problema não era apenas de tempo.

Desde 1982, ao continuarmos a ensinar o currículo central e a aprendermos com nossos erros anteriores, tentamos, de várias maneiras, reduzir a pressão sobre os estudantes. Redefinimos o trabalho de grupo e diminuímos nossas expectativas em relação aos projetos dos estudantes. Permitimos que cada grupo se dedicasse a uma tarefa diferente. Em certas áreas, reduzimos a leitura, as tarefas de casa e as exigências, mas nossos resultados foram paradoxais. A redução das exigências não parece ter diminuído a sensação de pressão dos estudantes – o que sugere que a sobrecarga pode ser, pelo menos em parte, produzida por eles mesmos.

Aqueles que se sentiam sobrecarregados, ao ponto de "não ter qualquer tempo para a reflexão", podem ter adotado, com nossa ajuda involuntária, uma postura passiva. Eles podem ter sofrido com a falta de experiências anteriores relacionadas com a prática, sobre as quais pudessem refletir. E isso, se for verdade, sugere que um ensino prático reflexivo do tipo que tentamos criar pode ocorrer mais apropriadamente não no começo da carreira profissional de um estudante, mas no decorrer dela, como uma forma de educação contínua.

Entretanto, fica para ser definido se, através de um *design* de currículo baseado em uma melhor compreensão de demandas conflitantes, atingimos, pelo menos em um nível liminar, condições essenciais para um currículo profissional coerente e para um ensino prático reflexivo. Podemos chegar a uma visão positiva, se nos concentrarmos, como temos tentado fazer nos últimos anos, em tempo, ritmo e direção. Se a experiência como um todo for longa o suficiente para proporcionar tempo para a reflexão sobre o trabalho do curso; se a prática simulada ocorrer quando os estudantes estão equipados para usá-la para experimentar idéias e métodos que aprenderam na sala de aula e se criarmos oportunidades para que os estudantes conectem o conhecimento de sala de aula com suas experiências anteriores, então será possível combinarmos idéias geradas pelos professores sobre o que os estudantes precisam aprender com o gerenciamento ativo de sua própria aprendizagem.

Da perspectiva da participação dos professores, os resultados de nossa experiência em refazer o *design* de currículo são altamente sugestivos. Eles sugerem que é possível, pelo menos em um período de alguns anos, para um pequeno grupo de docentes, comprometer-se com a investigação coletiva sobre o ensino e a aprendizagem. É possível criar "tradições" surpreendentemente duráveis que canalizem as interações entre professores e estudantes de novas formas. Os professores podem achar excitante, e mesmo libertador, transformar sua própria aprendizagem em investigação mútua. E, quando o fazem, seus interesses substantivos de pesquisa estão engajados.

Mais importante de tudo, muitos professores têm sede de uma comunidade intelectual. Quando tal comunidade apresenta-se como uma possibilidade real, ela abre uma poderosa fonte de energia para a reflexão-na-ação sobre refazer o *design* do currículo.

A experiência do currículo sugere também como uma atividade de ensino prático reflexivo pode tornar-se um primeiro passo no sentido de refazer o currículo como um todo. A base de participação docente pode ser ampliada. O entusiasmo inicial da experiência pode ser sustentado, mesmo diante das descontinuidades inerentes à vida acadêmica. O desenvolvimento de um ensino prático reflexivo pode somar-se a novas formas de pesquisa sobre a prática e de educação para esta prática, para criar um momento de ímpeto próprio, ou mesmo algo que se transmita por contágio.

REFERÊNCIAS BIBLIOGRÁFICAS

Ackoff, R. "The Future of Operational Research is Past". *Journal of Operational Research Society*, 1979, 30 (2), 93-104.
Alexander, C. *Notes Toward a Syntesis of Form*. Cambridge, Mass.: Harvard University Press, 1968.
Arendt, H. *The Life of the Mind*. Vol. 1: *Thinking*. San Diego, Califórnia: Harcourt Brace Jovanovich, 1971.
Argyris, C. *Increasing Leadership Effectiveness*. Nova York: Wiley, 1976.
Argyris, C. *Reasoning, Learning and Action: Individual and Organizational*. San Francisco: Jossey-Bass, 1982.
Argyris, C. e Schön, D. A. *Theory in Practice: Increasing Professional Effectiveness*. San Francisco: Jossey-Bass, 1974.
Argyris, C. e Schön, D. A. *Organizational Learning*. Reading, Mass.: Addison-Wesley, 1978.
Bamberger, J. e Duckworth, E. "The Teacher Project: Final Report to the National Institutes of Education". Instituto de Tecnologia de Massachusetts, 1979. (Mimeo.)
Barnard, C. *The Functions of The Executive*. Cambridge, Mass.: Harvard University Press, 1968. (Originalmente publicado em 1938).
Brooks, H. "Dilemmas of Engineering Education". *IEEE Spectrum*, Fevereiro de 1967, p. 89-91.
Coleridge, S. T. *Biographia Literaria*. (J. Engell e W. J. Bates, orgs.) Princeton, N.j,: Princeton University Press, 1983. (Originalmente publicado em 1817.)
Delbanco, N. *The Beaux Arts Trio*. Nova York: William Morrow, 1985.
Dewey, J. *Logic: The Theory of Inquiry*. Nova York: Holt, Rinehart and Winston, 1938.
Dewey, J. *John Dewey on Education: Selected Writings*. (R. D. Archambault, org.) Chicago: University of Chicago Press, 1974.
Dewey, J. e Bentley, A. F. *Knowing and the Known*. Boston: Beacon Press, 1949.
Erikson, E. H. "The Nature of Clinical Evidence in Psychoanalysis". In D. Lerner (org.), *Evidence and Inference*. Nova York, Free Press, 1959.
Freud, S. "Constructions in Analysis". In J. Strachey (org. e trad.), *The Complete Psychoanaly-tical Works of Sygmund Freud*. Vol. 23. Nova York: Norton, 1976. (Originalmente publicado em 1937.)
Glazer, N. "The Schools of the Minor Professions". *Minerva*, 1974, 12 (3), 346-363.
Goodman, N. *Ways of World Making*. Indianápolis: Hackett, 1978.
Gusfield, J. "'Buddy, Can You Paradigm?' The Crisis of Theory in the Welfare State". *Pacific Sociological Review*, 1979, 22 (1), 3-22.

Havens, L. *Approaches to the Mind: Movement of the Psychiatric Schools from Sects Towards Science*. Boston: Little, Brown, 1973.

Hughes, E. "The Study of Occupations". In R. K. Merton, L. Broom e L. S. Cottrell Jr. (orgs.), *Sociology Today*. Nova York: Basic Books, 1959.

Illich, I. *A Celebration of Awareness: A Call for Institutional Revolution*. Nova York: Doubleday, 1970.

Kassirer, Jr. e Gorry, G. A. "Clinical Problem-Solving: A Behavioral Analysis". *Annals of Internal Medicine*, 1970, 89, 245-255.

Kuhn, T. S. *The Essential Tension: Selected Studies in Scientific Tradition and Change*. Chicago: University of Chicago Press, 1977.

Lindblom, C. E. e Cohen, D. K. *Usable Knowledge: Social Science and Social Problem-Solving*. New Haven, Conn.: Yale University Press, 1979.

Lynton, E. "Universities in Crisis". Não publicado, Boston, 1984.

Lynton, E. *The Missing Conection Between Business and the Universities*. Nova York: McGraw-Hill, 1985.

Mill, J. S. *A System of Logic*. Londres: Longmans, Green, 1949. (Originalmente publicado em 1843.)

Piaget, J. *Play, Dreams and Imitation*. Nova York: Norton, 1962.

Plato. *The Meno*. (W. K. C. Guthrie, trad.) Londres: Penguin Books, 1956.

Polanyi, M. *The Tacit Dimension*. Nova York: Doubleday, 1967.

Reddy, M. "The Conduit Metaphor: A Case of Frame-Conflict in Our Language About Language". In A. Ortony (org.), *Metaphor and Thought*. Cambridge: Cambridge University Press, 1979.

Reichebach, H. *The Rise of Scientific Philosophy*. Berkeley: University of California Press, 1951.

the Practice of Social Work". Artigo para estudo, Division for Study and Research in Education, Massachusetts Institute of Technology, 1980.

Riesman, D., Gusfield, J. e Gamson, Z. *Academic Values and Mass Education*. Nova York: Doubleday, 1970.

Rein, M. e White, S. "Knowledge for Practice: The Study of Knowledge in Context for

Rogers, C. R. "Personal Thoughts on Teaching and Learning". In C. R. Rogers, *Freedom to Learn: A View of What Education Might Be*. Columbus, Ohio: Merrill, 1969.

Ryle, G. *The Concept of Mind*. Londres: Hutchinson, 1949.

Sachs, D. e Shapiro, S. "Comments on Teaching Psychoanalytic Psychotherapy in a Residency Training Program". *Psychoanalytic Quarterly*, 1974, 43 (1), 51-76.

Sachs, D. e Shapiro, S. "On Parallel Processes in Therapy and Teaching". *Psychoanalytic Quarterly*, 1976, 45 (3), 394-415.

Schein, E. *Professional Education*. Nova York: McGraw-Hill, 1973.

Schön, D. A. "A Study of Field Experience". Não publicado, Massachusetts Institute of Technology, 1973.

Schön, D. A. *The Reflective Practitioner*. Nova York: Basic Books, 1983.

Schubert, F. *Wanderer Fantasy*, Op. 15. In *Schubert's Piano Pieces*, Vol. 1, No. 29. Nova York: Lea Pocket Scores. (Escrito em 1822.)

Shils, E. "The Order of Learning in the United States from 1865 to 1920: The Ascendancy of the Universities". *Minerva*, 1978, 16 (2), 159-195.

Simon, H. *Administrative Behavior*. (2. ed.) Nova York: Macmillan, 1969.

Simon, H. *The Sciences of the Artificial*. Cambridge, Mass.: M.I.T. Press, 1976.

Spence, D. P. *Narrative Truth and Historical Truth*. Nova York: Norton: 1982.

Sullivan, H. S. *The Interpersonal Theory of Psychiatry*. (H. S. Perry e M. L. Gawel, orgs.) Nova York: Norton, 1953.

Tolstoy, L. N. "On Teaching the Rudiments". In L. Weiner (org.), *Tolstoy on Education*. Chicago: University of Chicago Press, 1967. (Originalmente publicado em torno de 1861.)

Veblen, T. *The Higher Learning in America*. Nova York: Hill and Wang, 1962. (Originalmente publicado em 1918.)

Vickers, G. Não publicado, Massachusetts Institute of Technology, 1978.

Weick, K. *The Social Psychology of Organizing*. (2. ed.) Reading, Mass.: Addison-Wesley, 1979.

Wittgenstein, L. *Philosophical Investigations*. (G.E.M. Anscombe, trad.) Nova York: Macmillan, 1953.

ÍNDICE

A
Aalto, A., 53, 58, 126
Ackoff, R. 44
Alexander, C., 30
Amnon, 142-157, 158, 160, 161, 162
Aprendizagem: análise do processo de, 99-121; de fundo, 40, 131, 217-218; impasses na, e universo comportamental, 103-110; conclusão em, 120-121; contrato para, 130; do projeto, 71-83; abordagem eficaz da, 113-120; resultados de, 131-132; paradoxo de, 72-79; dilema da 79-81, 129-130, 132; de circuito único e de circuito duplo, 190; postura em, 99-103; tácita, 219-220; quebra do impasse em, 110-113
Aprendizagem prática de aconselhamento e consultoria: análise de, 189-220; antecedentes em, 189-192; conclusão sobre, 211-220; insucesso, ciclo em, 195-197, 211-214; medos expressados em, 197-198, 213; sala de espelhos em, 214-215; intervenções híbridas em, 201; imitações em, 203-206, 214; teorema da incompletude em, 200; significados e sentimentos em, 206-211; método de decomposição em, 198-199; paradoxo e dilema em, 192-195; protecionismo em, 202-203, 209-211; dramatizações em, 198-200, 203-206; subprocessos em, 208-209; tentativas em, 197-202
Arendt, H. 32
Argyris, C., 27, 109, 135, 189-192, 194-195, 199-202, 204-206, 213-217
Aristófanes, 226
Artes, educação para, tradições divergentes em, 24
Arthur, 195-197, 200
Atenção operativa, em diálogo, 87, 129

B
Bach, J. S., 138-139, 141, 161
Bamberger, J., 121n, 235

Barnard, C., 30
Beinart, J., 70n
Bentley, A. F., 66, 166
Brahms, J., 140, 159, 160
Brooks, H., 20
Burger, W., 18

C
Carpenter, E., 35, 163
Casals, P., 138-139, 158, 161, 162
Chopin, F., 141
Cohen, D. K., 42n
Coleridge, S. T., 80
Comunicação: insucesso da, 103-110; entre estudante e orientador de ateliê, 81-83. *Ver também* Diálogo.
Condição de aprendiz e aprendizagem prática, 39
Concepção, experimentos em; na prática psicanalítica, 177, 183
Concepção, reflexão sobre; na prática psicanalítica, 164-165, 186-187
Concepção de situações problemáticas, 16-17
Concepção, refazer a: no processo de *design*, 50; para a educação profissional, 21-25; do ensino, 78
Conhecer na ação: conceito de, 31; o *design* como, 124; exemplos de 29-32; e conhecimento profissional, 42n; reflexão na ação diferente de, 34-36
Conhecer na prática, conceito de, 37
Conhecimento: hierarquia de, 19; tácito, 29-30, 75
Conhecimento profissional: conceitos de, 226-227; crise de confiança em, 15-18; e zonas indeterminadas da prática, 17-18; e conhecer na ação, 42n; e situações problemáticas, 16-17; e racionalidade técnica, 15-16, 17
Corbett, M., 187n
Cowan, T., 79

Currículo (Reforma de): antecedentes em, 239-243; conclusão em, 248-249; experimento em, 239-249; intenções de, 243-246; lições a partir de, 243-248; ensino prático como sendo central para, 241-242; conseqüências involuntárias de, 246-248

D

Dani, 114-129, 132, 140, 161, 162, 220
Delbanco, N., 138-138
Demonstrar/imitar: no diálogo, 90-93; dizer/ouvir combinado com, 93-94
Design: como passível de ser instruído, e não ensinado, 123-127; conceitos de 106; como sendo criativo, 126-127; como sendo holístico, 124-125; como interações humanas, 189; como conhecer-na-ação, 124; reconhecimentos de qualidades de, 124-126; reconhecimento de habilidade em, 124-126; tarefa de refazer o, 233-238
Dewey, J., 16, 24-25, 36, 166, 228-228
Diálogo: na educação em arquitetura, 85-98; antecedentes, 85-86; combinar dizer/ouvir com demonstração/imitar em, 93-94; conclusão sobre, 97-98; características contextuais de, 99-121; demonstrar e imitar em, 90-93; características de, 86; escada da reflexão em, 95-97; na educação prática, 127-129; dramatização de, 203-205; dizer e ouvir em, 86-90
Disciplina, e liberdade, paradoxo de, 102
Dizer/ouvir: demonstrar/imitar combinados com, 93-94; em diálogo, 86-90
Duckworth, E., 234-238

E

Educação em Administração: e talento artístico, 16, 19, 20, 23-23; orientação dual de: 224-225; aprendizagem prática em 238-237; jogo de pressão em 231-232
Educação, Faculdades de: e talento, 19, 23; aprendizagem prática reflexiva em, 234-238; jogo de pressão em, 229, 230-231
Educação legal: e talento, 16, 19, 21, 23; e reflexão na prática, 37, 41
Educação para a arquitetura: e talento, 21, 25; antecedentes, 43, 44; processo de *design* em, 47-70; diálogo em, 85-98; como modelo educacional, 43-134; e aprendizagem do *design*, 71-83; aprendizagem prática reflexiva para, 123-134; processos de ensino e aprendizagem em, 99-121; racionalidade técnica em, 229
Educação de professores. *Ver* Faculdades de educação.
Educação profissional: análise de, 15-28; talento artístico necessário em, 13-42; universo comportamental de, 226; visão construcionista de, 234; crise de confiança em, 19-21; critérios para, 234; reforma de currículo para, 239-249; tradições desviantes em, 24-25, 27; orientação dual de, 224-225; condições para a melhoria de, 221-249; condições do ensino prático reflexivo em, 132-134; questões em, 223-224, 237; premissas para, 22; reformulação do *design* de, 223-233; aprendizagem prática reflexiva em, 123-220, 223-237; reformulação da tarefa de *design* em, 233-237; refazer a concepção do problema em, 21-25; pesquisa apropriada para, 228; rigor ou relevância em, 226-228; jogo de pressão em, 229-233; e racionalidade técnica, 19-19
Engenharia, educação em: e talento artístico, 16, 17-17, 19, 20-21, 23; ensino prático reflexivo em, 237; jogo de pressão em, 232-233
Ensino prático: conceito de, 39; e reflexão- na-ação, 39-42; como mundo virtual, 39, 132-133. *Ver Também* ensino prático reflexivo.
Ensino prático reflexivo: dimensões afetivas de, 129-131; análise de, 123-134; antecedentes em, 135-136; mudanças produzidas por, 226-228; conceito de, 25; condições de, 127-131; em habilidades de aconselhamento e consultoria, 189-220; e orientação para o *design*, 123-127; diálogo em, 127-129; exemplos de 135-220; implicações de, 132-134; e resultados de aprendizagem, 131-132; Modelo II em, 217-220; em execusão musical, 137-237; propostas para, 234-237; na prática psicanalítica, 163-187
Ensino: análise dos processos de, 99-121; universos comportamentais e impasses na aprendizagem em, 103-110; conclusão sobre, 120-121; abordagem eficaz de, 113-120; distância de instrução em, 87-88; refazer a concepção em 78; postura em, 99-103; quebrar o impasse em 110-113
Erikson, E. H., 164, 166-171, 183
Escuta. *Ver* Dizer/ escutar.
Estudante: instrutor em diálogo com, 85-98; comunicação de, 80-83; no ensino prático, 127-129; postura de, 100-113, 120-121
Execusão musical, educação para: antecedentes em, 137-138; tarefas de instrução em, 152-157; conclusão sobre, 157-162; *master class* em piano para, 141-152; ensino prático reflexivo em, 137-162; construção de relacionamento em, 156-157
Experimentação: limites para, 66-67; conceitos de, 64-65; no processo de *design*, 63-67; na prática, 65-66, 69-69; rigor em, 67-68; a racionalidade técnica, 63

F

Franz, 141-160, 161-162, 163, 164, 216
Freud, S., 166, 167, 170, 171, 182

G

Gallwey, T., 93
Glazer, N., 16, 19, 23, 133, 239
Goffman, E. 227
Goodman, N., 16, 39, 171
Gorry, G. A., 37
Greenhouse, B., 138-139
Gusfield, J., 20

H

Hainer, R. M., 29
Halasz, I., 70n
Havens, L., 172
Hesse, H., 133
Hughes, E., 18, 36
Hipóteses, teste de, no processo de *design*, 65-66

I

Illich, I., 18

Imitação: construção em, 90-91; em ensino prático de aconselhamento, 203-205, 214; sentimentos negativos com relação a, 100-101; ordens de, 139. *Ver também* Demonstrar/imitar.
Impasse, quebra de, elementos de, 111-112; no processo de ensino-aprendizagem, 110-113
Instituto de Tecnologia de Massachusetts M.I.T.), reforma de currículo no, 239, 249
Instrução: e comunicação, 80-83; comparação de modelos de 215-217; como tradição desviante, 25; e diálogo com o estudante, 85-98; Siga-me, estilo de, 156-157, 161-162, 216-217; funções de, 119, 138, 152-157; sala de espelhos estilo de, 186-187, 214-215, 217; experimentação conjunta estilo de, 160-161, 216; e comportamento de Modelo II, 217-220; modelos, 160-162; no ensino prático, 40-41; no ensino prático reflexivo, 127-129; papel e *status* de, 227; postura para, 103-113
Insucessos, ciclo de: em aprendizagens práticas de aconselhamento, 195-197; generalizabilidade de, 211-213; respostas a, 213

J
Jane, 209-210
Johanna, 100-103, 121, 129, 132, 205
Johnson, governo, 240
Judith, 71-72, 82, 88, 121*n*, 103-113, 121, 130, 132, 184, 190
Jung, C. G., 78

K
Kafka, F., 72, 101
Karen, 204-204, 205-205, 214
Kassirer, J., 37
Kennedy, governo, 240
Kierkegaard, S., 76-77
Kilbridge, M., 70*n*
Kuhn, T. S., 62,63
Kyle, A., 21

L
Langdell, C., 23
Lauda, 72, 82, 184
Leftwich, 72, 72
Lindblom, C. E. 42*n*
Lurie, A., 226
Lynton, E., 20, 21

M
Medicina, educação em: e talento artístico, 16, 17, 19, 21, 23, 24; reflexão na ação, 41; jogo de pressão em, 229, 230
Mellon Foundation, Andrew, 47
Mênon 73, 73-75, 75, 76, 78
Michal, 113-120, 121, 129, 132, 140, 220
Mill, J. S., 63
Modelo I: características de, 190-190; no processo de ensino-aprendizagem, 109-110
Modelo II: caraterísticas de 191-192; e instrução, 131; heurística de, 195; paradoxo e dilema da aprendizagem, 192-195; e ensino prático reflexivo, 217-220; no processo de ensino-aprendizagem, 113
Mundos Virtuais: no processo de *design*, 67-70; e prática, 69-70; ensino prático como, 132-133

N
Northhover, 121*n*, 103-113, 121, 184, 190

O
Objetivista, visão: da prática psicanalítica, 163-164, 165-172; e racionalidade técnica, 39

P
Papert, S., 93
Paul, 205-205
Performance, como processo, 159
Petra, 47-50, 51-56, 56-58, 61-63, 67-68, 69, 71, 72, 75, 76, 81, 82-83, 87, 89-90, 93-94, 96, 103, 124, 129, 130, 160, 161-162
Planejamento Urbano, Educação para: e talento, 19, 23; reforma de currículo em, 239-249; e reflexão na ação, 37; racionalidade técnica em, 229
Platão, 73-74
Polanyi, M, 29-30, 75
Porter, W., 70*n*
Postura: do instrutor, 103-113; do estudantes, 100-103, 103-113, 120-121; em processos de ensino-aprendizagem, 99-103
Pownes, W., 21
Prática, conceitos de, 119-120; experimentação em, 65-66, 69-70; fenomenologia da, 234; e reflexão-na-ação, 36-39; e mundos virtuais, 69-70
Prática psicanalítica: talento artístico aprendido para, 163-187; antecedentes em, 163-166; conclusão sobre, 183-187; visões objetivista e construtivista de, 163-164, 165-28; paradoxo e dilema em, 184; paralelismos do diagnóstico e intervenção em, 185; supervisão em, 172-183
Processo: *performance* como, 159; e reflexão-na-ação, 60-70, 92-93; de ensino e aprendizagem, 99-121. *Ver também* processo de *design*
Profissionalização, e talento, 23
Profissões: autonomia desgastada para, 230; conceitos de, 36. *Ver também* Profissões principais; profissões secundárias.
Profissões principais, e racionalidade técnica, 16
Profissões secundárias: ambigüidade em, 239; e talento, 23; e conhecimento, 19; e ensino prático reflexivo, 133
Projeto, educação para o: análise de, 71-83; antecedentes em, 71-72; comunicação em, 80-83; paradoxo de, 72-79; dilema de, 79-80
Projeto, processo de: análise de, 47-70; antecedentes em, 47-48; conclusão em, 54-55; competências em, 68-69; demonstração em 51-52; domínios de, 56-58; experimentação em, 63-67; implicações 58-59; reflexão intermediária em 53-53; linguagem de e sobre, 47-48; próximos passos, 53-54; experiência passada em, 61-63; apresentação em, 48-50; análise de protocolo para, 48-54; reflexão na ação na base de, 60-70; refazendo a concepção sobre o problema em, 50; mudanças de postura em, 59-60; mundos virtuais em 67-70

Q
Quist, 47-70, 72, 80, 80, 87, 89-90, 93-94, 96, 100-102, 103-103, 108, 113, 121, 126, 132, 159-160, 161, 162, 163, 164, 205

R

Racionalidade técnica: e experimentação, 63; e visão objetivista, 39; e prática, 37; e educação profissional, 19-19; e conhecimento profissional, 15-16, 17; na prática psicanalítica, 166, 167; reflexão na ação comparada com, 69-70; ressurgimento de 229-231

Reddy, M., 83*n*

Reflexão: escada da, 95-97, 112; círculos viciosos e virtuosos de, 220

Reflexão-na-ação: talento artístico ensinado através de, 29-42; e visão construcionista, 39, 39; processo de *design* como, 47-70; modelo educacional de, 43-134; exemplos de 32-35; experimentação, 63-68; conhecer-na-ação como sendo diferente de, 34-35; experiência passada em, 61-63; e prática, 36-39; e ensino prático, 39-42; e processo, 60-70, 92-93; recíproca 86-87, 98, 127-128; reconstruções em, 91-92; racionalidade técnica comparada a, 69-70

Reichenbach, H., 169

Rein, M., 20

Rogers, C. R., 76-79

Rosemary, 139-141, 157, 158, 160-161, 162

Ryle, G., 29

S

Sachs, D., 178-185, 215

Scheffler, I., 75-76

Schein, E., 19

Schön, D., 109, 113, 189, 190, 191, 242, 244, 247

Schubert, F., 143, 146, 148, 151, 153, 160, 163

Serviço social, educação para, e talento, 19, 23

Shapiro, S., 178-185, 212, 215

Shils, E., 15

Simmonds, R., 70*n* 121*n*

Simon, H., 43, 74-75, 76, 224-226, 234

Sistema apreciativo, e prática, 37

Sociologia, educação para: e talento artístico, 18, 20; racionalidade técnica em, 229

Sócrates, 73-74, 78

Spence, D. P., 165-167, 170-171

Stauber, B., 187*n*

Supervisão: abordagem de estudo de caso de, 178-183; protocolo para, 172-179; mensagem secundária em, 184-184

T

Talento artístico: conceito de, 29; e educação profissional, 15-28; e reflexão-na-ação, 29-42

Ted, 204

Teorias-em-ação, conceito de, 189

Teorias-em-uso: caráter tácito de, 189-190; em processos de ensino-aprendizagem, 108-110, 113

Tolstoy, L. N., 88-89

U

Universo comportamental: conceito de, 104; e impasse na aprendizagem 103-110; de educação profissional, 226

V

Valores, conflitos de, e situações problemáticas, 16-17

Veblen, T., 19, 224, 225

Vickers, G., 30-30, 37

Visão construcionista: de imitação, 90-91; e conhecer-na-ação, 31-32; da educação profissional, 234; da prática psicanalítica, 163-164, 165-172; e reflexão-na-ação, 39

Visão de mundo: e prática, 39; e estabelecimento do problemas, 16; na prática psicanalítica, 172

Von Buttar, F., 70*n*, 83*n*

Von Luhbeck, 142

W

Weick, K., 166

White, S. 20

Wittgenstein, L., 89, 129

Z

Zonas indeterminadas da prática: e conhecimento profissional, 17-18; e reflexão-na-ação, 42